10 裁判実務シリーズ

民事執行実務の論点

竹田光広 編著

商事法務

● はしがき

　民事執行事件の基本法である民事執行法は、昭和54年に単一法として整備され、その後、民事執行実務が深化していく中で、幾多の改正を経て、現在に至っている。民事執行法の改正は、頻繁に行われており、実務の運用に根ざして変化していく法律であり、また、実務も、法律の改正に伴い、より適正・迅速な民事執行の実現を目指して対応していくことになる。新たな民事執行法の改正としては、現時点でも、これまで明文の規定のなかった子の引渡しに関する規制の明文化、財産開示手続に関連する金融機関等の第三者に対する照会制度の導入、不動産競売手続における暴力団関係者による買受けの排除などが検討されている状況にある。また、民法債権法の改正を始めとする実体法の改正は、国民の権利実現の最終段階といってよい民事執行の実務、運用に当然影響を及ぼすことになろう。

　本書は、平成26年当時、東京地方裁判所民事執行センターにおいて民事執行実務に携わっていた裁判官及び東京地方裁判所民事執行センターOBが、民事執行において実務上重要と考えられる項目について、東京地方裁判所民事執行センターにおける民事執行実務に根ざした分かりやすい説明をしたものであり、法律家にとっても実務的な解説書になっているものと思われる（なお、民法債権法の改正などによる民事執行実務の運用の変化等については対応していないので、ご容赦いただきたい。また、本文中に東京地方裁判所民事執行センターの取扱いや判例・通説として明記してあるような場合を除いては、本書中に記載された取扱いや見解については、必ずしも東京地方裁判所民事執行センターの取扱いや通説的見解というわけではなく、著者の個人的見解ということがあるので、この点もご了承いただきたい。）。本書が、民事執行に携わる実務家はもとより、民事執行を学ぼうとする方や民事執行を利用しようとする方にとっても、民事執行の基本的な実務を理解する一助となれば幸いである。

　最後に、本書の発刊に思いのほか時間を要したのは、著者の中心である東京地方裁判所民事執行センターの裁判官がめまぐるしく異動したなどの状況はあるものの、ひとえに編著者側の力不足によるものであり、この点

をお詫び申し上げるとともに、こうした状況に根気強くお付き合いいただいた岩佐智樹氏及び久保寺弥紗子氏を始めとする株式会社商事法務の担当者の皆様にはあらためてお礼を申し上げる次第である。

平成 28 年 10 月

　　　　　　　　　　　　　　　編著者を代表して
　　　　　　　　　　　　　　　札幌家庭裁判所長　竹田　光広

● もくじ

[第1部　債権執行]

第 1 講　債権及びその他の財産権に対する執行手続
　　　　　における管轄裁判所　　　　　　　　　　　日向輝彦　　2
 I　はじめに　2
 II　事物管轄及び土地管轄　3
 III　専属管轄　5
 IV　管轄の審査　6
 V　管轄違いの申立て　13

第 2 講　執行裁判所から見た債務名義作成上の留意点　鈴木和孝　15
 I　はじめに　15
 II　債務名義の機能　15
 III　金銭給付を目的とする債務名義を作成するに当たっての留意点　17

第 3 講　強制執行における執行機関の審査の範囲　　　酒井良介　29
 I　はじめに　29
 II　債務名義の審査　30
 III　執行文の審査　37

第 4 講　債権執行における執行停止文書に関する諸問題
　　　　　　　　　　　　　　　　　　　　　　　　森山由孝　41
 I　はじめに　41
 II　執行停止文書該当性が問題になる文書について　42
 III　執行停止文書が提出された場合に執行裁判所が採るべき対応に関する問題点　47

第 5 講　差押命令における差押債権の特定に関する問題
　　　　　　　　　　　　　　　　　　　　　　　　鈴木和孝　55
 I　差押債権の特定　55
 II　具体的検討　60

第 6 講　預金債権の差押えに関する諸問題
　　　　——①差押債権の特定、②差押えの競合範囲
　　　　　　　　　　　　　　　　　　　　　　　　鈴木和孝　69
　Ⅰ　預金債権の特定　69
　Ⅱ　預金債権に対する差押えの競合範囲　81

第 7 講　生命保険契約に基づく解約返戻金請求権の差押え
　　　　　　　　　　　　　　　　　　　　　　　　内田義厚　84
　Ⅰ　はじめに（問題の所在）　84
　Ⅱ　生命保険契約に基づく請求権の特定　85
　Ⅲ　預金債権の特定の議論からみた生命保険契約の特定（裁判例の整理）　88
　Ⅳ　解約返戻金請求権の特定（23年最決及び25年最決を前提として）　98
　Ⅴ　まとめ　99

第 8 講　扶養義務等に係る定期金債権に基づく差押え
　　　　を巡る諸問題　　　　　　　　　　　　　　小河原　寧　101
　Ⅰ　はじめに　101
　Ⅱ　養育費その他の扶養義務等に係る確定期限の定めのある定期金債権についての保証債務履行請求権に民事執行法151条の2、152条3項が適用されるか　103
　Ⅲ　養育費その他の扶養義務等に係る確定期限の定めのある定期金債権についての遅延損害金債権について民事執行法151条の2及び152条3項が適用されるか　108
　Ⅳ　養育費の支払終期等が問題となる具体的な各事案　108

第 9 講　抵当権に基づく物上代位（賃料債権差押え）
　　　　に関する諸問題　　　　　　　　　　　　　内田義厚　112
　Ⅰ　はじめに　112
　Ⅱ　物上代位の目的となる賃料債権の範囲　112
　Ⅲ　転貸賃料に対する物上代位　116
　Ⅳ　共有不動産の賃料に対する物上代位——共同相続の場合　122
　Ⅴ　その他　125

第 10 講　執行供託（混合供託を含む）に関する問題　及川勝広　127
　Ⅰ　問題の所在　127

Ⅱ　差押えの効力の拡張や取下げ等に関する問題　128
　　Ⅲ　差押えと債権譲渡等の競合、混合供託に関する問題　139

第 11 講　債権配当等における運用
　　　　　──最三判平 21.7.14 を踏まえて　　　　岩田瑶子　151
　　Ⅰ　問題の所在　151
　　Ⅱ　債権差押命令申立時における請求債権中の附帯請求の範囲　152
　　Ⅲ　配当額の計算の基礎となる附帯請求の範囲　155
　　Ⅳ　実務の取扱い等とその根拠　161
　　Ⅴ　付随的問題　168

第 12 講　仮差押えと本案の債務名義を巡る諸問題
　　　　　──①仮差押えの本執行移行に関する問題、
　　　　　　②仮差押えによる留保解消文書に関する問題
　　　　　　　　　　　　　　　　　　　　　　　岩田瑶子　171
　　Ⅰ　はじめに　171
　　Ⅱ　本執行移行の手続概要　172
　　Ⅲ　本執行移行の要件　174
　　Ⅳ　仮差押えによる留保解消文書について　182

第 13 講　新しい金融商品に関する執行手続
　　　　　──①振替社債等、②信託受益権を中心として
　　　　　　　　　　　　　　　　　　　　　　　及川勝広　188
　　Ⅰ　社債株式等振替制度の概要等　188
　　Ⅱ　振替社債等に関する執行手続に関する問題　190
　　Ⅲ　信託受益権に対する執行に関する問題　197

第 14 講　財産開示に関する問題　　　　　　　　竹田光広　204
　　Ⅰ　財産開示手続の概説　204
　　Ⅱ　財産開示手続の申立てと実施決定　206
　　Ⅲ　財産開示期日　211
　　Ⅳ　その他　215

第 15 講　債権差押命令と破産手続開始決定を巡る諸問題
　　　　　　　　　　　　　　　　　　　　　　　小河原　寧　219
　　Ⅰ　はじめに　219

Ⅱ 破産手続開始決定後で、破産手続終了前に破産債権に基づく債権差押命令の申立てがあった場合の処理　219

Ⅲ 破産手続開始決定後で、破産手続終了後に破産債権に基づく債権差押命令の申立てがあった場合の処理　221

Ⅳ 破産債権に基づく債権差押命令の効力が生じた後に、破産手続開始決定があった場合の処理　222

Ⅴ 破産債権に基づく新得財産に対する執行　227

Ⅵ 破産手続開始後の原因に基づいて発生した債権（新債権）に基づく破産財団に対する執行　228

Ⅶ 破産手続開始後の原因に基づいて発生した債権（新債権）に基づく新得財産に対する執行　228

[第2部　不動産執行]

第 1 講　権利能力なき社団の構成員全員の総有に属する
　　　　　　不動産の競売手続　　　　　　　　　　　酒井良介　232

Ⅰ　はじめに　232
Ⅱ　権利能力なき社団事案と他の債権者との関係について　234
Ⅲ　後行事件の債権者が先行事件を覆す手段　241
Ⅳ　先行事件及び後行事件の債権者相互間の不服申立て　246
Ⅴ　後行事件の時的限界　247
Ⅵ　配当等における問題　247

第 2 講　不動産競売手続における商事留置権の成否　　日向輝彦　249

Ⅰ　はじめに　249
Ⅱ　建物完成事案における商事留置権の成否について　253

第 3 講　法定地上権の成否を巡る諸問題　　　　　　　竹田光広　266

Ⅰ　法定地上権の意義、成立要件（概説）　266
Ⅱ　法定地上権の成立要件　267

第 4 講　明渡猶予制度を巡る諸問題　　　　　　　　　山下　真　281

Ⅰ　明渡猶予制度の概要等　281
Ⅱ　明渡猶予制度の適用の可否が問題となる者　283
Ⅲ　民法395条の要件に関する解釈問題　291
Ⅳ　明渡猶予制度の適用の可否の審理　292
Ⅴ　占有権原の存否についての審尋の要否　296

第 5 講　現況調査における占有の認定について　　　酒井良介　300
　Ⅰ　はじめに　300
　Ⅱ　占有の有無　302

第 6 講　抵当権付債権の差押えがされた場合　　　岩田瑶子　310
　Ⅰ　問題の所在　310
　Ⅱ　差押債権者による抵当権実行の申立て　311
　Ⅲ　差押債権者に対する配当　313
　Ⅳ　根抵当権の場合　323
　Ⅴ　抵当権者（債務者）による競売申立ての帰趨　326
　Ⅵ　付随的問題　328

第 7 講　形式的競売を巡る諸問題　　　澤田久文　334
　Ⅰ　はじめに　334
　Ⅱ　共有物分割のための競売における共有持分の承継　335
　Ⅲ　区分所有法 59 条に基づく競売における無剰余取消しの準用の有無　339
　Ⅳ　形式的競売の申立人による差引納付の可否　346

第 8 講　担保不動産収益執行を巡る諸問題　　　内田義厚　351
　Ⅰ　はじめに　351
　Ⅱ　手続選択に関する諸問題　352
　Ⅲ　申立て及び開始決定を巡る諸問題　354
　Ⅳ　収益の収受を巡る諸問題　356
　Ⅴ　管理を巡る諸問題　364
　Ⅵ　配当を巡る諸問題　368

第 9 講　破産手続開始決定と強制競売手続を巡る諸問題
　　　　　　　　　　　　　　　　　　　　　　小河原　寧　370
　Ⅰ　はじめに　370
　Ⅱ　強制競売開始決定前に破産手続開始決定があった場合の処理　371
　Ⅲ　強制競売開始決定後に破産手続開始決定があった場合の処理　372
　Ⅳ　売却許可決定後同決定確定前に、所有者につき破産手続開始決定がされた場合、最高価買受申出人が保証金の返還を求めることができるか　373
　Ⅴ　破産管財人が手続の続行を求める場合の方法　377
　Ⅵ　破産管財人が手続を続行した場合の処理　378

第 10 講　マンションの管理費等について　　　　　　　　河野一郎　383
　Ⅰ　はじめに　383
　Ⅱ　民事執行の開始段階　384
　Ⅲ　調査及び評価　390
　Ⅳ　配当等の段階　392
　Ⅴ　区分所有法 59 条 1 項の形式的競売　396
　Ⅵ　おわりに　397

第 11 講　信託財産に属する不動産を目的とする競売事件
　　　　　　　　　　　　　　　　　　　　　　　　鷹野　旭　398
　Ⅰ　はじめに　398
　Ⅱ　強制競売　399
　Ⅲ　担保権の実行としての競売　421
　Ⅳ　最後に　428

第 12 講　建物の合体と不動産競売手続　　　　　　　　山下　真　430
　Ⅰ　問題の所在　430
　Ⅱ　抵当権設定後に建物が合体した場合　431
　Ⅲ　建物合体後に抵当権が設定された場合　439
　Ⅳ　甲建物と乙建物との所有者が同一である場合　441

事項索引　443
判例索引　449

● 凡例

[法令名]

法	民事執行法
規　則	民事執行規則
民	民法
民　訴	民事訴訟法
民訴規	民事訴訟規則
民訴費	民事訴訟費用等に関する法律
民　保	民事保全法
滞　調	滞納処分と強制執行等との手続の調整に関する法律
商	商法
会　社	会社法
社債株式振替	社債、株式等の振替に関する法律
信　託	信託法
投信法	投資信託及び投資法人に関する法律
破	破産法
国　徴	国税徴収法
非　訟	非訟事件手続法
家　事	家事事件手続法
区分所有	建物の区分所有等に関する法律
マンション管理	マンションの管理の適正化の推進に関する法律
不　登	不動産登記法
不登令	不動産登記令
被災区分建物	被災区分所有建物の再建等に関する特別措置法

[判例]

大　判（決）	大審院判決（決定）
最○判（決）	最高裁判所第○小法廷判決（決定）
高　判（決）	高等裁判所判決（決定）
地　判（決）	地方裁判所判決（決定）
支　判（決）	支部判決（決定）
簡　判	簡易裁判所判決

[判例集]

民　集	大審院民事判例集・最高裁判所民事判例集

集　民	最高裁判所裁判集民事
民　録	大審院民事判決録
金　法	金融法務事情
高民集	高等裁判所民事判例集
下民集	下級裁判所民事裁判例集
判　時	判例時報
判　タ	判例タイムズ
金　判	金融・商事判例

［文献引用］

・雑誌

ジュリ	ジュリスト
重　判	重要判例解説
曹　時	法曹時報
判　評	判例評論
法　教	法学教室
民　商	民商法雑誌
民　情	民事法情報
銀　法	銀行法務21
NBL	NBL

・単行本

新しいマンション法	法務省民事局参事官室編『新しいマンション法――一問一答による改正区分所有法の解説』（商事法務研究会、1983年）
伊藤ほか・不動産配当	伊藤善博ほか『不動産執行における配当に関する研究』（裁判所書記官研修所、1982年）
江頭・商取引法	江頭憲治郎『商取引法〔第7版〕』（弘文堂、2013年）
改正担保・執行法の解説	谷口園恵＝筒井健夫編著『改正担保・執行法の解説』（商事法務、2004年）
香川・注釈(1)～(8)	香川保一監修『注釈民事執行法(1)～(8)』（金融財政事情研究会、1983～1995年）
競売不動産評価の理論と実務	全国競売評価ネットワーク監修『競売不動産評価の理論と実務〔第2版〕』（金融財政事情研究会、2015年）
競売不動産評価マニュアル	東京競売不動産評価事務研究会編『競売不動産評価マニュアル〔第3版〕』（別冊判例タイムズ30号）（判例タイムズ社、2011年）

近藤・商法総則・商行為法	近藤光男『商法総則・商行為法〔第6版〕』（有斐閣、2013年）
近藤ほか・基礎と応用	近藤崇晴ほか編『民事執行の基礎と応用〔補訂増補版〕』（青林書院、2000年）
コンメ・マンション区分所有法	稲本洋之助＝鎌野邦樹『コンメンタールマンション区分所有法〔第3版〕』（日本評論社、2015年）
債権執行諸問題	東京地裁債権執行等手続研究会編著『債権執行の諸問題』（判例タイムズ社、1993年）
齋藤＝飯塚・プログレッシブ	齋藤隆＝飯塚宏編著『民事執行〔補訂版〕──リーガル・プログレッシブ・シリーズ（4）』（青林書院、2014年）
最判解民事篇	最高裁判所判例解説民事篇
執行実務・債権（上）（下）	東京地方裁判所民事執行センター実務研究会編著『民事執行の実務〔第3版〕債権執行編（上）（下）』（金融財政事情研究会、2012年）
執行実務・不動産（上）（下）	東京地方裁判所民事執行センター実務研究会編著『民事執行の実務〔第3版〕不動産執行編（上）（下）』（金融財政事情研究会、2012年）
条解民執規	最高裁判所事務総局民事局監修『条解民事執行規則〔第3版〕』（司法協会、2007年）
新基本コンメ民執	山本和彦ほか編『新基本法コンメンタール 民事執行法』（日本評論社、2014年）
新・実務民訴講座（12）	鈴木忠一＝三ヶ月章監修『新・実務民事訴訟講座（12）民事執行』（日本評論社、1984年）
新大系（12）	山崎恒＝山田俊雄編『新・裁判実務大系（12）民事執行法』（青林書院、2001年）
鈴木ほか・注解（1）〜（8）	鈴木忠一＝三ヶ月章編集『注解民事執行法（1）〜（8）』（第一法規出版、1984〜1985年）
大系（7）	大石忠生ほか編『裁判実務大系（7）民事執行訴訟法』（青林書院、1986年）
大系（12）	岡崎彰夫＝白石悦穂編『裁判実務大系（12）不動産登記訴訟法』（青林書院、1992年）
大コンメ破産法	竹下守夫編集代表『大コンメンタール破産法』（青林書院、2007年）
竹下＝鈴木・基本構造	竹下守夫＝鈴木正裕編『民事執行法の基本構造』（西神田編集室、1981年）
立花・執行供託	立花宣男編著『全訂 執行供託の理論と実務』（金融財政事情研究会、2012年）

田中・民執解説	田中康久『新民事執行法の解説〔増補改訂版〕』（金融財政事情研究会、1980年）
田邊・商法総則・商行為法	田邊光政『商法総則・商行為法〔第4版〕』（新世社、2016年）
逐条新しい信託法	寺本昌広『逐条解説 新しい信託法〔補訂版〕』（商事法務、2008年）
中野＝下村・民執法	中野貞一郎＝下村正明『民事執行法』（青林書院、2016年）
中野・民執法	中野貞一郎『民事執行法〔増補新訂6版〕』（青林書院、2010年）
平出・商行為法	平出慶道『商行為法〔第2版〕』（青林書院、1989年）
不動産執行の理論と実務（上）（下）	東京地裁民事執行実務研究会編著『不動産執行の理論と実務〔改訂〕（上）（下）』（法曹会、1999年）
不動産登記講座（3）	幾代通ほか編『不動産登記講座（3）各論1』（日本評論社、1978年）
平成5年改正不動産登記法と登記実務	法務省民事局内法務研究会編『平成5年改正不動産登記法と登記実務』（テイハン、1994年）
民事執行・保全百選	上原敏夫ほか編『民事執行・保全判例百選〔第2版〕』（有斐閣、2012年）
民事訴訟法研究（2）	三ケ月章『民事訴訟法研究 第2巻』（有斐閣、1962年）
民事判決起案の手引	司法研修所編『民事判決起案の手引〔10訂〕』（法曹会、2006年）
民事保全講座（1）	中野貞一郎ほか編『民事保全講座（1）基本理論と法比較』（法律文化社、1996年）
門口退官記念	松嶋英機ほか編『新しい時代の民事司法――門口正人判事退官記念』（商事法務、2011年）

● 執筆者一覧(五十音順)

岩田 瑶子(東京地方裁判所判事補)
内田 義厚(早稲田大学大学院法務研究科教授)
及川 勝広(福井地方家庭裁判所武生支部長)
小河原 寧(札幌地方裁判所部総括判事)
河野 一郎(鳥取地方家庭裁判所米子支部判事補)
酒井 良介(東京地方裁判所判事)
澤田 久文(秋田地方家庭裁判所大館支部長)
鈴木 和孝(大阪法務局訟務部副部長)
鷹野 旭(札幌地方家庭裁判所苫小牧支部長)
竹田 光広(札幌家庭裁判所長)
日向 輝彦(鹿児島家庭地方裁判所名瀬支部判事補)
森山 由孝(佐賀地方家庭裁判所判事補)
山下 真(神戸地方家庭裁判所豊岡支部長)

*　所属・肩書は平成28年8月30日現在。

第1部

債権執行

第 1 講

債権及びその他の財産権に対する執行手続における管轄裁判所

日向　輝彦

I　はじめに

　わが国の裁判所には、最高裁判所と下級裁判所である高等裁判所、地方裁判所、簡易裁判所及び家庭裁判所があり、下級裁判所は同種のものが多数存在している（憲法76条1項、裁判所法1条、2条、下級裁判所の設立及び管轄区域に関する法律1条）。管轄とは、このような裁判所間の裁判権の分掌についての定めをいう。特定の裁判所からみて裁判権を行使することができる権限の範囲を「管轄権」といい、特定の事件からみてその事件を処理することができる裁判所を「管轄裁判所」という[1]。管轄権の有無は裁判所の職権調査事項であり、通常は、債務名義上の記載から管轄権の有無を判断することができるが、中には債務名義の記載のみでは管轄権の認定が困難なケースがある。このような場合、申立債権者は、申立てをする裁判所に管轄権があることを主張・立証しなければならない。

　本稿では、債権及びその他の財産権に対する差押命令の申立てはどの裁判所にすればよいのかを解説するとともに、執行裁判所における管轄審査の実際や、管轄認定が困難となる場面及びその原因、管轄違いの申立てがあった場合の措置等について取り上げることとする。

---

1) 菊井維大＝村松俊夫原著・秋山幹男ほか『コンメンタール民事訴訟法Ⅰ〔第2版追補版〕』91頁（日本評論社、2014年）。

Ⅱ　事物管轄及び土地管轄

1　事物管轄

　民事執行法は、債権執行手続（以下では、少額訴訟債権執行手続を除く。）の執行機関を執行裁判所とし（法143条）、地方裁判所が事物管轄を有するとしている（法144条1項）。その他の財産権に対する執行手続についても、特別の定めがない限り債権執行の例によると定められているため（法167条1項）、債権執行手続と同様に、地方裁判所が事物管轄を有する。

2　債権執行手続における土地管轄

　民事執行法は、債権執行手続において、第1次的土地管轄を執行債務者の普通裁判籍の所在地（民訴4条）を管轄する地方裁判所とし（法144条1項前段）、この普通裁判籍がないときの補充的な第2次的土地管轄を差し押さえるべき債権の所在地を管轄する地方裁判所としている（同項後段）。差し押さえるべき債権は、原則として第三債務者の普通裁判籍の所在地にあるものとされるが、船舶又は動産の引渡しを目的とする債権及び物上の担保権により担保される債権については、例外的に、その物の所在地にあるものとされている（同条2項）。

　債権執行手続の土地管轄が第1次的に執行債務者の普通裁判籍を基準として定められたのは、執行債務者の権利防御を図るとともに、利害関係人の権利保護等が考慮されたためであるとされている。すなわち、差押命令は執行債務者及び第三債務者を審尋しないで発せられ（法145条2項）、それに対して不服のある執行債務者等は差押命令の告知を受けた日から1週間の不変更期間内に執行抗告をしなければならず（法10条2項）、しかも、執行抗告の申立てには執行停止の効力はない（同条6項）など、執行債務者にとって差押命令発令時における防御の機会が制限されたものになっている。上記基準は、このような執行債務者の権利防御の機会を図る

ことを考慮したものであり、また、執行債務者の普通裁判籍の所在地の近傍に利害関係人（例えば、執行債務者の他の債権者）が多いことに着目したものである[2]。

3 その他の財産権に対する執行手続における土地管轄

　民事執行法では、その他の財産権、例えば、電話加入権、知的財産権（著作権、特許権、実用新案権、意匠権、商標権等）、出資持分権（合名会社、合資会社及び合同会社の社員の持分権や民法上の組合の組合員の持分権等）、信託受益権、ゴルフ会員権、振替株式以外の株式、賃借権等に対する執行手続については、特別の定めがない限り債権執行の例によると定められているため、債権執行手続と同様に、第1次的には、執行債務者の普通裁判籍の所在地を管轄する地方裁判所が管轄執行裁判所となり、第2次的にこの普通裁判籍がないときには、差し押さえるべき財産権の所在地を管轄する地方裁判所が管轄執行裁判所となる（法167条、144条1項）。差し押さえるべき財産権のうち、第三債務者のある財産権は、原則として第三債務者の普通裁判籍の所在地にあるものとされる（法167条1項、144条2項）。民事執行規則上定めのある振替社債等、電子記録債権についても、その管轄について法144条を準用しているので同様である（規則150条の8、150条の15）。

　ところで、権利の移転について登記等を要するその他の財産権については、登記等のある地を管轄する地方裁判所に強制執行の管轄があるものとされており（法167条2項）、実務では、特許権等の知的財産権を目的とする差押命令の申立てについて、執行債務者の普通裁判籍を管轄する地方裁判所ではなく、登録地（特許権等の知的財産権は東京都千代田区の特許庁に全て登録されている。）を管轄する東京地方裁判所に申立てがされることがしばしばある。しかし、法167条2項は、直接に管轄裁判所を定めたものではなく、第2次的土地管轄についての補足規定であって、差し押

---

[2] 田中・民執解説308頁。

さえるべきその他の財産権の所在地のみなし規定であると解されるから、権利の移転について登記等を要するその他の財産権であっても、法144条1項の例により、第1次的には、執行債務者の普通裁判籍の所在地を管轄する地方裁判所が管轄執行裁判所となり、執行債務者の普通裁判籍がないときにはじめて、差し押さえるべきその他の財産権の所在地を管轄する地方裁判所として、登記等のある地を管轄する地方裁判所が管轄執行裁判所となる[3]。

III 専属管轄

　専属管轄は、ある事件の管轄が特定の裁判所にのみ属して、その事件については他の裁判所がいかなる理由によっても管轄権を持つことが認められない管轄である。民事執行法における管轄は、事物管轄及び土地管轄の双方において専属管轄とされている（法19条）。したがって、債権執行手続においては、事物管轄及び土地管轄のいずれについても、併合請求における管轄（民訴7条）、当事者間の合意管轄（同11条）及び応訴管轄（同12条）は認められていない（同13条1項参照）。

　そのため、執行債務者が複数いる場合には、原則として、債務者ごとに執行裁判所が定まることとなり[4]、共通の管轄裁判所である場合に限り併合して申し立てることができる。したがって、例えば、被差押債権が複数の相続人に帰属する場合には、相続人ごとに執行裁判所が定められることとなる。遺言執行者が選任されている場合であっても同様である。遺言執行者は当事者ではなく、相続人の法定代理人とみなされるにすぎず（民1015条）、遺言執行者の普通裁判籍は土地管轄の基準とはならないからである。

---

　3)　香川・注釈（7）44頁〔三村量一〕。
　4)　被差押債権が複数債権者の準共有・合有に属し、債務者ごとに土地管轄が異なるときは、管轄の指定を得て1つの差押命令を申し立てることも可能であると思われるが（法20条、民訴10条1項）、実務ではこのような申立ての受理例はほとんどない。

Ⅳ 管轄の審査

1 管轄の認定の順序

(1) 執行債務者が自然人の場合

　第1次土地管轄は、執行債務者の普通裁判籍の所在地により定まるから、①住所、②居所、③最後の住所の順で、それぞれの土地を管轄する地方裁判所が管轄執行裁判所となる（法20条、民訴4条1項・2項）。

　住所とは、その者の生活の本拠（民22条）、すなわち、その者の生活に最も関係の深い一般的な私的生活場所であり、全生活の中心地である。客観的な定住の事実が認められる限り、住民登録等がされていない場合でも住所と認められる。居所とは、多少の期間継続して居住しているが、その場所あるいは土地との生活の結びつきが住所ほど密接ではないもの、つまり生活の本拠であるというまでには至らない場所のことをいう。例えば、長期入院している病人の病院や学生の寮等がこれに当たり得るだろう。最後の住所とは、住居所が不明の場合に、普通の注意をもって探し得る、その人の日本国内における最後の生活の本拠地をいう。

　執行債務者の居所を管轄する地方裁判所に対して債権執行の申立てをするときは、申立債権者は、執行債務者に住所がないこと、又は不明であることを立証した上で、同人の居所が申立てをした裁判所の管轄内に存在することを証明しなければならない。また、最後の住所地を管轄する地方裁判所に対して申立てをする場合には、執行債務者に住所も居所も国内にはなく、又はそのいずれも不明であることを立証した上、最後の住所が管轄内に所在したことを証明する必要がある。

　この普通裁判籍がないとき（例えば、外国に住所を有しており、日本に住所も居所もなく、最後の住所も不明の場合）は、差し押さえるべき債権の所在地、すなわち第三債務者の普通裁判籍の地方裁判所が管轄執行裁判所となる（法144条1項後段）。もっとも、実務ではこのような第2次土地管轄による申立ての受理例はほとんどない。

(2) 執行債務者が法人その他の社団・財団である場合

第1次土地管轄は、執行債務者の普通裁判籍の所在地により定まるから、①主たる事務所又は営業所、②代表者その他の主たる業務担当者の住所の順で、それぞれの土地を管轄する地方裁判所が管轄執行裁判所となる（法20条、民訴4条4項）。また、代表者等に住所がなく、又は住所が知れない場合には、民事訴訟法4条2項を準用し、③同人の居所が、それがないときには④同人の最後の住所が法人の普通裁判籍の基準となる[5]。

主たる事務所とは、営利を目的としない法人の業務の主たる執行場所のことであり、主たる営業所とは、営利を目的とする法人の業務の主たる執行場所、すなわち本店のことである。これらの事務所又は本店は登記事項（一般社団法人及び一般財団法人に関する法律301条、302条、会社911条から914条）とされているので、法人等の住所の認定は容易である。ただし、登記上の事務所等で業務が行われておらず、ほかに事実上の主たる事務所等がある場合には、裁判籍が法人の実際の活動場所における防御活動を重視して設けられている趣旨に鑑みて、後者を管轄認定地とするのが相当である。

法人その他の社団又は財団について普通裁判籍がないとき、すなわち、日本に事務所又は営業所がなく、代表者等が日本に住所も居所もなく、最後の住所も不明の場合は、差し押さえるべき債権の所在地の地方裁判所が管轄執行裁判所となる（法144条1項後段）。もっとも、このような第2次土地管轄による申立ての受理例はほとんどない。

(3) 執行債務者が外国の社団又は財団である場合

外国法人等の第1次土地管轄は、①日本における主たる事務所又は営業所、②日本における代表者その他の主たる業務担当者の住所の順で、それぞれの土地を管轄する地方裁判所が管轄執行裁判所となる（法20条、民訴4条5項）。また、代表者等に住所がなく、又は住所が知れない場合には、民事訴訟法4条2項を準用し、③同人の居所が、それがないとき

---

[5] 香川・注釈(6) 84頁〔田中康久〕。

には④同人の最後の住所が法人の普通裁判籍の基準となることは国内法人の場合と同様である。なお、外国会社の日本における代理商は当該外国会社の機関ではないから、ここでいう業務担当者には該当しない。

　ところで、執行債務者や第三債務者の住所等が外国にある場合、債権執行の国内の管轄以前に、いわゆる国際執行管轄の有無が問題になるが、民事執行法は国際執行管轄について明文を置いていないため、解釈に委ねられることになる。国際執行管轄の決定基準については諸説あるところであるが、実務では、執行債務者の普通裁判籍が日本に所在する場合はもとより、それが日本にないときも、差し押さえるべき債権の所在地、すなわち第三債務者の普通裁判籍が日本に所在すれば日本の管轄権を認めている例が多い[6]。

2　管轄の決定基準時

　管轄の有無は、債権等の強制執行の申立て時を基準として定まる（法20条、民訴15条）が、申立時に管轄が存在していなくても、差押命令発令時までに管轄が生ずれば、申立ては適法なものとして扱われる。また、申立て後、差押命令が発令されるまでの間に執行債務者の普通裁判籍が変更しても、いったん定まった管轄は影響を受けることはなく、申立てを受理した裁判所の管轄権が失われることはない。もちろん、差押命令を発令した後も同様であり、転付命令、譲渡命令、売却命令等の換価手続までの間に執行債務者の普通裁判籍が変更しても、管轄裁判所は変更しない。したがって、差押命令を発令した裁判所が、転付命令、譲渡命令及び売却命令等の管轄権を有するし、配当等の手続も同一裁判所が管轄権を有することになる。

---

6)　執行実務・債権（上）37頁以下参照。
　　これに対し、香川・注釈（1）81頁〔田中康久〕は、第三債務者が日本に所在しない場合には、第三債務者が日本国内に財産を有しているとき、又はその債務者の第三債務者に対する債権が一般先取特権を除く担保権により担保されているときのみ、日本の裁判所による差押えが可能とする。

3　管轄の認定

　管轄権があることは執行裁判所として差押命令を発令するための前提条件であるから、申し立てられた裁判所は、職権で管轄権の有無を審査しなければならない。実務上、申立書の執行債務者の住所等と債務名義上の債務者の住所等が一致している場合には、債務名義成立時から変動がないものとして、債務名義上の住所等をもって申立時の住所等と認定するのが一般的である。

　もっとも、申立書上の執行債務者の住所等と債務名義上の住所等が異なる場合や債務名義成立後相当長期間経過しており、変動がないものとみることが相当でない場合、申立書の添付資料から債務名義上の住所等から移転していることがうかがわれる場合（例えば、債務名義正本の送達報告書から債務名義正本の送達が公示送達でされていることがうかがわれる場合等）には、申立債権者の責任において、申立てをする裁判所に管轄があることを主張・立証しなければならない。申立債権者が主張・立証しなければならないのは、強制執行が債務名義に表示された申立債権者の権利を実現するための手続であるからである。したがって、裁判所が、申立債権者の利益のために、職権で管轄認定のために必要な情報について送付嘱託や調査嘱託を行うことは相当でないだろう。

　申立書上の執行債務者の住所等と債務名義上の住所等が異なる場合等には、債務名義上の住所等から申立書上の住所等までの異動の経過や有無を明らかにして、債務名義上の債務者と執行債務者が同一人であることを証明して、執行債務者について管轄権があることを証明する必要がある。

　実務では、このような同一性・連続性の証明方法として、証明力の高い公文書を求めている。なぜならば、差押命令は執行債務者及び第三債務者を審尋しないで発せられるため（法145条2項）、管轄認定のための資料の記載内容が正しいかどうかを確認することができないからである。この場合の公文書としては、執行債務者が自然人である場合は、住民票、戸籍の附票、外国人登録原票記載事項証明書、不動産登記事項証明書、債務名義の正本等の送達証明書が、法人である場合は、当該法人の登記事項証明

書が典型である。

4　公文書による立証が困難な例

　債務名義上の住所等から申立書上の住所等までの異動の経過を公文書により明らかにすることが困難な場合、実務上は公文書以外の文書によることを排するものではないが、申立債権者作成の報告書等のみでは足りず、公文書によるのと同程度の高度の証明を求めており、公文書以外の資料で債務名義上の債務者と執行債務者との同一性・連続性の立証が認められた例は少ない。これらの資料がない場合には、債権者としては、債務名義上の債務者の住所地を管轄する地方裁判所に申し立てるほかない。そして、執行債務者に対する差押命令正本は現住所に転送されない限り不送達となるので、再送達の問題として処理されることになるだろう。

　以下では、公文書のみによる立証が困難なケースとして、実務上登場する典型例をいくつか紹介する。

(1)　執行債務者が債務名義上の住所に住民登録や登記事項証明書の本店所在地として登記したことがなく、その後別の場所に移転している場合

　このような場合、住民票等によって債務名義上の住所等から申立書上の住所等までの変遷を証明することはできない。そこで、申立債権者としては、訴訟等の債務名義作成段階で、執行債務者の住民票上の住所や登記事項証明書上の本店所在地を確認しておくことが重要である。仮に、訴訟記録等からこれらの住所等と執行債務者の現住所等とが異なることが判明したときには、申立債権者としては、債務名義作成機関に対し、住民票上の住所や登記事項証明書上の本店所在地を債務名義に併記することを求めるのが相当であろう。

　なお、実務では、かつて債務名義を作成した受訴裁判所に更正決定を求めていたことがあるようだが、①当事者の現住所とは別に住民票上の住所を併記しなければならない根拠に乏しいこと、②したがって、判決等に

「明白な誤りがあるとき」（民訴257条1項）に該当するとは解し難いこと、③特に、本案事件が終了した後に、相手方当事者の記載の変更を求めることは、その者の防御権の見地から問題のあること、④債務名義成立時の住所と現住所のつながりを主張する申立債権者は、その根拠として何らかの資料を持ち合わせているはずであること、⑤当該資料によって同一性・連続性の認定ができるかは本来執行裁判所が判断すべきものであり、その判断を受訴裁判所に押し付けるのは相当でないことから、少なくとも東京地方裁判所民事執行センター（以下「民事執行センター」という。）では現在はこのような対応はしていない。

(2) 強制執行の申立てまでに、執行債務者の住民票や戸籍の附票が保存期間の経過により、廃棄されてしまった場合

住民票は転出等により住民登録がなくなってから5年間、戸籍の附票は転籍等により除籍されてから5年間、それぞれ地方自治体で保存されることになっているが（住民基本台帳法施行令34条1項）、それ以降は廃棄されてしまうことが多い。その場合には、5年以上前に遡って住所の変遷を証明することができなくなってしまう。そこで、債務名義が成立してから、相当長期間、強制執行の申立てを行わない場合には、執行債務者の戸籍の附票等を保存期間が経過するまでに取得しておくことが望ましい。

(3) 執行債務者が債務名義上の住所等から移転し、現住所等について住民登録や登記事項証明書の本店所在地として登記していない場合

移転先に転送された旨の表示のある封筒の写しや、債務名義上の住所等が記載された移転先の賃貸借契約書等が入手できれば、債務名義上の住所等と転居先とのつながりを証明することができるが、そのような資料を申立債権者において入手することは通常困難である。債務名義上の住所等と転居先とのつながりを証明することができない場合、申立債権者としては、債務名義上の住所等に管轄権を有する地方裁判所に申し立てることになろうが、その場合の再送達の処理では、申立債権者が執行債務者の現住所と主張する場所に再送達するのが実務上の対応である。

5 債務名義上の記載のみでは住居所の認定が困難な例

　申立書上の住所等と債務名義上の住所等が一致している場合でも、債務名義上の住所等として、次のような記載がされている場合には、直ちに債務名義上の住所等を管轄認定のための住所等として扱うことはできない。

(1) 「住居所不明、就業場所……」、「住居所不明、送達場所……」

　就業場所や送達場所を管轄認定の住居所として扱うことはできないから、これらの記載をもって直ちに債権執行手続における管轄を認定することはできない。そのため、このような場合、実務では、申立債権者に債務者の「最後の住所」を明らかにさせ、これを証する住民票又は戸籍の附票等の資料を提出するまで事件処理を留保することになる。

　しかし、申立債権者がこのような立証等をするまでに相当の期間を要し、また立証できないことも多いため、申立債権者としては、債務名義作成段階で、債務者の住居所が不明で就業場所送達が行われた場合には、受訴裁判所に対し、債務名義上の債務者の住所欄に「住居所不明」と記載するとともに、これと並べて「最後の住所……」と記載するよう求めるのが相当であろう。

(2) 「○○株式会社内」

　このような記載では、就業場所又は送達場所と考えられるため、この記載をもって直ちに債権執行手続における管轄を認定することはできない。このような場合には、実務では、住民票又は戸籍の附票の提出を求め、「○○株式会社」が執行債務者の住居所であるかどうかを確認する取扱いである。その結果、「○○株式会社」が就業場所又は送達場所で、債務者の住居所ではないことが判明した場合は、債務名義上、「住居所不明、就業場所……」、「住居所不明、送達場所……」と記載されている場合と同様に扱うことになる。

　なお、「○○株式会社住込み」、「○○株式会社寮内」という記載であれば、居住していることが明らかであるから、住居所の表示として問題はない。

Ⅴ 管轄違いの申立て

1 事物管轄に違背した場合

　事物管轄に違背する裁判所以外の機関（例えば執行官や裁判所書記官）がした差押命令は、何らの手続を経るまでもなく当然無効であると解されている[7]。もっとも、外形上は差押命令が存在するため、執行抗告の申出があれば、抗告裁判所は差押命令を取り消すのが相当であろう。

2 土地管轄に違背した場合

(1) 違背した差押命令の効力

　土地管轄に違背して手続を進めた場合、当事者は、執行手続が完了するまで、執行異議（法11条）又は差押命令に対する執行抗告（法145条5項）において不服を申し立てることができる。

　ただし、土地管轄違背した差押命令は、事物管轄に違背した場合と異なり、当然に無効になるものではなく、取り消すことができると解されている。これは、専属管轄とはいえ、土地管轄が利害関係人の利益調整の観点から定められたるものであることから、関係者が不服を述べなければ手続の遂行を肯定してよいからであるとされている[8]。したがって、取り消されないまま手続が完了すれば、当事者等はこれに対して不服申立てをすることはできず、有効な手続として確定することになる。

---

[7] ただし、香川・注釈（6）97頁は、地方裁判所以外の裁判所（例えば簡易裁判所、家庭裁判所）が差押命令を発令したときは、裁判所が判断したものである以上、当然無効として考えるのは相当でなく、単に取消しができるだけであるとしている。

[8] 香川・注釈（6）98頁。

(2) 違背した場合の措置

　管轄権の有無は裁判所の職権調査事項であるから、申立てを受けた裁判所は、資料から管轄裁判所が明らかなときには事件を管轄裁判所に移送し（法20条、民訴16条）、管轄裁判所が明らかでないときは申立てを却下しなければならない。ただし、管轄違いによる移送決定に対しては、即時抗告が許され（法20条、民訴21条）、確定しないと効力が生じず、移送手続自体もある程度の時間を要し、管轄裁判所に申立てをし直した方が早期に手続が進行することが多いことから、実務では、申立債権者に対し、管轄裁判所に申立てをし直すように窓口指導を行うのが一般的である。

(3) 管轄違いによる移送

　規則2条1項1号によれば、職権による移送決定は、「民事執行の申立人及び相手方」に対して告知しなければならないとされているものの、①差押命令発令前にされた移送決定を執行債務者に告知すると、執行債務者によって差押財産が処分されてしまうおそれがあることから、上記の場合に移送決定を執行債務者に告知することには問題があるというべきであり（法145条2項参照）、②差押命令発令前にされた移送決定は、申立債権者にのみ向けられた裁判であると解することが可能であるから、差押命令発令前の時点で管轄違いによって事件を移送する場合には、移送決定を執行債務者に告知・送達する必要はないと考える。民事執行センターでも、差押命令前にされた移送決定は債務者に送達しない取扱いである。

　また、民事訴訟法22条（法20条）が「確定した移送の裁判は、移送を受けた裁判所を拘束する。」と定めていることから、執行債務者は移送決定後に発令される差押命令に対して管轄違いを主張して執行抗告をすることはできないとも思えるが、告知を受けなかったため移送決定について即時抗告によって争う機会が保障されていなかった執行債務者については、管轄違いを主張することも許されると解するのが相当であろう。

第2講
執行裁判所から見た債務名義作成上の留意点

鈴木　和孝

I　はじめに

　強制執行は、債務名義を基礎として実施される（法25条）。
　強制執行は、債権者の有する私法上の給付請求権を国家が強制的に実現する手続であるため、その基礎となる給付請求権の存在は慎重に確定される必要があるが、他方、債権者の権利が確定された場合、権利の実現を迅速に行う必要がある。そこで、給付請求権の存否を確定するための判断作用とその実現のための執行手続とを分離して別の機関が行うものとし、執行機関は、給付請求権の存在を表示する判決や執行証書等の文書が提出されれば、その内容に従って手続を進めればよいこととして、簡易、迅速な執行手続の実現を図っている。
　しかしながら、執行裁判所に提出される債務名義の正本の中には、それによっては簡易、迅速な執行手続の実現が図れないといわざるを得ないものも見受けられる。

II　債務名義の機能

1　債務名義の意義

　債務名義とは、強制執行により実現されるべき私法上の給付請求権の存在と内容を明らかにし、それを基本として強制執行をすることを法律が認めた一定の格式を有する文書をいい[1]、具体的には、法22条1号ないし

7号に掲げられている。

2　債務名義に表示される事項

　債務名義は、強制執行の根拠となるものであり、これが存在しなければ強制執行をすることができない。しかも、債務名義は、執行すべき内容及び範囲を画する基準となるものであるから、誰が誰に対してどのような強制執行をなし得るかという基本的な執行の内容を確定するに足りる事項が記載されていなければならない。

　そのため、ある文書が債務名義といえるためには、形式的に法22条に掲げられた文書に該当するだけでなく、①強制執行によって実現されるべき給付請求権、②執行の当事者（債権者と債務者）、③執行の対象財産ないし責任の限度、の3点が記載されている必要がある[2]。

3　債務名義の解釈

　強制執行によって実現されるべき請求権の内容とその範囲は、債務名義の内容によって定まるところ、債務名義の内容については、当該債務名義に基づく強制執行を担当する執行機関が執行に際してこれを解釈認定する権限と職責を有する。債務名義の解釈のための資料は、債務名義ないし執行文に限定され、それ以外の資料（例えば、訴訟記録中の主張書面や証拠、当事者の説明等）に基づくことはできない。債務名義の解釈のために債務名義の記載以外の事実や証拠の収集を要するというのでは、債務名義作成手続と執行手続とを分離し、執行手続を形式化した意義が失われてしまうからである[3]。

　和解調書、調停調書、執行証書等の場合、判決と異なり、理由が付され

---

1) 中野・民執法166頁。
2) 齋藤＝飯塚・プログレッシブ26頁。
3) 中野・民執法177頁。

ていないから、結局、当該条項の文言の解釈により判断されるが、もとより個々の文言に拘泥することなく、債務名義全体の記載に照らして合理的な解釈が行われるべきものである[4]。

債務名義の解釈によって給付請求権の内容が特定できない場合には、その債務名義は執行力を欠き、これに基づく執行申立ては却下される。その場合、債権者としては、同一の請求原因に基づいてあるいは和解や調停で定められた給付義務の履行を求めるために、給付の訴えを提起する等の方法によって新たな債務名義を取得しなければならない[5]。

そのため、債務名義の作成を求める当事者や債務名義を作成する裁判所・公証人としては、強制執行のことを念頭に置かずに債務名義を作成したために後で強制執行ができなかったとか、強制執行の段階で問題になったというようなことがないようにしなければならない。

III 金銭給付を目的とする債務名義を作成するに当たっての留意点

1 給付当事者の特定

(1) 総論

執行当事者を確定するために、債務名義上、債権者と債務者を明示する必要がある。そして、当事者の特定は、通常、住所と氏名で行う[6]。

債務名義上の住所・氏名で執行を申し立てる場合は、債務名義上の住所・氏名を執行申立時の住所・氏名と推定することになるため特に問題は生じないが、債務名義成立後に住所の移転や氏名の変更があった場合は、当事者の同一性の立証、いわゆる「つながり立証」(債務名義上の住所・氏名から現住所・現氏名までの異動の経過を明らかにして、債務名義上の当事者

---

[4] 近藤ほか・基礎と応用18、19頁。
[5] 中野・民執法177頁。
[6] 民事判決起案の手引5頁。

と執行当事者が同一であることを立証すること）が必要となる。

この「つながり立証」については、債務者が自然人のときは、住民票、戸籍の附票、不動産登記事項証明書等の公文書によるのが原則である（執行実務上は、債務名義上の住所から現住所までの異動の経過を公文書により明らかにすることが困難な場合もあり、そのような場合には、公文書以外の文書によることを排するものではないが、公文書による場合と同程度の高度の証明を求めるのが一般的であり、公文書以外の資料でつながり立証が認められる事例は稀であろう。）[7]。

そのため、債務名義には、公文書において確認できる当事者の特定情報を記載しておくことが望ましいといえる。

(2) 住所の問題

ア　債務名義の作成過程において、債務者の住居所が不明で就業場所送達を行った場合の留意点

債権執行においては、債務者の普通裁判籍の所在地を管轄する地方裁判所が管轄権を有するため（法144条1項）、債務者の住居所は、管轄認定の基準となる。

ところで、債務名義の作成過程において、債務者の住居所が不明で就業場所送達を行った場合、債務名義上の債務者の住居所欄には「住居所不明、就業場所　某」、「住居所不明、送達場所　某」等と記載することが考えられるが、就業場所や送達場所を住居所と扱うことはできないから、この記載をもって直ちに債権執行手続における管轄を認定することはできない。

---

[7] なお、「つながり立証」の証拠方法を原則として公文書に限るとの取扱いが硬直的すぎるのではないか、例えば、申立債権者の代理人弁護士が作成した報告書等が提出されればそれでつながりを認定してもよいのではないかと疑問に思うかもしれないが、このような報告書等が提出された場合、訴訟手続では、他方当事者にその報告書等の記載内容が正しいかどうかを確認することができるが、執行手続では、他方当事者である債務者を審尋せずに発令審査を行うこととされており（法145条2項参照）、このような確認をすることはできないため、申立債権者には、証拠資料として、もともと証明力の高い、公文書又はこれに準ずる資料を提出してもらうこととなる。

そのため、このような場合、執行実務では、債権者に対し、債務者の「最後の住所」を明らかにさせ、これを証する住民票や戸籍の附票等の資料を提出するまで事件処理を留保することになると思われるが、債権者がこのような立証等をするまでに相当の期間を要し、また立証等ができないことも少なくない。

　したがって、上記のように債務名義の作成過程において債務者の住居所が不明で就業場所送達を行ったという場合は、債務名義上の債務者の住居所欄に「住居所不明」と記載し、さらにこれと並べて「最後の住所　○市○町○番○号」と記載する等の工夫を行うべきであろう[8]。

　なお、債務名義上、債務者の住所が「○○株式会社内」と記載されている場合、これは就業場所又は送達場所と考えられるので、この記載をもって直ちに住所と見ることは相当でない。そのため、このような場合、執行実務では、債権者に対し、債務者の住民票又は戸籍の附票の提出を求め、○○株式会社が債務者の住所であるかどうかを確認するのが一般的な取扱いである[9]。その結果、○○株式会社が就業場所又は送達場所で、債務者の住所でないことが判明した場合は、債務名義上、「住居所不明、就業場所　某」、「住居所不明、送達場所　某」と記載されている場合と同様の問題が生じることになろう。

　　イ　債務名義上、債務者の住所や本店所在地について住民票上の住所や商業登記簿上の本店所在地と異なる場所を認定・表示する場合の留意点

　債務名義上で、住民票上の住所や商業登記簿上の本店所在地と異なる場所を住所や本店所在地として認定する場合は、住民票上の住所や商業登記簿上の本店所在地を併記しておかないと、前記(1)の「つながり立証」が困難になってしまうおそれがある。例えば、訴訟段階における住民票上の住所がA、訴訟段階における実際の住所がB、執行段階における住民票上の

---

[8]　民事判決起案の手引6頁。
[9]　これに対し、「○○株式会社住込み」、「○○株式会社寮内」の表示であれば、そこに居住していることが明らかであるから、このような問題は生じない。

住所及び実際の住所がいずれもCという場合、住民票や戸籍の附票にはA→Cという住所の異動の経過しか記載されないように思われるので、債務名義に当時の住民票上の住所であるAが併記されていれば「つながり立証」が簡単にできるが、債務名義にAが併記されていないときは、B→Cという住所の異動の経過を住民票等の公文書により立証するほかないが、この立証は極めて難しいといわざるを得ない。

　したがって、債務名義上で、住民票上の住所や商業登記簿上の本店所在地と異なる場所を住所や本店所在地として認定する場合には、住民票上の住所や商業登記簿上の本店所在地を併記するのが望ましいといえる。

　ウ　債務名義上、ドメスティックバイオレンス（DV）等を理由に当事者の住所を秘匿する場合の留意点
　㈐　氏名のみでは当事者の特定が認められないこと
　前記(1)のとおり、当事者の特定は、住所と氏名で行うのが通例である。したがって、氏名のみを記載して、住所を記載していない債務名義では当事者の特定がないといわざるを得ないであろう。
　㈑　住所秘匿の措置を講じる場合の当事者の特定方法
　住所秘匿の措置を講じる場合の当事者の特定方法としては、実務上、次の3つの方法のいずれかをとることが多いように思われる。
　まず、当該当事者の現住所と住民票上の住所が異なるときは、現住所の代わりに住民票上の住所を記載する方法をとることが多い。これであれば、当事者が当該住所に現在居住していないとしても、当該住所の記載をもって、他の住所と区別することが可能であるため、当事者の特定は問題ないと思われる。
　次に、住所の代わりに本籍及び生年月日を記載する方法である。本籍については、当事者が自己の意思で自由に設定することができるものであるため、これだけで当事者の特定ができるかについては疑問があり、また、生年月日についても、同じ生年月日の人物が複数存在する可能性がある以上、やはりそれのみでは当事者特定の要素としては不十分であるといわざるを得ない。そのため、当事者の特定のためには、住所の代わりに本籍と生年月日の両方を併記する必要があると思われる。

最後に、当事者の住所として、代理人弁護士の事務所の所在地を記載する方法である。当事者＝執行太郎、代理人弁護士＝鷹番花子弁護士という例で考えると、上記の方法であれば、当該事件を鷹番花子弁護士に委任している執行太郎という形で、当事者特定の要請を満たしていると考えることができる。もっとも、この方法による場合、執行段階で当事者（執行太郎）が債務名義作成時の代理人弁護士（鷹番花子弁護士）に事件を委任していないときは、債務名義に表示された当事者と強制執行における当事者との同一性が問題となり得るので、注意する必要がある。

(3)　氏名の問題——債務名義上の債務者が「BことA」となっている場合

　強制執行の実施に際し、執行裁判所は、執行対象財産が債務者の責任財産に属するか否かを審査しなければならないが、債務者の責任財産に属するとの一応の外観があれば、かかる外観に基づいて適法に強制執行をなし得る（強制執行における外観主義）。
　ところが、債務者の実名以外の名義による財産については、当該財産が債務者に帰属するという外観は存在しないし、実質的に見ても、これを安易に債務者に帰属するものとして差押えを認めると、実在する可能性のある当該他人の利益を害するおそれがある。
　とはいえ、実体的には、債務者がその実名以外の名義で財産を有する場合があるし、中には、自己の財産をあえて他人名義とすることにより財産の隠匿を図ろうとする不誠実な者がいることも確かであるから、およそ債務者の実名以外の名義による財産について差押えを認めないとするのは不合理である。
　そこで、債務者と執行対象財産の名義人が同一であることが立証されれば、当該財産が債務者の責任財産に帰属するものと認めることができると解されるところ、債務名義上の債務者が「BことA」となっている場合でも、執行段階においてはAとBとのつながり（同一性）に関する立証が必要となる場合が多い。例えば、①対席判決の場合で、その理由中にAとBとのつながり（同一性）について実質的判断が示されていれば、執行段階

でAとBとのつながり（同一性）について別段の立証は不要であるが、②欠席判決、支払督促等でつながりの立証に債務者の関与がない場合や、対席判決であっても判決理由中にAとBとのつながり（同一性）についての実質的判断が示されていない場合には、債務名義作成段階でAとBとのつながり（同一性）に関する立証があったとはいい難いことから、執行段階でつながり（同一性）の立証が必要となる。

　以上のとおり、債務名義において債務者が「BことA」と表示されていても、直ちにB名義の財産を差し押さえることができるわけではない可能性があることに注意する必要がある。

2　給付内容の特定

(1)　執行当事者が複数の場合

ア　債務者複数の場合

　数名の債務者が不可分債務、連帯債務又は不真正連帯債務を負う場合、「被告らは、原告に対し、金100万円を支払え。」等と表現してはならない。これでは、民法427条の分割債務の規定を通じて各被告に対し平等の割合で分割支払を命じた趣旨と解されることになるからである（最二判昭和32年6月7日民集11巻6号948頁参照）。

　そのため、数名の債務者が不可分債務、連帯債務又は不真正連帯債務を負う場合は、「各自」、「連帯して」の文言を入れ、「被告らは、原告に対し、各自金100万円を支払え。」、「被告らは、原告に対し、連帯して金100万円を支払え。」等と表現する必要がある。

イ　債権者複数の場合

　債権者が複数の場合も、前記アで述べたのと同様の問題が生じ得る。そのため、債権者の権利が不可分債権や連帯債権等の場合は、「被告は、原告ら各自に対し、金100万円を支払え。」等と表現する必要があろう。

(2) 給付対象物の特定等

ア 給付対象物の特定

給付条項には、給付の対象物が特定されていなければならない。給付の対象物が特定されていなければ、債務名義としては無効であり、その結果、執行力も有しないこととなる（最二判昭和31年3月30日民集10巻3号242頁）。

イ 給付対象物の特定方法（金銭給付の場合）

(ア) 確定金額による表示、又は債務名義自体からそれを算出できる事項を明示する必要があること

金銭給付の場合、確定金額で表示するのが原則である。確定金額を表示できないときは、その金額を算出するのに必要な事項（例えば、計算上の元本、利率、起算日、終期といった事項）を明らかにして債務名義自体で算出できるようにする必要がある。

(イ) 具体例の検討

以下では、執行実務上問題となることが多い例を具体的に見ることとする。

> 例1　被告は、原告に対し、金100万円及び平成○年○月○日から支払済みまで年5分の割合による金員を支払え。

この条項では、遅延損害金算定の基礎となる元金額が特定されていないため、金100万円しか執行することができず、債権者は、その分不利益を被ることとなる。

> 例2　被告は、原告に対し、財産分与として、被告が○○会社を退職した際、同社から支払を受ける退職金の2分の1を支払う。

この場合、給付内容確定のための基礎となる事実の表示は一応あること、給付金額の計算方法も特定されていることから、被告の退職の事実発生後に原告が退職金の額を立証して条件成就（事実到来）執行文（法27条1項）を得れば[10]、執行力は肯定されるとする見解もある。

しかしながら、前記(ア)のとおり、金銭給付における給付額は、当該債務

名義自体からそれを算出できるものでなければならないし、また、民事執行法上、執行文付与機関は、請求が債権者の証明すべき事実の到来に係る場合においてその事実が到来したことを認定する権限しか与えられておらず（法27条1項）、債務名義において明らかでない額を自ら確定する権限は有しないこと等に照らすと、上記の条項では執行力を有する債務名義とはいえないであろう。

3　給付文言

(1)　給付意思の表現

ア　和解調書や調停調書の場合

和解調書や調停調書における給付文言は、給付意思を明確に表現するものであることが必要であり、金銭支払を内容とする給付意思については「支払う」と表現するのが一般的である。これに対し、「支払うこと」、「支払うものとする」、「支払わなければならない」、「支払う義務を負う」等は確認条項、道義条項等と混同されやすく、用語として不適切である[11]。

また、連帯保証の場合、例えば「利害関係人は、原告に対し、被告の原告に対する前項の債務につき連帯保証する。」では、利害関係人において連帯保証債務を負担する旨の記載はあるが、利害関係人の給付意思が明確でないため、これのみでは執行力が認められないと解される（大阪高判昭和55年10月31日判タ436号161頁）。

イ　公正証書の場合

これに対し、公正証書が債務名義となるために給付文言が必要か否かに

---

[10]　この場合、執行文付与機関としては、債務名義外の退職金額を証明する資料から具体的な給付金額を算定した上、条件成就執行文の中に、その具体的な給付額を明示することになろう。

[11]　既にそのような表現のある和解調書等を債務名義と認めるか否かの解釈の場面では、このような文言の形式のみから直ちに執行力を否定するのも問題であるため、上記のような表現の場合であれば、給付文言の趣旨で用いられたと解釈して、執行力を認めるのが通常であろう（近藤ほか・基礎と応用19頁）。しかし、債務名義作成の段階では、当事者から異論が出ないような、明確で紛れのない表現を用いることが肝要である。

ついては、古くから議論されている論点であるが、執行実務においては、基本的に必要説に立った運用が行われている（この点、執行認諾条項付公正証書においては、原則として請求権の表示のほかに給付を約諾する旨の文言の記載は不要であるとして、給付文言不要説に立つ裁判例〔東京高決昭和60年8月27日判タ575号70頁〕もあるが、飽くまで債務名義である以上、給付文言が必要であることは執行証書以外の債務名義の場合と何ら異なるところはないはずである。）。

　もっとも、例えば、裁判上の和解調書で「○○は相手方の負担とする」との表現は、実体法上の義務の負担についての合意とはいえても、給付意思を表現したことにはならないから債務名義とはならないと解されているが、公正証書については、「公正証書作成費用○○円は債務者の負担とする」との表現でも債務名義となると解されている（東京高決昭和54年2月23日判時928号64頁、東京高決昭和54年4月12日判時931号72頁）。また、「事前に求償権を行使することができる」との表現について、公正証書の他の条項から、事前求償権に係る金員を債務者が債権者に対して支払う旨を約したものと認めることができるとして、債務名義となると解した裁判例（東京高決平成元年1月20日金法1230号36頁）もある。

(2) 法151条の2の場合

　平成16年の民事執行法改正により、扶養義務等に係る定期金債権による差押えの特例が設けられた（法151条の2）。この特例によれば、定期金債権の一部が不履行となっているときは、いまだ期限が到来していない分の定期金債権についても一括して、給料その他継続的給付に係る債権に対する強制執行を開始することができることになる。

　この定期金債権についての特例を利用しようとする債権者は、債権差押命令の申立て時に、請求債権が法151条の2第1項各号に掲げられている民法上の義務に係る定期金債権であることを証明する必要があるが、その証明は、Ⅱ3のとおり、債務名義の表示によってのみすることができ、他の資料による証明は原則として認められていない。そのため、このような定期金債権について債務名義を作成する場合は、その請求債権の性質を

債務名義上に明確に示す必要がある。具体的には、和解調書、家事調停調書、執行証書等の給付条項に、「婚姻費用として」、「養育費として」、「扶養料として」等の表現を用いるようにし、「本件和解金として」、「解決金として」等の権利の性質が養育費その他の扶養義務等に係る金銭債権（以下「扶養義務等債権」という。）であるかどうかが不明確な表現は用いないことが肝要である。

また、「婚姻費用未払金及び慰謝料として金〇円」との記載では、婚姻費用の額が不明であるといわざるを得ず、やはり定期金債権についての特例の適用を受けることはできないので、注意する必要がある。

さらに、判決、家事審判等における主文の記載は、抽象的な金銭の一定額についての支払を命ずるものであるから、その事件名や理由中の記載から当該債権が扶養義務等債権であることが明らかになるようにしておく必要がある。

4　期限の利益喪失条項について

(1)　懈怠の程度に関する具体的表現

分割払による金銭給付を内容とする和解等においては、期限の利益喪失条項を設ける場合がほとんどである。

この場合、懈怠の程度に関する表現方法としては、大要、①懈怠回数のみで表示する方法、②懈怠金額のみで表示する方法、③懈怠回数及び懈怠金額の両方で表示する方法の3つが考えられるが、執行開始要件の認定に最も疑義が生じにくいのは、②の懈怠金額のみで表示する方法であり、これが最も望ましいと思われる。

なお、①の懈怠回数のみで表示する場合に、「〇回分怠ったときは」というように、「分」の文字を入れて和解条項等が作成されることがあるが、これだと、各回の弁済金額が異なるときは、上記「〇回分」の意味が一義的に明確ではないこととなり、執行段階において、執行開始要件を充足しているか否かの判断に困難が生じるおそれがあるので、注意が必要である。

(2) 期限の利益喪失による遅延損害金の給付条項と債務者が最終弁済期の支払のみを懈怠した場合の取扱い

債務者が分割払の最終弁済期の前までは遅滞なく支払をしていたが最終弁済期の支払のみを怠ったという場合、執行実務では、①実体法上、最終弁済期の支払を怠った場合にはその翌日から遅延損害金が発生するのであり、最終弁済期の支払のみを怠った場合も、期限の利益喪失による遅延損害金の給付条項が適用されるとして、遅延損害金を請求債権とすることを肯定する見解と、②最終弁済期の支払のみを怠った場合には、もはや失うべき期限の利益はないから、このような場合に期限の利益喪失による遅延損害金の給付条項を適用するのは当事者の合理的意思解釈として無理があるとして、遅延損害金を請求債権とすることができないとする否定説が強く対立しているところである。

そのため、債務名義を作成する際は、例えば、期限の利益喪失条項と遅延損害金の給付条項とを分けた上で、後者については「期限後又は被告が前条により期限の利益を喪失したときは、○○支払う」等と記載するのが無難であろう。

5 保全手続との関係で留意すべき点

(1) 仮差押命令申立ての取下げについて

仮差押えの段階で既に差押えの競合が生じている場合、仮差押えに係る配当分については、本案訴訟の帰趨を待って配当を実施することになる（法166条2項、92条1項、91条1項2号）。この場合、配当が留保されているが、本案訴訟において仮差押命令の申立てを取り下げてしまうと、当該配当留保金には仮差押えの効力が及ばなくなり、その結果、仮差押えの段階での配当留保金について配当に与れないという事態になってしまう。したがって、この場合は、和解条項等の中で、「（ただし、既に配当留保されている分は除く。）」との表現を入れるか、取下げ自体を留保しておく必要があろう。

(2) 本執行移行について

保全処分の執行がされた後に、保全債権者が被保全権利につき本案の勝訴判決その他の債務名義を得た上、債務名義の条件が成就する等して、当該債務名義による強制執行（これを「本執行」という。）が可能となった場合に、保全処分の執行の効力を本執行においてどのように取り扱うかが「本執行移行」の問題である。これが認められないと、既に他の債権者からの差押えが入り供託されている場合には、その部分については仮差押えの効力が及ばないこととなり、仮差押債権者にとってはかなりの不利益となってしまう。

この本執行移行が認められるためには、①当事者の同一性、②請求債権の同一性、③執行対象物の同一性が認められる必要がある。上記②の要件については、仮差押えの被保全権利と債務名義で認められた権利との間に請求の基礎の同一性が認められれば足りると解するのが多数説であり、実務の取扱いである（最一判平成24年2月23日民集66巻3号1163頁）。この実務の取扱いを前提としても、本執行移行する予定の場合は、債務名義上、請求の基礎の同一性を判断できる程度の請求債権の内容の表示が必要なので、注意する必要がある。

参考文献

脚注に掲載の文献のほか、
- 裁判所書記官研修所編『書記官事務を中心とした和解条項に関する実証的研究』42～49頁（法曹会、1982年）〔小川弘喜＝渡辺昭二〕。
- 執行実務・債権（上）Q6、Q9、Q17、Q18、Q33。
- 債権執行諸問題3～8頁。

第 3 講
強制執行における
執行機関の審査の範囲

酒井　良介

I　はじめに

　執行機関は、強制執行の申立てがあった場合、いかなる範囲について審査をすべきか。執行機関は、審査権限が及ぶ事項について、審査を行った結果法律上の要件を満たしていないと判断したときには、当該申立てを却下しなければならないが、審査権限が及ばない事項については、たとえ疑義があったとしても当該申立てを却下することはできない。したがって、執行機関の審査の範囲を明確にすることは重要な意義を有する[1]。

　申立ての方式（規則 1 条）、管轄（法 19 条、44 条、143 条等）、当事者能力（民訴 28 条）、執行当事者適格（法 23 条）、代表権（会社 349 条等）、代理権（民訴 54 条、法 13 条）、執行文の付された債務名義の正本（法 25 条）、執行開始要件（法 29 条から 31 条等）について、執行機関が審査権を有することは、法令の規定から明らかである。

　これに対し、債務名義については、債務名義作成手続、執行文付与手続と強制執行手続が分離されていることから、執行機関は、強制執行の基礎となる実体的権利の有無については、債務名義の表示を基礎として、当該債務名義が現在の法律関係と一致するかどうかを調査することなく、強制執行の開始の可否を判断する[2]。このことは、民事執行法が、給付請求権

---

[1]　実務上は、執行機関の審査の範囲外の事項であっても、その後の手続における無用な紛争を防止するために、申立ての補正を勧告することが行われているが、その場合は、勧告に応じなかったといって申立てを却下することはできない。

や執行力の有無を判断する機関と執行機関とを分離することにより、迅速かつ能率的な権利の実現を図るという考え方をとっていることによるものである。

このことからすれば、執行機関は、債務名義該当性の有無や債務名義に表示された事項の解釈については審査権を有するが、債務名義に表示された給付請求権の存否に係る事項については審査権を有しないものと解される。

もっとも、個々の場面においては、執行機関の審査の範囲に関する判断が必ずしも容易でないことが考えられる。そこで、本稿においては、債務名義やこれに付随する執行文等について、執行機関の審査権の及ぶ範囲について検討を加えることとしたい。

II 債務名義の審査

1 債務名義の正本該当性

債務名義の正本として提出されたものが、外形的に債務名義の正本の体裁をなしていない場合、例えば、裁判官の表示が空欄になっている場合、落丁があり、原本と同一でないことが明らかである場合、正本としての認証がされていない場合等においては、強制執行手続を開始することができない。

上記事項は、債務名義の正本として提出された文書そのものによって形式的に審査することができるから、執行機関の審査権が及ぶ。

---

2) 債務名義は、権利の存在を高度の蓋然性をもって証明することのできる資料であり、その種類は法22条に限定列挙されているから、執行機関は、提出された文書が執行力のある債務名義正本であるか否かを形式的に判断することができる。

2 債務名義の成立過程

(1) 訴訟能力の欠缺

訴訟能力の欠缺を看過した判決は、絶対的上告理由が存するが（民訴312条）、上訴がされずに確定すれば、再審により取り消されない限り、債務名義として有効であり、執行停止文書の提出がない限り強制執行は停止しない（法39条1項1号）。したがって、例えば、提出された判決正本の理由中の記載から、原告が未成年者であって行為能力を欠くことが明らかな場合であっても、執行機関は、そのことを理由として強制執行の申立てを却下することはできない。

もっとも、強制執行の申立てについても訴訟能力が必要であり、強制執行の申立てが適法であることについては執行機関の審査権が及ぶから、執行機関は、強制執行の申立てをした債権者が訴訟能力を有していないことが記録上明らかな場合は、申立てを却下すべきである。

(2) 判決の無効

いわゆる判決の無効事由として、裁判権に服しない者に対する判決や、実在しない当事者に対する判決などが挙げられる。これらは、判決が絶対的無効であるという意味ではなく、既判力、執行力又は形成力がないことを意味する。

裁判権に服しない者を被告とする判決により強制執行をすることはできないが、そのことは、強制執行に関する決定をすることも裁判権の行使に含まれることを前提に、執行機関が当該強制執行手続における債務者は裁判権に服しないと判断し、強制執行の申立てが不適法と判断したことによるものであり、債務名義の内容を審査したことによるものではない。また、実在しない当事者に対する判決については、当事者が実在するか否かは実体上の問題であって、債務名義の表示自体から判断することはできないから、かかる点について執行機関の審査権は及ばない。

3　債務名義の内容

(1)　内容の特定

債務名義に表示された給付請求権の内容が特定を欠くものであれば、強制執行をすることが可能な範囲を判断できないから、債務名義の特定性の有無は、執行機関の審査の対象となる。特定の有無は、執行当事者と給付請求権の内容について問題となる。

　ア　執行当事者の特定

債務名義において債権者及び債務者が特定されていなければ強制執行は不可能であり、執行機関の審査権は、執行当事者の特定の有無に及ぶ。

債権者、債務者が複数である場合には、執行当事者の特定に問題が起こり得る。例えば、原告が2名で被告が2名である場合の判決主文が「被告は、原告に対し、1000万円を支払え。」となっている場合、どの被告からどの原告に対する給付が命じられているのかが特定されていない。債務名義が判決であれば、多くの場合は判決理由を読めば執行当事者を特定することができると考えられるが、執行当事者の特定の有無は、債務名義の給付文言のみから判断すべきであり、判決理由によって主文の内容を補充することはできない。

これに対し、原告が2名で被告が1名である場合の「被告は、原告らに対し、1000万円を支払え。」、又は、原告が1名で被告が2名である場合の「被告らは、原告に対し、1000万円を支払え。」という判決主文は、分かりにくさという意味では不相当ではあるが、民法427条により当然に分割債権又は分割債務となるため、執行当事者、給付内容のいずれの点においても特定していないとはいえない。

　イ　給付内容の特定

債務名義の給付文言において、給付内容の特定性の有無は、債務名義の内容に関する事柄であるから、執行機関の審査権が及ぶ。

この点、公正証書については、金額の一定性が債務名義の要件となっており（法22条5号）、給付内容が特定していることを要することが法律上定められているが、他の債務名義についても、給付内容の特定性の有無に

ついて執行機関の審査権が及ぶことに変わりはない。

　給付内容の特定性は、債務名義の表示のみから判断すべきであり、日付け等の公知の事実を除いては、債務名義に表示されていない事項を斟酌して特定性の有無を審査することは許されない。もっとも、給付文言に記載された金額が確定金額ではない場合であっても、公正証書に表示されたその他の記載から給付すべき金額を機械的に算定することができるのであれば、金額の一定性の要件を満たしているといえる。

　債務名義に表示されていない事項を公知の事実と解することができるか否かについて問題となる例としては、消費税率が挙げられる。例えば、公正証書において、消費税額が将来変動することを見越して「債務者は、債権者に対し、賃料として毎月末日に10万円及びその時点で適用される消費税率に基づいて算定された消費税相当額を支払う。」という給付条項が設けられた場合、金額の一定性の要件を満たしているか否かが問題となる。消費税率は法令によって一義的に明白であるということができるが、消費税額は、課税標準に消費税率を乗じることによって機械的に算定することができるとは限らず、軽減税率が定められている場合には、当該取引に軽減税率が適用されるか否かという点に関する法令の適用やその前提となる事実関係が問題となることがある。そうすると、上記のような公正証書について、金額の一定性の要件を満たすとはいえないであろう。

(2) **債務名義に表示された給付請求権の内容が強行法規に違反する場合**

　執行機関の審査の範囲は、債務名義の形式的な有効性に限られる。このため、債務名義に表示された給付請求権の内容が強行法規に違反していたからといって、直ちに強制執行の要件を欠くことにはならない。例えば、利息制限法違反の利息や遅延損害金の給付を内容とする債務名義に基づき、制限超過部分の利息や債務名義を請求債権に含めて強制執行を申し立てた場合であっても、利息制限法違反であるか否かは、実体的な請求権の存否に関する事柄であるから、執行機関の審査権は及ばない[3]。

　また、債務名義に表示された請求権の行使が権利濫用である場合、それが実体的権利の存否の問題であれば、請求異議の訴えによって争うよりない[4]。

(3) 実務上問題となる例

ア 離婚後の養育費

債務名義が執行証書や調停調書であり、未成年の子が満20歳に達した後の時期を終期とするまで養育費の支払が定められている場合、民法766条の規定による子の監護に関する義務に係る確定期限の定めのある定期金債権に該当するとして、子が満20歳に達した後の養育費を含めて請求債権とする法151条の2に基づく債権差押命令の申立てをすることは許されるであろうか。

このような債務名義として、子が満22歳に達した後の3月（3月生まれのときは当該月）を終期とする場合と、子が大学を卒業するまでとする場合などが考えられる。

離婚後の養育費は、子の監護に要する費用の分担として支払われるものである（民766条1項）。ここにいう子は、未成熟子（社会的、経済的に自立していない子）と解するのが一般であり、そのように解した場合、成年に達した子についても、社会的、経済的に自立していなければ未成熟子であるから、離婚後の養育費の支払義務を負わせることができることになる。

例えば、子が満22歳に達した後の3月を養育費の終期とする場合、大学の卒業時期を見込んだものと解することが可能であることから、子が成年に達してから上記養育費の終期までの期間について、法151条の2第1項3号の適用があると解することが可能であると思われる。

そして、債務名義に養育費であることが明記され、明記されていなかったとしても債務名義の記載全体の趣旨から養育費と解することができる場合には、終期のいかんを問わず養育費として法151条の2第1項3号の

---

3) 実務上は、請求債権を利息制限法の範囲内にするようにとどめるよう補正を促すことが通常であるが、請求異議の訴えが提起されることなどによる紛争を未然に防止するための窓口指導としての意義を有するにとどまる。
4) 強制執行が権利の濫用になるか否かが問題になった例として、最一判昭和37年5月24日民集16巻5号1157頁、最二判昭和43年9月6日民集22巻9号1862頁、最一判昭和62年7月16日集民151号423頁。

適用を認めて、強制執行を開始することが考えられる。その場合、債務者は、実体的に未成熟子と解することができなくなったこと、即ち社会的、経済的に自立していることにより実体上の養育費請求権が消滅したことを理由に、請求異議の訴えによって争うことになろう。

　そのように解した場合、債務名義が審判、調停、和解、執行証書等のいずれであっても、扱いに差異を設ける必要はないと考えられる。これに対し、家庭裁判所の関与の下に作成された債務名義は、未成熟子であることについての判断を経ているという理由により、執行証書と異なる扱いをすべきであるという見解も考えられるが、家庭裁判所において債務名義等を作成する際に、未成熟子であるか否かという実質的審理が常にされているとは限らないから、執行証書が債務名義である場合と明確な差異があるとは解し難い。したがって、全ての債務名義において同一の扱いをすることが相当であろう。

　イ　和解に代わる決定

　簡易裁判所における金銭の支払の請求を目的とする訴えについて、裁判所は、被告が口頭弁論において原告の主張した事実を争わず、その他何らの防御の方法をも提出しない場合において、被告の資力その他の事情を考慮して相当であると認めるときは、原告の意見を聴いて、民事訴訟法275条の2第3項の期間の経過時から5年を超えない範囲内において、当該請求に係る金銭の支払について、その時期の定め若しくは分割払の定めをし、又はこれと併せて、その時期の定めに従い支払をしたとき、若しくはその分割払の定めによる期限の利益を失うことなく支払をしたときは訴え提起後の遅延損害金の支払義務を免除する旨の定めをして、当該請求に係る金銭の支払を命ずる決定をすることができる（民訴275条の2）。

　そこで、被告が請求原因事実を争わないが、5年を超える分割払を希望し、原告も異議を述べなかったために、裁判所が、5年を超える分割払を内容とする和解に代わる決定をした場合、当該決定に基づく強制執行が可能であるかが問題となる。

　和解に代わる決定で定められた給付内容が、5年の期間を超える分割払を内容とするものであることについては、債務名義の内容に関する事項で

あると解する立場と債務名義の形式的な成立要件に関する事項と解する立場が考えられる。

債務名義の内容に関する事項と解する立場に立てば、執行機関の審査権は及ばないことになるが、分割払の期間が債務名義の要件となっていることからすれば、上記立場に対しては、若干の違和感を禁じ得ない。

ところで、簡易裁判所においては、実務上、被告が5年を超える分割払を希望する答弁書を提出したまま口頭弁論期日に欠席したが、原告がこれに応じて和解に代わる決定を承諾したような場合、①「5年を超えない範囲内」という要件を厳格に適用する代わりに、調停に代わる決定を従前と同様に活用する運用と、②上記の要件は、債務者の経済的再生を図りながら、債権者の債権回収の利益に配慮して定められたものであるから、原告の意向に反して決定する場合の要件であると理解して、特に原告が5年を超える分割払に同意した場合には、要件に抵触しないとして和解に代わる決定をそのまま行う運用とに分かれているとされている[5]。

上記運用を前提とすると、執行機関が、上記②の見解を採用した上で、形式的に債務名義の成立要件を満たしていると判断し、強制執行を開始することが考えられる。また、債務名義に瑕疵があるとして、強制執行の申立てを却下することができるのは、明白な形式的要件欠如の場合に限られ、債務名義の成立について形式的に判断し得ない瑕疵の場合は、執行機関の審査は及ばないものと解した上で、上記簡裁実務の運用に照らせば、和解に代わる決定において分割払の期間が5年を超えている点が、明白な形式的要件の欠如に当たるということはできないとして、強制執行を開始することができるという見解も考えられよう。

---

[5] 大段亨編集代表『最新裁判実務大系（1）簡裁関係訴訟』129、130頁（青林書院、2013年）。

Ⅲ 執行文の審査

1 数通付与、再度付与

　執行機関は、差し押さえるべき債権の全部について差押命令を発することができるが、差し押さえた債権の価額が差押債権者の債権及び執行費用の額を超えるときは、執行機関は、他の債権を差し押さえてはならない（法146条、超過差押えの禁止）。執行文が再度付与又は数通付与である場合（法28条）、他の債務名義正本によって別途債権差押命令の申立てが行われている可能性があることから、実務上、他の債務名義正本の使用状況についての上申書の提出を求める取扱いをすることが多いものと思われる。では、そのような上申書が提出されない場合、執行機関はどのように判断すべきか。この点、法146条の規定からすれば、先行する差押えが存在し、かつ、差押債権の額が、請求債権及び執行費用の額を超えることが積極要件となっているものと解される。したがって、執行機関は、執行文の再度付与や数通付与の記載があり、債務名義の使用状況の上申書の提出がないことのみをもって、債権差押命令の申立てを却下することはできず、債務者は、法146条2項に違反する状態になっていることを理由に執行抗告によって争う必要があると解すべきであろう。

2 執行文の種類

　執行文には、単純執行文以外に、事実到来執行文（法27条1項）、承継執行文（同条2項）があり、これらを一定の場面における執行文付与の要件としてのみ捉え、執行文自体に種類はないという考え方もあり得るが、執行文付与の要件が異なること自体を種類の違いととらえ、執行文には種類があると解するのが一般であろう[6]。

　それでは、執行機関は、執行文が適式に付されているか否かのみならず、正しい種類の執行文が付されているか否かについても、審査権を有す

るか。

　承継執行文は、債務名義に表示された当事者と執行当事者が異なるから、当該執行文が承継執行文であることは、外形から判断することができるが、事実到来執行文については、その旨を明らかにすることが法律上要請されているわけではない[7]。しかし、次の理由により、執行機関は、執行文の種類について審査権を有すると解すべきである。

　強制執行は、債務名義又は確定により債務名義となるべき裁判の正本又は謄本が、あらかじめ、又は同時に、債務者に送達されたときに限り、開始することができ（法29条前段）、かかる送達がされていることが強制執行の開始要件とされている。そして、法27条の規定により執行文が付与された場合には、あらかじめ、又は同時に執行文及び証明文書が送達される必要があるが、かかる送達がされていることも執行開始要件と解される。

　仮に、執行機関が法27条により証明文書が必要であるかの審査権を有しないと解した場合、法29条により執行文及び証明文書の謄本が送達されたか否かを審査する機関が存しないことになる。すなわち、法29条によれば、事実到来執行文又は承継執行文が先に付されてから、当該執行文及び証明文書の謄本が送達されるから、強制執行の申立てに当たって、事実到来執行文又は承継執行文の付された債務名義正本が添付されていた場合、執行機関が執行文及び証明文書の謄本が送達されていることの審査権を有していなければ、審査をする機関がないことになってしまう。

　さらに、強制執行の申立てに当たり、そのことが、執行文付与機関において単純執行文で足りると考えたのか、それとも、事実到来執行文が必要であるにもかかわらず、執行文及び証明文書の謄本の送達証明書が提出されていないのかが理論上判然としない[8]。そうすると、執行機関は、債務

---

[6]　もっとも、執行文を付すために一定の要件を満たすことが必要である場合があることを、執行文に種類があると表現するか否かという問題にすぎず、さほど意味のある議論ではない。

[7]　実務上は、いかなる事由に基づいて執行文を付与したかを執行文に記載するから、事実到来執行文であることは、執行文の外形によって判断することができる。

名義の記載内容から、「請求が債権者の証明すべき事実の到来に係る場合」に該当するか、すなわち、法27条1項により執行文の送達及び証明文書の提出が必要とされる場合に該当するかを判断しなければ、法29条後段の審査をすることができない。したがって、執行機関は、執行文の種類についても審査権限を有することになる。その審査は、債務名義に表示された当事者、主文、和解条項又は公正証書の条項の解釈によって行うことになろう。

　これに対し、執行文の種類に関する審査は、執行文の付与に対する異議又は執行文の付与に対する異議の訴えによってすべきであり、執行機関は審査権を有さないという見解も考えられる。しかし、執行文の付与に対する異議を申し立てたり、執行文の付与に対する異議の訴えを提起したりしただけでは、強制執行を停止させることはできず、強制執行を停止させるためには、法32条2項又は36条1項若しくは3項の申立てによって強制執行停止の裁判を得る必要がある。これらは、いずれも債務名義作成機関又は執行文付与機関に対して行う必要があるため、法10条6項の執行抗告に伴う執行停止と比べて迅速な判断が得られにくいという難点がある。そして、民事執行は専属管轄であるため、債務者の住所地の裁判所に申し立てることが殆どであるが、債務名義作成機関は債務者にとって遠方の裁判所等である可能性もあり、さらには、強制執行停止の裁判を得たときには、その正本を執行機関に提出する必要がある（法39条1項）。そうすると、執行文の種類が誤っていることを執行抗告の理由とすることはできず、常に執行文の付与に対する異議又は執行文の付与に対する異議の訴えによらなければならないと解した場合には、債権差押えにおいては、強制執行を停止するために必要な手続が完了する前に差押債権者の取立権が

---

8) 法27条により執行文が付与された場合には、実務上、執行文に「付与の事由証明すべき事実の到来を証する文書を提出（民事執行法27条1項）」と記載されるが、かかる記載をすることは法律上の要請ではない。すなわち、規則16条（執行文付与の申立ての方式等）は、申立書に法27条1項の規定による執行文の付与を求めるときは、その旨及びその事由を記載しなければならない旨規定しているが、規則17条（執行文の記載事項）は、法27条1項の規定により執行文が付与された場合に、その旨を執行文に記載しなければならないものとはしていない。

発生してしまいかねない。

したがって、執行文の種類が誤っていることは執行抗告の理由とすることができ、執行機関においても審査権を有するというべきである。

執行文が付与されているか否かについては、当然執行機関の審査権が及ぶが、正しい種類の執行文が付与されているか否かという点についても、債務名義の内容（当事者、主文、和解条項）を形式的に確認することによって容易に判断できるため、執行機関の審査権が及ぶと解すべきである。

これに対し、単純執行文で足りるところを誤って事実到来執行文が付されている場合、どのように解すべきか。事実到来執行文は、単純執行文の要件に加えて、請求が債権者の証明すべき事実の到来したことを証する文書の提出が要件となっており、純粋に要件が加重されているに過ぎないため、執行文の種類が異なっているということを理由に直ちに強制執行の要件を欠くとまではいえないであろう。

執行文の審査の上で実務上問題となるのは、協議離婚及び離婚に伴う給付を定めた公正証書における執行文である。かかる公正証書は、夫婦が協議離婚することを合意した上で、一方が他方に対して、必要な事項を記載して署名押印した離婚届を交付し、離婚届を受領した側においてこれを提出することを定めた上で、財産分与、養育費、離婚慰謝料のいずれか又は全ての支払を合意するというものである。この場合、財産分与及び離婚慰謝料は離婚によって発生する権利であるし、養育費も、協議離婚に伴う子の監護費用（民766条）の趣旨であれば、離婚によって発生する権利であるから、いずれも、離婚を条件とするものであり、かかる権利を請求債権として強制執行の申立てをする場合は、事実到来執行文の付与並びに当該執行文及び証明文書の送達証明書を提出することが必要である。この点、養育費については、離婚前における別居中の婚姻費用の性質を有する監護費用である可能性もあることから、執行機関は、養育費の定めがある場合、それがいかなる性質を有するものであるかを判断しなければならないところ、一義的に判断することができないような記載内容である場合は、執行文の種類の審査に困難を来すおそれがあるものと考えられる。

第4講
債権執行における執行停止文書に関する諸問題

森山　由孝

I　はじめに

　民事執行法では、債権者が執行力ある債務名義の正本を提出することによって強制執行が実施され、執行機関は、請求債権の存否等に関する判断を行わない。これは、債務名義作成機関と執行機関とを分離し、執行機関に定型的、画一的な判断のみを行わせることによって、迅速に執行事件を進行させていくためであるとされる。

　そして、民事執行法は、一度開始された強制執行を停止する場面においても、同様の趣旨から執行機関に停止の適否について個別的な判断を行わせるのではなく、執行を停止させる効力を有する一定の文書が執行機関に提出された場合に限って執行停止を認めるという構造を採用している。この文書に関する規定が法39条1項であり、同項に列挙された文書を執行停止文書と呼ぶ。このうち、特に同項1号から6号の文書については、既になされた執行処分を取り消す効力を有していること（法40条1項）から、執行取消文書と呼ばれることもある。

　実務上、執行裁判所に提出される執行停止文書は、法39条1項各号に掲げられた文書であることが明らかであることが多く、速やかに執行が停止されているが、時に執行停止文書に該当するか否かが問題となる事例や、その根拠条文についてどのように考えるべきかといった問題が生じることもある。また、債権執行において執行停止文書が提出された場合に執行裁判所がとるべき対応については、これまで複数の見解が存在し、かつ、実務上も事例が少ないことから運用が必ずしも固まっていなかった

が、近時、この問題点に関する新たな試論が提起されたり、新たな決定がされるなどしている。

そこで、本講では、まず、法39条1項各号に掲げられた執行停止文書に該当するか否かが問題となる文書について検討を加え、次に債権執行において執行停止文書が提出された場合に執行裁判所がとるべき対応について検討を行うこととする。

なお、以下では、法39条1項各号の文書をそれぞれ1号文書、2号文書などと記載する。

II 執行停止文書該当性が問題になる文書について

1 確定した離婚判決正本

「相手方は、申立人に対し、平成○年○月○日から同居の回復又は婚姻の解消に至るまで、毎月末日限り、月額○万円の割合による金員を支払え。」という内容の婚姻費用分担審判の正本を債務名義とする強制執行が行われたのに対し、相手方（債務者）が、離婚判決の正本及び同判決の確定証明書を1号文書として提出し、執行停止（取消）を求めるという事例が実務上少なくない。

しかし、上記のとおり、法39条1項各号は、執行機関に執行停止すべきか否かについて定型的、画一的な判断のみを行わせることによって、執行手続を円滑に進めるために、執行停止文書を具体的に列挙したものである。そして、離婚判決は、債務名義に表示された請求権（婚姻費用分担金請求権）の存否に関する裁判ではない以上、離婚判決の正本を「債務名義……を取り消す旨……を記載した執行力のある裁判の正本」に該当すると解することは困難であろう。したがって、債務者としては、このような事例においては、定期金債権の終期（離婚の成立）が到来したことを請求異議事由として請求異議訴訟（法35条1項）を提起し、同訴訟の判決正本及び確定証明書を1号文書として執行裁判所に提出するか、請求異議訴訟に伴う執行停止（取消）命令（法36条1項）を得て、当該命令の正本を

7号文書として提出すべきである。

　もっとも、離婚判決が確定しているにもかかわらず、債務者が改めて請求異議訴訟を提起しなければならないというのは迂遠である。そこで、東京地方裁判所民事執行センター（以下「民事執行センター」という。）では、配当等の手続の前に定期金債権の終期の到来を示す文書が提出された場合において、当該文書を法85条4項の「書証」として見たときに終期の到来を確実に認定できる場合には、終期が到来したことを前提に、請求債権及び差押債権の額を計算して配当等の手続を実施することも可能であるという見解に立っている。

　この見解は、配当期日においては、証拠調べによる事実認定が予定されており、本来請求異議の事由になる事実であっても、確かな証拠があれば配当表の基礎となると解されていること[1]を理論的な根拠としたものである。このような現在の民事執行センターの見解を前提とすると、上記のように、離婚判決の正本と確定証明書が執行裁判所に提出された場合には、婚姻費用の終期の到来（離婚の成立）を確実に認定できるとして、終期の到来を前提に配当等を実施することになろう。

　他方、執行裁判所に戸籍謄本が提出された場合に、これに基づいて婚姻費用の終期の到来したこと（離婚の成立）を前提に配当等の手続を実施できるかについて検討すると、配当期日において予定されている証拠調べは、あくまでも範囲の限定されたものであるから、極めて証明力の高い証拠によって認められる事実のみを配当表の基礎とすべきとされていること、そして、離婚届が相手方の同意を得ないまま提出される事態や離婚届の署名の偽造といった事態も一概に否定できないことからすると、戸籍謄本のみが提出された場合に、それに基づき終期の到来を認定し、配当等を実施するのは困難であると考えられる。

---

1) 香川・注釈（4）266頁。

2　訴訟上の和解の効力について争われた場合の判決等

　訴訟上の和解について錯誤があったとして、その効力を争う方法としては、和解無効確認訴訟を提起するほかに、期日指定の申立てを行う方法を認めるのが判例、通説の立場である[2]。このように期日指定の申立てを行い、その後、理由中で和解が無効である旨を判断する判決が出された場合、当該判決の正本が2号文書に該当するか否かについては、これを肯定する見解[3]と、否定する見解[4]とがある。

　前記のとおり、民事執行法は、執行停止の場面でも執行裁判所に個別的な判断を行わせるのではなく、定型的、画一的な判断のみを行わせるという構造を採用し、執行停止文書として一定の文書を法定したことからすれば、理由中で従前の訴訟上の和解が無効である旨を判断しているか否かという個別的な事情についてもやはり執行裁判所が判断すべき事項ではなく、主文において和解無効が宣言されている判決のみが2号文書に該当すると解する後者の見解が相当であると考える。なお、後者の見解によっても、訴訟上の和解について無効を主張する当事者としては中間確認の訴えを提起し、和解無効の確認を求めることが可能であるところ、このように和解無効の確認を求める中間確認の訴えは、実質的には再審に近い性質を有するものとして、民事訴訟法403条1項1号を類推適用し、同号の要件を満たした場合には執行停止命令を得ることができると考える。これによって、債務者は執行停止命令を6号文書あるいは7号文書として提出し、強制執行を停止させることが可能となる。

　また、和解無効確認訴訟の提起ないし期日指定の申立てにより、和解の効力を争う中で、債務名義に係る和解の無効を確認する趣旨の新たな和解が成立した場合に、当該和解調書の正本が執行停止文書に該当するという点に争いはないが、その根拠については、法39条1項2号であるとする

---

[2]　兼子一原著＝松浦馨ほか『条解民事訴訟法〔第2版〕』1480頁（弘文堂、2011年）。
[3]　香川・注釈（2）572頁。
[4]　鈴木ほか・注解（1）692頁。

見解[5]、3号であるとする見解[6]及び4号であるとする見解[7]がある。

　この点について、法39条1項2号は「債務名義に係る和解、認諾、調停又は労働審判の効力がないことを宣言する確定判決の正本」を執行停止文書とするものであるから、従前の和解が無効であることを確認する趣旨の新たな和解調書の正本を同号に基づいて執行停止文書であると考えるのは、文言上困難であると思われる。また、3号についても「第22条第2号から第4号の2までに掲げる債務名義が……効力を失つたことを証する調書の正本」を執行停止文書とするものであるところ、裁判上の和解調書は法22条7号に基づく債務名義であるから、やはり条文の文言上無理があるように思われる。

　そこで、従前の和解が無効であることを確認する趣旨の新たな和解正本については法39条1項4号に基づいて執行停止文書となると考えるべきであろう。もっとも、このように解した場合、新たな和解調書には、従前の和解が無効であることを確認する旨のみならず、従前の和解に基づく強制執行を行わない旨の記載が必要となる点には注意が必要となる[8]。

3　債務名義成立前の弁済受領文書ないし弁済猶予文書

　法39条1項8号は、執行停止文書として、債権者が債務名義の成立後に作成した弁済受領文書ないし弁済猶予文書（以下併せて「弁済受領文書等」という。）を執行停止文書とする旨を規定する。これは、弁済受領ないし弁済猶予は、本来請求異議事由であるものの、請求異議の訴えに伴う執行停止決定（6号文書あるいは7号文書）による執行停止がされるまでの暫定的な措置として執行停止を認めたものであるとされる。

---

5)　中野・民執法340頁。
6)　香川・注釈（2）574頁。
7)　鈴木ほか・注解（1）692頁。
8)　なお、鈴木ほか・注解（1）694頁は、債務名義に係る和解が無効である旨を確認する新たな和解については、不執行の合意を含むものと解することもできるとしている。

このような趣旨から、条文上は、上記のとおり債務名義成立後に作成された弁済受領文書等を執行停止文書とすると定められているものの、判決を債務名義とする場合には口頭弁論終結日後に作成された弁済受領文書等でも執行停止文書に該当しうるとの見解もある[9]。

　8号文書が債務名義成立後に作成された弁済受領文書等を執行停止文書と定めたのは、平成8年法律第109号による改正前の民事訴訟法においては、判決に口頭弁論終結日を記載することが法律上求められていなかったため、当該文書が執行停止文書に該当するか否かを判断することが執行裁判所にとって困難であるという点も考慮されていたように思われる[10]。しかし、同改正により、現在は、口頭弁論終結の日が判決書の必要的記載事項となっていること（民訴253条1項4号）からすると、執行裁判所にとっても口頭弁論終結の日は明らかであり、上記のような考慮は不要となったといえる。この点を強調すれば、判決を債務名義とする場合には、口頭弁論終結後に作成された弁済受領文書等を8号文書として認めることも可能であり、その方が弁済受領文書等を有する債務者の保護にも資するとも思われる。

　しかし、上記のとおり、8号文書は、あくまでも請求異議の訴えとそれに伴う執行停止決定を得るまでの暫定的な措置を認めたに過ぎず、口頭弁論終結後に作成された弁済受領文書等を執行停止文書と認めなければ債務者が一切保護されないというわけでもないことからすると、条文の文言に反してまで口頭弁論終結後に作成された弁済受領文書等を執行停止文書として認めることには躊躇を覚える。民事執行センターにおいて実例があったわけではなく、私見の域を出ないが、このような場合には、債務者に請求異議の訴えの提起とそれに伴う執行停止命令の申立てを行うように教示するのが相当であると思われる。

---

[9] 新堂幸司＝竹下守夫編『民事執行法を学ぶ』〔清田明夫〕138頁（有斐閣、1981年）、藤田広美『民事執行・保全』82頁（羽鳥書店、2010年）。
[10] 田中・民執解説107、108頁。

III 執行停止文書が提出された場合に執行裁判所が採るべき対応に関する問題点

1 強制執行申立前

(1) 強制執行申立前に執行停止文書を得ていたものの、それが提出されなかった場合

　執行停止文書を提出することができるのは、債務者だけではなく、他の債権者や第三者異議の訴えを提起している第三者も含まれる[11]が、それらの者が執行停止文書を保有していても、実際に執行機関（執行裁判所）に提出されない限りは、執行停止の効力を生じないと解される。

　裁判例においても、東京高決平成10年2月13日判タ1103号213頁は、債務者が差押命令発令前に強制執行停止決定を得ていたものの、その決定正本が執行裁判所に提出される前に差押命令が発令されたことから、当該差押命令は違法である旨主張して執行抗告を申し立てた事案において、強制執行停止決定は、その決定がなされたことによって、当然に判決の執行力を消滅させ、又は強制執行停止の効力を生じるものではなく、執行機関に対して同決定正本が提出された時点で、初めて執行機関に対する拘束力を生じると判示している。なお、同決定の事案においては、債務者が債権者に対し、強制執行停止決定を得たことを口頭で説明していたため、債権者は強制執行停止決定が出されていたことを知りながら、差押命令の申立てをしているが、そのような申立てが直ちに権利濫用となるわけではなく、差押手続が違法となるものでもないとしている。

　学説上も、執行停止文書が提出されない限りは、執行機関が執行停止決定の存在を偶然知っていたとしても、そのことを理由に執行申立てを却下したり、執行停止をすることは許されないとされている[12]。もっとも、

---

[11]　香川・注釈（2）563頁。
[12]　香川・注釈（2）568頁、中野・民執法344頁。

このように執行停止決定の存在を知りながら債権差押命令の申立てをした債権者は不法行為責任を負う可能性もあると考えられる（東京高判昭和62年2月17日判タ650号200頁、東京地判平成4年6月17日判時1435号27頁参照）。

(2) 執行停止文書を提出しようとする場合の留意点等

このように執行停止文書が提出されなければ執行停止の効力は生じないことから、執行停止を求める者は、執行裁判所に対して執行停止を求める旨の上申書及び執行停止文書を提出する必要がある（なお、執行停止を求める場合手数料は不要である。）。そして、実務上、上申書には、事件の特定のため、執行停止を求める事件の事件番号及び当事者の氏名、商号を表示しなければならないが、氏名、商号が差押命令上のものと異なる場合には、さらに当事者の同一性に関する資料（いわゆるつながり証明）の提出が必要となる。

また、実務上、抽象的な差押えの危険を防止するために、債務名義上の被告（債務者）ないしその代理人弁護士が、強制執行が申し立てられる前に事件係属の有無や事件番号についての照会を行ってくることがあるが、民事執行センターでは、このような照会に回答することによって、民事執行の密行性が失われ、執行妨害につながるおそれもあることから、第三債務者に債権差押命令の正本が送達されるまで、このような照会に対する回答を差し控えている。

したがって、執行停止文書を執行裁判所に提出しようとする債務者は、事件番号を債権者に問い合わせるなどして、執行停止の上申書に事件番号を記載する必要がある。

また、東京高決平成20年10月1日判タ1288号293頁は、債権差押命令の申立て前に、債務者が執行裁判所に執行停止文書を提出していたにもかかわらず、債権差押命令が発令された点が違法である旨の債務者の主張に対して、執行停止文書を執行裁判所に持参した際には、いまだ差押命令の申立てがされておらず、執行事件としての事件の係属がなかった以上、執行停止文書を受理することはできないから、執行停止文書を執行裁

判所が事実上受領したとしても、差押命令の申立てには影響を及ぼさないとした。

民事執行センターにおいても、債権差押命令申立事件の係属がない以上、執行停止文書が提出されたとしても、それを事件書類として受領する必要はなく、仮に司法行政上の書類として受領され、その後、現実に債権差押命令の申立てがあったとしても、既に提出されていた執行停止文書が執行裁判所に引き継がれて債権差押命令の申立てが停止等になることはないという運用をしている。このような運用の背景には、仮に、債権差押命令が申し立てられる前に執行停止文書の提出に応じることになれば、債権差押命令の発令に際しては、事前に執行停止文書が提出されていないか否かを確認する作業が必要となるが、そのような作業を必須のものとすると、結果として、迅速な差押命令の発令が困難になってしまうおそれがあるという実務上の理由も存在している[13]。

2 強制執行申立て後、差押命令発令前までに執行停止文書が提出された場合

実務上、申立日から差押命令が発令されるまでの時間は数日程度であるのが通常である（例えば、民事執行センターでは、申立書に不備等がない場合には、申立日から数えて翌々日の開庁日には差押命令を発令する態勢を整えている。）から、強制執行申立て後、差押命令発令前までに執行停止文書が提出されるという事例は少なく、そのような場合にどのような対応をすべきかについては、議論の分かれるところである。

この問題については、これまで以下のような見解があるとされてきた[14]。

① 発令説

執行停止文書による執行停止は、執行開始後から終了前の間における執

---

[13] ただし、中野＝下村・民執法326頁は、執行停止を許容する余地を検討すべきと指摘する。
[14] 債権執行諸問題499頁以下、髙橋文清＝宮部良奈「執行開始段階における停止文書の提出」金法1967号80頁（2013年）。

行手続を停止するものであり、執行の開始を停止させる効力を有しないところ、債権執行の手続は、執行裁判所の差押命令により開始するのであるから、申立て後発令前に執行停止文書が提出されても、執行開始の手続である差押命令は発令すべきであるが、債権者と第三債務者に対して、差押命令正本とともに執行停止通知書（規則136条2項）を送達し、これによって、差押えによる処分制限効を生じさせるとともに執行停止の効果も発生させ、差押債権者による取立てを阻止するという見解である。

なお、発令説については、差押命令を発令し、送達するという見解のほかに、差押命令を発布した上で、送達手続を行わずに執行手続を停止するという見解も存在するとの指摘もある（以下「発布説」という。）[15]。

② 発令停止説

執行停止書面による執行停止は、執行開始前であっても申立て後であれば手続自体は始まっているので停止を観念することができるとする考え方を前提とし、執行停止文書の提出により以後の執行処分をすることができないことになるのであるから、差押命令を発令することなく、申立てを受理した状態で手続を停止すべきという見解である。

③ 申立却下説

執行停止書面の提出時は強制執行開始前であるから、執行停止の効力は生じないが、債務名義の執行力の行使を阻止する効力は生じ、その効果として申立て自体を却下すべきという見解である[16]。

④ 原則として発令説に立ちつつ、例外的に発布説に立った処理を認める見解

髙橋＝宮部・前掲注14) では、執行停止文書が提出されても、差押命令を送達しなければならないのを原則としつつ、第三債務者への差押命令の送達が不当であると一見して判断できる事情が主張・立証されるという特段の事情がある場合には、発布説に立って差押命令を成立させた上、第三債務者への差押命令の送達をしないという見解が示されている。

---

15) 髙橋＝宮部・前掲注14) 83頁、近藤ほか・基礎と応用125頁参照。
16) 中野・民執法344頁。

この見解は、執行停止中に当該執行の目的となった財産が保全される必要があることから、第三債務者に対して送達をしなかった結果、第三債務者の弁済等によって債権が消滅することは避けなければならないため、原則としては発令説を支持する。その上で、差押命令の送達は差押命令の発令に附随する手続であるものの、差押命令の発令を担当する裁判官と、その送達を担当する書記官は独立した権限に基づいて執行手続に関与しており、両者は異なる手続であることから、差押命令の成立と送達を区別し、第三債務者への差押命令の送達が不当であると一見して判断できる事情が主張立証されるという特段の事情がある場合には、差押命令を成立させた上で、第三債務者への同命令の送達を行わないという発布説の立場による運用も可能であるとする。

3　差押命令発令後、同命令送達前までに執行停止文書が提出された場合

　民事執行センターでは、差押命令が発令されれば、同日中に差押命令の送達が行われる。そのため、差押命令発令後、同命令送達前までに執行停止文書が提出される事例は、上記2の強制執行申立て後、差押命令発令前までに執行停止文書が提出される場合よりもさらに少ない。この場合に執行裁判所のとるべき対応については、次の2つの見解があるとされている[17]。

① 即時停止説

　執行停止文書の提出された状態で執行手続を停止させなければならないから、差押命令正本の送達手続を行わないとする見解である。差押命令が第三債務者に送達される前に執行停止文書が提出された場合、規則136条2項に基づく通知は不要であるとする見解[18]や、上記2において、送達手続を行わないことを認める見解は、このような見解と親和的であると思われる[19]。

---

17) 債権執行諸問題500頁参照。
18) 条解民執規484頁。

② 差押命令正本送達後停止説

差押命令が発令された以上は、その送達までは執行処分として一体と考え、停止の効力も送達後に初めて生ずるとする見解である。上記2において、発令説の立場に立つのであれば、このような見解に立つのが整合的であると思われる。

4　民事執行センターにおける運用

民事執行センターにおいては、過去に強制執行申立て後、差押命令発令前までに執行停止文書が提出された事例（上記2の場合）において、発令停止説に立った処理を行ったものがあるが、その後は、発令説の見解をとっている。これは、法39条1項により停止するとされる「強制執行」は法143条の規定により開始される「強制執行」であり、発令前には停止の対象となる「強制執行」の存在を観念できないことに加え、債権者が時効中断の効力を得るためには、差押命令の発令及び送達が必要であること（民147条2号）から、発令前までに執行停止文書が提出された場合であっても、差押命令の発令が可能であれば、これを行うのが相当であるとの考えに基づくものである。

また、差押命令発令後、同命令送達前までに執行停止文書が提出された事例（上記3の場合）においては、差押命令正本送達後停止説に立って処理したものがある。

5　裁判例の紹介

以上のように、強制執行申立て後、差押命令発令前までに執行停止文書が提出された場合及び差押命令発令後、同命令送達前までに執行停止文書が提出された場合に、執行裁判所が採るべき対応については、様々な見解があり、実務上も運用が確立した状態とはいえない状況であった。

19) 髙橋＝宮部・前掲注14）論文も、この場合に即時停止説の見解に立つようである。

そのような中、東京高決平成25年3月27日判タ1393号356頁は、差押命令発令後、同命令送達前までに執行停止文書が提出された事案（上記3の場合）において、差押命令正本を第三債務者に送達した手続に違法はないとして、差押命令正本送達後停止説に立った原審の手続を適法である旨の判断を示した。

　上記事件における抗告人の主張は、概要、①債権差押命令における発令と送達とは全く別個の手続であり、差押命令発令後、送達前に執行停止文書が提出されたことは執行障害事由となる、②執行裁判所が送達手続着手前に執行停止決定の存在を認識した場合は第三債務者に対する差押命令の送達を中止すべきであり、送達を続行することは違法執行となるというものであった。これに対し、上記決定は、抗告人の上記①の主張に対しては、差押命令は第三債務者に送達された時に効力が生じることから、差押命令の発令と送達とは一体として初めて意味のある執行処分であり、発令に関する事務と送達に関する事務を担当する裁判所書記官が異なることや差押命令の発令からこれを送達するまでの間に時間を要することによって両者が別個の手続となるものでもないし、執行停止文書の提出をもって執行障害事由又はこれに準ずる事由があるということはできないとした。また、抗告人の上記②の主張に対しては、法39条1項7号所定の執行停止文書の提出による強制執行の停止は、その後において停止が解除されて強制執行が続行されることも予想されるのであるから、あらかじめ処分制限のための差押えをしておく実益があり、執行停止文書が提出されたことによって差押え自体が行い得なくなるものではなく、発令された債権差押命令を第三債務者に送達することが違法執行となる余地はないとした。なお、上記決定は、執行停止文書が提出されたときは、差押えの後の手続を停止すれば必要かつ十分であり、また、第三債務者に差押命令が送達されることによって、銀行等が取引約定等に基づいて期限の利益を喪失させ、新規の融資を拒絶することがあるとしても、そのことによって差押命令の発令及び送達が違法となるものではないとの判断も示している。

Ⅲ　執行停止文書が提出された場合に執行裁判所が採るべき対応に関する問題点

6 検討

　上記決定を踏まえた上で、執行停止文書が出された場合に執行裁判所の採るべき対応について改めて検討すると、上記決定においても指摘されているように、差押命令は第三債務者に送達されて初めてその効力が生じる（法145条4項）ことからすれば、差押命令が発令されても、それが送達されない限り、処分制限効や時効中断効など債権者の望む効果が全く得られなくなり、差押命令は意味をなさない。したがって、差押命令の発令と送達とは密接不可分な関係にあると考えるのが相当であり、たとえ差押命令発令後に7号文書または8号文書が提出されたとしても、差押命令の送達は行わなければならないと考える。このように差押命令が送達されることによって、上記抗告審において抗告人が主張したように期限の利益を喪失する等の不利益が生じる可能性は否定できないが、他方で7号文書または8号文書による執行停止は、その後停止が解除されて手続が続行されることも予想される以上、債権者にとっても予め処分制限効を生じさせるために差押えを行うという必要性が存在しており、債務者の不利益のみを考慮して送達を行わないという結論は妥当ではないように思われる。

　また、強制執行申立て後、差押命令発令前までに執行停止文書が提出された場合について、従来の見解を発展させ、原則として発令説に立ちつつ、例外的に発布説による処理を認めるという見解については、上記のような債権者の利益に配慮しつつ、例外的な措置を認める余地を残すものであり、実務上、妥当な結論をもたらしうるものであると考えられる。

　もっとも、同見解における「第三債務者への差押命令の送達が不当であると一見して判断できる事情が主張立証されるという特段の事情」として、具体的にどのような場合が想定されるのかという点や、そのような個別的な事情の有無について執行裁判所が判断しうるのか（もっとも、この点については、執行裁判所が迅速に判断できないような場合には、そもそも上記特段の事情に該当しないと考えることになろうか。）という点について、事例の集積を待って更に議論を深めていかなければならないと思われる。

第5講
差押命令における差押債権の特定に関する問題

鈴木　和孝

I　差押債権の特定

1　特定の目的

　規則21条3号は、強制執行の申立書には強制執行の目的とする財産の表示を記載すべきものとし、これを受けて、規則133条2項は、債権執行についての差押命令の申立書に強制執行の目的とする財産を表示するときは、差し押さえるべき債権の種類及び額その他の債権を特定するに足りる事項を明らかにしなければならないものとしている。

　差し押さえるべき債権の特定が要求される趣旨は、第1に、執行裁判所において差し押さえるべき債権が法律上差押えの許される債権であるかどうか（法152条）、また、それが差押えの許されている限度を超えていないかどうか（法146条2項）を審査するためであり、第2に、差押命令の送達を受けた第三債務者及び債務者において、いかなる債権が差し押さえられたか、すなわちどの債権につき処分禁止及び弁済禁止（更には債権者の取立権能）の効力が生じたかを認識することができるようにするためである[1]。

---

1) 鈴木ほか・注解（4）384頁。

2 特定の程度

(1) 基本的な考え方

　債権執行の目的である債権は、有形物と異なり、無形の観念的な存在であり、公示制度もないから、債務者と第三債務者の債権債務関係と無関係である債権者にとっては、その内容を正確に把握することは困難である。したがって、債権者に差押債権の特定を過度に要求することは、債権執行の実効性確保の観点から適当ではない。

　しかしながら、他方、差押債権の特定が十分でない場合には、第三債務者及び債務者が、差し押さえられた債権を認識することができず、特に、第三債務者が債務の弁済を躊躇し、債務不履行責任の危険、あるいは、二重払の危険を負担する可能性がある。仮に、債権差押命令の送達を受けた第三債務者において一定の時間と手順を経ることによって差し押さえられた債権を識別することが物理的に可能であるとしても、その識別を速やかにかつ確実に行い得ないような方式により差押債権を表示した債権差押命令が発せられると、差押命令の第三債務者に対する送達後その識別作業が完了するまでの間、差押えの効力が生じた債権の範囲を的確に把握することができないこととなり、第三債務者はもとより、競合する差押債権者等の利害関係人の地位が不安定なものとなりかねない。

　そのため、差押債権の特定の程度については、これらの要請を考慮しつつ、具体的な事案に応じて個別に判断されることになる。

(2) 特定の具体的内容

　前記のとおり、規則133条2項は、差押債権の表示につき、「差し押さえるべき債権の種類及び額その他の債権を特定するに足りる事項」を明らかにしなければならないと規定していることから、ここでは、差し押さえるべき債権の「種類」、「額」及び「その他の債権を特定するに足りる事項」の3つに分けて、どの程度の表示が必要なのか検討することとする。

ア　差し押さえるべき債権の種類

　差し押さえるべき債権の種類は、必ず記載しなければならない[2]。差押

債権の特定が要請されているのは、執行裁判所がその債権の被差押適格の有無を判断できるようにするためでもあるところ、債権の種類が分からないと差押禁止債権かどうかを判断することができないからである。
　したがって、差し押さえるべき債権が金銭債権であるときは、その債権の種類として、債務者の第三債務者に対する給料債権、売買代金債権、預金債権等の別を記載する必要がある。
　　イ　差し押さえるべき債権の額
　差し押さえるべき債権の額は、債権を特定するに足りる事項の例示である。したがって、差押債権の種類その他の事項から債権が特定されていれば、債権額を表示することは必ずしも必要ではない[3]。もっとも、債権の金額は、額面額がある債権の差押えでは、債権額が債権特定の要素として重要な場面が多いので、可能な限り表示するのが望ましい。
　なお、実務では、差押債権目録の冒頭に差押債権金額を明示するのが通例となっているが、これは差押債権の特定のためというよりも、差押債権の範囲を限定するためのものと解されている。
　　ウ　その他の債権を特定するに足りる事項
　債権は、同種のものが同一人間において複数存在することがあるため、債権の種類を表示しただけでは通常は特定に十分とはいえない[4]。そのため、通常は、①債権の種類を表示するほか、②発生原因、③発生年月日、④弁済期、⑤給付内容等の全部又は一部を表示することによって特定することになるが、これらについてどの程度の特定を要するかは、混同、誤認等を生じさせるような他の債権の存否の可能性との関連で具体的事情により相対的に判断される。したがって、同じ差押債権の表示であっても、具体的に債権の特定が可能であって差押えの効力が発生する場合と特定が不可能で差押えが無効とされる場合とがあり得る。

---

2)　条解民執規476頁。
3)　条解民執規476、477頁。
4)　なお、債権の種類のみで特定が足りるとされる債権としては、「給料債権」が考えられる。債務者と第三債務者との間における雇用関係は1つしか想定されないからである。

I　差押債権の特定

なお、前記のとおり、差押債権者において差押債権の詳細について正確に把握することは必ずしも容易でないため、差押命令記載の差押債権が目的たる現実の債権とその表示において多少異なるところがあったとしても、その誤った部分を除いてもなお債権の特定に十分であり、かつ、当該第三債務者の立場において全体として見た場合にその同一性を認識し得るに十分であるときは、これを現実の債権に対する差押命令と認めるのが相当である（大阪高判昭和49年11月29日判タ327号207頁）。

(3) 最三決平成23年9月20日民集65巻6号2710頁が示した差押債権の特定の有無の判断基準

最三決平成23年9月20日民集65巻6号2710頁（以下「最高裁平成23年決定」という。）は、大規模な金融機関の全ての店舗又は貯金事務センターを対象として順位付けをする方式（いわゆる全店一括順位付け方式）による預貯金債権の差押命令申立てにつき、民事執行法上、債権差押命令による差押えの効力（債務者に対する処分禁止効、第三債務者に対する弁済禁止効）は差押命令が第三債務者に送達された時点で直ちに生じ（法145条4項）、差押えの競合の有無についてもその時点が基準となる（法156条2項参照）ものとされていることからすると、差押債権の表示が差押命令の送達を受けた第三債務者において差し押さえられた債権を速やかに確実に識別することができるものでなければ、その識別作業が完了するまでの間、差押えの効力が生じた債権の範囲を的確に把握することができず、第三債務者はもとより、競合する差押債権者等の利害関係人の地位が不安定なものとなりかねないことを指摘した上で、「民事執行規則133条2項の求める差押債権の特定とは、債権差押命令の送達を受けた第三債務者において、直ちにとはいえないまでも、差押えの効力が上記送達の時点で生ずることにそぐわない事態とならない程度に速やかに、かつ、確実に、差し押さえられた債権を識別することができるものでなければならない」と判示している。

最高裁平成23年決定は、民事執行法が定める債権差押命令の効果を検討した上で、差押債権の特定の有無の判断基準を示したものであるから、

この判断基準は、預貯金債権の差押えに限らず、概括的又は間接的な識別情報を第三債務者が保有する情報に当てはめることによって初めて差し押さえられた債権が具体的に明らかとなるような方式（いわゆる間接的特定方式）により差押債権を表示する債権差押命令の申立て一般に妥当するものであると解される[5]。

もっとも、具体的にどのような表示であれば差押債権の特定ありといえるかは、上記の判断基準に照らしても「程度問題」であることは否定できず、個別具体的な場面ごとに検討していくほかないが、田原裁判官の補足意見においては、第三債務者の「債務管理の単位」を超えて順位付けをする方式による差押債権の表示は許されないとの指摘がされており、1つの視点として参考になると思われる[6]。

(4) 複数債権の包括的差押えは原則として許容されないこと

なお、差押債権の特定と関連して留意すべき点は、債権者が、債務者の有する複数の金銭債権を差し押さえる場合、執行実務では、原則として「割付け」（請求金額を各債権に割り振ること）を行わなければならないとされている点である。すなわち、「A債権をa円に満つるまで」「B債権をb円に満つるまで」「C債権をc円に満つるまで」差し押さえるという形態が原則とされているのである。

しかし、この「割付け」は債権者にとってはリスクが高いといわざるを得ない。なぜなら、債権者がA債権、B債権、C債権の金額を知らない場合、それぞれの金額がa円、b円、c円より小さいと、その分が空振りになってしまうからである。そこで、「①A債権、②B債権及び③C債権を、①②③の順で、金〇円に満つるまで」という差押方式（包括的差押え）の需要が生じることになる。

もっとも、このような複数債権の包括的差押えを認めた場合、すなわち複数の差押債権に順位を付して差押命令を発令した場合には、第三債務者

---

[5] 谷口園恵・最判解民事篇平成23年度（下）628頁。
[6] 谷口・前掲注5）623頁。

が自らの責任において、その保管する帳簿等の資料に従って、各債権に対する差押えの効力が及ぶ範囲を判断しなければならないが、この場合に、①必ずしも法律知識を熟知していない第三債務者に対し、かかる判断に伴う事務負担を強いた上、その判断を誤った場合に生ずる不利益を課すことが適当であるかどうか、②差押えの時点で差押債権の額が不確定の場合や、資料が不正確であること等によって各債権に対して差押えの効力が及ぶ客観的範囲と、第三債務者の主観的な認識とにずれが生じることが考えられ、第三債務者に過度の負担を課すおそれがある、といった弊害が問題となる。

このように複数債権の包括的差押えが第三債務者に過度の負担を課すおそれがあることに照らすと、複数債権の包括的差押えが認められるのは、第三債務者に対する過度の負担とならず、単一の債権の差押えよりも重い負担を課すことに一定の合理性がある場合、具体的には、複数債権の発生の基礎が単一であると法律的ないし社会的に評価できる場合に限られると解するのが相当であろう[7]。

3 不特定による効果

差押債権が特定されていない場合は、差押命令の効力要件を欠くため、債権差押命令の申立ては不適法として却下されることになる。仮に、これを看過して差押命令が発令されたとしても、差押命令及びこれに基づく転付命令等は無効である（最三判昭和46年11月30日判時653号90頁）。

II 具体的検討

以下では、執行実務上、差押債権の特定の有無が問題となることが多

---

[7] 大澤知子「複数債権の包括的差押えとその限界」判タ1233号112頁（2007年）。具体例としては、①継続的給付債権、②反復取引から生じる債権、③預金債権、③給料・賞与・役員報酬・退職金・退職慰労金、④生命保険契約に基づいて生じる債権等が挙げられる。

い、①売買代金債権、②請負代金債権の特定の在り方について具体的に検討することとしたい（なお、預金債権の特定の在り方については、本書第6講を参照されたい。）。

1　売買代金債権の特定

(1)　売買契約の種類

　ア　売買代金債権は、当事者の一方（売主）が、ある財産権を相手方（買主）に移転することを約し、相手方が、その対価として代金を支払うことを約することによって発生するものである（民555条）。

　イ　売買契約には、単発の売買契約と継続的な売買契約とがある。

　前者は、ある財産権の移転について、単発の売買契約を締結し、その代金が一度にあるいは分割して支払われるものである。

　これに対し、後者は、以下の4種類が考えられる[8]。第1に、①供給物につき、一定の使用目的があること等一定の枠内で継続的に供給する形態である。例えば、ある建物建設に必要なセメント、木材等の材料を工事の進行過程に応じて供給する場合がこれに当たる。第2に、②一定又は不定の期間、種類をもって定められた物を、一定の代金又は一定の標準によって定められる代金により継続的に供給する、いわゆる継続的供給契約と呼ばれる形態である。例えば、電気、ガス、水道等の供給契約がこれに当たり、新聞、牛乳の毎日の配達もこの形態に入ると思われる。第3に、③基本契約によって、取引品目等の共通事項をあらかじめ定めておき、その後は適宜注文に応じて供給する形態である。例えば、メーカーと卸売商、卸売商と小売商との間の取引がこの形態に当たることが多いと思われる。最後に、④別段基本契約と目されるものはなく、同種の物品について、随時継続して売買される場合である。例えば、小売商と消費者との間の掛売がこれに当たる。

---

8)　井上隆晴「一定期間の売掛代金残額の請求とその特定」本井巽＝中村修三編『民事実務ノート2』（判例タイムズ社、1968年）20、21頁。

(2) 売買代金債権の特定方法

ア 単発的売買契約の場合

単発的な売買の場合、契約種類（売買契約であること）のほか、契約時期、目的物、代金額、弁済期等の全部又は一部により特定する。どの程度の特定を要するかについては、債務者・第三債務者の業種や規模、債務者と第三債務者との取引関係、目的物の種類等を考慮して、個別に判断するほかないが、目的物の特定については、具体的な商品名が記載されていれば疑義が生じることはほぼないであろう。

イ 継続的売買契約の場合

(ア) 同一当事者間で継続的な売買がされている場合、①基本契約が締結されていれば、契約種類（売買基本契約であること）、契約時期、目的物、期間等により基本契約を特定し、さらにこれに基づき継続的な売買を特定することが可能である。

これに対し、②上記のような基本契約が締結されていないとき、又は債権者が基本契約の内容を確知できないときには、契約種類（反復する売買契約であること）及び目的物を中心として特定するほかない。この場合、目的物は差押債権を特定する上で極めて重要な要素となるため、商品名をなるべく具体的に記載する必要があり、「商品Ａ等の売買代金債権」のように「等」による特定では不十分であるが、目的物が多岐にわたる場合には、「自動車」、「腕時計」といった概括的な特定によらざるを得ない場合もあり得るであろう。

(イ) なお、継続的売買契約に係る売買代金債権を差し押さえる場合、その中に差押えの時点では存在しておらず、将来発生することが予想される将来債権を含む場合がある。

本来、差押えは、その時点における債務者の責任財産に対してされるのが原則であるから、債権差押命令を発するに当たっても、債務者が現に有すると主張される債権を対象とすべきである。しかし、差押えの時点では存在していない債権であっても、既にその発生の基礎となる法律関係が存在して、近い将来における発生が確実に見込めるため財産価値を有するものであれば、その債権を特定できる限り、差押えの対象となるとするのが

通説的見解であり、実務上の取扱いである[9]。

　将来債権のうち、給料債権等の継続的給付債権については、差押えの効力が、差押債権者の債権及び執行費用の額を限度として、差押え後に受けるべき給付に及ぶとされている（法151条）が、継続的売買契約に係る売買代金債権のように反復する取引から生じる債権は、債務者と第三債務者との間に何らかの継続的取引に係る契約（基本契約）が存することも少なくないと思われるが、当該契約に具体性が乏しいことも多く、そのような場合には、具体的な債権は各個別契約により生じると解されるため、この点において、継続的給付債権と区別される（債権者において、債務者と第三債務者との間に相当程度具体的な継続的取引に係る契約があることを特定でき、当該契約に基づき（個別契約を待たず）直接具体的な債権が発生するのであれば、継続的給付債権として取り扱うことも考えられるが、そのような事例は実務上ほとんどないであろう。）。そして、このような将来債権については、実務上、その発生の確実性等にかんがみ、差押命令の送達日から6か月先までに発生するものまで差押えを認めるのが通例である。

2　請負代金債権の特定

(1) 請負契約の種類

　ア　請負代金債権は、当事者の一方（請負人）が、ある仕事を完成することを約し、相手方（注文者）がその仕事の結果に対して報酬を支払うことを約することによって発生するものであり（民632条）、通常は、仕事の完成後に支払われる後払債権であるが、仕事の完成によって発生する債権ではないので、請負契約が締結されていれば仕事の完成前でも将来債権とはならないことに注意する必要がある。

　イ　請負契約にも、単発の請負契約と継続的な請負契約とがある。
　前者は、特定の仕事の完成について、単発の請負契約を締結し、その報酬が仕事の完成後に一度にあるいは分割して支払われるものである。

---

[9]　中野・民執法649頁。

これに対し、後者は、次の2種類が考えられる。1つは、ある特定の種類に属する仕事を一定期間継続的に行う契約を締結し、この契約に基づいて一定期間継続的に当該種類に属する仕事を完成させるが、そのうちの区切られたある程度定期的な期間に完成した仕事の結果に応じて報酬が定められており、その期間ごとに報酬が支払われる形態である。この場合、請負代金はこの1個の契約に基づき発生する（以下「契約1個型」という。）。例えば、ある会社が、ビルの清掃業務を請け負い、その報酬が毎月支払われる場合等がこれに当たる。もう1つは、ある特定の種類に属する仕事を一定期間継続的に行う旨の契約を締結するが、これは単なる基本契約であり、実際の業務に際しては、この基本契約に基づいてさらに個別の契約を締結する形態である。この場合、請負代金は個別の契約に基づき発生する（以下「契約複数型」という。）。例えば、道路工事の請負を業とする会社（A社）が、自己が請け負った各地の道路工事を下請会社（B社）に対して、1年間継続的に下請けをさせる基本契約を締結した上で、この期間内にA社が仕事を請け負った都度、B社に下請けをさせるというものである。

(2) 請負代金債権の特定方法
ア　単発的請負契約の場合

　単発的な請負契約の場合、請負代金債権は、債権の種類（請負代金であること）のほか、契約時期、目的である仕事の種類及び内容（工事代金であれば、工事名、工事場所、工期等）、代金額、弁済期等が特定の指標となる。

イ　継続的請負契約の場合

(ア)　契約1個型の場合

　a　この場合、同一の法律関係に基づき、ある程度定期的に請負代金の支払がなされ、それが将来の一定期間継続するものであるから、法151条所定の継続的給付債権となり、差押え後に支払期の到来する請負代金債権に対しても差押えの効力が及ぶことになる。

　もっとも、このような契約1個型といえるためには、この請負契約が

単なる抽象的な基本契約でないことが分かるよう、相当具体的に契約内容を特定する必要がある。そのため、差押債権目録には、例えば、「債務者と第三債務者との間の東京都目黒区鷹番○丁目○番○号所在の第三債務者所有○○ビルに係る継続的な清掃業務請負契約（平成○○年3月1日締結、契約期間平成○○年4月1日から平成○○年3月31日まで）に基づき、毎月末日締め翌月○○日支払の約定で、債務者が第三債務者から支払を受ける請負代金債権にして、支払期の早いものから頭書金額に満つるまで」等と記載する必要がある。

　b　なお、契約1個型の場合、前記のとおり、法151条所定の継続的給付債権となるため、理論的には将来分の期間を限定する必要はないが、第三債務者の負担等を考慮して、実務上は、契約複数型に準じて、将来6か月分の差押えを求めることが多い。

　(イ)　契約複数型の場合

　a　この場合、①基本契約に着目して請負代金債権を特定する方法と、②個別の請負契約に着目して請負代金債権を特定する方法とが考えられる。

　①の方法については、基本契約を契約時期、目的である仕事の内容、月締めの約定、弁済期等により特定する。

　これに対し、②の方法については、契約種類（反復する請負契約であること）及び目的である仕事の内容を中心として特定するほかない。この場合、目的である仕事の内容は差押債権を特定する上で極めて重要な要素となることから、これをなるべく具体的に記載する必要がある。

　b　なお、契約複数型の場合、法151条所定の継続的給付債権とはならないが、前記のとおり、既にその発生の基礎となる法律関係が存在し、近い将来における発生が確実に見込まれる財産価値を有する場合には将来発生分の差押えが可能であるため、実務上は、将来6か月分の差押えを認めることが多いと思われる。

(3) **請負代金債権の特定の有無が問題とされた参考裁判例**

ア　東京地判昭和45年3月19日ジュリ472号7頁

(ア)　事案

　債権差押命令の差押債権目録に、「債務者が第三債務者に対して有する昭和42年4月から同年11月に至るまでの左官工事請負代金213万5510円の中金74万300円」と表示されていた事案

(イ)　判決要旨

　上記命令は具体的個別的な工事名等を特定していないのであるから、上記命令が債務者の第三債務者に対する、昭和42年4月から同年11月に至るまでの間の左官工事請負代金債権のいずれを、どれだけの額まで対象としたものであるかを明らかにすることができないというほかなく、上記命令は対象範囲の明確を欠き、無効というべきである。

イ　東京高決平成7年10月18日金判997号14頁

(ア)　事案

　抗告人（債権者）は債務者の元従業員であるが、債務者に対する未払給与、解雇予告手当、付加金債権に基づいて、債務者が第三債務者に対して有する請負代金債権につき債権差押命令を申し立てた。同申立てでは、差し押さえるべき債権として、債務者と第三債務者との間の「ソフトウエア開発等コンピュータに関わる業務に関する取引基本契約に基づき、債務者が第三債務者から」一定期間に支払を受けるべき請負代金債権としていた。

(イ)　決定要旨

　「抗告人の本件債権差押えの申立ては、目的物の特定という点で十分ということはできず（少なくとも基本契約の特定（契約の日時及び契約内容の概要）とか、これに基づく請負契約の具体的種類及び契約時期又は弁済期による特定くらいはすべきである。）、結論として差押債権の特定を欠くものとして不適法であるといわざるを得ない」。

ウ　福岡高決平成24年6月18日判時2195号32頁

(ア)　事案

　抗告人（債権者）が、債務者に対する執行力ある執行証書正本に基づ

き、債務者の取引先である複数の第三債務者に対して債務者が有する請負代金債権につき債権差押命令及び転付命令を申し立てた。同申立てでは、差し押さえるべき債権として、まず、債権の種類、発生原因につき「債務者と第三債務者との間の舗装工事の設計、積算、施工、監理及び監督業務、建設工事の設計、積算、施工、監理及び監督業務、上記に附帯する一切の業務に関する契約」に基づく等と表示し、また、債権の発生年月日につき「平成21年12月1日から平成24年3月30日までの間に施工した工事等の請負代金債権のうち、支払期の早いものから頭書金額に満つるまで」と表示して、債務者が一定期間内に施工した工事等の請負代金を、順次差し押さえるとしていた。

(イ) 決定要旨

① 最高裁平成23年決定は、「差押債権の特定の有無の判断基準を一般的に示しており、預貯金債権に限定したものではな」く、「本件の請負債権を差押債権とする事案においても、その判断基準は妥当するものである。」

② 上記の表示では、「支払期限が同日のものが複数存在する可能性を否定することはでき」ず、また、「本件のように請負債権を順位付けする方法で包括的に差し押さえようとする場合には、一次的には、第三債務者が、自ら保管する帳簿等の資料に基づき各債権に対する差押えの額を判断しなければならず、……判断を誤るリスクを第三債務者に負わせることになる」ことからすると、「少なくとも基本契約が締結されているのであれば基本契約の、基本契約が締結されていないのであれば、1つ1つの契約の、締結時期、契約内容の概要、請負契約の具体的種類による特定程度はすべきである。」

③ 以上を踏まえると、「抗告人の申立ては、差押債権の特定がされているものとはいえず、不適法である」。

参考文献

脚注に掲載の文献のほか、
・ 執行実務・債権（上）Q13、Q14。
・ 債権執行諸問題47～56頁。

第6講
預金債権の差押えに関する諸問題——①差押債権の特定、②差押えの競合範囲

鈴木　和孝

I　預金債権の特定

1　問題の所在

　債権差押命令の申立てをするに当たっては、「差し押さえるべき債権の種類及び額その他の債権を特定するに足りる事項」を明らかにしなければならない（規則133条2項）。債権の特定は、一般に、差押債権の種類を表示するほか、発生原因、発生年月日、弁済期、給付内容、債権の金額等の債権の属性を特定して記載することにより行うものとされている。

　しかし、預金債権については、一般に、債権者が債務者からその預金の有無や内容について情報を得ることが難しく、第三債務者たる金融機関も、預金者の機密保護の観点から預金の有無や内容の問い合わせや調査に応じないことが多いため、債権者としては、差押命令の申立てをする段階で預金の種類や預金額、口座番号、預入日等を明らかにして預金債権を具体的に特定することができないのが通例である。

　そのため、預金債権の特定を厳格に要求すると、債権者から預金債権差押えの途を奪うことになりかねないが、他方、特定を緩やかにすることを認めると、どの債権がどの範囲で差し押さえられたかの判断が困難になり、例えば金融機関において二重払の危険を負う等、不測の損害を第三債務者や債務者に与えかねない。

　そこで、債権差押命令申立書（差押債権目録）に預金債権の特定としてどの程度記載する必要があるかが問題となる。

2 執行実務における取扱い──店舗割付方式

　執行実務においては、預金債権の差押命令を発令する場合、①預金債権の属性（預金の種類及び額）については、一般に金融機関が、預金者の機密保護の観点から預金の有無や内容の問い合わせや調査に応じないことが多く、申立債権者が預金債権の存在を知り得る方法がないといった実情や、第三債務者が金融機関であるため、他と比較して緩やかな特定方法であっても、その適正な処理に期待できることを考慮して、第 1 に先行する差押え又は仮差押えの有無、第 2 に預金の種類、第 3 に同種の預金がある場合の口座番号の順序等による順位付けをして、包括的に差押えを行うことが許容されている[1]が、他方で、②預金債権の所在（取扱店舗）については、金融機関では一般に預金取引や顧客管理が本支店ごとにある程度独立して行われていることにかんがみ、その預金債権の取扱店舗を特定する（取扱店舗が複数ある場合には、各取扱店舗ごとに差押債権の割付けをする。）ことを求める取扱いが一般的である（もっとも、この取扱いによっても、第三債務者がいわゆるインターネット専業銀行（実店舗を持たないで、主としてインターネットにより取引を行う銀行。ネット銀行などともいう。）の場合は、支店として本店所在地と同じ場所に登録されていても、それは物理的な取扱店舗ではなく、このような支店で取り扱われている預金債権については、実際は本店が一括管理しているものと考えられることから、取扱店舗の特定は不要であろう。）[2]。

　しかし、このような方法によると、債権者が特定した取扱店舗に債務者の預金口座がなければ、その債権差押えは空振りとなってしまい、債権者は、別の取扱店舗を定めて改めて債権差押命令の申立てをやり直さなければならないことになる。

　そのため、近年、預金債権の取扱店舗を具体的に特定することなく差押

---

1) 執行実務・債権（上）108、109 頁。
2) 執行実務・債権（上）109 頁、谷口園恵「最高裁時の判例」ジュリ 1470 号 73、74 頁（2014 年）等。

命令申立てをする例が散見されるようになった。

3　全店一括順位付け方式

(1)　全店一括順位付け方式とは

　全店一括順位付け方式とは、取扱店舗を特定せず、第三債務者の全店舗を対象として順位付けをした上、先順位の店舗の預金債権の額が差押債権額に満たないときは、順次予備的に後順位の店舗の預金債権を差押債権とする方式のことをいう。

(2)　最高裁平成23年決定前の下級審裁判例の状況

　全店一括順位付け方式による申立てについて、平成23年1月以降は、高裁レベルで差押債権の特定を肯定するものとこれを否定するものとに判断が分かれていた[3]。

　これらの高等裁判所の決定例を見てみると、特定肯定説に立つ決定例も特定否定説に立つ決定例も、差押債権の特定の程度については、概ね、差押債権の表示を合理的に解釈した結果に基づき、しかも、第三債務者において格別の負担を伴わずに調査することによって当該債権を他の債権と誤認混同することなく認識し得る程度に明確に表示されることを要する旨の判断基準に依拠した上で、具体的な当てはめにおいて、特定肯定説に立つ決定例は、①金融機関は顧客情報管理システムを備えているから、取扱店舗を1つに特定しない差押命令申立てを認めても該当債権の検索にさほどの時間と手間を要しないこと、②該当債権の検索中に預金払戻し等をしてしまった場合には民法478条により第三債務者の免責を認めることで対

---

[3]　主な決定例としては、以下のようなものがある。
　　（特定肯定説に立つもの）東京高決平成23年1月12日金法1918号109頁、東京高決平成23年3月30日金法1922号92頁、東京高決平成23年6月22日金法1926号124頁。
　　（特定否定説に立つもの）東京高決平成23年3月31日金法1922号99頁、東京高決平成23年4月28日金法1922号87頁、東京高決平成23年6月6日金法1926号120頁。

処し得ること、③第三債務者が債権者から債務者の預金口座の取扱店舗につき弁護士法23条の2に基づく照会(以下、単に「弁護士照会」という。)を受けたのに回答しなかったために、債権者としては取扱店舗を特定した申立てをすることができなかったこと等を理由に、全店一括順位付け方式による差押命令申立ては、第三債務者に過度の負担を負わせるものではないとしているのに対し、特定否定説に立つ決定例は、①全店一括順位付け方式により定められた順序に従って差し押さえられた債権を検索するという作業を短時間のうちに完了するシステムが金融機関に整備されているとは認め難いこと、②該当債権の検索中に預金払戻請求等があった場合には第三債務者は弁済の有効性等を争う紛争に巻き込まれる危険を負うこと等を理由に、全店一括順位付け方式による差押命令申立ては、第三債務者に過度の負担を負わせるものであるとしている。

(3) 最三決平成23年9月20日民集65巻6号2710頁

　以上のような状況の中で、最三決平成23年9月20日民集65巻6号2710頁(以下「最高裁平成23年決定」という。)は、いわゆる全店一括順位付け方式による差押命令の申立てについて、以下のとおり差押債権の特定を欠き不適法であると判示した。

　ア　事案の概要

　債権者が、債務者の三菱東京UFJ銀行、三井住友銀行、みずほ銀行及びゆうちょ銀行に対する預貯金債権の差押えを求める申立てをするに当たり、①三菱東京UFJ銀行、三井住友銀行及びみずほ銀行に対する預金債権については、それぞれその取扱店舗を一切限定せずに「複数の店舗に預金債権があるときは、支店番号の若い順序による」との順位付けをする方式により、②ゆうちょ銀行に対する貯金債権については、全国の貯金事務センターを全て列挙して、「複数の貯金事務センターの貯金債権があるときは、別紙貯金事務センター一覧表の番号の若い順序による」との順位付けをする方式により、差押債権の表示をした事案である。

　イ　決定の要旨

　①民事執行法上、債権差押命令による差押えの効力(債務者に対する処

分禁止効、第三債務者に対する弁済禁止効）は差押命令が第三債務者に送達された時点で直ちに生じ（法145条4項）、差押えの競合の有無についてもその時点が基準となる（法156条2項参照）ものとされていることからすると、差押債権の表示が差押命令の送達を受けた第三債務者において差し押さえられた債権を速やかに確実に識別することができるものでなければ、その識別作業が完了するまでの間、差押えの効力が生じた債権の範囲を的確に把握することができず、第三債務者はもとより、競合する差押債権者等の利害関係人の地位が不安定なものとなりかねないことを指摘した上で、「民事執行規則133条2項の求める差押債権の特定とは、債権差押命令の送達を受けた第三債務者において、直ちにとはいえないまでも、差押えの効力が上記送達の時点（引用者注：差押命令が第三債務者に送達された時点）で生ずることにそぐわない事態とならない程度に速やかに、かつ、確実に、差し押さえられた債権を識別することができるものでなければならない」と判示するとともに、②「本件申立ては、大規模な金融機関である第三債務者らの全ての店舗を対象として順位付けをし、先順位の店舗の預貯金債権の額が差押債権額に満たないときは、順次予備的に後順位の店舗の預貯金債権を差押債権とする旨の差押えを求めるものであり、各第三債務者において、先順位の店舗の預貯金債権の全てについて、その存否及び先行の差押え又は仮差押えの有無、定期預金、普通預金等の種別、差押命令送達時点での残高等を調査して、差押えの効力が生ずる預貯金債権の総額を把握する作業が完了しない限り、後順位の店舗の預貯金債権に差押えの効力が生ずるか否かが判明しないのであるから、本件申立てにおける差押債権の表示は、送達を受けた第三債務者において上記の程度に速やかに確実に差し押えられた債権を識別することができるものであるということはできない。そうすると、本件申立ては、差押債権の特定を欠き不適法というべきである。」と判示した。

　ウ　最高裁平成23年決定の判断に関する若干の考察
　㋐　差押債権の特定の有無の判断基準について
　a　前記のとおり、債権差押命令による差押えの効力（債務者に対する処分禁止効、第三債務者に対する弁済禁止効）は、差押命令が第三債務者に

送達された時点で直ちに生ずるところ（法145条4項）、差押命令の送達を受けた第三債務者は、以後、差押えの対象となった債権について債務者からの払戻請求に応じると、民法481条1項により差押債権者に対して二重に弁済をしなければならないリスクを負う一方、差押えの対象外の債権について債務者からの払戻請求に応じないと、債務不履行責任ないし不法行為責任を問われる可能性があることになる[4]。さらに、複数の差押命令が相前後して発せられた場合、後行事件の差押えの効力は先行事件における識別作業が終わるまで明らかにならず、その識別作業に誤りがあったことが後から明らかになったときは、いったん有効と考えられた転付命令や取立ての効力が覆されることとなる等、差押債権の識別作業に相当の時間や複雑な判断を必要とするような条件を付した差押債権の表示を許容することは、第三債務者のみならず、競合差押債権者の法的地位も不安定にする。

　以上のような問題点を踏まえると、預金債権のように、差押命令においては差押債権を特定するための抽象的な基準のみを表示し、これを受領した第三債務者において表示外の情報を当てはめることにより初めて差押債権が具体的に明らかとなるような方式（いわゆる間接的特定）による差押債権の表示が許容される範囲には自ずから限界があり、これが許容されるのは、間接的特定のために示された抽象的基準の内容が、第三債務者において差押命令の送達を受けてから該当債権を識別してその支払を停止するまでにさほどの時間的間隔を生じさせるものでなく、かつ、抽象的基準を当てはめていく過程で該当債権の誤認混同を生じさせるおそれがあるものでもない場合に限られると解すべきであり、最高裁平成23年決定は、このような考慮から、差押命令の送達を受けた第三債務者において「直ちにとはいえないまでも、差押えの効力が上記送達の時点で生ずることにそぐわない事態とならない程度に速やかに、かつ、確実に」差し押さえられた

---

[4] 預金債権の差押えの場合、該当債権の識別作業中に、ATMによる入出金手続や公共料金の自動引落しが進行するなど、第三債務者にとって深刻な事態も容易に想定されるところである。

債権を識別することができるものでなければならない旨を判示したものと解される[5]。

　b　また、最高裁平成23年決定前の下級審裁判例においては、差押債権の特定の程度について、差押債権者の利益と差押命令への対応を強いられる第三債務者の負担の調整の問題として捉えた上で、債権者、第三債務者双方の個別的な事情を勘案して判断するものが多かったように思われるが、最高裁平成23年決定ではこのような判断手法が用いられていないことに留意すべきである。

　すなわち、最高裁平成23年決定が示した差押債権の特定の有無の判断基準は、前記のとおり「差押債権の特定とは、債権差押命令の送達を受けた第三債務者において、直ちにとはいえないまでも、差押えの効力が上記送達の時点で生ずることにそぐわない事態とならない程度に速やかに、かつ、確実に、差し押さえられた債権を識別することができるものでなければならない」というものであるが、同決定は、このような判断基準を採用する理由として、「その識別を上記の程度に速やかに確実に行い得ないような方式により差押債権を表示した債権差押命令が発せられると、差押命令の第三債務者に対する送達後その識別作業が完了するまでの間、差押えの効力が生じた債権の範囲を的確に把握することができないこととなり、第三債務者はもとより、競合する差押債権者等の利害関係人の地位が不安定なものとなりかねない」ことを挙げている。このような判示内容からすると、最高裁平成23年決定は、差押えの効力が及んでいるか否かが判然としない浮動的な状態が生ずる余地を幅広く認めることは第三債務者、競合債権者その他の利害関係人を不安定な法的地位に置くことになってしまうとの問題意識から、差押債権の特定の問題は、第三債務者の「負担」の

---

[5]　谷口園恵・最判解民事篇平成23年度（下）619〜623頁。なお、同解説は、第三債務者（信用組合）が差押命令の送達を受けてからコンピューター端末上で支払停止措置を執るまでの僅か9分の間に、債務者に対して預金の払戻しがされたところ、差押債権者から取立訴訟が提起され、最高裁まで争われた事案（大阪高判平成21年12月3日公刊物未登載）等を紹介した上で、差押命令送達後に自己の債権者に対する弁済をした第三債務者に対しては、厳しく責任追及がされる傾向がうかがわれるとも指摘する（同632、633頁）。

問題として捉えるのではなく、該当債権の識別作業に要する「時間」の問題として捉えるべきとしたものと解される[6]。

　このように、最高裁平成23年決定によれば、差押債権の特定がされているか否かについては、差押命令が第三債務者に送達されてから該当債権の識別作業が完了するまでに要する「時間」が問題とされ、これは差押債権の表示自体によって判断するほかないのであるから、第三債務者が債権者から債務者の預金口座の取扱店舗につき弁護士照会を受けたのに回答しなかった等の当該事案における第三債務者の個別的な対応によって判断が左右されることはないというべきである。

　c　さらに、最高裁平成23年決定が示した「差押えの効力が上記送達の時点で生ずることにそぐわない事態とならない程度に速やかに」という時間的な判断基準がどの程度の時間的間隔を許容するものなのかは必ずしも明らかでないが、上記の差押えの効力が及んでいるか否かが判然としない浮動的な状態が生ずる余地を幅広く認めることの問題点に加え、同決定が「直ちにとはいえないまでも」と前置きして、本来であれば「直ちに」が望ましいが、これが無理であるとしても可能な限り「直ちに」に近い程度に「速やかに」と表現しているものと思われること等を併せ考慮すると、少なくとも差押命令が第三債務者に送達されてから数時間の経過は許容しない趣旨であると解するのが相当というべきであろう[7]。

　(イ)　判断基準の具体的当てはめ（全店一括順位付け方式による差押債権の表示）について

　a　前記のとおり、金融機関では一般に預金取引や顧客管理が本支店ごとにある程度独立して行われていることからすると、全店一括順位付け方式による差押えがされた場合、差押債権を把握するためには、各取扱店舗がそれぞれ調査するだけでなく、対象となる店舗相互間において緊密な連絡を取り合いながら、先順位の取扱店舗から順に差押債権を確認していく

---

[6]　谷口・前掲注5）623頁、大橋弘「債権差押命令の申立てにおける差押債権の特定」判評641号26頁（2012年）参照。
[7]　大橋・前掲注6）26、27頁。

作業を行うことになる。

　この点、現在はほぼ全ての金融機関において、顧客に関する情報や取引に関する情報等を顧客ごとに集録した顧客情報管理システムが整備されているようであるが、近時における情報処理システムの発達を踏まえても、大多数の金融機関において上記のような差押債権の特定作業の全ての過程を短時間のうちに処理することに対応した顧客情報管理システムを備えていると認めることはできない[8]。仮に、差押命令の送達を受けた本店において、直ちにコンピューター端末上で当該預金者の全預金情報を表示することができたとしても、営業継続中の平時に行われる差押債権の検索の場面では、その表示内容が正しいものか否か（当日の新規開設、預入、払戻し、振込み、振替、相殺処理、手形決済処理等の時々刻々と行われる取引結果が入力済みか否か）までは分からないため、やはり本支店間での緊密な連絡と確認作業が必要になると思われる。しかも、このような差押債権の特定作業の中で、先順位の取扱店舗での預金債権の存否や範囲の判断に誤りがあると、それは後順位の取扱店舗での差押債権の存否や範囲の判断の誤りに波及していくことになる。

　以上のような現状を踏まえると、最高裁平成23年決定が、全店一括順位付け方式による差押債権の表示は、送達を受けた第三債務者において「速やかに、かつ、確実に」差し押さえられた債権を識別することができるものとはいえず、同方式による申立ては、差押債権の特定を欠き不適法であると判断したことは相当というべきであろう。

　ｂ　なお、前記のとおり、最高裁平成23年決定は、飽くまで第三債務者たる金融機関の預金債権管理及び差押え対応の現状を前提とするものであるから、今後の金融機関による顧客情報管理システム等の整備次第では、全店一括順位付け方式による預金債権の差押えが許容される余地があるのはいうまでもない。それと同時に、第三債務者において「速やかに、

---

[8] 飯塚宏ほか「座談会　複数支店の預金に対する（仮）差押え（上）」金法1783号16～20頁（2006年）、松丸徹雄「銀行に対する差押えの範囲とその実務対応」銀法717号15、16頁（2010年）参照。

かつ、確実に」該当債権を識別することができないという問題状況が存する限り、最高裁平成23年決定で問題となった大規模な金融機関を第三債務者とする全店一括順位付け方式による申立ての場合に限らず、同様の判断が妥当することになろう。

　㈦　債権者の迅速かつ効果的な権利実現に向けた方策について

　最高裁平成23年決定が全店一括順位付け方式を否定したことに対しては、「債権者の迅速かつ効果的な権利実現は一層難しいものとな」り、「これは、債務者の執行逃れを助長することにもなり、権利実現を目的とする民事司法の機能不全を招くものである」との指摘[9]もあるが、この問題は「差押債権の特定の解釈とは別に制度論として検討すべき問題であって、差押債権の特定を緩和した包括的な債権差押えを認めて……解決を図るべき問題ではない」[10]というべきであろう。

4　預金額最大店舗指定方式

　最高裁平成23年決定によって全店一括順位付け方式が否定された後に、実務上問題となったのが預金額最大店舗指定方式である。これは、金融機関の具体的な店舗を特定することなく、複数の店舗に預金債権があるときは、預金債権額合計の最も大きな店舗の預金債権を対象として差押金額に満つるまでの預金債権を差し押さえることを求める申立てである。

　この預金額最大店舗指定方式による差押債権の表示が許されるかについては、①差押債権の特定がされているとして、この方式による申立てを適法と認める決定例[11]と、②最高裁平成23年決定が示した判断基準に従えば差押債権の特定を欠くとして、この方式による申立てを不適法とする決定例[12]とに分かれていたが、最一決平成25年1月17日判タ1386号182頁（以下「最高裁平成25年決定」という。）は、②説に立つ原審（前

---

[9]　民事執行・保全百選103頁。
[10]　谷口・前掲注5）627、628頁。
[11]　①説に立つ決定例として、東京高決平成23年10月26日判タ1368号245頁、名古屋高決平成24年9月20日金判1405号16頁がある。

掲注12）東京高決平成24年10月24日）の判断を正当と是認した。もっとも、最高裁平成25年決定は、「原審の判断は、正当として是認することができる」と判示するのみであるため、原審の判断を以下に紹介する。

　原審は、預金額最大店舗指定方式による差押えを認めた場合、金融機関である第三債務者は、全ての店舗の全ての預金口座について債務者の口座の有無を検索した上、口座がある場合は当該店舗における差押命令送達時点での口座ごとの預金残高及びその合計額等を調査して、当該店舗が預金額最大店舗に該当するかを判定する作業が完了しない限り、差押えの効力が生ずる預金債権の範囲が判明しないことになり、最高裁平成23年決定が示した差押債権の特定の有無に関する基準を満たすとはいえないことなどを指摘して、預金額最大店舗指定方式による差押債権の表示は、差押債権が特定されていないから、同方式による申立ては、不適法であり却下すべきと判断した。

　このような預金額最大店舗指定方式による債権差押命令申立てについても、前記の金融機関の預金債権管理及び差押え対応の現状に照らせば、送達を受けた第三債務者において「速やかに、かつ、確実に」差し押さえられた債権を識別することができるものとはいえず、やはり差押債権の特定は否定すべきであろう。

5　将来預金の差押えについて

　本来、差押えは、その時点における債務者の責任財産に対してされるのが原則であるから、債権差押命令を発するに当たっても、債務者が現に有すると主張される債権を対象とすべきである。しかし、差押えの時点では存在していない債権であっても、既にその発生の基礎となる法律関係が存在して、近い将来における発生が確実に見込めるため財産価値を有するものであれば、その債権を特定できる限り、差押えの対象となるとするのが

12）②説に立つ決定例として、東京高決平成24年10月10日判タ1383号374頁、東京高決平成24年10月24日判タ1384号351頁等がある。

通説的見解であり、実務上の取扱いである[13]。

では、預金債権のうち差押命令が第三債務者に送達された時に現に存する部分（現在預金）だけでなく、同送達時後の入金によって生ずることとなる部分（将来預金）をも含めた差押債権の表示が許容されるであろうか。

最三決平成24年7月24日判タ1384号126頁は、普通預金債権のうち差押命令送達時後同送達の日から起算して1年が経過するまでの入金によって生ずることとなる部分を差押債権として表示した債権差押命令の申立てについて、普通預金債権が差し押さえられた場合、預金残高のうち差押債権の額を超える部分については、第三債務者は預金者からの払戻請求に応ずるべき普通預金契約上の義務を負うものと解されるところ、上記申立てのうち将来預金の差押えを求める部分については、普通預金の性質上、預金残高を構成する将来の入出金の時期及び金額をあらかじめ把握することができないのであるから、上記申立てが認められたとするならば、第三債務者において、差押命令送達の日から起算して1年の期間内に入出金が行われるたびに、預金残高のうち差押債権の額を超える部分と超えない部分とを区別して把握する作業を行わなければ、後者についての払戻請求に応ずる義務を履行することができないが、第三債務者においてそのような義務の履行を可能とするようなシステムは構築されておらず、他の方法により速やかに払戻請求に応ずることも期待できないから、将来預金に関する部分については、第三債務者において、速やかに、かつ、確実に、差し押さえられた債権を識別することができるものということはできず、差押債権の特定を欠き、不適法であるとした。

この決定は、最高裁平成23年決定が示した差押債権の特定に関する一般的な判断基準を、第三債務者の具体的な事情に当てはめて、将来預金の差押えは認められないとしたものであり、預金取引実務の現状を踏まえた妥当な判断といえよう。

また、田原裁判官は、補足意見の中で、「差押債権が将来生ずるべき債

---

[13] 執行実務・債権（上）140頁、中野・民執法649頁。

権である場合には、その発生の確実性が求められ、それが認められないときには差押債権の特定を欠くものと一般に解されているところ、差押えの対象たる普通預金口座は、将来生ずるべき債権発生の基礎となる法律関係として現に存在するものの、一般に、債権差押えの申立て時点において、将来、同預金口座に何時、幾らの金額が入金されるかは予測がつかないのであって、発生の確実性を欠くものともいえ、その点からしても差押債権の特定を欠いているのではないかとも解し得る。」と述べている。この補足意見は、将来債権の被差押適格の観点からの指摘とも考えることができ、今後の実務の参考になると思われる。

II 預金債権に対する差押えの競合範囲

1 差押えの競合とは

差押えの競合とは、同一の債権に対して複数の差押命令が発せられ（1つの差押命令で債権者が複数の場合を含む。）、各差押額の合計が差押債権の金額を超えている場合をいう。したがって、例えば、100万円の債権に対して、Aが60万円を差し押さえた後、Bが40万円を差し押さえた場合には、それぞれが差し押さえた部分から債権を全額回収することができるので、差押えの競合は生じていない。これに対し、Aが60万円を差し押さえた後に、Bが50万円を差し押さえると合計が110万円となり、差押債権の金額を超えるので、差押えの競合が生じることになる。

2 差押えの競合の効果

差押えの競合により、以下のような効果が発生する。
① 差押えの効力の拡張
差押えの競合が生じた場合は、債権の一部に対する差押えであっても差押えの効力は債権全体に及ぶ（法149条）。

② 第三債務者の供託義務

差押えの競合が生じた場合、第三債務者は、差押債権の全額に相当する金銭を、債務の履行地の供託所に供託しなければならない（法156条2項）。

③ 差押債権者の取立禁止・転付命令の禁止

差押えの競合が生じた場合、前記のとおり第三債務者に供託義務が生じるため、各差押債権者は任意の支払を受けることはできない。

差押債権者は、第三債務者のする差押債権の供託をまって、配当手続により配当を受けることになる。

第三債務者が供託しない場合、差押債権の支払を受けるためには、取立訴訟を提起して、供託判決（請求に係る金銭の支払は供託の方法によりすべき旨の判決）に基づく供託金の配当手続によることになる（法157条1項、4項）。

3 預金債権に対する差押えの競合範囲

前記のとおり、預金債権については、第1に先行する差押え又は仮差押えの有無、第2に預金の種類、第3に同種の預金がある場合の口座番号の順序等による順位付けをして、包括的に差押えを行うことを許容するのが判例・実務の取扱いである。この取扱いによった場合、例えば、定期預金500万円、普通預金300万円、当座預金200万円の預金債権があって、債権者Aが、上記の順位付けに従い、差押額を600万円として、先行の差押え・仮差押えのないものから、定期、普通、当座預金の順に差押えをし、その後、債権者Bが、差押額を500万円として、同じ順序で差押えをしたという場合、預金債権が種類や口座番号が異なれば独立した別個の債権であることに照らすと、Aは、定期預金500万円全部と普通預金300万円のうち100万円を差し押さえたことになり、Bは、先行の差押えのない普通預金300万円の残り200万円と当座預金200万円全部を、更に不足分は先行の差押えのある定期預金500万円のうち100万円を差し押さえたことになる。そうすると、差押えの競合は、定期預金500万

円についてのみ生ずることになって、Aに後れて差押えしたBの方が有利になるという結果が生じることになる。

　こうした事情から、債権者間の公平を確保するために、同一の第三債務者に対して債務者の有する数口の預金債権を差し押さえる場合には、個々の預金債権の個数にかかわらず全体を1個と見て、各差押えにおける差押額の合計額が各預金債権の合計額を超えるときは、各差押えの効力は預金債権の全部に拡張されるとする見解がある[14]。この見解によれば、上記事例では、A、Bの差押えの効力は、当然に定期預金、普通預金及び当座預金の全部に及ぶことになり、その結果は公平に適うということができよう。

　しかしながら、債権者間の公平が完全に図られないのは、破産とは異なる個別執行の宿命ともいうべきものであるし、全ての債権者が上記のような包括的差押えをするとは限らず、口座や種類を特定した差押えもあるように思われ、その場合にも全体を1個と見るのかといった問題も生ずる等、上記見解は、理論的にも実務的にも採用し難いように思われる[15]。

参考文献

　脚注に掲載の文献。

---

[14] 竹下＝鈴木・基本構造440、441頁。
[15] 新・実務民訴講座（12）408、409頁、香川・注釈（6）239頁。

第 7 講

生命保険契約に基づく解約返戻金請求権の差押え

内田　義厚

I　はじめに（問題の所在）

　保険契約とは、保険契約、共済契約その他いかなる名称であるかを問わず、当事者の一方が一定の事由が生じたことを条件として財産上の給付（保険給付）を行うことを約し、相手方がこれに対して当該一定の事由の発生の可能性に応じたものとして保険料を支払うことを約する契約をいい（保険法 2 条 1 号）、そのうち生命保険契約とは、保険者が人の生存又は死亡に関し一定の保険給付を行うことを約する契約をいう（同条 8 号）。このような生命保険契約に基づく様々な保険契約者の権利については、それ自体が財産的価値を有するものとして差押えの対象になることがあるが、そのうち、保険金請求権を差し押さえることができるかという点については、保険事故が発生してすでに具体化している場合は差押えの対象になるとするのが判例である（最二判昭和 45 年 2 月 27 日判時 588 号 91 頁）。また、保険契約においては保険契約者からの解約権が認められており、生命保険契約についても同様であるが（同法 54 条）、これによって発生する解約返戻金請求権も、前記保険金請求権と同様に、差押えの対象になると解されており、差押えがなされた後は、取立権の行使として保険契約の解約権も認めるのが判例である（最一判平成 11 年 9 月 9 日民集 53 巻 7 号 1173 頁）[1]。このような解約返戻金請求権の差押えの申立てに当たっては、当該差押債権の特定が必要となるが（規則 133 条 2 項）、同請求権が、生命保険契約（の解約）に基づいて発生するものである以上、同契約を特定することによって行われることになる。解約返戻金請求権の差押えの問題点は、この

ような生命保険契約の具体的内容がどの程度明らかになれば特定がされたといえるのか、換言すれば、解約返戻金請求権発生の基礎となる生命保険契約特定の要素としてはどのような事項が必要かという問題に他ならないといえる。そして、この解約返戻金請求権の特定に関しては、特にこれが複数あると思われる場合に、預金債権に類似するものとして、それとの対比で論じられることが多かったことから、預金債権での特定の問題に関する議論の状況がどのように影響するのかを考慮しつつ、解約返戻金請求権独自の特定のあり方を検討することも必要と考えられる。そこで以下では、解約返戻金請求権差押えの場面における生命保険契約の特定のあり方について、保険契約の特性や預金債権との対比を出発点として、実務上見られるいくつかの類型について検討を加えることとしたい[2]。

II　生命保険契約に基づく請求権の特定

1　請求権の特定一般

　請求権（債権）は、相対性・非排他性を特徴とする権利であり、その発生原因が異なれば別個の権利となるものであるから、その特定に当たっては、権利義務の主体や権利の内容だけではなく、その発生原因が重要な要素になると解される。そして、その発生原因が契約に基づく場合は、その契約内容を特定することで発生原因を特定することになるが、契約内容として重要な要素は、契約の当事者、契約の種類、契約の締結日及び契約の金額等が挙げられる。

---

1) 保険法の制定に当たって、解約権については明文化され、解約返戻金の規律の在り方についても、法制化を目指した検討が法制審議会等でなされたが、最終的には立法技術上の理由から法制化は見送られた。もっとも、このことは本稿での議論に特段の影響を及ぼすものではない。
2) 本稿をまとめるにあたっては、東京地方裁判所民事執行センター「さんまエクスプレス第78回　生命保険契約に基づく解約返戻金等請求権の差押え」〔池田弥生〕金法1988号72頁（2014年）に多大な示唆を受けた。また、同センターからは、本稿に関連する実務運用の実際等について種々ご教示をいただいた。ここに記して感謝の意を表する。

2　生命保険契約の特定一般

　前記のような一般的考え方を生命保険契約に適用した場合、契約内容として重要な要素になりうる事項としては、前記Ⅰの生命保険契約の定義などからすれば、①保険契約者の氏名、特にそれが債務者と一致するのか、②締結されている生命保険契約の名称や種類、③生命保険契約の締結日、④保険料の額、⑤保険給付の内容といったところになるのではないかと思われる。そして、これらの中でも、解約返戻金請求権の差押えとの関係で重要な要素になるのは、①の保険契約者と、②の保険契約の内容であると考えられ、これが生命保険契約の特定をする上での必要最小限の要素になるのではないかと思われる。

　もっとも、保険契約者及び保険契約の内容については、その具体的名称や内容が債権者にとって明らかになっていなかったとしても、それに代わりうる確実な特定ないし識別手段が存在すれば、債権者にとって差押えの申立ての支障になるものではないと考えられるし、第三債務者にしても、差押目的債権の識別に困難をきたすことはないと考えられる。これを生命保険契約でみた場合、かかる特定ないし識別手段として考えられるのは保険証券番号である。保険証券番号は当該生命保険契約ごとに付され、契約期間中は継続等の措置が取られない限り不変であることから、当該生命保険契約を特定識別するうえではきわめて有力な事項であると考えられるからである。執行実務においても、解約返戻金の差押えに当たっては、対象となる生命保険契約を特定するために、差押債権目録において保険証券番号を記載することが認められており、これによって特に支障なく差押え及び換価がなされてきたものといえる。そして、このような保険契約者番号を債権者が差押申立て前に覚知する手段としては、代理人弁護士がいる場合は弁護士会照会（弁護士法23条の2）による生命保険会社への調査が考えられ、生命保険会社がこれに応じた場合には問題は少ない。

　しかし、生命保険会社が常にこのような照会に任意で応じるとは限らず、場合によっては顧客に対する守秘義務等を根拠に照会に応じないという場合も考えられる。このような場合は、前記原則に立ち返り、保険契約

者及び保険契約の名称や種類による特定をすべきということになるが、債権者側からすれば、その契約の具体的名称や内容等を特定することには困難が伴い、また、他の契約との識別特定が困難になる場合も少なからず予想されるところである（例えば、債務者と同姓同名の者が締結した生命保険契約が別に実在する場合など）。また、同一の保険契約者が複数の種類の生命保険契約を締結している場合は、複数の生命保険契約に基づく解約返戻金請求権すべてを対象としているのか否かが不明確になったり、そのような場合に超過差押えの問題をどのようにクリアするかといった点で解決困難な問題が生じることになる。そこで、執行実務においては、保険契約者に関する具体的情報を可能な限り差押債権の特定要素として盛り込んだり、生命保険契約が複数締結されている場合を念頭に、その特定方法についていくつかの工夫をしている。具体的には、保険契約者の氏名だけではなく、その生年月日及び住所等の契約者情報を差押債権目録に入れたりすることで、他の保険契約との識別がより正確にできるように配慮している。また、生命保険契約が複数ある場合を予め考慮して、「保険証券番号の最も若いもの」といった記載を差押債権目録に行い、差押えの対象となる生命保険契約を１つに限定することで、前記した超過差押えの問題が発生することを防止している。

　しかしながら、同一の保険契約者において複数の生命保険契約が締結されている場合、それらについて識別や特定が可能であり、前記した超過差押えの問題をクリアできるのであれば、それらのうち１つに絞り込むのではなく、それらに基づく解約返戻金請求権をすべて差し押さえることが可能と考えられ、このような考え方は債権者の利益になることは明らかであるし、債権回収の実効性確保の点からは望ましいといえる。このようなことが最初に問題になったのは、生命保険契約に基づく諸権利についてではなく、銀行やゆうちょ銀行等の金融機関の預貯金債権（以下「預金債権」という。）についてであった。そして、生命保険契約に基づく解約返戻金請求権の特定についても、かかる預金債権の特定の問題と関連付けて検討がされるようになっていった。そこで以下では、この点に関する預金債権の特定をめぐる裁判例を概観し、それとの関係で生命保険契約の特定をめ

ぐる裁判例を位置付けた上で、特に複数の解約返戻金請求権の特定について、預金債権と同列のものとして考えるべきかについて検討することとしたい。

III 預金債権の特定の議論からみた生命保険契約の特定（裁判例の整理）

1 複数店舗の預金債権の包括差押えをめぐる裁判例の流れ

(1) 23年最決までの裁判例の状況

預金債権を差押債権とする債権差押命令の申立てに当たっては、債権者が個々の預金債権の具体的内容を知ることができないなどといった理由から、「債務者が第三債務者に対して有する預金債権」といった抽象的特定で足りるとされ、さらに、先行する差押えの有無、預貯金の種類、口座番号の順序による順位付けをすることで差押債権を特定するということが行われてきた[3]。そして、同一債務者が同一金融機関の各支店に対して有する預金債権を差し押さえる場合は、各取扱店舗において預金取引管理が行われているとの実情等に照らし、一般の銀行の預金債権についてはその預金の取扱店舗を、ゆうちょ銀行の貯金債権についてはこれを所管する貯金事務センターを特定することを求め、差押債権の額についても、取扱店舗ごとに一定金額を割り付けて申立てをする（割付け方式）ように求める扱いをしていた[4]。また、同一銀行内の全支店を一括して順位付けする方法による債権差押命令申立ての適否が争われた東京高決平成5年4月16日金法1357号59頁が、差押債権の特定に関する一般論として、「差押債

---

[3] 中野・民執法669頁、執行実務・債権（上）108頁。

[4] 取扱店舗の特定及び金額の割付けは、申立債権者に対して任意の協力を求めるものであったが、申立債権者がかかる補正の促しに応じなかった場合は、差押債権の特定を欠くものとして申立てを却下するのが実務上の扱いであったとみられる。この点につき、東京地方裁判所民事執行センター「さんまエクスプレス第33回　債権差押命令において預金債権を差し押さえる場合の取扱店舗の特定」金法1767号26頁（2006年）参照。

権の表示を合理的に解釈した結果に基づき、しかも、第三債務者において格別の負担を伴わずに調査することによって当該債権を他の債権と誤認混同することなく認識し得る程度に明確に表示されることを要する」と判示し、さらに、預金債権の特定について、「金融機関は、法人格としては単一であるとしても、実際の取引は本支店ごとにある程度独立して行っているという実態（したがって、預金債権は口座を開設した店舗ごとに別個のものとなる。）に即して考察し、かつ、取扱店舗が表示されない差押命令の送達を受けた金融機関においては該当預金を探索するのに相当の時間と手間が掛かるのに対し、執行債権者は自ら強制執行を申し立てて権利の実現を図ろうとする以上多少の困難が伴っても申立てに先立って取扱店舗を調査する程度の負担を負わせられてもやむを得ない立場にあることをも併せ考慮すると、債権執行の申立書において預金債権の取扱店舗を具体的に表示することを要求しても不当ではないというべきである。」として、上記実務の取扱いと同様の判断を示していた。ところが、平成17年ころから19年ころにかけて、取扱店舗等を特定しないまま、複数の取扱店舗につき一括して差押命令を申し立てる事案が増加するようになった。そして、差押債権の特定を欠くとして却下した裁判に対して抗告する例も増加し、特定があるとする裁判例と、特定がないとする裁判例とが分立するようになった[5]。そして、特定を肯定する裁判例が拠り所としたのは、銀行の本店において顧客の氏名や商号に基づき、特定の顧客が有している全店舗の預金を速やかに検索できるシステム（以下「CIFシステム」という。）を多くの金融機関において使用しているという点であった。このように、裁判例が分立するようになったことから、最高裁による解釈運用の統一が望まれていたところ、最三決平成23年9月20日民集65巻6号2710頁（以

---

[5] 　差押債権が特定されていないとした裁判例として、東京高決平成17年6月7日金判1227号48頁、東京高決平成17年9月7日判時1908号137頁、高松高決平成18年4月11日金判1243号12頁、東京高決平成18年4月27日金法1779号91頁、東京高決平成18年7月18日金法1801号56頁があり、差押債権が特定されているとした裁判例として、東京高決平成18年6月19日金判1246号12頁、大阪高決平成19年9月19日判タ1254号318頁がある。

下「23年最決」という。）が出されるに至った。

(2) 23年最決

申立債権者Xが、債務者Yに対する債務名義に基づき、Yが3つの銀行（三菱東京UFJ、三井住友、みずほ）及びゆうちょ銀行に対して有する預金債権の差押えを申し立て、その際、上記3銀行に対する申立てにおいては、取扱店舗を限定せず、「複数の店舗に預金債権があるときは、支店番号の若い順序による」という順位付け方式をとり、ゆうちょ銀行については全国の貯金事務センターを列挙して、「複数の貯金事務センターの貯金債権のあるときは、別紙貯金事務センター一覧表の番号の若い順による」という順位付け方式をとった（以下「全店一括指定方式」という。）事案に対する決定である。原々審及び原審はいずれも差押債権の特定を欠く不適法なものとして申立てを却下したのに対し、Xが許可抗告したところ、同最決は、以下のとおり判示して、原審の判断を是認して抗告を棄却した。

「民事執行規則133条2項の求める差押債権の特定とは、債権差押命令の送達を受けた第三債務者において、直ちにとはいえないまでも、差押えの効力が第三債務者に送達された時点で生ずることにそぐわない事態とならない程度に速やかに、かつ、確実に、差し押さえられた債権を識別することができるものであることを要する。」

「本件申立ては、大規模な金融機関である第三債務者らの全ての店舗を対象として順位付けをし、先順位の店舗の預貯金債権の額が差押債権額に満たないときは、順次予備的に後順位の店舗の預貯金債権を差押債権とする旨の差押えを求めるものであり、各第三債務者において、先順位の店舗の預貯金債権の全てについて、その存否及び先行の差押え又は仮差押えの有無、定期預金、普通預金等の種別、差押命令送達時点での残高等を調査して、差押えの効力が生ずる預貯金債権の総額を把握する作業が完了しない限り、後順位の店舗の預貯金債権に差押えの効力が生ずるか否かが判明しないのであるから、本件申立てにおける差押債権の表示は、送達を受けた第三債務者において上記の程度に速やかに確実に差し押さえられた債権

を識別することができるものであるということはできず、本件申立ては、差押債権の特定を欠き不適法というべきである。」

(3) 23年最決後の裁判例及び実務の状況

23年最決によって、複数店舗にわたる預金債権の差押えに関する問題点は終息に向かうかとも思われたが、同最決が出されて間もなく、取扱店舗を特定しない場合でも特定を欠くとはいえないとした裁判例が現れた（東京高決平成23年10月26日金法1941号151頁。以下「22部決定」という。）。これは、申立債権者Xが、債務者Yに対する債務名義に基づき、Yが4つの銀行（三菱東京UFJ、三井住友、みずほ、りそな）に対して有する預金債権の差押えを申し立て、その際、取扱店舗を特定せず、「複数の店舗に預金債権があるときは、預金債権額合計の最も大きな店舗の預金債権を対象とする。なお、預金債権額合計の最も大きな店舗が複数あるときは、そのうち支店番号の最も若い店舗の預金債権を対象とする」という特定方法（以下「預金額最大店舗指定方式」という。）をとった事案である。原審は差押債権の特定を欠くとしたのに対し、同決定は、預金額最大店舗指定方式によれば、第三債務者である金融機関の負担は、支店名個別指定方式（複数店舗のうち1つをその名称により個別具体的に特定して表示した場合）と同様になるとして、かかる方式によれば、23年最決の全店一括指定方式に比べて第三債務者の負担が格段に小さく、債権差押命令の送達を受けた第三債務者において、直ちにとはいえないまでも、差押えの効力が第三債務者に送達された時点で生ずることにそぐわない事態とならない程度に速やかに、かつ、確実に、差し押さえられた債権を識別することができるものであると結論付け、23年最決に照らしても、差押債権の特定に欠けることはないとした。そして、同決定は、X（の申立代理人弁護士）が、第三債務者に対して預金の有無、預金がある場合は取扱支店名及び残高金額を弁護士法23条の2に基づく照会を行ったが第三債務者らはこれに回答しなかったことから、前記の通りの預金債権の特定方法をとらざるを得なくなったと指摘し、これについて差押債権の特定を欠くとするとすれば、勝訴判決を得た債権者であっても、債務者の預金債権に対する強制執

行を事実上断念させられる結果になり、ひいては民事執行の機能不全を招きかねないと判示した。

この22部決定に対しては、これと同旨の裁判例も出されたが（名古屋高決平成24年9月20日金判1405号16頁）、これに対し、預金額最大店舗指定方式によったとしても、債権差押命令の送達を受けた第三債務者は、全店舗について預金債権の有無及びその預金額を確認しなければならず、店舗ごとの債権管理方式を採用している金融機関の現状に照らし、第三債務者において差押えの効力が送達の時点で生ずることにそぐわない事態とならない程度に速やかにかつ確実に差し押さえられた債権を識別することができるとすることはできない、差押債権の特定がされているか否かは、差押債権目録の表示自体に基づいて判断すべきであるから、弁護士法23条の2に基づく照会に対し第三債務者が回答を拒絶することがあったとしても、そのことのみによって差押債権の特定についての基準が異なってくるものではないとして、差押債権の特定があるとはいえないとした裁判例も出され（東京高決平成24年10月10日金法1957号116頁、東京高決平成24年10月24日金法1959号109頁）、ここにおいても抗告審裁判例が対立する状況となった。

このような裁判例の分立が再び生じた中、上記東京高決平成24年10月24日の許可抗告決定である最一決平成25年1月17日金法1966号110頁（以下「25年最決」という。）は、所論の点に関する原審の判断は正当として是認することができるとして抗告を棄却し、預金額最大店舗指定方式についても、差押債権の特定がされているとはいえないとした原審の判断を是認した。

(4) 小括

このような裁判例の流れから導き出される差押債権特定の判断に当たっての準則としては、23年最決が「債権差押命令の送達を受けた第三債務者において、直ちにとはいえないまでも、差押えの効力が第三債務者に送達された時点で生ずることにそぐわない事態とならない程度に速やかに、かつ、確実に、差し押さえられた債権を識別することができるものである

ことを要する。」としていることからすれば、少なくとも、債権者や第三債務者の個別的な事情を勘案して判断されるべきものではないこと、特に第三債務者の「負担」の有無といった事情は考慮しないという点にあるものと解される。また、25年最決及びその原審の判示内容からすれば、差押債権が特定されているか否かは、差押債権目録の表示それ自体を基準として判断されるべきであり、個々の照会に第三債務者が応じたか否かは判断要素になりえないとしていることを明らかにしたものと評価できる[6]。そこで次に、このような準則を前提とした場合、生命保険契約に基づく解約返戻金請求権につき、どのような場合に差押債権としての特定がされたといえるかを検討することになるが、その前に、上記各最決が出る以前に解約返戻金請求権の特定が問題になった裁判例を検討しておくこととしたい。

2 生命保険契約の特定に関する裁判例の検討

(1) 東京高決平成22年9月8日判時2099号25頁

債権者が、第三債務者を生命保険会社3社（A・B・C）とし、それぞれにつき、生命保険契約に基づく配当金請求権、解約返戻金請求権及び満期金請求権の差押えを申し立てた事案である。Aは弁護士会照会に応じて保険の種類や保険証券番号を回答したが、他の2社は回答しなかったことから、債権者は、「先行する差押え・仮差押えの有無、担保権設定の有無、契約日の時期、保険証券番号の順等の順序で請求債権に満つるまで」と特定したが、原審は差押債権の特定を欠くとして、B・Cについて申立てを却下した。これに対し抗告審は、以下の理由から差押債権は特定されているとして、原決定を取り消した。「民事執行規則133条2項が差押命令の申立書に『差し押さえるべき債権の種類及び額その他の債権を特定す

---

[6] このあたりの詳細については、内田義厚「預金債権の特定に関する最高裁決定の意義と課題——差押債権者の『特定責任』からの分析」LAW AND PRACTICE 8号185頁（2014年）、特に191頁以下を参照されたい。

るに足りる事項』を明らかにしなければならないとしているのは、債権差押えが、債務者に対し処分を禁止するとともに、第三債務者に対し債務者への弁済を禁止する効果を有することから、債務者及び第三債務者にとって他の債権と識別できることが必要であるとともに、執行裁判所にとっては、債権差押命令発令に先立ち、差押債権が差押禁止財産に当たるか否か、超過差押えになるか否かを判断する上でも必要であるからである。そして、その特定は、第三債務者にとって、債権者との間の公平を失する程度の過度の負担とならないよう、社会通念上合理的と認められる時間と負担の範囲内で差押えの目的となった債権を特定することができる程度に行うことが必要である。

そうすると、その特定は、本来保険証券番号を特定することによって行うことが望ましいが、弁護士法23条の2に基づく照会にもかかわらず、第三債務者において保険証券番号を回答しないという場合にまで、保険証券番号の特定を求めることは相当とはいえない。

……そこで検討すると、（証拠）によると、第三債務者B生命保険株式会社においては、『差押命令の内容が過去に締結した保険契約全部について、契約締結日が古い契約順との記載がある場合は、保険の種類は問わず現在および過去に存在した全ての保険契約を調査対象として対応いたします。』との回答をしていることが認められる。また、（証拠）によれば、契約者の氏名、住所、生年月日及び性別のみを特定した弁護士法23条の2に基づく照会に対し、回答を拒否した4社を除く生命保険会社43社が、生命保険契約の有無等について回答していることが認められる。さらに、（証拠）によれば、前記第三債務者2社に対する原決定別紙各差押債権目録の記載と同様の記載により債権差押命令が発せられた例があり、これに対し、第三債務者である生命保険会社から、不服申立手続が採られたことをうかがわせる資料はない。

そうすると、前記第三債務者2社に対する原決定別紙各差押債権目録の記載のとおり、契約年月日の先後で特定した場合に、第三債務者において、多数の保険契約の類型や種類を通じてその契約年月日の先後を調査し特定することは、社会通念上合理的と認められる時間と負担の範囲を超え

る過度の負担と多大の時間を要するものとみることは相当とはいえない。」

(2) 東京高決平成22年12月7日判タ1339号209頁

債権者が、第三債務者を生命保険会社3社（A・B・C）とし、それぞれにつき、生命保険契約に基づく配当金請求権、解約返戻金請求権及び満期金請求権の差押えを申し立てた事案である。いずれの第三債務者も弁護士会照会には応じておらず、債権者は、生命保険契約の特定につき、差押え・仮差押えの有無、担保権設定の有無、契約日の新旧、保険証券番号の先後、配当金等の支払時期、解約時期、満期時期による順位付けがされているほかは、保険証券番号、保険の種類、保険期間等の記載はない形で特定ありと主張した。原審は、上記のような記載では差押債権が特定されていないとして申立てを却下し、抗告審は、特定が求められる趣旨や判断基準については前記(1)の東京高決と同旨の判示をしたうえで、以下のような理由から抗告を棄却した。「債権差押命令は、送達により直ちに弁済禁止等の効力を生じるので、保険契約の配当金請求権、解約返戻金請求権及び満期金請求権の債権差押命令の送達を受けた保険会社は、速やかに差押債権を調査して把握し（帳簿上やコンピューター画面上での外形的な調査のみならず、時々刻々と行われる約定に従った処理状況の確認も必要であると考えられる。）、差押えの効力の及ぶ部分について支払を停止するとともに、差押えの効力の及んでいない部分（債権額を超える超過部分）については支払請求等があればこれに応じなければならない。保険会社は、上記の調査中に、上記債権に関する支払請求等があった場合、速やかに差押債権を把握できなければ、二重払の危険や債務不履行責任の危険にさらされることになり、弁済の有効性等を争う紛争に巻き込まれる危険を負担して払戻しを拒否するか否かという判断を迫られる事態に陥る。……これに対し、債権者は、本件差押えの申立てに先立つ弁護士法23条の2に基づく照会請求に対し、第三債務者である保険会社が回答しなかったため、契約年月日、保険の種類・保険証券番号の照会について回答しなかったことにより、上記債権の特定しかできなかったとする。

……しかしながら、上記照会に応ずべきか否かは、契約者保護の観点か

ら各保険会社において慎重に判断すべき事柄であって、照会に応じなかったことの一事をもって、民事執行法上、当該保険会社についての差押債権の特定が包括的なもので足りると解することは相当とはいえない。そして、たとえば、生命保険契約といっても、その種別は、終身保険、養老保険、定期保険、年金保険、学資保険など多数あるが、各保険会社でどのような類型の保険の種類、商品名があるかは、差押債権者が調査するのにそれほどの手間を要しないと解されること、したがって、これらから対象とする保険の種類又は商品名を選択、抽出した上、適宜の順位を付け、また、同種の保険契約が数口あるときは、『保険証券番号の早いものからとする』ことなどにより差押債権を特定することは、差押債権者にさほどの負担をかけずに第三債務者である保険会社の負担を軽減することができ、公平な分担という観点で妥当といえる。

　……以上の諸点にかんがみれば、本件債権差押命令申立ては、第三債務者である保険会社に過度の負担を負わせるものであって、各保険会社において格別の負担を伴わずに調査することによって当該債権を他の債権と誤認混同することなく認識し得る程度に表示して特定することが可能であるにもかかわらず、特定することなく申立てがされたものといえるから、民事執行規則133条2項の『差し押さえるべき債権……を特定するに足りる事項』が明らかにされていないこととなり、本件申立ては不適法といわざるを得ない。」

(3)　検討

　前記(1)、(2)決定とも、生命保険契約に基づく解約返戻金請求権の差押えが問題になっている事案ではあるが、いずれも23年最決が出される以前の裁判例であることから、現時点での位置づけについては改めて検討すべき点があるといえる。まず、前記(1)決定については、差押債権特定の基準として第三債務者の負担の程度を挙げているが、これは前述のとおり23年最決では採用されておらず、また基準としては妥当性を欠くと考えられること、また、弁護士会照会の結果を差押債権特定の判断の一事情としている点については、25年最決とは異なる前提に立つものであり、またこ

れを判断事情に取り込むことは妥当ではないと考えられることからすれば、これを解約返戻金請求権の特定に当たっての先例とすることには疑問がある。次に、(2)決定は、生命保険会社が保険の種類や保険証券番号を特定していない場合には、契約内容等の調査において生命保険会社に多大の負担をかけることになると解しているが、契約内容の検索については、各生命保険会社において契約情報の照会システムが構築されていること、この照会システムでは、保険契約者の氏名、フリガナ、生年月日、性別、住所及びその履歴等の情報があれば検索が可能であるとされていること[7]、日本において営業する生命保険会社が加盟する社団法人生命保険協会において、契約内容登録制度が実施されており、各社の契約内容について、保険契約者の氏名・生年月日・住所、契約日、取扱生命保険会社等を登録し、各社が相互に登録・参照できるようになっていること[8]からすれば、該当する生命保険契約を照会探索することは、必ずしも多大な負担をかける作業ではないと考えられるから、同決定の前提には疑問がある。

　このようなことからすれば、前記(1)、(2)決定とも、解約返戻金請求権の特定に関する先例とすることは妥当ではなく、結局、23年最決及び25年最決が示した一般論、すなわち、債権差押命令の送達を受けた第三債務者において、直ちにとはいえないまでも、差押えの効力が第三債務者に送達された時点で生ずることにそぐわない事態とならない程度に速やかに、かつ、確実に、差し押さえられた債権を識別することができるものであるか否かを、差押債権目録の記載内容から客観的に判断すべきとの観点から検討するのが相当である。

---

[7] 藤本和也「複数の保険契約に基づく配当請求権等を差押債権とする債権差押命令の申立における差押債権の特定の有無」共済と保険53巻8号20頁（2011年）。
[8] 日本生命保険生命保険研究会編著『生命保険の法務と実務〔改訂版〕』141頁（金融財政事情研究会、2011年）。

Ⅳ 解約返戻金請求権の特定（23年最決及び25年最決を前提として）

1 生命保険契約の特定

これまでもたびたび言及したように、差押債権の特定がされたといえるか否かの判断に当たっては、第三債務者が迅速かつ確実に差押えの対象債権を識別できる記載が差押債権目録にされているか、という点が要素になる。そして、かかる迅速かつ確実な識別が可能か否かについては、前述した契約情報の照会システムや契約内容登録制度が問題なく機能している限り、生命保険会社における迅速かつ確実な識別は十分可能であると考えられるし、債権者においては、かかる生命保険会社の処理態勢を前提とすれば、保険契約者の氏名・生年月日・住所等の個人情報を差押債権目録において特定できれば、保険契約の内容や保険証券番号が判明していなくとも、差押債権としては特定ができているということになり、23年最決及び25年最決の趣旨に反することはないと考えられる。

2 差押えの範囲の特定

差押債権が特定されたとしても、解約返戻金請求権は将来債権であることから、差押え時に具体的金額は確定しておらず、将来の解約権行使時における解約返戻金の額が差押え時と一致しないという事態が起きる。このことは特に、後述する複数の生命保険契約に基づく解約返戻金請求権を包括的に差し押さえる場合に、どの範囲で差押えの効力が及ぶかという場面で顕著に問題になる。これについては、差押命令送達時点において解約権を行使した場合における解約返戻金額を差押金額とすることで解決すべきと考えられる[9]。

3 複数の生命保険契約に基づく解約返戻金請求権の差押えの方法

前記1によって、生命保険契約の特定ができることを前提に、複数の生命保険金契約に基づく解約返戻金請求権を包括的に差し押さえることについては、預金債権の場合とは異なって、これを許容することができるものと考えられる。生命保険契約が、預金債権とは異なって、生命保険会社の本店において一括管理されていること[10]も、このような結論を支える根拠となりえよう。

そして、前記2で検討したところからすれば、複数の解約返戻金請求権については、何らかの適切な方法によって契約の順位付けをしたうえで、前述のとおり、差押命令送達時点で解約権を行使した場合における解約返戻金額を差押えの範囲として確定することになると解される。そして、契約の順位付けの方法としては、生命保険契約の締結年月日の早い順に順位付けするのが、債権者にとっても特定が容易であり、また、第三債務者にとっても最も迅速かつ確実に差押債権の存否を判断することができる方法と思われる[11][12]。

V まとめ

生命保険契約に基づく解約返戻金請求権の差押えの問題は、預金債権の差押えに関する23年最決及び25年最決の延長線上の問題であるのと同時に、預金債権とは異なる考察検討がなされるべき問題でもある。金銭債

---

9) 東京地方裁判所民事執行センター・前掲注2) 74頁。
10) 山下友信『保険法』659頁（有斐閣、2005年）。
11) これについては、生命保険会社による生命保険契約の場合のほか、独立行政法人郵便貯金・簡易生命保険機構を第三債務者とする、簡易保険契約に基づく解約返戻金請求権の場合も同様と解される。上記機構は、株式会社かんぽ生命に簡易保険契約に関する管理業務等を委託しており、かんぽ生命は、生命保険協会の会員として、本文で述べたような契約情報照会システムや、契約内容登録制度を有しているからである。
12) このような検討結果に基づく差押債権目録の書式については、東京地方裁判所民事執行センター・前掲注2) 79頁以下参照。

権を差し押さえる場合の差押債権の特定の問題は、差押対象となる金銭債権が多種多様であることから、今後も様々な類型について問題が生じてくるものと思われるが、上記各最決が示した規範を基礎に、それぞれの債権の持つ特性や、差押債権目録の記載が、第三債務者が迅速かつ確実に差押えの目的となっている債権を識別しうるものとなっているか、また、そのような記載がそもそも可能なのかといった具体的事情を勘案しつつ、きめ細かく判断していくことが必要になってくるものと思われる。

第8講
扶養義務等に係る定期金債権に基づく差押えを巡る諸問題

小河原　寧

I　はじめに

1　はじめに

　平成15年にされた民事執行法の改正（平成15年法律第134号）は、養育費その他の扶養義務等に係る金銭債権に基づく強制執行について、債権者が扶養義務等に係る確定期限の定めのある定期金債権を有する場合において、その一部に不履行があるときは、当該定期金債権のうち確定期限が到来していないものについても債権執行を開始することができる旨を定めた（法151条の2）。

　法30条1項は「請求が確定期限の到来に係る場合においては、強制執行は、その期限の到来後に限り、開始することができる」と規定し、確定期限の到来を執行開始の要件とする原則を定めているところ、法151条の2は、この原則に対する例外として、未払の養育費その他の扶養義務等に係る定期金債権がある場合に、確定期限未到来の定期金債権について、各定期金債権の確定期限の到来後に弁済期が到来する給料その他継続的給付に係る債権を差し押さえることを認めたものである。これは、養育費その他の扶養義務等に係る定期金債権は、定期金の額が毎月数万円程度と少額であるのが通常であり、各定期金の確定期限が到来する度に繰り返し強制執行の申立てをしなければならないとすれば、債権者の手続的負担が金額に比して不相応に重いものとなる上、債権の性質からみて、その権利実現が債権者の生計維持に不可欠であり、まとまった額につき債務不履

行となるのを待って強制執行の申立てをするとなると、扶養の目的を達することができなくなるため、手続的負担を軽減すべき必要性が高いという観点から、上記の原則に対する特例を認めたものである[1]。

また、同じく平成15年の改正により、扶養義務等に係る金銭債権（確定期限の定めのある定期金債権に限らない。）に基づく給料債権等に対する強制執行において、法律上、一律に差押禁止とする範囲が、給付の「4分の3」に相当する部分から「2分の1」に相当する部分に減縮された（法152条3項）。

民事執行法は、請求債権の種類や債務者・債権者の具体的な生活状況等を考慮することなく「標準的な世帯の必要生計費」を勘案して一律に差押禁止債権の範囲を定めた上で（法152条1項・2項）、具体的な生活状況等に即した調整（差押禁止債権の範囲変更）は、当事者の申立と立証を待って執行裁判所が個別に行う建前である（法153条）。

しかしながら、請求債権が養育費その他の扶養義務等に係る金銭債権である場合、標準的な必要生計費には扶養等を受けるべき者の必要生計費も含まれているはずであるから、扶養義務等に係る金銭債権の実現は、その性質上、法152条において差押えが禁止されている部分をも対象として図られるべきものである。また、扶養義務等に係る金銭債権の額は、債権者の必要生計費と債務者の資力とを主要な考慮要素として定められるものであるから、その額の算定に当たり、差押禁止債権の範囲変更において考慮すべき事情が既に織り込まれていると考えることもできる。換言すれば、差押禁止財産は、債務者がこれにより扶養されるべき者の生活を保障するための制度であり、扶養義務等に係る金銭債権は、他の一般債権と異なり、差押禁止部分も引当てとしていると考えられるのである。平成15年の上記改正はかかる趣旨でされたものである[2]。

---

1) 改正担保・執行法の解説100頁。
2) 執行実務・債権（上）167頁。

2 実務の運用

　扶養義務等に係る定期金債権に基づく差押えは、実務上頻繁に利用されており、東京地方裁判所民事執行センター（以下「民事執行センター」という。）においても、相当数の事例が集積されている。本稿では、扶養義務等に係る定期金債権に基づく差押えを巡る解釈上の問題のうち、近時、民事執行センターにおいて実務上検討されたものの中から、いくつかを取り上げて論じることとする。

II 養育費その他の扶養義務等に係る確定期限の定めのある定期金債権についての保証債務履行請求権に民事執行法151条の2、152条3項が適用されるか

1 問題の所在

　養育費その他の扶養義務等に係る確定期限の定めのある定期金債権について、第三者が保証（連帯保証を含む。）をするケースは実務上、さほど多くはないように思われるが、このようなケースにおける保証債務履行請求権について、法151条の2及び152条3項が適用されるかは1つの問題であり、実務の取扱いも未だ定まっていないようである。

2 考えられる見解とその根拠

(1) 法151条の2及び152条3項のいずれも不適用とする説（全面不適用説）

　この見解の根拠としては、以下の点が考えられる。

　ア　保証債務は主たる債務とは別個独立の債務である（保証債務の独立性）。保証債務履行請求権は扶養義務等に係る金銭債権とは別個の法律関係に基づき発生するものであるから、扶養義務等に係る特則は、義務者本

人との関係でのみ適用される。

イ　法151条の2、152条3項は、義務者自身によって被扶養者の生活保障を図る場面を想定した規定であり、保証人の財産を引当てとして被扶養者の生活保護を図る場面は想定されていない。

ウ　安易に保証契約が締結されることが多いという立法事実に照らすと、明文もないのに保証人の負担を過大にする解釈は避けるべきである。

(2) 法151条の2及び152条3項のいずれも適用とする説（全面適用説）

この見解の根拠としては、以下の点が考えられる。

ア　保証債務の性質は主たる債務と内容を同じくする（保証債務の同一性）。したがって、扶養義務等に係る定期金債権の特則は、保証人にも及ぶと解するべきである。

イ　扶養義務等に係る金銭債権について保証がされる事例は、保証人と義務者との間に、例えば、親子や兄弟のような身分関係があるなど、それなりの事情がある例が多く、上記の立法事実は直ちに当てはまらない。

ウ　差押禁止とする範囲を給付の2分の1に相当する部分とすることが保証人の生活状況に鑑みて酷となる場合には、差押禁止債権の範囲変更（法153条）によって適切な対応を図ることが可能である。

(3) 限定的適用説

法151条の2は適用されるが、152条3項は適用されないとする見解である。

3　検討

(1) 保証債務の性質論

まず、保証債務の性質論から検討を加える。

保証債務には、主たる債務とは別個独立の債務であるという「保証債務の独立性」という性質がある。例えば、主たる債務が民事債務であって

10年の消滅時効にかかるときでも、保証債務が商事債務であるときに5年で時効消滅するのは「保証債務の独立性」の表れであると説明されている。

他方、保証債務には、主たる債務と内容を同じくするという「内容の同一性」という性質がある。例えば、主たる債務につき債務不履行があって損害賠償債務が発生すると保証債務も同様の内容の債務となることや、主たる債務の履行期が延期されるとその効力が保証債務にも及ぶのは「内容の同一性」の表れであると説明されている[3]。

このように、保証債務には「保証債務の独立性」と「内容の同一性」という2つの性質があり、前者の性質は全面不適用説に、後者の性質は全面適用説に親和性を有するようにも思われる。しかしながら、そもそも保証債務の性質論は実体法上の局面における性質論であるのに対し、法151条の2及び152条3項の適否は権利行使の局面における問題であって、両者がその局面を異にすることに鑑みると、保証債務の性質論から直ちに151条の2及び152条3項の適否が決まるものではないと解される。

(2) 条文の文言

次に、条文の文言を見ると、法151条の2は「債権者が次に掲げる義務に係る確定期限の定めのある定期金債権を有する場合」と規定し、同条1号ないし4号で、①民法752条の規定による夫婦間の協力及び扶養の義務、②民法760条の規定による婚姻から生ずる費用の分担の義務、③民法766条（民749条、771条、788条において準用する場合を含む。）の規定による子の監護に関する義務、④民法877条から880条までの規定による扶養の義務に係る債権を挙げており、法152条3項は「前条第1項各号に掲げる義務に係る金銭債権」と規定しており、第一義的には、債務者が債権者に対し、直接扶養義務等を負う場合が想定されていることは疑いがないが、そうだからといって、文言上、保証人が債務者となる場合を明確に排除しているわけではなく、条文の文言のみから直ちに全面不適用

---

[3] 川井健『民法概論3　債権総論〔第2版〕』204頁（有斐閣、2005年）。

説を導くことはできないと思われる。

(3) 立法趣旨

　そもそも、法151条の2の立法趣旨は、上記のとおり、債権の性質からみて、まとまった額につき債務不履行となるのを待って強制執行の申立てをするとなると扶養の目的を達することができなくなるため、手続的負担を軽減すべき必要性が高いことから債権者の手続的負担を軽減する点にある。このような立法趣旨は、請求債権が保証債務履行請求権の場合にも等しく妥当するのに対し、法152条3項の立法趣旨は、上記のとおり、差押禁止財産が債務者により扶養されるべき者の生活を保障するためのものであり、扶養義務等に係る金銭債権は差押禁止部分も引当てとしていると考えられることから法律上一律に差押禁止とする範囲を給与等の「2分の1」に相当する部分に減縮した点にあるところ、かかる立法趣旨は、被扶養者と扶養義務等を負う者との間でのみ妥当し、扶養義務等を負わない保証人との間では妥当するものでない。

　こうしてみると、法151条の2は適用されるが、152条3項は適用されないとする限定的適用説は、上記の各立法趣旨に適うものであり、かかる解釈も十分成り立つようにも思われる。しかしながら、法152条3項の文言を再度検討すると、「債権者が前条第1項各号に掲げる義務に係る金銭債権を請求する場合における前2項の規定の適用については」と規定し、152条3項が対象とする債権が「前条第1項各号に掲げる義務に係る金銭債権」であること、すなわち法151条の2第1項各号に掲げる債権と同一の債権であることが明文化されているから、法151条の2の適用を肯定しながら152条3項の適用を否定することは文言解釈上困難と言わざるを得ない。

　以上によれば、限定的適用説は採用できないが、全面適用説と全面不適用説のいずれを採用すべきかについては、未だ決め手がないように思われる。

(4) 実務運用

　現在、全面不適用説を前提とする運用をしている執行裁判所もあるようであり、未だ実務上の決着は付いていないものの、少なくとも全面適用説を排除することができず、これを採用する余地があり得る現状の下では、執行裁判所が、養育費その他の扶養義務等に係る確定期限の定めのある定期金債権についての保証債務履行請求権に基づく申立てについて、法151条の2、152条3項の適用がないことを理由に直ちに申立てを却下するという運用は相当ではないであろう。

4　民事執行センターの運用

　民事執行センターでは、①保証債務が主たる債務と同一の内容を有する債務であること、②保証人の資力に期待して保証がされている以上、扶養特例制度の趣旨を保証債務履行請求権についても及ぼすことが相当であるなどを根拠として、法151条の2及び152条3項のいずれについても適用を肯定してよいと考え、現在そのような運用をしている[4]。なお、この点に関連して、東京高裁の決定例には、扶養義務者の兄が、扶養義務者の協議離婚の際に2人の子に対する毎月各4万円の養育費の支払について連帯保証人となった事案（執行証書を債務名義とする。）において、法151条の2及び152条3項を適用して発令した債権差押命令に対する執行抗告について、各規定の趣旨は保証債務履行請求権についても妥当するとして抗告を棄却したものがある（東京高決平成18年10月26日公刊物未登載。池田・前掲注4)37頁で紹介されている決定例）。

---

4)　池田弥生「さんまエクスプレス第80回　養育費その他の扶養義務等に係る債権に基づく債権の差押え」金法1994号36頁（2014年）。

III 養育費その他の扶養義務等に係る確定期限の定めのある定期金債権についての遅延損害金債権について民事執行法151条の2及び152条3項が適用されるか

1 問題の所在

養育費その他の扶養義務等に係る確定期限の定めのある定期金債権に遅延損害金の定めがされているケースも実務上さほど多くはないが、このようなケースにおける遅延損害金債権について、法151条の2及び152条3項が適用されるかが問題となる。

2 結論

扶養義務等に係る確定期限の定めのある定期金債権の遅延損害金は、遅延損害金の性質上、日々発生するとともに直ちに支払義務が到来するものであり、法151条の2所定の「定期金債権」には該当しないと解されることから、同条の適用はないと解するのが相当である。民事執行センターの運用も同様である。

これに対し、遅延損害金債権も金銭債権には変わりないから、法152条3項所定の「前条第1項各号に掲げる義務に係る金銭債権」に該当することは明らかである。したがって、152条3項の適用があると解される。民事執行センターの現在の運用も同様である。

IV 養育費の支払終期等が問題となる具体的な各事案

1 問題の所在

法151条の2が適用されるためには、当該債権が、同条1項1号ない

し4号に掲げる義務に係る確定期限の定めのある定期金債権であることが必要である。

養育費の給付条項を例にとると、例えば「長男○○が20歳に達する日の属する月まで、毎月○○日限り金○○万円を養育費として支払う」などと定めるのが通例である。

2 「長男○○が22歳に達する日の属する月まで、毎月○○日限り金○○万円を養育費として支払う」との条項の取扱い

このような条項は、子が成人年齢に達した後に支払終期が到来することから「子の監護に関する義務」（法151条の2第1項3号、民766条）に係る確定期限の定めのある定期金債権といえないのではないかが問題となる。

ところで、22歳という年齢は、18歳で大学に入学した場合における一般的な大学卒業見込時期と理解できるところ、このように、一般的な大学卒業見込時期と理解できる確定期限を養育費の支払終期とすることについては、民法766条の類推適用の基礎があるとして、当事者の合意があればそのまま調停成立させるという家庭裁判所の解釈運用が広く行われていることに鑑みると、法151条の2の趣旨に照らし、これをそのまま差押えの終期として認めるのが相当である。民事執行センターの運用も同様である。

3 「長男○○が大学に入学したときは、その入学の日の属する月から4年間、毎月○○日限り、通常の養育費の支払に加算して金○○万円を養育費として支払う」との条項の取扱い

このような条項は「長男が大学に入学する」という条件又は不確定期限が付されているから、債権者においてその到来又は成就（この場合は長男の大学入学）を証明して条件成就執行文の付与を受けて、定期金債権についての特例による強制執行の申立てをすることができる。

また、「その入学の日の属する月から4年間」という支払終期については、一般的な大学卒業見込時期と理解できる確定期限を養育費の支払終期

とする条項と捉え、前記2と同様に考え、これをそのまま差押えの終期として認めるのが相当である。民事執行センターの運用も同様である。

4 「長男○○が大学を卒業する月まで、毎月○○日限り金○○万円を養育費として支払う」との条項の取扱い

以下、場合を分けて検討する。

(1) 子が大学に入学する前の申立て

養育費の支払終期を「子が大学を卒業するまで」とする約定を合理的に解釈すると、養育費支払請求権の発生が「子が大学に入学したときは、子が大学を卒業するまで」という条件又は不確定期限が付されていると考えられる。また、養育費の性質に照らし、「少なくとも子が20歳になる月までは養育費を支払う」という趣旨と解釈するのが当事者の合理的意思として相当であると考えられることから、民事執行センターでは、子が大学に入学する前の申立てについては、子が20歳に達する月を請求権の終期とする申立てと捉え、子が20歳に達する月を請求権の終期として債権差押命令を発令するという運用をしている。

(2) 子が大学に入学した後の申立て

この場合の当事者の合理的意思は「少なくとも子が20歳になる月までは養育費を支払う。子が大学に入学したときは、子が大学を卒業するまで支払う」との趣旨であると解釈し、子が大学に入学した事実に係る条件成就執行文の付与を受けた上で「子が大学を卒業するまで」を請求債権の終期として、そのまま差押えの終期として認めるのが相当である。民事執行センターの運用も同様である。

これに対し、このような条項は、「4年間」という期間制限のある前記3の条項とは異なり、「子が大学を卒業するまで」という条件ないし不確定期限を基準とするため、債務者にとって終期が明らかにならないという不都合がある。このような債務者の不都合に配慮し、通常、大学生が大学を卒業するのは22歳であることから、請求債権の終期を「子が22歳に

達する月まで」又は「子が22歳に達した後の3月まで」として発令すべきであるとの見解も考えられるところである。

　しかしながら、債権者が債務者の意思に反して強制執行を継続する場合には、債務者は、請求異議訴訟（法35条）を提起して請求権の消滅を主張し、強制執行の不許を求めることができるから、終期を「子が大学を卒業するまで」として発令したとしても債務者の上記の不都合は回避することが可能である。

　むしろ、執行裁判所がこのような申立てを「子が22歳に達する月まで」又は「子が22歳に達した後の3月まで」と解釈してしまうと、例えば、①子が大学を4年未満で中退した場合、②子が留学によって4年で大学を卒業しない場合、③子が医学部などの6年制の学部に進学した場合などに、当事者の合理的意思に反する結果ともなり得る。

　執行裁判所が様々なバリエーションに個別に対応することは困難であり、家事審判や請求異議訴訟の手続における判断に委ねるのが相当である。

(3) 子が20歳を超えてから大学に入学した場合の処理

　民事執行センターでは未だ実例がないようであるが、仮に、子が20歳を過ぎてから大学に入学した場合にはどのように解するべきであろうか。

　一案であるが、債務名義作成当時の債務名義作成機関や当事者の合理的意思解釈としては、一般には、大学入学という条件を「20歳になるまでに大学に入学したとき」と解し、20歳を超えてから大学に進学した場合を含まないと解するのが相当ではないかと思われる。

　執行裁判所としては、あくまで債務名義上の文言のみから合理的な解釈を試みるより外にないことから、当事者及び債務名義作成機関としては、文言上一義的な解釈ができるような債務名義の策定に努めるべきであろう。

第9講
抵当権に基づく物上代位（賃料債権差押え）に関する諸問題

内田　義厚

I　はじめに

　抵当権に基づく賃料債権に対する物上代位権の行使については、これを肯定した最二判平成元年10月27日民集43巻9号1070頁によって、実務上は一応の決着をみることになったが、その後のバブル経済崩壊に伴う不動産競売事件の急増と滞留化を受けて、競売と並ぶ債権回収手段として大きな注目を集めるようになった。そして、それとともに、物上代位権行使に対する妨害行為や、様々な理論上・実務上の問題点が出てくるに至った。これらについては、複数の最高裁判決や決定によって実務上解決が図られたものも多いが、その後も新たな未解決の問題がいくつか出されてきている。本稿では、このような問題点のいくつかについて、若干の検討を加えようというものである。なお、以下で「抵当権」という場合は、特に断りがない限り、普通抵当権及び根抵当権の双方を含むものとし、賃料債権については不動産の賃料債権を指すものとして用いる。

II　物上代位の目的となる賃料債権の範囲

1　問題の所在

　実務上、物上代位の目的となる賃料債権については、被担保債権が債務不履行になった以後の賃料債権に限定せず、それ以前のものも含めて差押えの対象としている（以下「非限定型申立て」という。）。これに対し、債権

者の中には、被担保債権の債務不履行後に発生した賃料債権に限定して物上代位に基づく差押えを申し立てる例も見られる[1]。このような申立て（以下「限定型申立て」という。）が許容されるのか、また、実務上どのように対処すべきかがここでの問題である。

2　検討

まず、賃料債権に対する物上代位の根拠を、民法372条及び304条1項に求めた場合、被担保債権が債務不履行にあることという要件は同条からは導き出されないから、被担保債権の債務不履行以前の賃料債権についても差押えが可能ということになろう。これに対し、限定型申立ての根拠として考えられるのは、民法371条である。同条は、「抵当権は、その担保する債権について不履行があったときは、その後に生じた抵当不動産の果実に及ぶ」と規定しているところ、ここで言う「果実」に賃料が含まれると解すると、同条に基づいて賃料債権を差し押さえることができるとも解され、その結果、賃料債権差押えを同条によった場合は、被担保債権が不履行になった後に発生した賃料に差押え対象が限定されるとも解されるからである。

この点、平成15年法律第134号による改正により、民法371条については上記の通り果実にも抵当権の効力が及ぶとされるに至ったこと、果実の中には法定果実たる賃料も含まれると一般に解されていることからすれば、同条を根拠として賃料債権に対する物上代位を認めることも、理論的にはおかしくはないということになろう。また、物上代位について、最近の民法学説上は、抵当権の効力が及んでいた物の代わりとして得られたものに対する物上代位（代替的物上代位）と、抵当権の効力の及んでいる

---

1) このような申立ての場合、差押債権目録の記載は、「金〇〇円、ただし、債務者兼所有者が第三債務者に対して有する別紙物件目録（略）記載の建物の賃料債権（ただし、管理費及び共益費相当分を除く。）にして、まずは本命令送達時に既に支払期にあるもののうち支払期の古い順から、次いで本命令送達日以降支払期の到来する分から頭書金額に満つるまで。」といった記載になるものと考えられる。

ものに対する抵当権実行手続としての物上代位（付加的物上代位）とに分ける見解が有力であり、賃料債権に対する物上代位は、後者の付加的物上代位に属し、これは民法371条によっても根拠づけられると解する見解もあること[2]は、限定型申立ての根拠として有利に援用しうる点であろうと思われる。このように考えると、物上代位の根拠としては、従来からの民法372条（民304条1項）のほか、371条とすることも考えられ、後者を根拠とする場合は限定型申立ても相応の理論的根拠を有するということになろう[3]。

しかし、前記最二判平成元年10月27日は、賃料債権に対する物上代位の根拠を民法372条及び304条1項の趣旨に求めていること、これに基づいて実務上は賃料債権に対する物上代位の運用が積み重ねられてきたこと、平成15年法律第134号による改正の議論においては、上記372条等の改正はされていないこと、371条についても、担保不動産収益執行の実体法上の根拠条文とすることが主として議論されていたという立法の経過を考慮するならば[4]、371条を根拠とする限定型申立てが一応の理論的根拠は有するとしても、これを実務的に直ちに受け入れることはできないのではないかと考えられる。

また、限定型申立てについては、物上代位の目的となる賃料債権が譲渡された場合の効力に関する最二判平成10年1月30日民集52巻1号1

---

[2] 松岡久和「物上代位権の成否と限界(1)」金法1504号12頁（1998年）、道垣内弘人『担保物権法〔第3版〕』（有斐閣、2008年）143頁。
[3] このような考え方に対しては、平成15年法律第134号による民法371条の改正は、担保不動産収益執行の実体法上の根拠を明確にするために行われたものであり、同条が賃料債権に対する物上代位の根拠条文となりうるかという点については特に議論されていなかった以上、賃料債権に対する物上代位の根拠としては同法372条及び304条1項のみが根拠たりうるという見解も考えられよう。しかし、これは、上記法改正後も同法372条は依然として賃料債権に対する物上代位の根拠になりうるということを明らかにしたにすぎず、371条がおよそ根拠足り得ないことを示す根拠にはなりえないのではないか、立法者の意図はともかく、同条の解釈論としては、これが賃料債権に対する物上代位の根拠となりうることは否定しがたいのではないかと思われる。もっとも、このような理論的根拠だけで結論を導くことは相当ではないという点につき、本文を参照されたい。
[4] 池田光宏ほか「特別座談会　担保・執行法制の改正と理論上の問題点」ジュリ1261号32頁以下（2004年）、特に38頁〔池田光宏判事発言〕参照。

頁の判示内容と整合性を有するかという点も問題になってくる。すなわち、同最判は、抵当権者が物上代位権を行使する前提として差押えを要するとした趣旨目的は、主として、二重弁済を強いられる危険から第三債務者を保護するという点にあると解されるとしたうえ、上記趣旨目的に照らすと、改正前民法304条1項の「払渡又ハ引渡」には債権譲渡は含まれず、抵当権者は、物上代位の目的債権が譲渡され第三者に対する対抗要件が備えられた後においても、自ら目的債権を差し押さえて物上代位権を行使することができるものと解するのが相当であるとし、この理は、物上代位による差押えの時点において債権譲渡に係る目的債権の弁済期が到来しているかどうかにかかわりなく、当てはまるものというべきであるとしたものであるが、抵当権の公示によって物上代位権もまた公示されているということが主たる根拠となっていることからすれば、被担保債務の不履行とは関係なく、差押えの前に発生していた賃料債権であれば物上代位が可能であるということになると解されるからである。

このほか、強制管理及び担保不動産収益執行に関する法93条2項は、被担保債務の不履行前に発生した賃料についても差押えが可能であるとしており、民法371条の解釈でこれと異なる解釈をとることは、実体法の規定と訴訟法の規定の齟齬を容認することになり、理論的にも実際的にも相当とはいいがたいこと、同条の「果実」に関し、「賃料債権」ではなく「賃料」と解すれば、被担保債権の債務不履行後に収取される「賃料」について抵当権の効力が及ぶという解釈が可能になるが、かかる解釈は、賃料のような法定果実を「物の使用の対価として受けるべき金銭その他の物」と規定していること（民88条2項）としていることに照らし十分可能であると解されること[5]も、限定型申立てを実務上否定する根拠となりうると考える。

さらに、執行実務上も、限定型申立てを認めることによる第三債務者の混乱を考慮する必要があると考える。すなわち、ある抵当権者が非限定型

---

[5] 山野目章夫＝小粥太郎「平成15年法による改正担保物権法・逐条研究(3)」NBL780号49頁（2004年）。

申立てをし、これに基づいて差押命令が発令され送達されたが、その後に他の抵当権者が限定型申立てを行い、同じくこれも発令され送達された場合、これらを受ける第三債務者としては、どの範囲が差押えの及ぶ範囲かを判断するにあたって混乱を生じさせる可能性があり、また、供託及び事情届の提出に当たっても過誤が生じる可能性があることも考慮すべきと考えられる[6]。

以上のほか、限定型申立てを非限定型申立てに変更した場合でも、差押えの範囲に関して抵当権者には何らの損害や不利益も発生しないと考えられ、差押えの範囲の画定も簡明であることからすれば、民法371条を根拠とする限定型申立ては、理論的には前記の通りこれを肯定する余地はあるものの、同条の改正経過、従来の判例や執行法上の規律との平仄等の観点から、実務上は同法372条、304条1項を根拠とする非限定型申立てによるのが相当ということになろう。そして、前述した第三債務者保護の観点からするならば、仮に抵当権者が限定型申立てをした場合であっても、執行裁判所においてそれを非限定型申立てに補正するよう促すことが相当であるし、抵当権者も、そのようにしても特段の不利益は考えられない以上、そのような促しに応じるべきであろう。

III 転貸賃料に対する物上代位

1 はじめに

抵当不動産の賃借人が取得する転貸賃料債権について抵当権者が物上代位に基づき差し押さえることができるかについては、前記最二判平成元年10月27日が出されて以降、理論上及び実務上の大きな問題点とされ、様々な見解が出されたが、最二決平成12年4月14日民集54巻4号

---

[6] 物上代位に基づく賃料債権の差押えの場合には、第三債務者が多数にわたることは珍しいことではなく、また、その多くが執行手続に通暁しない一般人であることも考慮する必要があろう。

1552頁（以下「12年最決」という。）は、以下のとおり判示し、これにより実務上は一応の解決をみた。「民法372条によって抵当権に準用される同法304条1項に規定する『債務者』には、原則として、抵当不動産の賃借人（転貸人）は含まれないものと解すべきである。けだし、所有者は被担保債権の履行について抵当不動産をもって物的責任を負担するものであるのに対し、抵当不動産の賃借人は、このような責任を負担するものではなく、自己に属する債権を被担保債権の弁済に供されるべき立場にはないからである。同項の文言に照らしても、これを『債務者』に含めることはできない。また、転貸賃料債権を物上代位の目的とすることができるとすると、正常な取引により成立した抵当不動産の転貸借関係における賃借人（転貸人）の利益を不当に害することにもなる。もっとも、所有者の取得すべき賃料を減少させ、又は抵当権の行使を妨げるために、法人格を濫用し、又は賃貸借を仮装した上で、転貸借関係を作出したものであるなど、抵当不動産の賃借人を所有者と同視することを相当とする場合には、その賃借人が取得すべき転貸賃料債権に対して抵当権に基づく物上代位権を行使することを許すべきものである。」。

同最決は、前記判示からすれば、転貸賃料債権に対する物上代位権の行使は、これを原則として否定しつつ、例外的に、「抵当不動産の賃借人を所有者と同視することを相当とする場合」には、物上代位権を行使できるとしたものであり、その後の実務においては、かかる「同視することを相当とする場合」の類型化及び判断基準等に問題が移行していったものといえる。そこで以下では、12年最決の基準が具体的事件においてどのように適用されたかについて、公刊された裁判例を整理し、これに基づいて、物上代位を肯定すべき場合の判断基準や要素について若干の検討を加えることとする。

2　裁判例

(1)　東京高決平成12年9月7日金法1594号99頁

12年最決の差戻審の決定である。債権者の代位弁済直後に抵当権の目

的建物（本件建物）の所有権を取得した所有者が、債務者との間で同建物のサブリース契約を締結し、債務者がこれを転借人に転貸したという事案において、①所有者と転借人との間に債務者を介在させなければならない理由は見当たらないこと、②競売開始決定が予想される本件建物において、期間10年とする賃貸借契約を締結することはそれ自体不自然であること、③債務者が、所有者に対して契約で定められた賃料等を支払っているかについては、これを裏付けるに足りる資料はないこと、④所有者は本件建物所有権を取得したと主張するが、正式な売買契約書は存在せず、売買代金額の算定根拠も不明であること、⑤債務者による転貸借契約には所有者の関係者が関与している疑いが存することなどの事実を指摘し、これら各事実からすれば、所有者と債務者が、所有者が取得すべき賃料を減少させ、又は抵当権の行使を妨げるために賃貸借契約を仮装した上で、転貸借関係を作出したものと推認すべきであり、債務者と所有者を同視することを相当とする事由が存するとした。

(2) 福岡地小倉支決平成19年8月6日金法1822号44頁

建物（本件建物）の前所有者が債務者に同建物及び敷地の所有権を譲渡し、債務者が転貸人に賃貸し（原賃貸借契約）、転貸人が転借人に同建物を転貸したが、その後に本件建物等に抵当権を設定した債権者が、上記転貸賃料債権の差押えを申し立てたという事案である。これにつき、上記決定は、①上記原賃貸借契約の内容が不明確であること、②転貸人は本件建物の改修工事費用の支出を主張していながらその立替金債権を保全する措置をとっていないにもかかわらず、抵当権者である債権者に先立って自己の債権を回収していること、③転貸人は、当初は転借人からの賃料を債務者の債務の弁済に充てていたが、その後債務者に送金しなくなったことなどの事実から、所有者の取得すべき賃料を減少させ、又は抵当権の行使を妨げるために、法律関係を不明確にし、本来抵当権者である債権者に優先し得ない自己の債権の回収を図っているものといわざるを得ず、抵当不動産の賃借人（転貸人）と所有者を同視することを相当とする場合に当たるとした。

(3) 東京高決平成21年7月8日判タ1315号279頁

　複数の区分所有建物（本件建物）について根抵当権設定を受けた債権者が、転貸賃料債権の差押えを申し立て、原審はこれを認めたところ、賃借人が、本件は抵当不動産の転貸人と所有者を同視することを相当とする場合に該当しないとして抗告した。

　これに対し上記決定は、①所有者は、転借人との間で、以前から直接に賃貸借契約を締結していたこと、②①の賃貸借契約の後に、債権者は本件建物につき根抵当権を設定したこと、③賃借人（転貸人）は、根抵当権設定後に、転借人との間で転貸借契約を締結したが、その契約書には「更新」と記載されていたこと、④③の転貸借契約書には、賃借人（転貸人）の肩書き住所地が所有者と同一のものがあり、賃借人（転貸人）の前代表者の名刺は、所有者のロゴマークが入っており、賃借人（転貸人）をその一部門とする体裁であったこと、⑤賃借人（転貸人）の設立時の本店所在地は所有者の代表者の住所と同一であり、その後現在の本店所在地に移転したが、同移転後の本店所在地は事務所としての稼働実態がないことなどから、賃借人（転貸人）が債権者の抵当権行使を妨げるために、所有者と通謀して賃貸借契約を仮装し、転借人との間で転貸借契約を締結したと推認できるとした。

(4) 東京高決平成25年4月17日判タ1393号353頁

　2階建ての店舗併用住宅（本件建物）について抵当権を有する債権者が、同建物の転貸賃料債権の差押えを申し立てたところ、原審がこれを認めたところ、本件建物の賃借人（転貸人）が、上記差押えは12年最決に反するとして抗告した。

　これに対して上記決定は、①本件建物の所有者（兼債務者）は、転借人との間で、従前は直接に賃貸借契約を締結し、転借人とその家族が居住していたこと、②その後、所有者（兼債務者）は、本件建物につき抵当権を設定したこと、③その後、所有者（兼債務者）は、上記抵当権の被担保債務につき期限の利益を喪失したこと、④③の直後に、所有者（兼債務者）、抗告人及び転借人は①の賃貸借契約を合意解除し、新たに所有者（兼債務

者）と抗告人とが賃貸借契約を締結し、同時に、抗告人と転借人が転貸借契約を締結したこと、⑤本件建物の利用状況は、④の転貸借契約の前後で変化がないことなどの事実を認定し、これらの事実からすれば、所有者（兼債務者）、抗告人及び転借人は、抵当権の行使を妨げるために賃貸借を仮装した上で、転貸借関係を作出したものであり、抵当不動産の賃借人（転貸人）と所有者を同視することを相当とする場合に当たるというべきであるとした。

3　若干の検討

　12年最決にいう「抵当不動産の賃借人と同視することを相当とする場合」とは、その前に判示された部分（「所有者の取得すべき賃料を減少させ、又は抵当権の行使を妨げるために、法人格を濫用し、又は賃貸借を仮装した上で、転貸借関係を作出したものであるなど」という部分）からすれば、所有者と賃借人が法的に同一人格と認められる場合だけではなく、物上代位による賃料債権差押えを回避する手段として行われている場合も指しているものと考えられる[7]。そして、これを類型化すれば、①所有者と賃借人が特別な人的関係にあり両者を実質的に同一視できる場合（人的同視型）、②執行潜脱目的、債権回収目的などの濫用的賃貸借と認められる場合（濫用型）、③実行された物上代位にかかる抵当権の債務者が転貸人である場合（債務者型）の3つの類型が考えられるとされてきた[8]。もっとも、これらはあくまで考えられる1つのカテゴリー分けに過ぎず、実際の事案ではこれらが混在する場合も考えられることには留意しておく必要があろう。

　このようなことを前提に前記各裁判例を検討すると、いずれも原賃貸借契約及び転貸借契約の成立の経緯や内容等に着目し、その不自然さを指摘している点が注目される。これにつき前記2(1)の決定は、所有者と債務

---

7)　春日通良・最判解民事篇平成12年度（上）490頁。
8)　執行実務・債権（上）220頁以下、松本明敏「転貸賃料債権に対する物上代位権の行使について——最高裁平12.4.14決定を踏まえて」金法1585号9頁（2000年）。

者との間でのサブリース契約締結の必要性について疑問を呈しており、直接賃貸借契約を締結するのではなく、転貸借契約とする必要性の有無が1つの重要な指標となっている。また、前記2(3)及び(4)の各決定は、いずれも、従来の直接の賃貸借関係の間に、賃借人（転貸人）が割り込む形で入り、その結果転貸借関係が成立したというものであるが、このような割り込み型の賃貸借及び転貸借契約は、それ自体が直ちに濫用と認定されるものではないが、その締結された時期、その契約内容のいかんによっては濫用目的が認定されることになるものと解される。この点、前記2(4)の決定は、抵当権の被担保債務の期限の利益が喪失した直後にかかる割り込みがされたことや、これがなされた後も建物の使用形態に変化がなかったことなどから、前記類型のうちの濫用型に該当するとしたものと思われる。また、前記2(3)の決定は、割り込み後の転貸借が、契約書上、従前の賃貸借の更新とされ、基本的な変動がないものとして扱われていたこと、賃借人（転貸人）と所有者との密接な関係から、「抵当不動産の賃借人と同視することを相当とする場合」に該当するとしたものであり、前記分類に即していえば、濫用型と人的同視型をミックスした形態であったということができる。

　以上の検討からすれば、「抵当不動産の賃借人と同視することを相当とする場合」の認定及び判断に当たっては、前記した類型を考慮しつつ、執行妨害行為の態様としては、物上代位を潜脱する目的で、転貸借関係を偽装することが典型的なものであることに照らし、その契約の経緯及び内容に特に着目していくべきではないかと考えられる。具体的には、所有者と賃借人（転貸人）との関係、原賃貸借契約及び転貸借契約締結に至る経緯、締結の時期（特にその時期と競売開始又はその前段階である期限の利益喪失の時期との近接性）、原賃貸借契約及び転貸借契約の内容の不自然性や明確性の有無、上記各契約における賃料の現実の支払状況といった点を判断要素としていくことが、さしあたっては妥当ではないかと考えられる。

Ⅳ 共有不動産の賃料に対する物上代位
──共同相続の場合

1 問題の所在

　抵当権の目的物である建物が、所有者（賃貸人）から第三者に賃貸されていたが、所有者が死亡して相続が開始し、上記建物の所有権を複数の共同相続人が相続した場合、賃貸人の地位もそれに伴って複数の共同相続人に移転するのが通常であるから、その場合の賃料債権の性質がどのように変化するかが問題になり、これを物上代位によって差し押さえようとする場合、どのような性質の債権として特定すべきかという点が問題になる。
　この問題を検討するにあたっては、相続ではない通常の複数賃貸人の場合の賃料債権の性質及び物上代位の場合の取扱いからまず検討することとし、それを踏まえて、共同相続の場合について検討を加えることとしたい。

2 検討

(1) 通常の複数賃貸人の場合

　賃貸人が複数の場合の賃料債権の性質につき、契約当事者間で何らかの明示的合意がされているのであればそれに従うことになるが、そのような合意がない場合については一義的に性格を定めることは困難と思われる[9]。また実際上も、上記のような合意がされているか否かについての公

---

[9] 賃貸目的物を基準とした場合、それは1個であることが通常であろうから、それに対応する賃料債権も性質上の不可分債権と解する方向になりやすい。これに対し、賃料債権そのものは金銭債権であることが通常であるから、これについては原則として分割債権となり、本文で記載したような合意があれば意思表示による不可分債権として扱われるという方向になろう。筆者としては、賃料債権そのものに着目して検討する方が簡明であるとの観点から、原則論としては後者のアプローチが妥当ではないかと考えているが、なお考えてみたい。

示手段がないことからすれば、少なくとも執行裁判所にとってはどちらとも決しがたいということになる。さらに、執行裁判所は、差押債権の存在やその性質については審査権がないことも考慮する必要がある。このようなことから、執行実務においては、共有物に設定された抵当権に基づく物上代位権の行使としての賃料債権差押えにおいて、賃貸人が誰であるか不明な場合や、賃貸人が複数であって賃料債権の性質等が不明の場合には、共有者全員が賃貸人であり、その賃料債権は不可分債権であるとの前提で申し立てることを許容している[10]。

　このような実務上の扱いについて、筆者は特に異論を有するものではないが、元来、複数の賃貸人の場合の賃料債権の性質が分割債権か不可分債権かという点は、差押債権が複数になる場合に、その関係をどのようなものとして捉えるか、それを第三債務者にどのように的確に伝達するかの問題であり、また、各賃貸人（債務者）に対する差押えの範囲を決定づける要素になるという意味において、差押債権の特定の問題（規則133条2項）とも密接に関連するのではないかと思われる。このように、差押債権の特定という観点から考察した場合、上記分割債権か不可分債権かの問題についても、第一次的には差押えを申し立てる債権者が債権の特定責任を負うということが前面に出てくることになるのではないかと思われる[11]。したがって、債権者としては、安易に賃料債権の性質が不明であるとして、共有者全体が賃貸人であって賃料債権が不可分債権であるという主張をするのではなく、その実態について可能な限りの調査を行ったうえで申立て

---

10) 執行実務・債権（上）210頁以下。
11) 差押債権の特定における債権者の責任（特定責任）については、内田義厚「預金債権の特定に関する最高裁決定の意義と課題——差押債権者の『特定責任』からの分析」LAW AND PRACTICE 8号185頁（2014年）を参照されたいが、ここで要点を述べれば、債権者は、差押債権の特定につき、専ら自らの責任ないし負担において、差押えの効力が第三債務者に送達された時点で生ずることにそぐわない事態とならない程度に速やかにかつ確実に差し押さえられた債権を識別することができる程度に特定する責任（特定責任）を負い、これができなかったときは、立証責任の一般原則に従い、特定責任を負担する債権者がその危険ないし負担を負う結果、差押命令は却下すべきこと、この特定の有無の判断に当たっては、個々の債権者の事情や第三債務者による債権の識別可能性は考慮しないということである。

Ⅳ　共有不動産の賃料に対する物上代位——共同相続の場合

をすべきと考える。また、差押命令の趣旨、特に差押えの範囲については、執行潜脱防止の観点及び第三債務者の誤認を避けるため、不可分債権である場合には差押命令それ自体から明瞭に読み取れるようにしておくべきである（最三決平成23年9月20日民集65巻6号2710頁参照）[12]。

(2) 共同相続の場合

前記(1)で検討したことは、賃料債権の共同相続の場合でも基本的には妥当するものといえる。もっとも、相続開始から遺産分割までの間に共同相続にかかる不動産から生ずる金銭債権たる賃料債権は、各共同相続人がその相続分に応じて分割単独債権として確定的に取得し、その帰属は、後にされた遺産分割の影響を受けないとした最一判平成17年9月8日民集59巻7号1931頁からすれば、共同相続が開始されたことが判明している場合は、債権者は当初から分割債権であることを前提に物上代位に基づく賃料債権の差押えを申し立てるべきということになるかとも思われる。しかし、この最判を前提としても、共同相続人間の合意により、賃料債権を不可分債権とすることは可能であるから（民428条）[13]、問題状況は通常の複数賃貸人の場合と基本的には同一ということができる。そして、前記した差押債権者の特定責任という観点から考察した場合、差押債権者が不可分債権であることを前提として賃料債権の差押えを申し立てることに特段の問題はないといいうるし[14]、また、前記最判から賃料債権が分割債権であることを前提として賃料債権の差押えを申し立てることもまた問題がないということになろう。

---

12) 執行実務・債権（上）214頁によれば、差押債権目録に、賃貸人各自の賃料債権は相互に不可分債権の関係にあるとして差し押さえるものであるとの付記をする扱いとしているが、この付記は、差押債権の特定を補完するとともに、第三債務者の誤認や執行潜脱を防止する機能を有するということになろう。
13) 松並重雄・最判解民事篇平成17年度（下）573頁。
14) 実務的には、不可分債権として申立てがされたとしても、それを分割債権に補正させる必要はないということになる。発令後に分割債権であることが判明した場合は、差押債権の一部不存在として処理すれば足りると思われる。

V　その他

1　普通抵当権に基づく物上代位における利息・損害金の配当

　抵当権者は、利息その他の定期金請求権を有するときは、その満期となった最後の2年分についてのみ、その抵当権を行使できるとし、これは、抵当権者が遅延損害金を請求する場合も同様である（民375条）。これは、後順位抵当権者や一般債権者に不測の損害を及ぼさないという趣旨に出たものと解されているが、最後の2年分を超える利息・損害金の扱いについては問題がある。これにつき、執行実務、特に担保不動産競売手続においては、一般債権者と同順位で配当が受けられるという扱いをしていることから[15]、物上代位に基づく賃料債権差押えでも同様に解しうるかが問題になるが、担保不動産競売の場合と区別すべき理由は特にないと考えられることからすれば、一般債権者と同順位で配当が受けられると解することでよいのではないかと思われる。

2　抵当権消滅後に支払期の到来する賃料債権の配当上の取扱い

　これについては、具体例に基づき説明することとしたい。物上代位に基づく賃料債権の差押命令が平成27年5月1日に発令されてそのころ送達されたのに対し、第三債務者が同年6月分の賃料（同年5月末が支払期）を供託したが、同年5月15日に賃料債権のもととなった建物が第三者に売却され、同日所有権移転登記がされて抵当権設定登記も抹消されたものとする。その後、上記供託分についての事情届が提出された場合、上記6月分の賃料はどのように取り扱うべきかという問題である。

　まず、物上代位の基礎となった抵当権が、事情届提出時には既に消滅していることから、供託及びそれに基づく事情届は無効であり不受理にすべ

---

[15]　執行実務・不動産（下）207頁以下。

きとする考えがある。これは、実体法上の権利の消長に着目したものであるが、この考え方によった場合、供託当時は差押命令は有効であったこととの関係をどう説明するかが難しくなるほか、供託を無効としてしまうと、第三債務者は遅延損害金の支払義務を負うこととなってしまうが、これはいかにも妥当性を欠く。そこで、供託は有効として扱い、供託された賃料全額が差押債権であるとして、前記事例の6月分の賃料全額を配当原資とするということが考えられる。しかし、抵当権抹消登記後の賃料についてまで差押えの効力が及ぶとすることは余りに実体と離れており、これまた妥当性を欠くといわざるを得ない。

　この問題については、より根本的には、事情届の一部不受理を認めることで解決を図るべきではないかと思われるが、そのような扱いが可能であるかについてはなお理論上及び実務運用上検討すべき点があると考えられることから、さしあたっては、供託及び事情届は有効として扱い、執行裁判所において、抵当権抹消登記の日（登記記録乙区欄の原因日）の前日までの賃料のみを配当するということで解決するのが妥当ではないかと考えられる[16]。

---

[16] 配当原資としなかった部分については、競合債権者がいればその者に配当し、いなければ所有者に支払うということになろう。

第 10 講
執行供託（混合供託を含む）に関する問題

及川　勝広

I　問題の所在

1　差押えの効力の拡張や取下げ等に関する問題

　債権差押命令の第三債務者は、差押えが競合した場合には、差押債権の全額に相当する金銭を債務の履行地の供託所に供託しなければならない（義務供託、法156条2項）。また、第三債務者は、差押えが競合していない場合には、差押債権者からの取立て（法155条）に応ずることができるほか、供託をすることもできるが（権利供託、法156条1項）、供託をすることができるのは、差押債権の全額に相当する金銭か、一部差押えの場合には差し押さえられた部分に相当する金銭であり、差し押さえられた部分の一部に相当する金銭を供託することはできない。そこで、第三債務者の供託義務の存否や供託すべき範囲を判断するに当たっては、差押えの競合の有無や差押えの効力が及ぶ範囲などを検討すべきことになる。この点については、法149条により差押えの効力が拡張する範囲や差押命令の申立てが取り下げられた場合の効果などに関連して、実務上問題となることがあるので、後記Ⅱにおいて検討する。

2　差押えと債権譲渡等の競合、混合供託に関する問題

　差押えや仮差押えの執行と債権譲渡が競合した場合に、実務上、民法上の弁済供託と執行供託の性質を併せ持つ混合供託が認められる場合があ

る。また、債権譲渡に先立って差押え等がされ、債権譲渡後にも差押えがされるなどした場合には、差押えの処分制限効の及ぶ範囲等に関連して、第三債務者のとるべき対応が問題となることがある。そこで、後記Ⅲにおいて、差押えと債権譲渡等が競合する場合の第三債務者のとるべき対応につき、債権譲渡に先立って差押え等がある場合を中心に、整理して検討する。

Ⅱ 差押えの効力の拡張や取下げ等に関する問題

1 差押えの競合と効力の拡張

　法149条は、差押えが一部競合した場合の効力に関する規定であり、その前段は、債権の一部を目的とする差押え又は仮差押えの執行がされた後にその残余の部分を超えて別個の差押命令が発せられた場合に、各差押え又は仮差押えの執行の効力がその債権の全部に及ぶことを、その後段は、債権の全部を目的とする差押え又は仮差押えの執行がされた後にその債権の一部を目的とする差押命令が発せられた場合に、後行差押えの効力が債権の全部に及ぶことを明らかにしている。

　例えば、債務者の第三債務者に対する100万円の売買代金債権について、債権者Aがその60万円を差し押さえた後、残余の40万円を超える50万円を債権者Bが差し押さえたような場合、両者の差押えの効力は、それぞれ100万円の全部に及ぶことになる。この場合、第三債務者は、法156条2項に基づき、100万円全額を供託しなければならず、供託後の配当手続においては、当該供託に係る100万円から（手続費用があればこれを償還した後）、債権者A及びBがその請求債権額に応じた配当を受けることになる。

2　差押禁止部分のある債権の差押えと法149条に関する問題

(1)　差押禁止部分のある債権の差押えと法149条

　法152条1項2号所定の給料や賞与等の債権（以下「給与債権」という。）のように差押禁止部分のある債権が差し押さえられた場合の法149条の適用については、当該債権の差押可能部分をもって「債権の全部」と解することになり、差押えの競合の有無や競合による差押えの効力が拡張する範囲についても、当該債権の差押可能部分を基準に判断することになる。

(2)　扶養義務等債権に基づく差押えと一般債権に基づく差押え

　ア　給与債権については、法151条の2第1項各号所定の扶養義務等に係る金銭債権（以下「扶養義務等債権」という。）を請求債権とする差押えと、これに該当しない債権（以下「一般債権」という。）を請求債権とする差押えとで、差押可能部分が異なる。

　例えば、給与債権の額が35万円、所得税、住民税及び社会保険料等の控除額が合計9万円という事例では、扶養義務等債権を請求債権とする場合の差押可能部分は13万円（（35万円－9万円）÷2）となり、一般債権を請求債権とする場合の差押可能部分は6万5000円（（35万円－9万円）÷4）となる（法152条1項柱書、3項）。両者の差押可能部分は6万5000円の範囲で重なり合う関係にある（以下、扶養義務等債権に基づく差押えと一般債権に基づく差押えの双方が差押可能な部分を「重複部分」といい、扶養義務等債権に基づく差押えのみが差押可能な部分を「非重複部分」という。）。

　イ　上記アの給与債権につき、差押額を5万円とする扶養義務等債権に基づくA差押えと、差押額を6万円とする一般債権に基づくB差押えとがされた場合、両差押えは競合していない（このような場合、扶養義務等債権に基づくA差押えの効力は非重複部分から及ぶものと考えるのが相当である。）。

　この場合、第三債務者は、それぞれの差押債権者からの取立てに応じてもよいが、法156条1項に基づく供託をすることもできる[1]。供託をする場合には、差押債権の全額に相当する金銭として、上記所得税等を控除

した後の全額である26万円を供託することもできるが[2]、差押禁止が定められた趣旨を考慮すると、差し押さえられた部分に相当する金銭として11万円（A差押えの5万円＋B差押えの6万円）を供託するのが相当であろう。

　ウ　また、上記アの給与債権につき、差押額を8万円とする扶養義務等債権に基づくA差押えと、差押額を6万円とする一般債権に基づくB差押えがされた場合には、A差押えが非重複部分だけではまかなえずに重複部分にも及ぶことになるから、重複部分においてB差押えと競合することになる。そして、両差押えの効力は、重複部分の全部に拡張されることになる（一般債権に基づくB差押えの効力が非重複部分まで拡張されることはない。）。

　この場合、第三債務者は、両差押えが競合している重複部分の6万5000円については、法156条2項に基づき供託する義務を負うことになる。また、第三債務者は、A差押えの効力のみが及ぶ非重複部分の6万5000円については、A差押えの差押債権者からの取立てに応じることができるが、同条1項に基づく供託をすることもできるので、結局、同条1項及び2項を根拠として非重複部分と重複部分の合計13万円を供託することができる[3]。

　なお、13万円が供託された場合の配当については、まず、非重複部分に係る6万5000円をA差押えに係る請求債権に充当した後、同充当後のA差押えに係る請求債権額とB差押えに係る請求債権額に応じて、重複部

---

1)　1つの差押えについては差押債権者からの取立てに応じ、残余の差押えについては供託をすることもできる（立花・執行供託208頁）。なお、1つの債権について差押えと仮差押えの執行がされ、競合する関係にない場合には、差押えに係る法156条1項の供託と仮差押えに係る民事保全法50条5項及び法156条1項の供託とに分け、前者については差押えの執行裁判所に、後者については仮差押えの保全執行裁判所に、それぞれ事情届を提出するのが相当であるとされる（東京地方裁判所民事執行センター「さんまエクスプレス第84回　預金の差押えと配当・弁済金交付」金法2012号62頁（2015年））。
2)　立花宣男監修＝福岡法務局ブロック管内供託実務研究会編『実務解説供託の知識167問』298頁（日本加除出版、2006年）。
3)　立花・執行供託183頁。

分に係る 6 万 5000 円を按分配当するのが実務である。ただし、手続費用（共益費用となる執行費用）がある場合には、重複部分から償還する扱いが多いと思われる。

(3) 差押禁止債権の範囲変更の裁判がある場合

ア　法 153 条に基づく差押禁止債権の範囲変更の裁判については、その効果は他の差押債権者には及ばないとする相対的効力説と、他の差押債権者にも及ぶとする絶対的効力説があるが、実務は相対的効力説によっている[4]。

相対的効力説からすると、法 149 条による差押えの効力の拡張の範囲は、差押債権者ごとにその差押可能部分を基準に判断することになる[5]。

イ　例えば、上記(2)アの給与債権について、一般債権に基づくＣ差押えとＤ差押えがされたが、Ｃ差押えについては、差押禁止債権の範囲減縮の裁判により差押可能部分が 10 万円となっているとすると、本来の差押可能部分である 6 万 5000 円については、両差押えの効力が及び得るが、上記 10 万円と 6 万 5000 円の差額である 3 万 5000 円部分については、Ｃ差押えの効力のみが及び得ることになる。

そこで、Ｃ差押えとＤ差押えの差押額の合計額が 10 万円を超えない場合や、超える場合であってもＣ差押えの差押額が上記 3 万 5000 円を超えない場合には、両差押えは競合する関係にはなく、第三債務者としては、上記(2)イと同様に、それぞれの差押債権者からの取立てに応じてもよいし、法 156 条 1 項に基づく供託をすることもできる。

ウ　また、Ｃ差押えとＤ差押えが競合する関係にある場合には、第三債務者としては、上記(2)ウと同様、両差押えが競合している 6 万 5000 円部分については法 156 条 2 項に基づき供託をする義務を負うが、Ｃ差押えの効力のみが及ぶ 3 万 5000 円部分については、その差押債権者からの取立てに応じることもできるし、上記 6 万 5000 円との合計 10 万円を同条

---

[4]　執行実務・債権（上）326 頁。
[5]　香川・注釈（6）243 頁。

1項及び2項を根拠として供託することもできる。

　10万円が供託された場合の配当についても、上記(2)ウと同様に、まず、Ｃ差押えの効力のみが及ぶ3万5000円をＣ差押えに係る請求債権に充当した後、同充当後のＣ差押えに係る請求債権額とＤ差押えに係る請求債権額に応じて、残余の6万5000円（手続費用がある場合にはこれを控除した残額）を按分配当することになる。

(4) 差押禁止債権の範囲変更の裁判がない場合

　給与債権について、上記(3)とは異なり、差押禁止債権の範囲変更の裁判があったわけでもないのに、差押債権者が自ら差押範囲を本来の差押可能部分の一部に限定して、差押えをした場合、当該差押えは単なる一部差押えに過ぎないから、他の差押えと競合する場合には、本来の差押可能部分まで差押えの効力が拡張すると解してよい。

3　消費税や建物賃貸借における管理費等に関する問題

(1) 消費税相当分を含めた差押えとこれを除いた差押えがある場合

　ア　ある債権について、消費税相当分をも差押対象とする差押えとこれを差押対象から除いた差押えがされた場合に、差押えの効力が拡張する範囲をどのように考えるべきか。

　例えば、債務者及び第三債務者間の建物賃貸借契約に基づく賃料債権について、いずれも差押額を「100万円に満つるまで」とするＡ差押えとＢ差押えがされたが、Ａ差押えにおいては、消費税相当分をも差し押さえる旨の記載があり、Ｂ差押えにおいては、消費税相当分を差押対象から除く旨の記載があるという場合、当該差押債権である賃料が「月額10万8000円、うち8000円部分は消費税相当分」と定められていたとしたら、Ｂ差押えの効力は、8000円部分にも及ぶのか。

　イ　差押えの競合の有無や差押えの効力が拡張する範囲については、原則として、差押えの目的となった個々の債権ごとに判断することになるので、上記の問題については、月額10万8000円の賃料債権が全体として

1個の債権であるのか、それとも消費税相当分とその余の部分とは別個の債権であるのかを検討すべきことになる。

　この点、消費税の納税義務者は、あくまでも課税資産の譲渡等を行った「事業者」（消費税法5条1項）であり、建物賃貸借については賃貸人である[6]。消費税は、事業者の販売する商品やサービスの価格に上乗せされて、消費者に転嫁されることにより、消費者が負担することになるものであるが、消費者が事業者に支払った消費税相当分は、消費税そのものではなく、あくまでも商品やサービスの対価の一部であると考えられる。建物賃貸借契約の締結に当たって消費税が考慮され、消費税相当分が明示された形で賃料額が合意されたとしても、当該消費税相当分は賃料の一部であるというべきである。

　そうすると、上記アの10万8000円の賃料債権は、消費税相当分である8000円の部分も含めて、全体として1個の債権であるというべきであるから、同部分を差押対象から除外しているB差押えは、単なる一部差押えに過ぎず、A差押えとの競合により、同部分にも差押えの効力が及ぶことになると解することができる。第三債務者は、10万8000円の全額について、法156条2項に基づく供託義務を負い、供託がされた場合の配当については、いずれの差押えとの関係においてもその全額が配当原資となり、各差押債権者はその請求債権額に応じた配当を受けることになる。

(2) 賃料債権について管理費及び共益費相当分を含めた差押えとこれらを除いた差押えがある場合

　ア　建物の賃貸借契約においては、賃料の他に、管理費又は共益費（以下「管理費等」という。）として、毎月一定額の支払が約束されることがある。この場合の管理費等は、賃料が賃借物自体の使用収益の対価と考えら

---

[6] なお、建物賃貸借のうち、「住宅（人の居住の用に供する家屋又は家屋のうち人の居住の用に供する部分をいう。）の貸付け（当該貸付けに係る契約において人の居住の用に供することが明らかにされているものに限るものとし、一時的に使用させる場合その他の政令で定める場合を除く。）」については、消費税を課さないこととされている（消費税法6条1項、別表1第13）。

れるのと異なり、賃貸人が提供する役務の対価という性質を有するものと考えられる[7]。

そこで、賃料債権について、管理費等をも差押対象とする差押えとこれらを差押対象から除いた差押えがされた場合に、差押えの効力が拡張する範囲をどのように考えるべきかが問題となる。

イ　そもそも管理費等を差押えの対象とすることができるか否かについては、管理費等の法的性質や目的不動産の維持管理の必要性をめぐって争いがある。

抵当権の物上代位の場合については、管理費等は上記のとおり賃料と性質が異なるので（民372条、304条1項参照）、これを差し押さえることはできないと考えるのが相当であるが、強制執行の場合には、債務者の責任財産に属するものであれば原則として差押えの対象とすることができるので、これを差し押さえることができると解するのが相当である[8]。東京地裁民事執行センターにおいても、抵当権の物上代位の場合にのみ、管理費等を差押え対象から除くことを求める扱いがされている[9]。

ウ　ところで、法149条は、法193条2項によって債権その他の財産権についての担保権の実行ないし行使の場合に準用されているが、担保権の実行ないし行使による差押えは、実体法上の優先権を有することから、強制執行による差押えや仮差押えの執行との競合によっては、拡張しないものと解されている[10]。また、強制執行による差押えと担保権の実行ないし行使による差押えが競合した場合に、第三債務者に供託義務が発生するか否かについては争いがある[11]。

---

7)　山﨑敏充「抵当権の物上代位に基づく賃料債権の差押えをめぐる執行実務上の諸問題」民事訴訟雑誌42号108頁（1996年）。志賀剛一「賃料に対する物上代位をめぐる諸問題」金法1363号20頁（1993年）は、「管理費・共益費については賃貸借とは別個の役務提供契約に基づき生ずるものというべきである」とする。
8)　山﨑・前掲注7)。
9)　執行実務・債権（上）118頁。
10)　鈴木ほか・注解(4)461頁、香川・注釈(6)258頁。
11)　肯定するものとして稲葉威雄「民事執行法における供託(3)」金法934号4頁（1980年）、否定するものとして香川・注釈(6)259頁。後者の見解に立っても、第三債務者には権利供託が認められる。

そこで以下では、強制執行による差押え同士が競合した場合について検討する。例えば、債務者及び第三債務者間の建物賃貸借契約に基づく賃料債権について、いずれも差押額を「100万円に満つるまで」とするA差押えとB差押えがされたが、A差押えにおいては、管理費等を差押対象とする旨の記載があり[12]、B差押えにおいては、管理費等を差押対象から除く旨の記載があるという場合、当該差押債権である賃料が「賃料10万0000円、管理費1万円」と定められていたとしたら、B差押えの効力は、管理費の1万円部分にも及ぶか。

　差押えの効力が拡張する範囲は差押えの目的となった個々の債権ごとに判断することになるので、賃料と管理費等が併せて1個の債権であるのか、別個の債権であるのかが問題となる。この点、上述した見解のように、管理費等は賃貸借契約とは別個の役務提供契約に基づき生じるものと解するならば、賃料と管理費等は別個の債権であると解することになろう。

　このように解すると、B差押えの効力が、管理費の1万円部分に拡張されることはないということになる。そこで、第三債務者としては、A差押えとB差押えが競合する賃料10万円部分については、法156条2項による供託義務を負うが、A差押えの効力のみが及ぶ管理費1万円部分については、差押債権者からの取立てに応じてもよいし、同条1項及び2項に基づいて賃料部分と合わせた11万円を供託することもできることになる。

　なお、「管理費」や「共益費」という名称が使用されていても、純粋に共用部分の維持管理費用として金員が徴収されている場合もあれば、実質

---

12) 前述のとおり、東京地裁民事執行センターでは、抵当権の物上代位の場合につき、管理費等を差押え対象から除くことを求める扱いがされているが、他方で強制執行による差押えの場合には、管理費等を差押え対象から除く旨の記載も、差押え対象に含める旨の記載も求めていない。差押命令に管理費等を差押え対象から除く旨の記載がない事案では、管理費等にも差押えの効力が及ぶものと扱われているようであり、少なくとも第三債務者が管理費等について差押債権者の取立てに応じたり、執行供託をしたりした場合には、これを有効なものと扱っているものと思われる。

Ⅱ　差押えの効力の拡張や取下げ等に関する問題

的にはその全部ないし一部が賃料に当たると考えられる場合もあるなど、その性質は様々であると思われる。しかし、債権執行手続でその性質を的確に判断することは極めて困難である[13]。そこで、当事者間の契約で管理費等を明確に区別している場合には、原則として、これを賃貸人の役務の対価とみて、賃料とは別個の債権と扱うのが相当である。また、管理費等を含むものとして賃料が定められていて、管理費等の額が明示されていないような場合には、サービスや諸経費を勘案して賃料そのものの額を定めたものとみることができる[14]から、原則として、その全額をもって1個の賃料債権と解するのが相当である。

4 競合後の取下げ・取消しに関する問題

(1) 競合後の取下げ・取消しと供託義務の消長等

　法156条2項が差押えの競合や配当要求等により債権者が競合した場合に第三債務者に供託を義務づけているのは、競合する債権者間の平等配当を確保するためであるから、競合関係が消滅すれば、第三債務者に供託義務を課す必要性も消失し、供託義務は消滅すると解するのが相当である。

　そこで、競合する差押えの一部が申立ての取下げ又は取消し（以下「取下げ等」という。）により効力を失い、競合関係が消滅した場合には、第三債務者は、残存する差押えについて法156条1項に基づく供託ができるほか、差押債権者からの取立てに応じることができると解する。

(2) 競合後の取下げ等があった場合に供託すべき額

　ア　第三債務者が法156条1項に基づく供託をする場合の供託すべき

---

[13] 山﨑・前掲注7) 122頁。
[14] 山﨑・前掲注7) 122頁は、管理費等を含むものとして賃料が定められているような場合には、サービスや諸経費を勘案して賃料そのものの額を定めたものとみることができるとして、その全額について抵当権の物上代位による差押命令を発令することができるとする。

額は、差押債権の全額に相当する額か、一部差押えの場合には差し押さえられた部分に相当する額であり（昭和55年9月6日付民四第5333号法務省民事局長通達第二・四・1・(一)・(1)・イ）、差し押さえられた部分の一部に相当する額を供託することはできない。そこで、競合後の取下げ等によって競合関係が消滅したときに、同項に基づく供託をする場合の供託すべき額については、法149条によって一旦拡張された差押えの効力が競合関係の消滅に伴って減縮するか否かに関連して問題となる。

　イ　競合関係の消滅により差押えの効力が減縮するか否かについては、本来の差押額の範囲まで減縮するとする減縮説[15]と、拡張されたままで減縮しないとする減縮否定説[16]がある。減縮説は、差押効の拡張が競合する債権者間の平等配当を確保するためのものである以上、競合関係の消滅とともに差押効の範囲も減縮すると解すべきであること、減縮否定説によると差押債権全額について処分制限効が持続することになって債務者にとって不利益であることなどを理由とする。一方の減縮否定説は、差押効の減縮を認めなくとも取立権の範囲は制限されている（法155条1項）から不都合はないこと、競合関係の消滅や再発により、第三債務者の供託すべき額や取立訴訟上の関係[17]がその都度に変更するのは煩雑であることなどを理由とする。

　取下げ等によって競合関係が消滅した場合に第三債務者が供託すべき額については、減縮説に立てば、差押債権の全額又は残存する差押えの本来の差押額に相当する額ということになり、減縮否定説に立てば、差押債権の全額に相当する額（＝残存する差押えの効力が及んでいる額）ということになる。実務は減縮否定説により運用されている[18]。

---

15)　竹下＝鈴木・基本構造441頁、鈴木ほか・注解（4）458頁、香川・注釈（6）246頁。
16)　田中・民執解説325頁、中野・民執法730頁。
17)　差押債権者が差押債権の競合を前提として差押債権全額につき取立訴訟を提起している場合、減縮説によれば、差押債権者は競合関係の消滅に伴って請求を減縮する必要があることになる。
18)　執行実務・債権（下）46頁、169頁。

(3) 配当後の取下げ等と供託すべき額

ア 第三債務者の供託後に行われる配当においては、通常、手続費用（共益費用となる執行費用）が最優先順位で償還されることになる[19]。このこととの関係で、給与債権や賃料債権等の継続的給付債権について差押えが競合し、第1回の配当が行われた後に、競合する差押えの一方について取下げ等がされた場合、第三債務者がその後も供託を続けるとして、あといくらを供託すればよいのか問題となることがある。

例えば、債務者の第三債務者に対する賃料債権（月額20万円）について、債権者Aと債権者Bが、いずれも、請求債権額を100万円、差押額を100万円に満つるまでとして差押えをし、第三債務者が1月分の賃料20万円を供託したことから配当が実施され、手続費用に5000円、債権者Aと債権者Bにそれぞれ9万7500円が配当されたところ、その後に債権者Aの差押えについて取下げ等があった場合、第三債務者はあといくらを供託すべきか。

なお、上記の事例で債権者Aの差押えの取下げ等がなければ、第三債務者は、あと180万円（債権者Aの差押額100万円＋債権者Bの差押額100万円－既に供託した20万円）を供託すべきことになる（したがって、最終的に債権者Aと債権者Bが配当を受けられる額は、手続費用の分だけ、各差押額に及ばないことになる。）。

イ 上記の事例で第三債務者が供託すべき額については、①債権者Bの差押額100万円から同人に対して配当のあった9万7500円を控除した90万2500円とする考え方、②債権者Aの差押えの取下げ等がなければ供託すべきであった180万円から90万2500円（債権者Aの差押額100万円－同人に対して配当のあった9万7500円）を控除した89万7500円とする考え方、③②によると、第1回配当時の手続費用5000円の分だけ配当を受けられない不利益を専ら債権者Bに負担させるかのような形となっ

---

[19] ただし、第三債務者が法156条2項等による義務供託をし、当該供託に係る事情届を提出する時までに供託の費用を請求している場合には、手続費用よりも先に、供託の費用を支払うことになる（民訴費28条の2）。

て相当でないから、当該不利益を各差押債権者がそれぞれの差押額に応じて負担する形になるようにして、供託すべき額を90万円（債権者Bの差押額100万円－同人に対して配当のあった9万7500円－手続費用に関する負担分2500円）とする考え方などがあり得ると思われる。

　思うに、債権者Bは、本来、差押額である100万円までは配当を受け、又は取立てを行うことができるのであるから、①の考え方が相当である。なお、③の考え方については、差押債権者が多数いる場合や、一部の差押えについて取下げ等がされるまでに配当手続が多数回行われ、その都度手続費用の償還がされているような事案では、各差押債権者の手続費用に関する負担額を算出することが煩雑となる点で相当でない。

III 差押えと債権譲渡等の競合、混合供託に関する問題

1 混合供託の意義等

　債務者が第三債務者に対して有する債権につき、債権譲渡通知がされた後に、差押命令が送達された場合（以下に債権譲渡と差押えの先後を記載する場合、その債権譲渡通知や差押命令の送達の先後も同じ順序であるものとする。）、債権譲渡が有効であれば、差押命令は空振りとなるが、債権譲渡が無効であれば、第三債務者は差押命令によって弁済を禁止されることになる。そこで、債務者が第三債務者に対して有する債権に譲渡禁止特約があるなど、債権譲渡の有効性に疑義があるような場合には、第三債務者の地位は不安定なものとなる。このような場合、供託実務上、第三債務者は、債権者不確知を理由として民法494条を、執行供託として法156条1項又は2項[20]を根拠条文として、供託手続を1回で行うことが認められて

---

[20]　仮差押えの執行がある場合には民事保全法50条5項を含む。また、強制執行による差押えと滞納処分による差押えとの競合がある場合には滞調法（滞納処分と強制執行等との手続の調整に関する法律）20条の6第1項又は36条の6第1項による。

いる。このような供託を、実務上、混合供託（競合供託）と呼んでいる。

　債権譲渡に先だって差押えや仮差押えの執行がされており、さらに債権譲渡の後にも差押えがされているような場合に、第三債務者が、混合供託を含め、いかなる対応をすべきかについては、先行差押え等による処分制限効の及ぶ範囲をどのように考えるか、後行差押えに配当要求としての効力を認めるかといった問題と関連して、見解が分かれることになる。

　以下では、債権譲渡に先立って差押えや仮差押えの執行がされた事案につき、第三債務者がすべき供託の方法等について整理して検討する。なお、特に断りのない限り、債権譲渡や差押え、仮差押えとあるのは、目的債権の全部を対象とするものとする。

2　差押え後に債権譲渡があった場合

(1)　差押えが全部差押えである場合の混合供託の可否

　差押命令が第三債務者に送達されると、差押命令の効力が生じ、差押債権につき、債務者は取立てその他の処分を禁止され、第三債務者は債務者に対する弁済を禁止される（法145条1項、4項）。この差押えの処分制限効に抵触する債務者の処分行為の効力については、債務者と処分の相手方との間では有効であるが、執行手続との関係では無効であると解されている（相対的無効説）。

　そこで、差押え後の債権譲渡は、当該差押えが効力を有している限り、当該差押えに対抗することができないことになるから、債権譲渡の有効性に疑義があろうとなかろうと、債権者不確知ということはできず、混合供託は認められないのが原則である。この場合、第三債務者は、差押債権者からの取立てに応じるか、供託をするのであれば法156条1項に基づく供託をすることになる。

　なお、民事執行手続上、差押命令の手続に違法があれば執行抗告（法145条5項）により、差押命令に係る債務名義に記載された債権の消滅等があれば請求異議訴訟（法35条1項）により、差押命令が是正されることが予定されており、また、利害関係人である債権譲渡の譲受人は第三者

異議訴訟（法38条）を提起することができるところ、いずれの手続においても、その手続を前提とする執行手続停止の裁判がされ、その通知がされない限り、債権執行手続は停止されず、また、差押命令が取り消されるなどされない限りはその効力に影響は生じないから、第三債務者としては、差押命令の効力に疑義があることを理由として混合供託をすることは許されないというべきである[21]。

(2) 差押えが一部差押えである場合

債権の一部差押えがされた場合の処分制限効は、その差押範囲に限定して生じる。そこで、一部差押えである差押え後の債権譲渡につき、当該差押えに後れる点のほかには有効性に疑義がない場合には、当該差押えの差押範囲を超える部分の譲渡は効力を否定されないから、第三債務者はその部分について譲受人に支払えば足りる。この場合には、債権者不確知とはならないから、混合供託は認められないので、第三債務者が供託をするのであれば、差押範囲に限定して法156条1項の供託をすることになろう。

他方、債権譲渡が無効であれば第三債務者は債権の全額について法156条1項による供託をすることができるところ、債権譲渡の有効性に疑義がある場合には、差押範囲を超える部分についても併せて供託をするために、混合供託を認める意味がある。そこで、供託実務では、差押範囲を超える部分について混合供託が認められている[22]。

3 差押命令、債権譲渡、差押命令が順次行われた場合

(1) 差押えの効力の手続相対効について

差押え後の債権譲渡は、上述のとおり、差押えの処分制限効により、当該差押えに対抗することができない。では、当該債権譲渡後の差押えの効

---

[21] 執行実務・債権（下）78頁。
[22] 藤本幸弘「債権の一部に対する差押の後に債権譲渡、差押がされた場合の供託」NBL348号29頁（1986年）。

力についてはどのように考えるべきか、差押えの処分制限効が及ぶ主観的な範囲が問題となる。

　上述のとおり、差押えの処分制限効に抵触する処分行為の効力は、執行手続との関係における相対的な無効であると解されているが、誰に対する関係で相対的に無効となるのかについて、旧法下においては、個別相対効説と手続相対効説との対立があった。個別相対効説は、差押債権者や処分行為前に執行手続に参加した債権者との関係で処分行為を無効とすれば足り、処分行為後の差押債権者や配当要求債権者との関係では処分行為は有効であるとするものであり、手続相対効説は、執行手続が存続している限り、差押債権者や処分行為前に競売手続に参加した債権者のみならず、処分行為後の差押債権者や配当要求債権者との関係でも処分行為を無効とすべきであるとするものである。この点、現行民事執行法は、手続相対効説を採用したものと解されている[23]。

　もっとも、手続相対効説によるとしても、債権執行手続において、処分行為後の差押債権者との関係でも当該処分行為を無効とすべきであるかどうかについては、さらに見解が分かれており、処分行為者は先行差押えが存続する限り他の債権者が二重差押えにより執行手続に参加することを排除し得ないなどとしてこれを肯定する見解[24]と、後行差押えは先行差押えと全く別個の手続であって手続相対効が及ぶ範囲にはないなどとしてこれを否定する見解[25]がある。この点についての実務上の取扱いは確定していないとされるが、思うに、不動産執行における後行差押債権者が先行事件の手続に参加して先行手続のなかで配当等を受ける（法47条、87条1項1号参照）のに対し、債権執行における後行差押債権者は、先行差押債権者の手続とは無関係に、自らの差押えに基づいて別個に独立して執行

---

[23]　新基本コンメ民執133頁。
[24]　手続相対効説を貫けば、先行差押えが有効に存続する限り配当要求の終期までは他の債権者も抵触処分を無視できるはずで、執行参加の方式が二重差押えか配当要求かによって本来差異はあるべきではないとする（竹下守夫『民事執行法の論点』281頁（有斐閣、1985年）、中野・民執法41頁注（2））。
[25]　この見解に立つものとして田中・民執解説311頁、鈴木ほか・注解（4）454頁、香川・注釈（6）798頁などがある。

手続を進める地位にあることからすると、債権執行において先行差押えによる手続相対効の及ぶ範囲は、先行差押事件の手続に参加するという意味において、先行差押事件への配当要求債権者（交付要求債権者を含む。）までであって、競合する他の差押債権者については、手続相対効の妥当する関係にないというべきであるから、後者の見解が妥当であると解する[26]。

(2) 後行差押えの配当要求としての効力の有無について

上記のとおり、後行差押えは先行差押えの処分制限効が及ぶ範囲にないとの見解に立つと、債権譲渡につき、先行差押えに後れる点のほかにはその有効性に疑義がないのであれば、これに遅れる後行差押えは空振りということになる。そこで、第三債務者としては、先行差押債権者からの取立てに応じてもよいし（先行差押えが一部差押えであれば、差押範囲を超える部分については債権譲渡の譲受人に支払うことになる。）、供託をするのであれば、先行差押えにつき法156条1項による供託をすべきであると解する[27]。

この点、債権譲渡後の後行差押えに先行差押事件への配当要求としての効力を認めるべきであるとの見解[28]があるが、この見解に立てば、第三債務者は法156条2項による供託義務を負うことになろう。しかしなが

---

26) 香川・注釈(6)800頁（注11）、執行実務・債権（下）74頁。
27) ただし、債権譲渡が一部譲渡であれば、譲渡の対象となっている部分については後行差押えは空振りとなるが、譲渡の対象となっていない部分については先行差押えと後行差押えが競合することになる。なお、この競合によって後行差押えの効力が譲渡の対象となっている部分にまで拡張することはないと解する。したがって、第三債務者の供託は、譲渡の対象となっている部分については法156条1項により、譲渡の対象となっていない部分については同条2項によることになる。例えば、100万円の債権につき、先行差押えの差押額が80万円、その後の債権譲渡が40万円、後行差押えの差押額が90万円という事案では、100万円のうち譲渡の対象となっていない60万円については先行差押えと後行差押えが競合し、20万円については先行差押えの効力のみが及び、残り20万円については債権譲受人が確定的に権利を取得することになる。
28) 新・実務民訴講座(12)241頁、鈴木ほか・注解(4)552頁、立花・執行供託319頁。なお、旧法の下では、執行加入の方法として配当要求のみが認められ、二重差押えの規定を欠いており、二重差押えがされた場合には相互に配当要求の効力があると解されていた。

ら、二重差押えと配当要求は、その内容も効果も異なるものであり、先行差押事件の差押債権者や執行裁判所は、後行差押事件があってもその存在を当然に把握できるわけではないので、後行差押えに配当要求の効力を認めることにすると、先行差押債権者に債務者の他の財産に対する執行の準備等をする機会が保障されないことになるし、後行差押えの存在が明らかとならないまま先行差押事件による配当等の手続が終了してしまう可能性があるなど、執行手続の安定を阻害することになる[29]。したがって、後行差押えに配当要求の効力を認めることはできない。最高裁は、動産売買の先取特権に基づく物上代位権の行使としての債権差押命令の申立てに関する事案において、他の債権者の差押事件の配当要求の終期までに、その差押えに係る債権につき差押えの申立てをしたにすぎない債権者は、法165条にいう配当要求をした債権者に該当しない旨判示して、後行差押えの申立てに配当要求の効力を認めない立場に立つことを明らかにしている（最三判平成5年3月30日民集47巻4号3300頁）。

(3) 債権譲渡の効力に疑義がある場合

先行差押え後の債権譲渡が無効であれば、後行差押えが有効であることになり、先行差押えと後行差押えが競合することになる。そこで、先行差押えに後れる点のほかにも債権譲渡に瑕疵があり、債権譲渡が無効であることが明らかであれば、第三債務者は法156条2項により供託義務を負うことになる。

では、債権譲渡の有効性に疑義がある場合にはどのように供託をすればよいか。このような場合に供託実務が混合供託を認めるのか否かは明らかでないが、執行供託としては法156条2項を根拠とするのが相当であると解する。そして、債権譲渡の効力如何によって後行差押債権者の配当受領資格の有無が決まる[30]ことになるから、供託書上、債権譲渡の存在と

---

[29] 八木良一・最判解民事篇平成5年度（上）569頁。
[30] 債権譲渡が一部譲渡である場合には、債権譲渡の効力如何により、その譲渡部分が後行差押えとの関係でも配当原資となるか否かが決まることになる。

その有効性に疑義のあることが明らかにされる必要があると解する[31]。なお、供託書に債権譲渡の記載はあるが、その有効性に疑義がある旨の記載がない場合には、他に債権譲渡に関する情報を有しない執行裁判所としては、債権譲渡が有効なものである前提で対応するほかないので、配当等の手続においては、原則として後行差押債権者に配当受領資格を認めないことになるものと思われる。

差押えが一部差押えであり、債権譲渡の効力に疑義がある場合には、2(2)と同様に混合供託が認められると解されるが、この場合の執行供託部分は法156条2項によることになると解される。

(4) 債権譲渡の有効性に疑義がある事案における配当等

債権譲渡の有効性に疑義がある事案について、第三債務者が、供託書にその旨を記載した上で供託をし、当該供託に係る事情届が執行裁判所に提出された場合、執行裁判所はどのように配当等の手続を進行させるべきか。

この点、後行差押債権者は、債権譲渡が無効であり、供託金還付請求権が債務者に帰属することになった場合に配当受領資格が認められることになるから、債務者に供託金還付請求権があることを確認する旨の確定判決や和解調書等、混合供託がされた場合における混合解消文書[32]と同様の文書(以下、単に「混合解消文書」という。)を提出して、執行裁判所に配当実施を求めるべきこととするのが相当である。なお、先行差押債権者は、債権譲渡の効力如何に関わらず、当然に配当受領資格が認められる。後行差押債権者から混合解消文書が提出されない間に、先行差押債権者か

---

31) 立花・執行供託324頁は、第三債務者の供託後に先行差押えが取下げ等により効力を失った場合の扱いにつき、先行差押えの取下げ等により債権譲渡が最先順位で効力を生ずるとする見解と、第三債務者の供託後における取下げは配当請求権の放棄とみて、供託前の手続の覆滅は予定されないとする見解があるところ、執行実務においてはいまだ定説がない状態にあるとして、債権譲渡の効力に疑義があるときには、混合供託が認められるべきであるとする。

32) 混合解消文書に関する一般的な問題点については執行実務・債権(下)159頁以下参照。

ら配当実施を求められた場合には、後行差押債権者も配当受領資格が認められる前提で配当表を作成して配当を実施し、後行差押債権者との関係では、仮差押債権者に対する対応と同様に、混合解消文書が提出されるまでは供託所に対する支払委託は留保しておき、逆に後行差押債権者と債権譲受人との間の訴訟で債権譲渡が有効とされるなどして、後行差押債権者の配当受領資格がないことが確定した場合には、先行差押債権者に対する追加配当を実施するのが相当であると解する[33]。

先行差押えが一部差押えで、混合供託がされている場合には、混合解消文書が提出されるのを待って、配当等を実施するのが相当である[34]。

4　仮差押え後に債権譲渡がされた場合

仮差押えにも差押えと同様に処分制限効がある（なお、民執法は、仮差押えの処分制限効についても、手続相対効説を採用したものと解されている。）。もっとも、仮差押えは、あくまでも権利関係が確定するまでの暫定的・仮定的な保全処分であるから、仮差押えが本執行に移行しえないものとなったときには、その仮差押えは無視されることになる。

---

[33]　債権譲渡が一部譲渡の場合、例えば100万円の債権につき、先行差押えの差押額が100万円、債権譲渡が40万円、後行差押えの差押額が100万円の事案では、債権譲渡の対象となっていない60万円部分については、債権譲渡の有効・無効に関わらず、両差押えとの関係で配当原資となるが、債権譲渡の対象である40万円部分については、債権譲渡が有効であれば後行差押えは空振りであったことになるから先行差押えとの関係でのみ配当原資となり、債権譲渡が無効であれば両差押えとの関係で配当原資となる。後行差押債権者が40万円部分について混合解消文書を提出する前に先行差押債権者から配当実施を求められた場合には、40万円部分についても後行差押債権者の配当原資となる前提で配当表を作成した上で、40万円部分に関する後行差押債権者に関する支払委託を混合解消文書が提出されるまで留保するのが相当である。

[34]　100万円の債権につき、先行差押えの差押額が80万円、債権譲渡が40万円、後行差押えの差押額が90万円という事案では、譲渡の対象となってない60万円については、債権譲渡の有効・無効に関わらず、先行差押えと後行差押えの両差押えとの関係で配当原資となる。譲渡の対象となっている40万円については、譲渡が無効であればその全部が両差押えとの関係で配当原資となるが、譲渡が有効であれば、20万円については先行差押えのみの配当原資となり、残り20万円については債権譲受人に支払われるべきことになる。

そこで、仮差押え後の債権譲渡がある場合には、仮差押えが本執行に移行するか否かにより、債権の帰属する者が異なることになるから、供託実務においては、混合供託が認められている。

　仮差押えが一部差押えであれば、債権譲渡の有効性に疑義がない場合には、仮差押えの範囲について混合供託をし、これを超える部分について債権譲受人に支払い、債権譲渡の有効性に疑義がある場合には、債権全額について混合供託をすることができるものと解される。

5　仮差押え、債権譲渡、差押えが順次行われた場合

(1)　後行差押えが先行仮差押えの本執行移行である場合

　後行差押えが先行仮差押えの本執行移行である場合には、仮差押えの処分制限効が確定的なものとなって、債権譲渡は効力を有せず、債権者不確知ということができないから、この場合には混合供託は認められないことになる。

　先行仮差押えが一部差押えであれば、その本執行移行としての後行差押えがされることにより、上記 2(2)の先行差押えが一部差押えであった場合と同様の状態になり、債権譲渡の有効性に疑義があるかどうか等によって供託の方法が異なることになる。

(2)　債権譲渡の有効性に疑義がない場合

　後行差押えが先行仮差押えの本執行移行ではなく、かつ、債権譲渡の有効性に疑義がない場合には、上記 4 と同様、混合供託が認められる。

　この場合の供託根拠条文については、供託実務は、民法 494 条、民事保全法 50 条 5 項、法 156 条 2 項とする扱いのようである[35]。しかし、上述のとおり、仮差押えの処分制限効は手続相対効であり、これと別個の差押えは手続相対効の及ぶ範囲にないと考えられるから、債権譲渡後の後

---

[35]　債権執行諸問題 256 頁、山田紘「債権の仮差押えの後に債権譲渡、差押えがされた場合の供託」NBL378 号 42 頁（1987 年）。

行差押えは空振りであり、また、後行差押えに配当要求の効力を認めることもできないから、執行供託部分については、法156条2項ではなく、同条1項によるべきものと解する。第三債務者の事情届については、先行仮差押えの執行裁判所に提出すべきである[36]。

このように考えると、この場合の配当加入遮断効（法166条1項）は、第三債務者の供託後直ちに生じるのではなく、その後、仮差押債権者が本案勝訴の債務名義等に基づいて債務者の供託金還付請求権を差し押さえることによって、先行仮差押えが本執行に移行した時に生じる（民保50条5項、法156条1項としての供託が、純然たる法156条1項の供託に転化する）ものと解するのが相当である[37)38)]。

なお、先行仮差押えが、本案で敗訴するなどして本執行に移行しないことが確定した場合には、債権譲受人がこれを供託所に証明することにより、供託金の払渡しを受けることになる。

(3) 債権譲渡の効力に疑義がある場合

後行差押えが先行仮差押えの本執行移行ではなく、かつ、債権譲渡につき、先行仮差押えに後れる点のほかにも瑕疵があって無効であることが明らかな場合には、先行仮差押えと後行差押えが競合することになるから、第三債務者は民事保全法50条5項、法156条2項による供託義務を負う。

後行差押えが先行仮差押えの本執行移行ではなく、かつ、債権譲渡の有効性に疑義がある場合については、仮差押えが本執行に移行するか否か、

---

36) 債権執行諸問題256頁。なお、債権譲渡が一部譲渡であれば、債権譲渡の対象となっていない部分については、先行仮差押えと後行差押えが競合する。そこで、債権譲渡の対象となっていない部分については、法156条2項により供託することになり、事情届の提出先は後行差押えの執行裁判所となる。
37) 債権執行諸問題256頁。
38) 執行実務・債権（下）62頁、63頁には、仮差押え、債権譲渡、差押えが順次行われた場合につき、仮差押えと差押えが競合しているとの記載があるが、手続相対効の及ぶ範囲につき、私見と異なる見解を前提にするものと解される。なお、同書74頁以下では、後行差押えは先行差押えの手続相対効が及ぶ範囲にないとする見解の方が債権執行の手続の特質により整合的であるとされている。

債権譲渡が有効か否かにより、債権が帰属する者が異なることになる。このような場合には、混合供託を認めるのが供託実務であり、供託根拠条文は、民法494条、民事保全法50条5項、法156条2項とされている[39]。なお、債権譲渡の有効性に疑義のあることは供託書に記載されることになると思われるが、供託書上この点が明らかにされていないと、執行裁判所としては、原則として債権譲渡が有効であることを前提に対応するほかないように思われる。

(4) 債権譲渡の効力に疑義がある事案における配当等

　後行差押債権者は、債権譲渡が無効であり、供託金還付請求権が債務者に帰属することになった場合に配当受領資格が認められることになるから、債務者に供託金還付請求権があることを確認する旨の確定判決や和解調書等の混合解消文書を提出して、執行裁判所に配当実施を求めることになる。混合解消文書が提出された場合には、執行裁判所は、先行仮差押えと後行差押えが競合しており、第三債務者の供託時に配当加入遮断効が生じたものとして、配当表を作成することになる。そして、供託所に対する先行仮差押債権者についての支払委託は、同人が本案勝訴等の債務名義を取得するまで留保されることになり、同人が本案で敗訴するなどして先行仮差押えが本執行に移行しえないこととなったときには、後行差押債権者のために追加配当を行うことになる（法166条2項、91条1項2号、92条）[40]。

　後行差押債権者と債権譲受人との間の訴訟等で債権譲渡が有効なものとされるなど、後行差押えが空振りであることが確定した場合には、上記(2)の場合と同様に、先行仮差押えが本執行に移行することにより配当加入遮断効が生じるものと解する。

　また、後行差押債権者と債権譲受人との間の訴訟等で債権譲渡が有効なものとされ、かつ、先行仮差押債権者が本案で敗訴するなどして先行仮差押えが本執行に移行しえないこととなったときは、債権譲受人においてこ

---

[39]　債権執行諸問題256頁。

れを供託所に証明し、供託金の支払を受けることになる。

40) 先行仮差押えが一部差押えで、債権譲渡も一部譲渡である場合は、それぞれの有効・無効の組み合わせにより、若干複雑となる。例えば、債務者の有する100万円の債権につき、先行仮差押えの差押額が80万円、債権譲渡の対象が40万円、後行差押えの差押額が90万円の事例では、①先行仮差押え及び債権譲渡がいずれも有効となれば、債権譲渡の対象となっていない60万円は先行差押えと後行差押えの両差押えの関係で配当原資となり、20万円は先行差押えの関係でのみ配当原資となり、残り20万円は債権譲受人に支払われる。②先行仮差押えが無効で、債権譲渡が有効となれば、40万円は債権譲受人に支払われ、60万円は後行差押えの配当原資となる。③先行仮差押えが有効で、債権譲渡が無効となれば、100万円全額が両差押えの配当原資となる。④先行仮差押え及び債権譲渡がいずれも無効となれば、90万円が後行差押えの配当原資となり、10万円は債務者に還付される。

第11講
債権配当等における運用——最三判平21.7.14を踏まえて

岩田　瑶子

I　問題の所在

　債権差押命令の申立てにおいて、申立債権者が元金及びこれに対する支払済みまでの遅延損害金の支払を内容とする債務名義に基づき、元金とともに遅延損害金を請求債権とした場合、申立書に記載する請求債権中の遅延損害金を申立日までの確定金額とすることを求める取扱い（以下「実務の取扱い」という。）が一般的に行われている。差押えの競合がない限り、第三債務者は、差押債権者の請求債権額の範囲で債権者の取立てに応じなければならない（法155条1項）が、遅延損害金の額が確定していないと、第三債務者が時に複雑となる遅延損害金の計算をしなければ取立てに応ずべき額がわからないという事態が生じてしまう。また、供託する場合（法156条）にも、遅延損害金の計算に過誤があるなどした場合には、供託の効力が争われかねないというリスクが生じ得る。そのため、第三債務者に過度の負担を強いることがないよう、実務の取扱いが行われている。

　しかし、差押命令が競合するなどして配当手続が行われることになった場合、実務の取扱いに従って請求債権中の遅延損害金を差押命令申立日までの確定金額に限った差押債権者が、申立日の翌日以降配当期日までの遅延損害金を配当額の計算の基礎となる債権額に加えることができるかが問題となってきた。東京地方裁判所民事執行センター（以下「民事執行センター」という。）をはじめとする実務の運用は、従来、配当期日までの遅延損害金を加えることを認めない否定説の立場に立っていたが、最三判平成21年7月14日民集63巻6号1227頁において、これを認める肯定説の

立場に立つことが示されたことを契機に、実務の運用が大幅に変更された。現在、元金及びこれに対する支払済みまでの遅延損害金の支払を内容とする債務名義を有する債権者の申立てに係る債権差押命令に基づく差押えが競合するなどして、配当手続が実施されるに至ったときは、特段の事情のない限り、計算書提出の有無を問わず、配当期日までの遅延損害金の額を配当額の計算の基礎となる債権額に加えて計算された金額の配当を受けることができるように配当表が作成されている。

以下、この点に関する債権配当等における運用について検討する。

II 債権差押命令申立時における請求債権中の附帯請求の範囲

1 実務の取扱いの根拠

(1) 法令上の根拠の有無

まず、実務の取扱いが法令上の根拠に基づくものであるか否かを検討するに、債権差押命令申立日の翌日以降の遅延損害金は、申立時点においては履行期が到来していないことから、法30条1項に「請求が確定期限の到来に係る場合においては、強制執行は、その期限の到来後に限り、開始することができる」と規定されていることが根拠になり得るようにも思われる。

しかし、同項は、強制執行は請求が即時履行を求め得る場合に限られるとの当然の前提を明らかにするもので、この要請は遅延損害金等の附帯請求についてまで必要とはいえず、そのように解するのが元本債権が消滅しない限り発生し続けるという附帯請求の性質にもそうとして、元本債権が履行期にあれば履行期未到来の附帯請求についても強制執行を開始し得ると解する[1]のが通説的見解である[2]。

このように、理論上は履行期未到来の附帯請求についても強制執行を開

---

1) 鈴木ほか・注解 (1) 527頁〔町田顕〕。

始することができる、すなわち、債権差押命令申立ての際、申立日の翌日以降の（履行期未到来の）遅延損害金を請求債権に含め得ると解されることから、法令上、請求債権額を申立日までの遅延損害金に制限する根拠はない。広島高岡山支決昭和63年1月14日判時1264号66頁も、この点を指摘した上、附帯請求については履行期未到来のものも含めて強制執行を開始し得ると解するのが執行経済にも資する点、他方、附帯請求を申立日までに限ると、損害金に先んじての元本への充当という不合理な事態や申立日以降の損害金についての再執行申立ての負担を債権者に生ぜしめる点を挙げ、履行期未到来の遅延損害金を請求債権に含めることを肯定し、申立書の請求債権として「支払済みに至るまで」の金額の表示を認めた。

　実際、実務においても、執行裁判所が関与する換価・配当手続が予定されている不動産競売開始決定やその他財産権に対する差押命令については、申立書の請求債権の記載として「支払済みまで」の遅延損害金を認めている。

(2) 第三債務者への配慮

　それでは、実務の取扱いの根拠はどこにあるのだろうか。

　金銭債権に対する強制執行においては、債権者とは何ら法律関係のない第三債務者が手続に関与させられるという特徴があるため、以下のとおり、第三債務者の負担への配慮が求められることにあるといえよう。

　まず、差押債権が給料債権である場合などにおいては、差押債権を具体的な額によって特定することが困難なため、「〇〇円（請求債権額）に満つるまで」という方法により差押債権の特定を行うことがしばしば行われているが、差押債権の特定がこのような方法で行われている場合に、申立日の翌日以降の附帯請求を請求債権に含めて債権差押えがされると、第三債務者は、附帯請求の額を自ら計算しなければ、差押債権の範囲を知ること

---

2) 酒井博行「債権差押命令と配当を受けることができる遅延損害金の範囲」平成21年度重判（ジュリ1398号）147頁（2010年）。

ができない[3]。

　また、差押債権が全額差し押さえられている場合であっても、債権者が取り立てることができるのは、請求債権額に限られているから（法155条1項）、期限未到来の遅延損害金も請求債権に含めて債権差押えがされると、第三債務者は取立てに応じる際に、その日までに発生した遅延損害金の額を計算しなければならなくなる。

　この遅延損害金の計算は、一般的には必ずしも容易なことではなく、第三債務者が計算を間違えて過払いをしてしまう危険がある。特に、給料等の継続的給付に係る金銭債権に対する強制執行（法151条）の場合は、長期化することがあり得るので、このような計算の負担や計算間違いの危険が大きい。さらに、複数の債権差押命令が発せられた場合、差押えの競合として供託義務が生ずる（法156条2項）かどうかの判断を誤る危険もある[4]。

　この点、第三債務者の負担の軽減を図るために、債権者が第三債務者に対して遅延損害金を計算して請求すれば足りるとする見解もあるが、そのような方法が取られたとしても、第三債務者は債権者の計算が正当であるか否かを検算しなければならないから、結局、負担の軽減を図ることになるものではない。また、仮に計算については第三債務者の負担が回避されたとしても、債権者の計算に間違いがあったような場合にそれに従って支払った第三債務者の責任までが当然に回避されるともいえないことからすると、このような見解は採用できない[5]。

　そこで、たまたま執行手続に巻き込まれただけの第三債務者にこのような負担や危険を負わせるべきではないことから、執行実務では、第三債務者の計算上の負担の軽減のため、債権執行においては申立て時までの遅延損害金に限って強制執行を認める取扱い（実務の取扱い）が定着している。

---

[3] 綿引万里子「債権執行において、履行期未到来（強制執行申立て時後）の附帯請求についても強制執行を開始し得るか（積極）」判タ706号285頁（1989年）。
[4] 村上正敏「債権執行の配当段階において債権者が計算書により附帯請求を補充することの可否」判タ1096号192頁（2002年）。
[5] 近藤ほか・基礎と応用290頁〔今井隆一〕。

このような実務の取扱いを肯定する裁判例として、いずれも給料債権を差押債権とするものであるが、福岡高宮崎支決平成8年4月19日判時1609号117頁（①事件）、福岡高決平成9年6月26日判時1609号118頁（②事件）がある（ただし、上記福岡高決平成9年6月26日では、継続的給付にかからない金銭債権の執行については、履行期未到来の遅延損害金債権であっても執行債権に含めるのが合理的であるとも判示している。）。

2　最高裁決定による合理性の肯定

　実務の取扱いの妥当性に関して、前掲最三判平成21年7月14日は次のとおり判示した。「金銭債権に対する強制執行は、本来債務者に弁済すれば足りた第三債務者に対して、差押えによって、債務者への弁済を禁じ、差押債権者への弁済又は供託をする等の義務を課すものであるから（民事執行法145条、147条、155条、156条参照）、手続上、第三債務者の負担にも配慮がされなければならない。債権差押命令の申立書に記載する請求債権中の遅延損害金を申立日までの確定金額とすることを求める本件取扱い（筆者注：本稿でいう「実務の取扱い」のこと。）は、法令上の根拠に基づくものではないが、請求債権の金額を確定することによって、第三債務者自らが請求債権中の遅延損害金の金額を計算しなければ、差押債権者の取立てに応ずべき金額が分からないという事態が生ずることのないようにするための配慮として、合理性を有するものというべきである。」。
　これは、発令時における実務の取扱いを最高裁が明文で承認したものと理解できる。
　したがって、同判決以降も民事執行センターを中心とした執行実務においては、従来どおり、実務の取扱いに従った運用を続けている。

Ⅲ　配当額の計算の基礎となる附帯請求の範囲

　債権差押命令の発令段階では、実務の取扱いに従って、債権者が請求債権中の遅延損害金を債権差押命令申立日までの確定金額としたが、差押え

の競合等により配当手続が実施されるに至った場合、債権計算書（規則145条、60条）で申立日の翌日から配当期日までの遅延損害金を配当額の計算の基礎となる請求債権額に加え得るかが問題となり、従前、これを認める肯定説と認めない否定説との間で争いがあった。

1 否定説

否定説の根拠としては、主に以下のものが挙げられていた[6]。

①配当手続において、附帯請求の拡張を認めることは他の債権者や債務者にとって不意打ちになる[7]。②実務の取扱いに従って、債権差押命令の申立てをした債権者の中で、補充計算書を提出した者と提出しなかった者とで差を設けることは債権者間の公平を害することになる。③取立ての場合と配当の場合とで一貫性、統一性が図られる。

従来の実務の大勢も、否定説の立場に立って運用されていたが、上記のほかに以下のような理由も挙げられていた[8]。④債権配当手続は債権差押命令に記載された請求債権を基礎として実施するのが基本であり、差押えの効力が及ぶ範囲は差押え時の請求債権額の限度であるから、後に請求債権額を拡張したとしても差押え時の請求債権額以上の満足を受けられるわけではない。⑤申立て後に附帯債権の利率変更等もあり得ることになるが、配当の都度そのような審査をするのでは、民事執行法を貫く基本理念である執行事件における形式的・画一的な基準による公平・迅速な処理の要請に反する。⑥拡張部分に関する債務者の執行抗告、配当表の確定時期等に関して、民事執行法が想定していない問題も生じることになる。

そして、配当時の債権計算書において請求債権額の拡張を認めること

---

[6] 志田博文「債権配当において、配当期日までの遅延損害金の額を配当額の計算の基礎となる債権額に加えて計算された金額の配当を受けることができるとされた事例」別冊判タ29号217頁（2010年）。
[7] 戸根住夫「各種の強制執行・担保権実行手続における遅延損害金の請求」小室直人＝中野貞一郎編集代表『抵当権の実行（上）──小野木常・斎藤秀夫先生還暦記念』146頁（有斐閣、1970年）。
[8] 執行実務・債権（下）〔第2版〕119頁。

は、その実益が必ずしも大きくない一方、申立時点での請求債権額に限定して請求債権額の範囲を明確にすることにより、迅速な配当手続に資するので、詰まるところ、債権者にとっても利益となるものであると実務では考えられてきた。

2 肯定説

　これに対し、以下のような理由から肯定説も有力に主張されていた[9]。①遅延損害金を申立日までに限るのは、執行実務に従った技術的なものであり[10]、債権者は附帯請求を確定的に限定する意思とは必ずしも解されず、禁反言の法理に反するものではない。②拡張された配当を受けられないとすると、後行差押債権者の遅延損害金の終期の方が遅くなることから、先行差押債権者が後行差押債権者よりも不利な取扱いを受けることになりかねない。③簡易な手続である取立てが想定されている場面と、厳格な手続である配当の場面とでは、事情が異なるから、後者の場面で拡張された配当を受けることができるとしても、不合理ではない。

　また、規則60条が、「その債権の元本及び配当期日等までの利息その他の附帯の債権の額並びに執行費用の額を記載した計算書」の提出の催告を定めていることも肯定説の根拠となるとされている[11]。

　そして、実務の大勢から挙げられていた上記の否定説の根拠についても、肯定説からは以下のような指摘がされている。

　差押えの効力の範囲（前記1否定説の理由④）については、たしかに差押え時の請求債権に限定され、かつ、現在の実務においては、債権差押命令申立書においては附帯請求の額として申立て時の額が表示されている。しかし、このような表示は、附帯請求の特性に基づく便宜上の措置であり、むしろ元本とともに附帯請求も執行の対象になっているとすれば、債

---

9) 志田・前掲注6)。
10) 新・実務民訴講座(12)222頁、鈴木ほか・注解(4)383頁。
11) 鈴木ほか・注解(1)527頁参照。

権差押命令発令時において既に、配当期日までに生じる附帯請求も潜在的に差押えの対象になっていると解すべきである[12]。

また、民事執行法を貫く基本理念である執行事件における形式的・画一的な基準による公平・迅速な処理の要請に反するとの点（前記1否定説の理由⑤）については、そもそも、配当手続は、配当期日等の指定、債権者等の呼出し、債権計算書提出の催告、配当表の作成等の手続を行わなければならず、また、各債権者の配当の額及び順位につき、配当異議の申出を経て配当異議訴訟による終局的確定が予定されているため、画一的かつ迅速な大量処理の原則は一歩後退している[13]。

さらに、拡張部分に対する不服申立方法（前記1否定説の理由⑥）については、確かに附帯請求の拡張の申立ては、差押命令の申立てではないから、執行抗告をすることはできないが、配当手続において作成された配当表に記載された各債権者の債権又は配当の額について不服がある債務者又は債権者の不服申立手段として、配当異議の申出（法166条2項、89条1項）及び配当異議の訴え（法166条2項、90条）がある。この配当異議の訴えにおいては、実体法上、執行手続上の一切の事由を主張して配当表の取消し、変更を求めることができると解されているので[14]、附帯債権の拡張請求に対しても配当異議の申出、配当異議の訴えによって不服申立てをすることができると解するのが相当である[15]。

---

[12] 石渡哲「債権差押命令の申立書には請求債権中の遅延損害金につき申立日までの確定金額を記載させる執行裁判所の取扱いに従って上記命令の申立てをした債権者が受けることのできる配当額の計算の基礎とすべき債権額」判評621号27頁（2010年）。
[13] 塩崎勤「金銭債権差押競合による供託後の債権計算書による附帯債権請求補充の可否」金法1703号41頁（2004年）。
[14] 鈴木ほか・注解（4）687頁〔渋川満〕。
[15] 塩崎・前掲注13）42頁。

3 裁判例

(1) 下級審裁判例

　上記のとおり、従来の債権執行の実務においては、否定説に基づく運用がほぼ確立した取扱いであったが、これまでの裁判例としては、東京地判平成12年12月27日金法1617号51頁、東京高判平成14年4月30日判時1833号120頁（原審：東京地判平成13年12月17日判タ1106号300頁）など肯定説に立つものが多かった。

　前掲東京地判平成12年12月27日は、①配当期日までの附帯請求について、改めて差押命令を申し立てるのでは回収の実があがらないおそれが大きいこと、②後から債権差押命令の申立てをした者の方が附帯請求の終期が遅くなって不合理であること、③他方、債権計算書による附帯請求の補充を認めても第三債務者の負担が増えるわけではないことを理由として附帯債権の補充を認めている。

　また、前掲東京高判平成14年4月30日は、①実務慣行の成立の背景には、第三債務者に差押命令が送達されてから1週間を経過したときには債権者に取立権が生ずるために早期に取り立てることが可能であることや、差押えが競合しても、第三債務者が速やかに供託した場合には比較的早期に配当が可能であるため、申立て後の附帯債権の額も少額にとどまることが多いことがあるものと考えられるとした上で、配当に至るまでが短期間にとどまらない場合にまで、法が一律に申立時点までの附帯債権のみを基礎として、債権執行の申立てや配当手続の実施を予定していると解することはできないこと、②債権差押えの申立てにおいて附帯債権が請求債権とされ、ただ、その額を申立て時までに限定して確定金額として表示されているという場合には、第三債務者の負担軽減のための実務慣行に従ったものと見られ、債権者が当該附帯債権を確定的に限定する意思とは必ずしも解されず、附帯請求を拡張する合理的理由があることなどを肯定説に立つ理由として挙げている。

　このように、債権計算書により附帯請求の拡張（補充）を認めるかについては、執行実務と裁判部との間で考え方が異なるという事態が生じてい

た。

(2) 最高裁判決

そのような中で、前掲最三判平成21年7月14日（以下「平成21年最判」又は「本判決」という。）は、最高裁として肯定説に立つことを明らかにした。その理由として、同判決は、上記のとおり、発令時における実務の取扱いについて、法令上の根拠に基づくものではないが、第三債務者に対する配慮として合理性を有するものというべきであるとした上で、以下のとおり述べている。

「元金及びこれに対する支払済みまでの遅延損害金の支払を内容とする債務名義を有する債権者は、本来、請求債権中の遅延損害金を元金の支払済みまでとする債権差押命令の発令を求めることができ、差押えが競合するなどして、配当手続が実施されるに至ったときには、計算書提出の有無を問わず、債務名義の金額に基づいて、配当期日までの遅延損害金の額を配当額の計算の基礎となる債権額に加えて計算された金額の配当（以下「債務名義の金額に基づく配当」という。）を受けることができるのであるから（民事執行法166条2項、85条1項、2項）、実務の取扱いに従って債権差押命令の申立てをした債権者は、第三債務者の負担について上記のような配慮（著者注：第三債務者自らが請求債権中の遅延損害金の金額を計算しなければ、差押債権者の取立てに応ずべき金額が分からないという事態が生ずることのないようにするための配慮）をする限度で、請求債権中の遅延損害金を申立日までの確定金額とすることを受け入れたものと解される。

そうすると、実務の取扱いに従って債権差押命令の申立てをした債権者であっても、差押えが競合したために第三債務者が差押債権の全額に相当する金銭を供託し（同法156条2項）、供託金について配当手続が実施される場合（同法166条1項1号）には、もはや第三債務者の負担に配慮する必要はないのであるから、通常は、債務名義の金額に基づく配当を求める意思を有していると解するのが相当である。

したがって、実務の取扱いに従って債権差押命令の申立てをした債権者については、計算書で請求債権中の遅延損害金を申立日までの確定金額と

して配当を受けることを求める意思を明らかにしたなどの特段の事情のない限り、配当手続において、債務名義の金額に基づく配当を求める意思を有するものとして取り扱われるべきであり、計算書提出の有無を問わず、債務名義の金額に基づく配当を受けることができるというべきである。」

本判決は、理論的整合性、債権者間の公平性、申立人の合理的意思及び迅速処理の要請等を総合考慮した上で、従来の執行実務の大勢とは異なり、肯定説を採ることを明らかにして、執行部の運用と裁判部の判断との間の乖離を解消したものといわれている[16]。

Ⅳ 実務の取扱い等とその根拠

1 平成21年最判の射程

(1) 射程の捉え方

本判決は、債権差押命令の配当段階における従来の執行実務の運用について大幅な見直しを迫る内容となっていたため、その射程や具体的なあてはめのあり方が大いに問題となった。

本判決の基礎には、執行手続は可能な限りその利用者の意思に沿って実施されるべきであるという思想、及び、執行手続は実体権を実現することを目的としているという認識があると解した上、後者を敷衍すれば、実体法上元金及び支払済みまでの遅延損害金債権を有する債権者には、執行手続によって支払済みまでの遅延損害金に応じた満足を得られることが保障されていなければならないということになるとして、担保権実行手続等も同判決の射程内と考えるべきであるという見解も主張されている[17]。

また、同判決の背景には、執行手続の合理的な運用を担保する限度を超えて手続的な専門性の故に実体法の要請が犠牲にされてはならないという問題提起があるはずであるとして、本判決の射程をいかに限定的に捉える

---

[16] 絹川泰毅・最判解民事篇平成21年度（下）556頁。
[17] 石渡・前掲注12）191頁。

かといった視点ではなく、その射程をどこまで敷衍しうるかといった視点が望まれているとする見解もある[18]。

(2) 実務における解釈

しかし、民事執行センターにおいては[19]、債権者の権利を適切に実現するため、関係者の利害を調整しつつ、公平かつ迅速に配当手続を行うという要請から、一定の時点で請求債権額を固定してとらえることもやむを得ないといった民事執行における手続的制約が存在することも十分意識する必要があるとの立場から、以下のとおり、①「元金及びこれに対する支払済みまでの遅延損害金の支払を内容とする債務名義を有する債権者」の申立てに係る債権差押命令に基づく②「差押えが競合するなどして、配当手続が実施される至ったとき」についてのみ、本判決の射程が及ぶと考えている。すなわち、①の要件からすると、債務名義によらない担保権実行の場合は除かれ、②の要件に照らすと、差押えが競合するなどしていない弁済金交付手続の場合は含まれないことになる[20]。以下、詳しく検討する。

2　実務における運用

(1)　配当額の計算の基礎となる債権額

まず、前提として確認しておきたいのが、平成 21 年最判は、「債務名

---

[18] 滝澤孝臣「債権差押命令の申立書に請求債権中の遅延損害金につき執行裁判所の取扱いに従い申立日までの確定金額を記載して当該申立てをした債権者は配当手続が実施される場合において申立日の翌日から配当期日までの遅延損害金の額を請求債権の額に加えて配当を受けることができるか（積極）」金判 1335 号 15 頁（2010 年）。

[19] 民事執行センターの本判決後の取扱いについては、東京地方裁判所民事執行センター「さんまエクスプレス第 53 回　債権配当における運用の変更等について――最三小判平 21.7.14 を踏まえて」金法 1883 号 34 頁（2009 年）を参照。

[20] これに対し、大阪地方裁判所においては、平成 21 年最判の趣旨は、「債権の担保権実行事件」や「弁済金交付手続」にも及ぶものと考えているようである（渡邉健司「大阪地裁(本庁)における民事執行事件の概況」民情 280 号 28 頁以下（2010年））。

義の金額に基づいて、配当期日までの遅延損害金の額を配当額の計算の基礎となる債権額に加えて計算された金額の配当を受けることができる」としており、「配当額の計算の基礎となる債権額」の拡張を認めたものであるから、債権差押命令自体の請求債権額や差押債権額が拡張される訳ではないということである。

すなわち、配当期日までの遅延損害金の額を配当額の計算の基礎となる債権額に加えて配当額を計算しても、配当金の充当を受けるべき債権は、あくまでも当初差押えに当たって明示された債権である。この実質的な理由は、以下のとおりである。

債権差押命令において遅延損害金の始期と終期を特定し、請求債権をその期間の確定金額として記載することは、第三債務者に対し、取立てに応ずべき金額を明示するのみならず、債務者に対し、差押えの根拠となった請求債権の範囲を明示するという機能を有しているはずである[21]。配当金の充当の場面で請求債権額を拡張してしまうと、明示された請求債権額を超えた債権に充当がされることになり、債務者の予測可能性を害することになる。他方、「配当額の計算の基礎となる債権額」の拡張は、いわば「限られたパイの奪い合い」という、競合する債権者間の問題であり、これを拡張しても債務者の予測可能性を害することはない。

本判決は、このような観点から、あくまで「配当額の計算の基礎となる債権額」のみの拡張を認めたものと解釈できる。

したがって、配当金は、債権差押命令の請求債権目録に明示された元金及び確定金額として示された附帯請求に充当されることになる[22]。

(2) 本判決の射程外の事案

ア 担保権実行に基づく債権差押命令を申し立てた債権者による場合

平成21年最判は、「元金及びこれに対する支払済みまでの遅延損害金の支払を内容とする『債務名義』を有する債権者」の申立てに係る債権差

---

[21] 塩崎・前掲注13) 38〜39頁。
[22] 執行実務・債権（下）133頁。

押命令における配当手続であることを前提としているものと解されるので、「担保権実行」による債権差押命令を申し立てた債権者に対する配当手続については本判決は判断の対象としていないといえる。

本判決の判断の背後には、自らの金銭債権について、債務名義という形でその内容を確定し、それに基づく債権差押命令という手続を経た債権者に限って、その債務名義の金額に基づく配当を受けることができるように取り扱うべきであるという考え方があるように思われる。

そうすると、「担保権実行」の場合には、本判決の射程は及ばないと解するべきである。

この点は、司法審査等を経た債務名義に基づくものとそうではない担保権実行に基づくものとを基本的に切り分けて、類似点に着目しつつ、必要に応じて準用するという民事執行法上の立場とも整合するものと考えられる。また、実際上、債権者の競合自体が少なく、通常優劣関係が明確な、債権に対する担保権の実行においては、現実に附帯請求の拡張が問題となることもまれであると思われる。

イ　弁済金交付の手続の場合

また、本判決は、「差押えが競合するなどして、配当手続が実施されるに至ったとき」と判示していることから、「配当手続」を前提としているものと解される。したがって、「弁済金交付」の手続の場合についても、本判決は、判断の対象としていないと考えられる。

実質的にみても、射程外とすることによる不都合は生じない。すなわち、債権執行においては、実務上、超過差押えの禁止（法146条2項）の趣旨を尊重して、差押債権の額を請求債権額及び執行費用額の合計を限度として申し立てられることが多い[23]。上記のとおり、本判決も、「債務名義の金額に基づく配当」とは、「債務名義の金額に基づいて、配当期日までの遅延損害金の額を配当額の計算の基礎となる債権額に加えて計算された金額の配当」を意味し、債権者はそれ「を受けることができる」と述べており、差押債権額については、配当期日までの遅延損害金の額を債権差

---

[23]　執行実務・債権（上）144頁。

押命令に記載された請求債権額に加えた額に拡張されないことを前提としているものと解される。そうすると、債権差押命令申立日の翌日から弁済金交付日までの利息・遅延損害金の額を計算し、これを交付される弁済金の額の計算の基礎となる債権額に加えたとしても、債権差押命令申立書において請求した申立日までの確定金額として計算された請求債権を限度とする差押債権の額は変わらないのであるから、債権者に実際に交付される弁済金の額に変化はなく、債権差押命令申立日の翌日から弁済金交付日までの利息・遅延損害金の額を計算する実益がない。

これは、事情届が提出された時点では債権者が競合し、配当手続が予定されていたが、配当期日までの間に債権差押命令の取下げ等があって、結果的に弁済金交付になったような場合でも同様である。このような場合、差押債権額を超える金額が供託されるときがあり、債権差押命令申立日の翌日から弁済金交付日までの利息・遅延損害金の額を計算する実益がありそうにもみえる。しかし、たとえ差押債権額を超える金額が供託されていたとしても、既に述べたとおり、それにより差押債権額が拡張されるわけではないので、結局、同様に実益がないことに帰するからである。

(3) 本判決の射程内であっても例外とされる事案

前記のとおり、本判決は、債権者が「計算書で請求債権中の遅延損害金を申立日までの確定金額として配当を受けることを求める意思を明らかにしたなどの特段の事情」があれば、配当手続において、債務名義の金額に基づく配当を求める意思を有するものとして取り扱われないことを説示している。

このような特段の事情が認められる場合について、民事執行センターでは、以下のように考えている。

ア 申立日までの確定金額として配当を受けることを求める意思

まず、本判決に明示されているような請求債権中の遅延損害金を申立日までの確定金額として配当を受けることを求める意思を明らかにしているかどうかを確認する必要があるため、民事執行センターにおいては、計算書に「□ 配当期日までの利息・損害金は債権額に加えない」という項目

を設け、債権者がチェックを付けられるようにしている。

　この項目にチェックが付けられている場合には、上記のような意思が明らかにされているとして、本判決の例外として扱っている。裏を返せば、この欄にチェックがされていない限り、計算書に申立日以降配当期日までの遅延損害金が記載されていなくても、これを加えた額を配当の計算の基礎となる金額として配当額を算定している。

　　イ　競合している請求債権がいわゆる過払金返還請求権であり、共通の債務者の預貯金債権を差し押さえた場合

　次に、競合している請求債権のすべてがいわゆる過払金返還請求権であり、共通の債務者の預貯金債権を差し押さえた場合にも、以下のような理由から、特段の事情があると解している。

　すなわち、この場合には多数の債権者が競合する事例が多く、すべての請求債権について、配当期日までの利息を裁判所で改めて計算するとなると、多大な時間を要し、配当が行われるまでに長期間を要するおそれがある。また、すべての請求債権について、配当期日までの利息を計算して、これを配当額の計算の基礎となる債権額に加えて配当額を計算したとしても、すべての請求債権の利率は年5分で等しく、結局すべての債権者について、配当額の計算の基礎となる請求債権額が確定利息等の部分を除き、等しい割合で増加するにすぎず、配当額は債権差押命令申立書において請求した期間の末日までの確定金額で計算した場合とほとんど変わらない結果になるのであって、多大な時間をかけて計算をする実益に極めて乏しい。

　そうすると、競合している請求債権のすべてがいわゆる過払金返還請求権であり、共通の債務者の預貯金債権を差し押さえた場合、各債権者の意思は、結論として配当額が変わらないのであれば、早期に配当金を受領したいというものであるのが通常というべきであり、類型的に、債権者の「請求債権中の利息を債権差押命令申立日までの確定金額として配当を受けることを求める意思（意思表示としての意思ではなく、特段の事情としての意思）」と同様の事情が定型的に認められるというべきである。

　なお、競合する債権者の一部が、債権計算書において、債権差押命令申

立書において請求した期間の末日の翌日から配当期日までの利息を計算してきたとしても、当該債権者について、当該利息を加えた金額を配当額の計算の基礎となる債権額に加えるのであれば、他の債権者も、同様に当該利息を加えた金額を配当額の計算の基礎となる金額としたいと考えるであろうから、結局、競合する債権者全員について、当該利息を加えた金額を配当額の計算の基礎となる債権額とすることになってしまう。それゆえ、このような個別債権者の対応は、前記事情を覆すものとはならないとみるべきである。

(4) 現在の運用

以上のとおり、民事執行センターにおいては、①「元金及びこれに対する支払済みまでの遅延損害金の支払を内容とする債務名義を有する債権者」の申立てに係る債権差押命令に基づく②「差押えが競合するなどして、配当手続が実施される至ったとき」についてのみ、本判決の射程が及ぶと考えている。

そして、本判決の射程が及ぶこのような事案については、従来の債権配当手続の運用を変更し、「計算書提出の有無を問わず[24]、債務名義の金額に基づいて、配当期日までの遅延損害金の額を配当額の計算の基礎となる債権額に加えて計算された金額の配当を受けることができる」ように、配当表を作成している。

なお、前記Ⅳ2(1)のとおり、配当の充当を受けるべき債権は、あくまでも当初差押えに当たって明示された請求債権に限られる。

---

[24] 計算書の提出の有無を問わずに附帯請求の拡張を認めることに対して批判的な見解もある（塩崎・前掲注13) 43頁、石渡・前掲注12) 28頁）。

V 付随的問題

1 仮差押債権者や配当要求債権者の附帯請求の拡張の可否

債権差押命令に基づく配当手続において、配当受領資格者は差押債権者に限られるものではなく、仮差押債権者や配当要求債権者も配当を受けることができる（法165条）。そこで、これら差押債権者以外の者についても、配当期日までの附帯請求を請求債権額に加えた額を配当の計算の基礎となる金額とした配当を受けることができるのかが問題となる。

(1) 仮差押債権者の附帯請求の拡張の可否

平成21年最判の判断は、「元金及びこれに対する支払済みまでの遅延損害金の支払を内容とする『債務名義』を有する債権者」の申立てに係る債権差押命令における配当手続であることを前提としているものと解される。

そうすると、仮差押債権者は、「『債務名義』を有する債権者」ではないから、遅延損害金の拡張を認めることはできないといえよう。

既にⅣ2(2)アで述べたとおり、本判決の上記のような判断の背後には、自らの金銭債権について、『債務名義』という形でその内容を確定し、それに基づく債権差押命令という手続を経た債権者に限って、その債務名義の金額に基づく配当を受けることができるように取り扱うべきであるという考え方があるように思われる。

これに対し、仮差押手続は、債務者の財産を保全し、債務名義を取得しなくとも配当に加入し得るようにするために、被保全権利たる請求債権の範囲内で枠を確保しておくものにすぎない。そうすると、債務名義を取得した上で本差押えをした債権者と、取扱いに差が生じることはやむを得ないといえる。

仮差押債権者が配当期日までの遅延損害金を加えて計算された金額の配当を受けるためには、配当加入遮断効が生じるまでに（法165条各号）、

本差押えをする必要があるというべきである。

(2) 配当要求債権者の附帯請求の拡張の可否

本判決は、「本件取扱いに従って『債権差押命令の申立てをした債権者』については……債務名義の金額に基づく配当を受けることができる」と判示しているから、債権差押命令の申立てをしていない配当要求債権者は、本判決の射程外であると解される。

実質的にみても、配当要求債権者は、債務名義を有しているものの、あくまで他人の差押手続に便乗して配当を受ける立場にあるものであり、自ら債権差押命令の申立てをした債権者とは異なる取扱いを受けてもやむを得ないと思われる。民事執行法も差押えと配当要求について区別した取扱いをしていること（法149条参照）とも整合的であるといえよう。

したがって、配当要求債権者が元金及びこれに対する支払済みまでの遅延損害金の支払を内容とする債務名義を有する債権者であったとしても、「配当期日までの遅延損害金の額を配当額の計算の基礎となる債権額に加えて計算」することは相当でないと思われる。

2 譲渡命令の発令時における附帯請求の拡張の可否

これまでの議論は、金銭債権の差押命令に限ったものであったが、金銭債権ではないその他の財産権の差押命令においても、請求債権中の附帯請求の金額を申立日までの確定金額に限って申し立てた場合に、その後の譲渡命令（法167条1項、161条1項）において、請求債権に譲渡命令の日までの附帯請求を加えることができるかが問題となり得る。

債権差押命令において、請求債権を確定金額として記載することは、債務者に対して、差押えの根拠となった請求債権の範囲を明示するという機能をも有しているという点は、その他の財産権の差押命令の申立てにあたって、請求債権のうち遅延損害金を申立日までの確定金額として申し立てた場合にもあてはまるから、このような場合には、譲渡命令の場面で遅延損害金の終期を譲渡命令の日までに拡張することはできないと解するの

が相当である。

　また、民事執行センターでは、その他の財産権の差押えについては、取立てのできる金銭債権の差押えと異なり、差押え後に裁判所が関与する換価手続（法167条1項、166条1項）が控えていることから、第三債務者の計算の負担等に対する配慮の必要がないため、遅延損害金の終期を申立日までの確定金額とするという取扱いの対象外としており、受付でそのような指導もしていない。このことを前提とすると、差押命令申立て時において、債権者が自ら遅延損害金を確定金額として申立てをした以上、譲渡命令において、遅延損害金の終期を譲渡命令の日までに拡張することができなくてもやむを得ないといえよう。

第12講
仮差押えと本案の債務名義を巡る諸問題──①仮差押えの本執行移行に関する問題、②仮差押えによる留保解消文書に関する問題　　岩田　瑤子

I　はじめに

　金銭の支払を目的とする債権を有する債権者は、債務者から任意の支払を受けられない場合に、その債権を回収するためには、強制執行の手続によらなければならない。
　ところが、強制執行を行うためには、訴訟を提起して勝訴判決を得るなどして債務名義を取得しなければならず、債権者は、債務者から任意の支払を受けられないからといって直ちに強制執行を行うことができるものではないことから、強制執行を行うまでの間に債務者の財産が散逸するおそれもある。
　そこで、民事保全法は、債権者が、「民事訴訟の本案の権利の実現を保全するため」（民保1条）、債務名義を取得する前において、仮差押えをすることを認めている。
　そして、仮差押えの執行をした債権者は、その後、債務名義を取得してから、強制執行（これを「本執行」という。）を行うことになるが、この本執行において仮差押えの執行の効力をどのように扱うか、どのような場合に本執行と認められるかについては、法に特段の定めはなく、解釈によることになる。
　なお、仮差押えの本執行か否かが問題となる場面は、不動産や動産などを対象とする執行手続でもみられるが、本講においては、債権に対する仮差押えの本執行移行を念頭において論じることとしたい。

Ⅱ 本執行移行の手続概要

1 本執行移行の意味

　実務では、仮差押えの効力が本執行に引き継がれることを本執行移行と呼んでいるが、債権に対する執行における本執行移行については、次の3つの事象があげられる[1]。

① 　債権に対する仮差押えの執行をした債権者が、債務名義を取得した後、当該仮差押債権に対する本執行をした場合、当該仮差押えと本執行とは競合関係に立たない。したがって、第三債務者は供託義務（法156条2項）を負わず、債権者は、第三債務者から直接取り立てることができる（法155条）。

② 　仮差押えに対し、債務者が仮差押解放金を供託した場合、仮差押えの執行は取り消され（民保51条1項）、仮差押命令の効力は、供託された仮差押解放金に移行する。債務者は仮差押解放金に対して取戻請求権を有するが、その供託金取戻請求権について、当該仮差押債権者が本執行をした場合には、当該仮差押債権者は、差押命令の取立権に基づいて供託金の払渡請求をすることができる。

③ 　仮差押命令の送達を受けた第三債務者は、仮差押額に相当する金銭を供託することができ（民保50条5項、法156条1項）、そのうち民事保全法22条1項の規定により仮差押命令に記載された金額（仮差押解放金額）に相当する部分は、債務者が仮差押解放金額に相当する金銭を供託したものとみなされ（民保50条3項。これを「みなし解放金」という。）、仮差押命令の効力は、供託されたみなし解放金に移行する。債務者は、みなし解放金に対して還付請求権を有するが、この供託金還付請求権について、当該仮差押債権者が債権執行をした場合には、前記供託は純然たる法156条1項による供託に転化し、執行裁判所の配当等が

---

1) 執行実務・債権（上）278頁〜279頁参照。

実施される[2)]。

これらの事象の他に、本執行移行が認められるか否かで決定的に結論が異なってしまうのが、仮差押え後に債務者が仮差押債権を第三者に譲渡してしまったような場合である。このような場合、債権差押命令の申立てが本執行移行であると認められれば、仮差押えの処分禁止効により、第三者への譲渡は無視されるから、債務者の責任財産であるとして差し押さえることができるが、仮差押えの本執行移行であると認められなければ、もはや債務者の責任財産ではないことから、執行できないことになる。

2　本執行移行文言

上記のように、本執行移行か否かで第三債務者や執行裁判所の対応は異なってくることから、第三債務者の便宜のため、仮差押債権者が申し立てた債権執行を、執行裁判所が仮差押えからの本執行移行であると認めた場合には、その差押命令に「本件は東京地方裁判所平成○○年（ヨ）第○○○号債権仮差押命令申立事件からの本執行移行である。」などと付記している[3)]。なお、仮差押債権額よりも本差押債権額の方が大きい場合は、差押債権目録に「本件のうち、○○円については、○○。」などと記載することが多い。

これは、仮差押えにおける当事者や執行対象物と差押命令におけるそれらとが異なっていたり、仮差押命令の被保全権利の記載と差押命令の請求債権のそれとの間に厳密には一致しない点があることなどから、必ずしも本執行移行か否かが明確でない場合があるため、取立てに応じなければな

---

2)　みなし解放金の払渡しは、執行裁判所による配当等の実施としての支払委託に基づいてなされるため（平成2年11月13日付法務省民四第5002号民事局長通達第2、3、(1)、ウ、(イ)）、本執行移行であっても、債権者が直接取り立てることはできない。

3)　もっとも、みなし解放金については、仮差押えの本執行としての差押えであることが明らかな場合には、供託官は事情届をすることを要しないとされているので（昭和57年4月13日付法務省民四第2591号民事局第四課長回答）、配当等の契機を確保するため、あえて差押命令に本執行移行である旨を明記せず形式的に競合させる取扱いをする場合もある。

らない第三債務者に対して本執行移行であることを明らかにするという意味がある。

債権者としては本執行移行を意図していたとしても、差押命令申立て時に本執行移行の主張をせず、本執行移行文言が付記されなかった場合には、第三債務者は本執行移行か否かを判断することができずに、仮差押えと差押えが競合していると考えて供託する（民保50条5項、法156条2項）こともあるため、その際は、執行裁判所の配当等の手続を経ることになり、取立権の行使よりも債権回収に時間を要することになる。したがって、本執行移行文言の付記は、債権者の迅速な債権回収に資するともいえよう。

なお、東京地方裁判所民事執行センター（以下「民事執行センター」という。）においては、差押命令発令時に本執行移行文言を付する場合には、仮差押えにおける請求債権等との同一性（後記Ⅲ参照）を判断するために仮差押命令正本（写し）の提出を、仮差押えの執行を確認するために仮差押命令の第三債務者に対する送達証明書又は仮差押命令申立事件における第三債務者の陳述書（写し）の提出をそれぞれ求めている。また、差押債権目録に仮差押命令の送達日を記載するときは、その送達日がわかるよう、仮差押命令の第三債務者に対する送達証明書の提出を求めている。

Ⅲ 本執行移行の要件

仮差押えの本執行移行としての差押えであると認められるためには、①当事者の同一性、②請求債権の同一性、③執行対象物の同一性が必要と解されている[4]。

1 当事者の同一性

まず、仮差押命令と差押命令とで、その当事者である債権者及び債務者

---

[4] 田中・民執解説349頁、執行実務・債権（上）280頁。

がそれぞれ同一でなければならない。転居、商号変更などにより、仮差押命令と債務名義とで当事者の表示が一致しない場合には、債権者は、執行裁判所に対し、住民票、商業登記事項証明書などを提出して、当事者の同一性を証明する必要がある。

　また、相続や合併によって一般承継があり、仮差押命令と債務名義とで当事者の表示が異なる場合にも、これを証するため、戸籍謄本や商業登記事項証明書などを執行裁判所に提出しなければならない。

　仮差押債権者につき特定承継が生じた場合には、仮差押命令の承継執行文が付与されていれば[5]、当該承継人を債権者とする債権執行をもって本執行として扱われる[6]。

2　執行対象物の同一性

　仮差押命令と差押命令とで、その執行対象物が同一でなければならない。もっとも、前述Ⅱ1のとおり、仮差押えの対象が不動産や動産であっても、仮差押解放金（民保22条1項）に転化した場合には、供託金取戻請求権に仮差押えの効力が及ぶし、仮差押えにおいて第三債務者が供託した場合にも、みなし解放金（民保50条3項）の供託金還付請求権に仮差押えの効力が及ぶから、これら供託金取戻請求権や還付請求権の差押えが本執行として認められる。

---

[5]　債権譲渡などの特定承継では、一般承継の場合と異なり、直ちに仮差押債権者としての「地位」は承継しないと考えられるが、仮差押決定に承継執行文が付与された場合には、地位の承継があったものと認められる。もっとも、保全執行終了後に債権者に承継が生じた場合に承継人が仮差押えの効果を主張するためには、承継執行文の付与を要しないという考え方もある。

[6]　執行実務・債権（上）280頁。

3 請求債権の同一性

(1) 同一性の判断

　仮差押命令の被保全権利と、差押命令の請求債権との間に同一性が認められる必要がある。しかし、保全命令の申立ては緊急を要し、十分な法的構成や証拠資料を検討する時間的余裕がない中で行われることや、その後の事情の変化にともなって、本案では別の権利を主張しなければならないこともあるから、厳密な意味での同一性は認められないことも多い。そこで、どのような場合に、この請求債権の同一性が認められるかが問題となる。この点が本執行移行を考える上で最も難しい問題である。

　なお、請求債権の同一性の問題は、保全命令により保全される権利の範囲の問題ととらえることができ、これは、本執行移行の場面だけでなく、本案訴訟不提起による保全命令の取消し、事情変更による保全命令の取消しにおける本案での債権者の敗訴、担保取消しにおける本案での債権者の勝訴など、様々な場面で問題となるものである。

(2) 学説の状況

　学説においては、権利としての同一性を厳格に要求する見解[7]（以下「権利同一説」という。）と、権利としての同一性がなくても請求の基礎の同一性が認められれば足りるとする見解[8]（以下「請求の基礎同一説」という。）とがあるが、請求の基礎同一説が通説とされている。

　権利同一説は、①民事訴訟法143条の請求の基礎の同一性は訴えの変更の許否の基準にすぎず、それから実体的意義を導き出すことは許されな

---

[7] 権利同一説に立つものとして、民事訴訟法研究（2）40頁以下、菊井維大「仮処分と本案訴訟」民事訴訟法学会編『民事訴訟法講座（4）』1239頁以下（有斐閣、1955年）がある。

[8] 請求の基礎同一説に立つものとして、柳川真佐夫『保全訴訟〔補訂版〕』414頁以下（判例タイムズ社、1976年）、奈良次郎「仮差押の被保全債権と請求の基礎」兼子一編『実例法学全集 民事訴訟法（下）』236頁（青林書院新社、1965年）、吉川大二郎『判例保全処分』521頁（法律文化社、1959年）、西山俊彦『保全処分概論〔新版〕』205頁以下（一粒社、1988年）、鈴木正裕「被保全権利と本案の同一性」民事保全講座（1）370頁以下などがある。

いこと、②仮処分の付随性からいって、被保全権利と同一の請求が本案訴訟において審理に服することが必要であること、③保全処分の際に何らの認定も経ていない請求のために既存の保全処分を流用することになり不当であること、④仮処分は本執行の要件のそろわない段階で債権者の一方的利益のために許されるという本来的に債権者の優越的地位を容認する関係で、仮処分の維持流用の要件を厳格に解さないと債務者に対し不公平になることなどを根拠とする。

　これに対し、請求の基礎同一説は、①「請求の基礎」という概念が訴えの変更の許否の基準とされたのは、訴訟経済と被告の保護との調和を図るためであり、この趣旨は保全処分における被保全権利と本案の訴訟物たる権利との同一性の限界を定める上でも参酌してもよいこと、②保全命令の申立てが緊急を要し、被保全権利についての本案訴訟を見通した上での確定的な態度をとるだけの時間的余裕がないまま行われることが多いという実情や、訴え提起後も諸種の事情により、訴えの変更の必要に迫られる場合もあることからすると、本案訴訟の訴訟物を厳密に被保全権利に一致させるよう要求することは債権者に困難を強いることになり、債権者を保護しようとする民事保全の制度の目的を失わせてしまうこと、③仮に保全訴訟の審理が本案の審理と並行するならば、被保全権利と本案の訴訟物の間に請求の基礎の同一性があれば、両者を一致させることが可能であることなどを根拠とする。

　保全処分の緊急性、暫定性からすると被保全権利と本案の訴訟物の厳密な一致を求めることは、債権者にとって酷な結果となるおそれがあることから、上記のとおり、請求の基礎同一説が通説的見解であるとされている。もっとも、権利同一説が指摘するように、あくまで「請求の基礎の同一性」という概念は訴えの変更が許される基準を示したものにすぎないから、訴えの変更とは場面の異なる保全処分の被保全権利と本案の訴訟物たる権利の同一性が問題となる局面において、必ずしも、その概念だけで、妥当な処理が可能になるとは限らないとの指摘がされている[9]。そこで、近時は、より実質的な考慮が必要であるとして、請求の基礎の同一性という概念を基本としつつ、これに制限を加えたり、補充的な判断要素を付加

する見解が主張されている[10]。

(3) 最高裁判例の状況

ア　最一判昭和 26 年 10 月 18 日民集 5 巻 11 号 600 頁

土地建物の売主が、第三者に対して当該土地建物を贈与し、所有権移転登記も経由させたことから、その買主が、売主に対し、所有権に基づく当該土地建物の引渡請求権及び所有権移転登記の抹消登記手続請求権を被保全権利として処分禁止仮処分を申し立て、当該仮処分命令が出された後、売主は、起訴命令を申し立てた。買主は、起訴命令に従い、売主から第三者に対する当該土地建物の贈与は詐害行為であるとして、詐害行為取消しの訴えを提起したが、これが本案の訴えに該当するかが問題となった。

最高裁は、仮処分の被保全権利と起訴命令に基づく本案訴訟における請求権との間に「請求の基礎において同一性があるとした原判決の判断は是認するに足りる」と判断して本案の訴えに当たるとした。

この最判昭和 26 年は、最高裁が請求の基礎同一説を支持することを表明した判例として位置付けられている[11]。

イ　最一判昭和 59 年 9 月 20 日民集 38 巻 9 号 1073 頁

売買に基づく所有権移転登記手続請求権を被保全権利とする処分禁止の仮処分決定が出されたが、本案訴訟においては上記売買による所有権の取得が否定され取得時効による所有権が認められた事案について、上記仮処分決定は、上記取得時効の完成時以降は取得時効に基づく所有権移転登記

---

9) なお、請求の基礎同一説における「請求の基礎の同一性」と本来の訴えの変更の許否の基準であるそれとは厳密には異なる概念であることを指摘した上で、請求の基礎同一説は単に厳格な一致を求めないという結論を導く基準にすぎないとの指摘がされている（小原将照「仮差押命令により保全される債権の範囲」法学研究 86 巻 2 号 100 頁（2013 年））。

10) 原井龍一郎＝河合伸一編著『実務民事保全法〔3 訂版〕』495 頁（商事法務、2011 年）、加藤新太郎＝山本和彦『裁判例コンメンタール民事保全法』343 頁（注 12）（立花書房、2012 年）、酒井一「仮差押え命令により保全される債権の範囲」民商 147 巻 1 号 89 頁（2012 年）、瀬木比呂志監修『エッセンシャル・コンメンタール民事保全法』291 頁（判例タイムズ社、2008 年）。

11) 我妻栄編集代表＝中田淳一ほか『保全判例百選』134 頁（有斐閣、1969 年）〔菊井維大〕。

手続請求権を被保全権利とする効力を有すると判断した。

この判断は、仮処分の被保全権利について、請求の基礎同一説的な考え方に立っていると理解されている[12]。

ウ　最二決平成16年7月9日公刊物未登載[13]

無権代理人に対する履行請求権を被保全債権として不動産の仮差押えがされた後で、本案訴訟において、無権代理人ではなく契約当事者としての貸金返還債務の履行請求が認められた事案において、仮差押債務者が事情変更を理由とする仮差押命令の取消しの申立てをした。これに対し、本案訴訟で仮差押えの被保全債権と請求の基礎が同一である権利の存在が認められているから事情変更に当たらないとした原審の判断に対する許可抗告について、最高裁は、「原審の判断は、正当として是認することができる」として、これを棄却した。

エ　最一決平成24年2月23日民集66巻3号1163頁

仮差押命令に表示された被保全権利とは異なる債権についての債務名義を取得した債権者Xが、仮差押命令の債権者としての地位に基づき配当異議の訴えを提起し、その訴えの利益の有無が争点となった事案である。

債権者Xは、被保全権利の内容を、債務者であるAらが根抵当権の設定された建物を取り壊すことにより、Xの同根抵当権を侵害したことに起因して、XがAらに対して有する、共同不法行為に基づく損害賠償請求債権とする債権仮差押命令の申立てを行い、仮差押命令が発令された。

その後、Xは、Aに対し、主位的に、Xから貸付けを受けていたAらが債権者に無断で上記建物を取り壊して上記根抵当権を侵害し、同貸付けに係る貸金債権の回収が困難になったなどとして、不法行為に基づき損害賠償等の支払を求め、予備的に、同貸金債権に基づき貸金等の支払を求める本案訴訟を提起した。これに対し、主位的請求を棄却し、予備的請求を認容する判決が確定していたところ、Xは、上記仮差押命令に係る仮差押債

12)　清水利亮・最判解民事篇昭和59年度383頁。
13)　福田剛久＝佐藤裕義「許可抗告事件の実情——平成16年度」判時1902号16頁（2005年）。

Ⅲ　本執行移行の要件　179

権について他の債権者が申し立てた強制執行手続の配当期日において、仮差押命令の債権者としての地位に基づき異議の申出をした上、配当異議の訴えを提起した。

最高裁は、「保全命令は、一定の権利関係を保全するため、緊急かつ必要の限度において発令されるものであって、これによって保全される一定の権利関係を疎明する資料についても制約があることなどを考慮すると、仮差押命令は、当該命令に表示された被保全債権と異なる債権についても、これが上記被保全債権と請求の基礎を同一にするものであれば、その実現を保全する効力を有するものと解するのが相当である」として保全命令一般についての解釈を示した上、「債務者に対する債務名義を取得した仮差押債権者は、債務名義に表示された金銭債権が仮差押命令の被保全債権と異なる場合であっても、上記の金銭債権が上記の被保全債権と請求の基礎を同一にするものであるときは、仮差押命令の目的財産につき他の債権者が申し立てた強制執行手続において、仮差押債権者として配当を受領し得る地位を有しているということができる」と判示し、仮差押命令について請求の基礎同一説に立つことを明示した。

そして、「本件仮差押命令の被保全債権である本件損害賠償債権は、債務者であるAが債権者であるXに無断で担保物件を取り壊したことにより、本件賃金債権の回収が困難になり、本件貸金債権相当額を含む損害を被ったことを理由とするものであるから、本件貸金債権の発生原因事実は、本件損害賠償債権の発生原因事実に包含されていることが明らかである。そうすると、本件貸金債権に基づく請求は、本件損害賠償債権に基づく請求と、請求の基礎を同一にするものというべきである」として、Xは、仮差押命令の債権者としての地位に基づき配当を受領し得る地位を有しているから、訴えの利益があると判示した。

この平成24年最判は、仮差押命令につき請求の基礎同一説に立つことを最高裁として初めて明示的に判断したものである。この判例において、直接問題となった場面は、第三者の執行手続における仮差押債権者としての配当受領権の有無であるが、保全命令一般についての考え方を示しており、その射程は、仮差押えの本執行移行、本案不提起による保全命令の取

消し、担保取消し等の多くの場面にも及ぶと解される。

(4) 実務の取扱い

保全命令は、将来の強制執行を念頭に置いた暫定的、仮定的な措置であり、債務名義との厳格な同一性を求めることは妥当でないから、実務においても、従前から、仮差押えの被保全権利と債務名義で認められた権利との間に「請求の基礎の同一性」が認められれば足りると解されてきた。

上記平成24年最判は、このような実務の取扱いと同様の見解を正面から示したものである。もっとも、「請求の基礎の同一性」の具体的な内容は一義的ではなく、平成24年最判も、一事例判断として発生原因事実の包含関係を指摘したものであり、一般的な判断基準、方法を示したものではない。Ⅲ3(2)のとおり、請求の基礎同一説については、より実質的な考慮が必要と解されていることからすると、具体的な事案において、仮差押えにおける被保全債権と差押えにおける請求債権の同一性を判断するに当たっては、「請求の基礎の同一性」の概念の前提となる保全命令の実効性の確保と債務者の保護という比較衡量の観点から、本執行移行として認めるのが相当か否かを具体的事案に即して事案ごとに判断するほかないと思われる。

実務では、仮差押命令に表示された被保全債権と、債務名義の内容及び差押命令申立書の請求債権目録の記載を照らし合わせて、請求債権の同一性があるか否かを判断している。

ここでよく問題となるのが、債務名義が和解調書や調停調書などで、債権の表示が「和解金」や「解決金」となっている場合である。このような場合には、仮差押命令の被保全債権と請求の基礎が同一か否かを直ちには判断できないため、和解調書等の「請求の表示」欄に引用された訴状等の書面を債権者に提出してもらい、これらを参照することで請求債権の同一性が認められるか否か判断することもある。

(5) 一部請求の場合

仮差押命令の被保全権利と、差押命令の請求債権とが、ともにある請求

権の一部である場合、請求債権の同一性をどのように判断すべきか。

このような場合に本執行移行としてしまうと、本執行移行文言が付された差押命令が仮差押えの請求債権額を超えて発令される可能性があり、第三債務者に二重払の危険など思わぬ不利益を生じさせてしまわないとも限らず、このような事態を考慮すると本執行移行として扱うことには慎重にならざるを得ないのではないかといった指摘がされている[14]。

民事執行センターでは、仮差押命令の被保全権利と、差押命令の請求債権とが、同一の内金部分であると認められる場合にのみ、請求債権の同一性を認め、本執行移行として扱うこととしている。いかなる場合に同一性があると判断できるか否かについては、難しい問題であるが、仮差押命令における被保全権利の記載と債権差押命令の基礎となる債務名義における債権の記載が符合し、仮差押命令における被保全権利の記載と債権差押命令の請求債権の記載に照らして同一性が認められることが必要[15]であろう。

具体的な例としては、仮差押えの被保全債権が一部請求であった場合、その一部請求部分を含む債権全体について認容判決が得られたときには、本執行の申立てにかかる請求債権が再び一部請求であっても、仮差押え→本案→執行という手続の流れからみて、本執行移行と認めてよいのではないかと思われる（事例：貸金債権残元金2000万円のうち600万円で仮差押え→貸金債権残元金2000万円＋利息・損害金につき本案勝訴判決→貸金債権残元金1000万円について本執行）。

Ⅳ 仮差押えによる留保解消文書について

これまでは、仮差押債権者が自ら本執行を申し立てる場合について検討してきたが、以下では、他の債権者が申し立てた執行手続の中で、仮差押債権者として配当手続に加わる場合について検討する。

14) 新大系（12）352頁。
15) 執行実務・債権（上）281頁。

1　仮差押債権者の配当金の受領

(1)　配当留保供託

　配当等の手続において、仮差押債権者に対して配当等がされる場合、仮差押債権者が債務名義を取得するまでは同人に対する配当等の額に相当する金銭は供託される（法91条1項2号、配当留保供託）。仮差押債権者の権利はいまだ暫定的であるから、本案訴訟等により権利が確定的に認められるまでは、現実に配当金を交付しないということである。

(2)　本案の債務名義

　仮差押債権者がこの供託された配当金を受領するためには、供託事由が消滅したことを執行裁判所に証明する必要がある（法92条1項、166条2項）[16]。そして、この場合の供託事由の消滅とは、一般に仮差押えの被保全債権につき本執行する要件が具備されるに至ったことと解されているので、仮差押債権者は、執行裁判所に対し、それを証明できる文書を提出する必要がある。

　具体的には、本案勝訴の確定判決その他の被保全債権についての執行力のある債務名義の正本が証明文書となる。ここで、本案訴訟の判決や和解調書等がこの証明文書に該当することには争いがないが、執行証書や起訴前の和解、調停調書等については、仮差押えの手続が本案の訴訟を提起することを前提としてされるものであることなどを理由に、執行証書の作成等は本案訴訟とはいえないとして、本案の債務名義に当たらないとする見解もある。しかし、仮差押えによって保全する民事訴訟法上の本案の権利とは、民事訴訟により実現されうる権利をいうのであって、裁判によって認められた権利のみを指すわけではないから、仮差押えにおける被保全債

---

[16]　執行力ある債務名義に加えて債務名義正本の送達証明書の提出も必要か否かには争いがあるが、民事執行センターにおいては、債務者に争う機会を与える意味で（近藤ほか・基礎と応用392頁）、また、本執行の要件を具備していることを確認するため（近藤基『債権配当の実務と書式〔第2版〕』278頁（民事法研究会、2009年））、送達証明書の提出も求めている。

権についての債務名義（法22条5号）を取得したといえる以上は、執行証書等もこの債務名義に当たると解してよいと考える。

(3) 本執行移行の要件の具備

仮差押えによる配当留保供託を解消するために執行裁判所に提出する本案の債務名義は、被保全債権につき、本執行の要件が具備されたことを証明するものでなくてはならないから、本執行移行の申立てのときと同じく、仮差押えと本案の債務名義の間に①当事者の同一性、②請求債権の同一性、③執行対象物の同一性が必要とされる。

2 執行証書の場合の留意点

(1) 同一性判断の資料

前述のとおり、請求の基礎が同一であれば被保全債権との同一性を認めることができる。執行裁判所は、仮差押命令に記載された被保全債権と債務名義に表示された請求権を比較して判断することになるが、判決であれば、請求原因事実等の債務名義の記載自体から同一性を判断できることが多いし、裁判上の和解調書であれば、和解調書の「請求の表示」欄に引用された訴状等の書面を参照することで同一性を判断できることがある。

しかし、執行証書については、その記載自体から同一性を判断することになるが、債権の特定のために通常必要となる事実のみが記載されていることが多く、これだけでは同一性の判断ができないこともある。そこで、仮差押えによる配当留保供託を解消するための証明文書として執行証書を作成する場合には、執行証書に被保全債権との関連性がわかる事情を記載する必要がある。この場合、被保全債権との同一性に疑義を生じさせないようにするためには、仮差押命令における被保全債権そのものを記載したり、被保全債権の内容と同一の紛争の解決金であることを具体的に記載したり、端的に仮差押命令の事件番号を記載し、その被保全債権について執行証書を作成するものであることを明記することなどが考えられる。

(2) 内金請求の場合

　被保全債権と債務名義に表示された債権がともに内金である場合、前述のように、民事執行センターにおいては、両債権が同一の内金部分であると認められる場合にのみ、本執行移行として扱うこととしている[17]。

　そのため、このような場合には、両債権の同一性に疑義が生じないよう、執行証書における債権額の内訳を明記して、仮差押命令発令後に一部弁済・一部債務免除があった事実や、執行証書に記載された債権が被保全債権のうちの特定の一部であること又は被保全債権に別の債権を加えたものであることを記載して、被保全債権と金額が一致しない理由を執行証書上明らかにすることが考えられる。また、残部について弁済や債務免除があった事実など、別途債務名義が作成されることはないと判断できる事情の記載があると、両者の同一性を認めやすくなると思われる（判決の場合にはこれらの事情が判決の理由中に記載されていることが多い。）。

3　請求債権の同一性が認められなかった場合

　配当留保供託の解消の場面で、仮差押え時の被保全債権と本案の債務名義の請求債権との間に請求債権の同一性が認められなかった場合には、仮差押債権者は配当留保供託された配当金を受領することができない。

　そして、配当留保供託の解消が問題となるのは、他の債権者が債務者の債権を差し押さえたために、第三債務者が供託して配当等の手続が行われる場合であるから、仮差押債権者の立場として配当金を受領することができなければ、第三債務者が供託した時点で配当加入遮断効が生じてしまうため（法165条1号）、債務名義があったとしても、当該債権を改めて差し押さえて配当に与ることはできない。

　したがって、仮差押えの被保全債権と本案の債務名義の請求債権との間に請求債権の同一性が認められないと、仮差押債権者はせっかく保全した債権から回収を図ることができないという結果になってしまうので、本案

---

17)　執行実務・債権（上）281頁。

の債務名義を取得する際には十分な注意が必要である。

4 債務名義の債権が仮差押えの請求債権より小さい場合の処理

(1) 原則

仮差押債権者が被保全債権のうち一部について債務名義を取得し、残部については本案で認容も棄却もされていない場合（例えば、仮差押え後に一部弁済を受けた等の理由により、一部請求の形になっている場合。）、この債務名義を執行裁判所に提出したときには、その一部についてのみ本執行に移行するものと解されていることから、同一の債権者について、本執行債権者の地位と仮差押債権者の地位が併存することになる。各地位を別個のものとして取り扱い、それぞれの債権額の割合に応じて計算し、債務名義を取得している本執行債権者の地位に対する配当額のみ、供託金の支払委託をするのが原則である。

もっとも、被保全債権の一部が弁済されるなどして、一部請求となった場合には、もはやその残部について債務名義を取得する可能性がないから、仮差押債権者としての地位が残ったままになり、その地位に配当された配当留保供託金は永久に供託されたままとなってしまうという問題がある[18]。

(2) 例外的な取扱い

この問題への対応として、追加配当を受け得る同順位の債権者がいない場合には、次のとおり例外的な取扱いをしている。というのも、このような場合には按分処理をしなくても債権者間の平等に反しないし、（取得した債務名義の金額が供託金の額を超えており、）実質的には、1人の債権者が1人の債務者に対して有する複数の債権についての充当の問題であると考

---

[18] なお、本案判決で、請求債権の一部が認容され、残部が棄却されている場合には、棄却された部分に相当する配当金は他の差押債権者等に対する追加配当の原資となるので、このような問題は生じない。

えられないではない。そこで、保全裁判所が仮差押命令の一部取下げを許すのであれば、一部取下証明書を、一部取下げを許さないのであれば、仮差押債権者としての配当金受領権を放棄する旨の上申書を債権者に提出してもらうことにより、債務名義を取得していない部分の仮差押債権者としての権利を行使しないことを明らかにさせた上で、例外的に供託金全額の支払委託をすることができると考えられる。ただし、供託金の額が債務名義の債権額を上回る場合は、債務名義の債権額を限度とする。

第13講 新しい金融商品に関する執行手続——①振替社債等、②信託受益権を中心として

及川　勝広

I　社債株式等振替制度の概要等

1　法改正の経緯

　「短期社債等の振替に関する法律」（平成13年法律第75号）は、短期社債等（商法上の社債であるものと商法上の社債ではないがこれに類するものの総称）のペーパーレス化を図るため、短期社債等について振替口座簿の記載又は記録により権利関係を定める制度（振替制度）を設ける等した。その後、同法は、「証券決済制度等の改革による証券市場の整備のための関係法律の整備等に関する法律」（平成14年法律第65号）により一部改正され、「社債等の振替に関する法律」と題名を改められたが、同改正においては、振替制度の対象が短期社債等から社債一般及び国債等に拡大されるとともに、一般投資家が銀行・証券会社等の金融機関に口座を開設して口座振替の方法により社債等を流通させることを可能とするために、振替機関と一般投資家との間に位置する口座管理機関が導入されて証券決済機関が多層構造化された。さらに、社債等の振替に関する法律は、「株式等の取引に係る決済の合理化を図るための社債等の振替に関する法律等の一部を改正する法律」（平成16年法律第88号）により一部改正され、「社債、株式等の振替に関する法律」（以下「社債株式等振替法」という。）と題名を改められ、一定の株式等が電子化されて振替制度の対象となり、平成21年1月5日に施行された。

2　民事執行規則の改正

　社債株式等振替法では、振替社債等に関する強制執行に関し必要な事項は、最高裁判所規則で定めることとされており（社債株式振替280条）、これを受けた民事執行規則の改正により、振替社債等に関する強制執行（振替社債等執行）の手続が定められ（規則150条の2以下）、同改正規則は平成21年1月5日に施行された[1]。

3　振替社債等執行手続

　振替社債等執行の手続については、その概要は武智舞子ほか「株式等の取引に係る決済の合理化を図るための社債等の振替に関する法律等の一部を改正する法律の施行に伴う民事執行規則及び民事保全規則の一部改正の概要（振替社債等に関する強制執行等の手続の概要）」金法1853号10頁（2008年）、執行実務・債権（下）260頁以下のとおりであり、東京地裁民事執行センターにおいては、これらの文献等で紹介されているところに従い、概ね順調に運用されているところであるが、Ⅱでは、振替社債等執行の手続に関して実務上生じる若干の疑問点や問題点について検討することとする。
　また、Ⅲでは、信託受益権に対する強制執行、特に平成19年1月4日から振替制度の対象とされた投資信託受益権に対する強制執行に関する問題点について検討する。

---

[1]　その後、「会社法の一部を改正する法律の施行に伴う関係法律の整備等に関する法律」（平成26年法律第91号）による社債株式等振替法の一部改正により、振替株式、振替新株予約権、振替新株予約権付社債、振替投資口、振替優先出資、振替新投資口予約権の発行者である会社が会社法116条1項各号の行為、株式の併合、事業譲渡等、合併、会社分割、株式交換又は株式移転を行う場合における、反対株主等による買取請求の撤回の制限を実効化するために買取口座制度（社債株式振替155条等）が創設されたことに伴い、買取口座内の買取請求株式等に対する強制執行に関して必要な事項が民事執行規則に定められた。

II　振替社債等に関する執行手続に関する問題

1　請求債権目録（附帯請求）に関する問題

(1)　附帯請求の終期を限定する必要性

　金銭債権を差し押さえた債権者は、債務者に対して差押命令が送達された日から1週間を経過したときは、その債権を取り立てることができるが、差押債権者の債権及び執行費用の額を超えて支払を受けることはできない（法155条1項）。そこで、金銭債権を差押えの目的とする差押命令の申立てにおいては、債権者が元金及びこれに対する支払済みまでの遅延損害金の支払を内容とする債務名義を有する場合であっても、第三債務者自らが遅延損害金の額を計算しなければ取立てに応ずべき金額が分からないという事態が生ずることのないよう、遅延損害金を申立日までの確定金額とさせ、請求債権額を確定させるのが実務の一般的な取扱いである[2]。この取扱いは、法令上の根拠に基づくものではないが、最三判平成21年7月14日民集63巻6号1227頁は、第三債務者の負担に対する配慮として合理性を有するものである旨を述べてこれを是認している。

　他方で、ゴルフ会員権や電話加入権等のように、執行裁判所の換価手続が予定されており、差押債権者による取立てが観念できない権利を差押えの目的とする差押命令の申立てにおいては、上記のような第三債務者の負担を考慮する必要がないから、遅延損害金等の附帯請求の終期を「支払済みまで」とすることができる[3]。

(2)　振替社債等執行の場合

　振替社債等を差押えの目的とする差押命令の申立てにおいて附帯請求の終期を「支払済みまで」とすることが認められるかどうかも、上記のよう

---

[2]　執行実務・債権（上）95頁。
[3]　執行実務・債権（上）95頁。

な第三債務者の負担を考慮する必要があるかどうかによることになる。

　この点、振替社債等執行の手続においては、金銭債権の性質を有している振替社債等（①振替債、②振替新株予約権付社債についての社債、③振替転換特定社債、④振替新優先出資引受権付特定社債についての社債）については差押債権者による取立てが認められており、差押債権者はその債権及び執行費用の額を超えて支払を受けることができないから（規則150条の5第1項）、これらを差押えの目的とする場合（銘柄を特定せずに振替社債等全般を差押えの目的とする場合を含む[4]。）には、第三債務者自らが附帯請求の額を計算しなければ取立てに応ずべき金額が分からないという事態が生ずることのないよう、附帯請求の額を申立日までの確定金額とさせて請求債権額を確定させる必要がある。

　他方で、振替社債等執行の手続においては、振替株式のように取立てが観念できない権利が差押えの対象とされることもあり、このような取立てが観念できない権利のみを差押えの対象とする場合[5]には、上記のような第三債務者の負担を考慮する必要はないから、附帯請求の終期を「支払済みまで」とすることも認められよう。

2　差押えの目的、振替社債等目録に関する問題

(1)　差押えの限度について

　ア　差押えの目的となる振替社債等を特定するための「振替社債等目録」については、前掲注4）執行実務・債権（下）等において紹介されている書式をもとに作成されているのが通常である。

　これらの書式では、超過差押えの禁止（規則150条の8、法146条2項）の趣旨を考慮して、差押えの限度となる額を記載することとなっているが、その額については、後述する振替株式のみを差押えの対象とする場合

---

[4]　執行実務・債権（下）271頁【書式3】参照。
[5]　振替株式のみを差し押さえる場合の書式につき、執行実務・債権（下）272頁以下の【書式4】、【書式5】参照。

を除き、請求債権額の範囲内の額が記載されることになる。

イ　ところで、東京地裁民事執行センターでは、株式に対する執行手続においては、株式が1株ごとに1個の権利であると考えられるため、超過差押えの禁止の趣旨を及ぼして差押えの目的物に数量的な限定を行うのが相当であると考えられることから、「株式目録」に差し押さえる株式数の記載をさせる扱いであるが、ここでの株式数については、差押えから換価までの価値の変動等を考慮して、請求債権額の1.5倍[6]程度の金額に相当するまでの数とすることが許容されている[7]。

そこで、東京地裁民事執行センターでは、振替株式のみを差押えの目的とする場合には、「振替社債等目録」に記載する差押えの額についても、請求債権額の1.5倍程度の金額とすることを許容する扱いである[8]。

なお、上記1(2)のとおり、振替株式のみを差押えの目的とするのであれば、請求債権中の附帯請求の終期を「支払済みまで」とすることが許されると解されるが、附帯請求の終期を「支払済みまで」として差押命令を発令する場合には、上記「請求債権額の1.5倍」を問題とするときの附帯請求の額については、便宜上、申立日までの額を考慮すればよいと思われる。

(2) 取扱店舗の特定の要否について

ア　差押えの目的となる振替社債等の特定の程度については、債権執行についての差押命令の申立書の記載事項に関する規則133条2項が振替社債等執行に準用されており（規則150条の8）、金銭債権を差押えの目的とする場合の特定の程度と別異に解する理由もないから、「差押命令が振替機関等に送達された時点で差押えの効力が生ずる（規則150条の3第5項）ことにそぐわない事態とならない程度に速やかに、かつ、確実に、差

---

[6]　1.5倍という数字については、証券金融実務において株券を担保に取る際に、株価の7割程度を担保価値として評価をするのが通常であることを参考にしたものであるとされている（債権執行諸問題437頁、執行実務・債権（下）251頁）。
[7]　執行実務・債権（下）251頁。
[8]　執行実務・債権（下）263頁。

し押さえられた振替社債等を識別することができる」ものであることが必要であると解される（規則133条2項に関する最三決平成23年9月20日民集65巻6号2710頁参照）。

ところで、預貯金債権の差押えをする場合は、第三債務者がいわゆるインターネット専業銀行である場合を除き、差押えの目的である預貯金を特定するために、預貯金の取扱店舗となる本支店等を具体的に特定することが必要である[9]。そこで、振替社債等執行においても、差押えの目的である振替社債等を特定するために、その取扱店舗を具体的に特定する必要があるのではないかが問題となる。

イ　この点、振替社債等の具体的な管理方法や差押命令に対する対応の実情については、振替機関等ごとに異なるところもあるであろうが、振替口座簿は、各加入者の口座ごとに区分することとされており（社債株式振替68条1項、129条1項等）、加入者である債務者が1つの振替機関等に複数の振替口座を有していることは通常ないと思われるし[10]、振替機関等において債務者の名前と住所をもとに債務者の振替口座の存否やその取扱店舗を検索することができないとは考えられないので、取扱店舗を具体的に特定することは、差押えの目的である振替社債等を特定する上で必須のことではないと解される。

現在、差押えの目的である振替社債等を特定するための「振替社債等目録」は、上述のとおり前掲注4）執行実務・債権（下）等において紹介されている書式を利用して作成されるのが一般的であるが、これらの書式では、取扱店舗を特定させる形とはなっていないことから、取扱店舗を特定することなく差押命令が発令されることも多いと思われる。東京地裁民事執行センターにおいても、通常、取扱店舗を特定させることなく、振替社債等の差押命令を発令しているが、振替機関等から、取扱店舗の特定がなければ差押えの目的となる振替社債等の存否の調査や識別ができないなど

9）　執行実務・債権（上）108頁。
10）　複数の口座開設を認めない扱いの証券会社や金融機関が多いようであり、複数の口座開設を認める場合には、各口座を包括する口座を開設させるなどして、加入者の各口座の取引に係る譲渡損益等を包括して管理する扱いもあるようである。

の意見が寄せられることはないようである。

(3) 共同相続に係る振替社債等の差押えについて

　共同相続に係る被相続人名義の預金債権について、共同相続人の1人を債務者として差押えをする場合、その債務者の法定相続分について差押えをすることが認められている[11]。この取扱いは、預金債権が相続開始と同時に当然に相続分に応じて分割されることを前提とするものであると解される（最一判昭和29年4月8日民集8巻4号819頁参照）。

　この点、最三判平成26年2月25日民集68巻2号173頁は、共同相続された委託者指図型投資信託の受益権及び個人向け国債につき、相続開始と同時に当然に相続分に応じて分割されることはないとした。そこで、共同相続に係る被相続人名義の委託者指図型投資信託の受益権及び個人向け国債について、共同相続人の1人を債務者として差押えをする場合には、上記預金債権のように当然には、その債務者の法定相続分について差押えをするということは認められないことになろう。

3　換価に関する問題

(1) 差押債権者による取立てについて

　上述のとおり、振替社債等執行の手続においては、金銭債権の性質を有している振替社債等（①振替債、②振替新株予約権付社債についての社債、③振替転換特定社債、④振替新優先出資引受権付特定社債についての社債）については差押債権者による取立てが認められている（規則150条の5）。

　差押債権者は、債務者に属する権利であって、取立てのために必要なものを行使することができるが（規則150条の5第2項）、その必要なものとしては、社債株式等振替法71条1項等又は96条1項に規定する「抹消の申請」が考えられる。振替社債等の償還手続においては、発行者は、振替社債等の償還をするのと引換えに社債権者等に対し、償還に係る振替

---

11)　執行実務・債権（上）111頁。

社債等の金額と同額の抹消を振替機関等に対して申請することを請求することができるとされ（社債株式振替71条7項等、96条7項）、この抹消申請は、抹消により口座において減額の記載又は記録がされる加入者が行うものとされている（社債株式振替71条2項等、96条2項）。差押債権者が取立権を行使して支払を受けると、振替社債等執行の手続は当然に終了するので、差押えの効力も消滅し、振替機関等による振替が可能となる。したがって、発行者としては、振替によって償還済みの抗弁が切断されることを阻止するため、償還と同時に抹消を求める必要がある。そこで、差押債権者が加入者に代わって抹消申請を行うこととし、振替社債等執行における取立ての場面においても、償還と抹消との引換給付を実現することとすれば、差押債権者による簡易迅速な換価の実現と同時に、発行者の利益を図ることができる[12]。

なお、上記①の振替債の中には、純粋な金銭債権ではない投資信託の受益権等も含まれる（規則150条の3第6項、社債株式振替278条1項、2条1項8号等）が、振替投資信託受益権の取立てに関する問題については、後記Ⅲにおいて検討する。

(2) 振替社債等譲渡命令及び振替社債等売却命令に関する問題

ア 振替社債等譲渡命令等の発令可能範囲

振替社債等の換価方法としては、規則150条の7第1項において、振替社債等譲渡命令（同項1号）及び振替社債等売却命令（同項2号）が定められている。

振替社債等譲渡命令等の対象となるのは、差押えの効力が及ぶ範囲に限られ、差押えの効力が及ばないものについてこれらの命令を発令することができないことは当然である。そこで、振替社債等譲渡命令等を発令するに当たっては、差押命令における振替社債等目録の記載するところにしたがって、差押えの効力が及んでいる振替社債等の銘柄及び数量を具体的に明らかにする必要がある。

---

[12] 条解民執規583頁。

この点、振替機関等から提出された陳述書によって差押えの効力が及ぶ振替社債等の銘柄及び数量が明らかとなる場合には問題ないが、そうでなければ、あらためて、振替機関等から、差押命令が振替機関等に送達された日（その日が休日の場合は直近の取引日）の取引所の基準値段や取引単位、換価に際して差し引かれる源泉徴収額及び手数料等の額などを聞き取り、差押えの効力が及ぶ振替社債等の銘柄及び数量を確認する必要があろう。

　　イ　振替株式の売却命令の発令範囲

　差押えの効力が及んでいる振替株式の一部を売却することにより債権者の請求債権及び執行費用が弁済される見込みであるときは、その一部のみを売却命令の対象とすることになる。

　この点、東京地裁民事執行センターでは、株式に対する執行手続においては、売却命令の発令から換価までの間における株価の変動等を考慮して、売却命令発令時の株価をもとに、請求債権及び執行費用に2割程度上乗せした額を満足させる範囲の株式について売却命令の対象とする扱いである[13]。

　振替株式の売却命令においても、売却命令の発令から換価までに一定の期間を要し、その間株価の変動等があり得るから、売却命令発令時の株価をもとに請求債権及び執行費用を一定程度上回る範囲について、売却命令の対象とすることも許されよう。

　なお、振替株式のみの差押えで、請求債権中の附帯請求の終期を「支払済み」までとした場合には、売却命令の対象を決定する際の請求債権額については、便宜上、売却命令の申立日までの附帯請求の額を考慮すればよいと思われる。

　　ウ　「取立てが困難であるとき」について

　差し押さえられた振替社債等が振替債等（①振替債、②振替転換特定社債のうち転換を請求することができなくなったもの、③振替新優先出資引受権付特定社債のうち新優先出資の引受権が消滅したもの）又は新株予約権が消滅

---

[13]　執行実務・債権（下）253頁。

した振替新株予約権付社債である場合には、振替社債等譲渡命令等の発令要件として「元本の償還期限前であるとき又は当該振替社債等の取立てが困難であるとき」であることが求められるから（規則150条の7第1項ただし書）、差押債権者としては、上記各命令の申立てをするに当たり、この発令要件を満たしていることを明らかにする必要がある。

どのような事情があれば上記「取立てが困難であるとき」の要件に該当するかについては、取立てが困難となる事情であればよく、特段の制限はないと解される。この点、実務では、この要件を満たしていることを明らかにするものとして、振替機関等に取立ての可否について照会したところ、取立てに応ずることはできないとの回答であった旨の差押債権者作成の報告書が提出されることがある。このような報告書等による証明も許されると解されるが、執行裁判所において「取立てが困難であるとき」に当たるか否かを判断するためには、単に振替機関等から取立てができないとの回答があった旨を記載するだけではなく、具体的にどのような理由で取立てができないというのかを振替機関等から聞き取り、これを記載することが望ましいというべきである。

Ⅲ　信託受益権に対する執行に関する問題

1　信託受益権の意義等

信託とは、委託者が、受託者との間の信託契約等の信託行為により、受託者が一定の目的に従い財産の管理又は処分及びその他の当該目的達成のために必要な行為をすべきものとすることをいう（信託2条1項、3条参照）。信託行為の当事者は委託者と受託者であるが、信託から生じる経済的利益を享受するのは受益者であり、受益者は、信託関係において受益権を有する。受益者が有する受益権は、信託財産から経済的利益を取得する権利（元本受益権、収益受益権）及び信託終了時に残余の信託財産を収受する権利を中心とした、信託法上受益者に認められている諸権利のことである。

信託財産そのものに対する強制執行は、受託者の固有財産と信託財産の分別管理の必要性から、一定の債権に基づく場合を除き、禁止されているが（信託23条1項）、信託受益権に対する強制執行はこれを禁止する必要はなく、一般的にはその他の財産権に対する執行（法167条）として行われることになる。

2　投資信託受益権に対する強制執行

(1)　投資信託について

　信託は、信託財産の種類に応じて、金銭の信託と金銭以外の物の信託に分けられるが、金銭の信託のうち、信託終了時及び一部解約時に信託財産を金銭に換価して受益者に対して金銭を交付するものを金銭信託という[14]。

　近年、信託受益権の差押えとして問題となるものの多くは、金銭信託の一種である投資信託に関するものである。

　投資信託は、多数の投資家から資金を集め、資産運用の専門家がこれを有価証券等に分散投資するなどして運用し、その利益を投資家が受け取るものであり、投資信託及び投資法人に関する法律（以下「投資信託法」という。）に基づく制度である。投資信託法上、投資信託には、受託者が委託者の指図に基づいて資産運用をする委託者指図型投資信託（投信2条1項）と受託者が委託者の指図に基づかずに資産運用を行う委託者非指図型投資信託（同条2項）の2つの形態がある（同条3項）。

(2)　投資信託受益権の差押え

　投資信託の受益権は、委託者指図型投資信託にあっては委託者が、委託者非指図型投資信託にあっては受託者が発行する「受益証券」をもって表示しなければならないとされ（投信2条7項、6条1項、50条1項）、その譲渡及び行使は、記名式受益権を除き、受益証券をもってしなければなら

---

14)　執行実務・債権（下）225頁。

ないとされる（投信6条2項、50条3項）。

　有価証券である受益証券が発行され、個々の投資家に交付されている場合の強制執行の方法は、無記名式の受益証券が発行されている場合については動産執行（法122条以下）の方法により、記名式の受益証券が発行されている場合については債権執行又はその他の財産権に対する執行の方法によることになる[15]。

　もっとも、従来から受益証券は発行又は交付されない取扱いが一般的であり、また、平成19年1月4日から開始された投資信託振替制度においては、原則として受益証券は発行されず、投資信託受益権の帰属は振替機関等が管理する振替口座簿の記載により定められることになった（社債株式振替121条、66条）。そこで、この振替制度の対象となる投資信託受益権（振替受益権）に対する強制執行については、規則150条の2以下の振替社債等執行の方法によることとなる。

3　一部解約金支払請求権の差押え・取立てについて

(1)　最一判平成18年12月14日の概要

　上述の投資信託振替制度が開始される前の事案に関するものであるが、最一判平成18年12月14日民集60巻10号3914頁は、以下のとおり、証券投資信託であるMMF（マネー・マネージメント・ファンド）の受益者に対して債権を有する差押債権者が、同受益者が受益証券の販売会社に対して有する一部解約金支払請求権を差し押さえた上、取立権の行使として同販売会社に対し解約実行請求をして、同請求権を取り立てることを認めた。

　前提として、証券投資信託（委託者指図型投資信託のうち主として有価証券に対する投資として運用することを目的とする信託であって、その受益権を分割して複数の者に取得させることを目的とするものをいう。投信2条4項）の一般的な仕組みを示すと、①証券会社や銀行等の販売会社は、委託者と

---

[15]　執行実務・債権（下）229頁。

の間の投資信託の募集・販売に関する契約に基づき、受益者となる投資家から資金を募集し、受益者から受け取った申込金を委託者に交付する、②委託者は、信託銀行等の受託者との間で信託契約を締結して、販売会社から交付を受けた申込金を信託する（信託契約はあらかじめ内閣総理大臣に届け出た投資信託約款に基づいて締結される。）、③委託者は、受益証券を発行し、販売会社を通じて受益者に交付する（ただし、受益者と販売会社との間の契約に基づいて受益証券を販売会社が保護預りすることとされていることが多く、また、販売会社は、保護預りした受益証券を受益者に再寄託することもある。）、④受託者は、委託者の指図に基づき信託財産を運用する、⑤受託者は、解約金・分配金・償還金を委託者や販売会社を通じて受益者に支払う、という流れで行われる[16]。ここでは、委託者と受託者との間に締結される信託契約（投資信託約款）のほか、委託者と販売会社との間に締結される投資信託の募集・販売に関する契約、販売会社と受益者との間に締結される投資信託の取引に関する契約という3つの契約によって、関係者間の権利義務が規律されることになる[17]。

　上記最判は、証券投資信託であるMMFであって、①投資信託約款において、受益証券の換金は受益者が委託者に対して信託契約の解約の実行を請求する方法によること、この解約実行請求は委託者又は販売会社に対して行うこと、委託者は受益者から解約実行請求があったときは信託契約の一部を解約し、一部解約金は販売会社の営業所等において受益者に支払うことが定められ、②販売会社が、委託者から、受益証券の販売のほか、解約実行請求の受付及び一部解約金の支払等の業務の委託を受け、受益証券が販売会社に保護預りされており、③販売会社と受益者との間の投資信託総合取引規定において、受益証券等の購入及び解約の申込みは販売会社の店舗等において受け付けること、解約金は取扱商品ごとに定められた日に受益者の預金口座に入金することなどが定められているものについては、販売会社は、解約実行請求をした受益者に対し、委託者から一部解約金の

---

16) 執行実務・債権（下）228頁。
17) 加藤正男・最判解民事篇平成18年度（下）1336頁。

交付を受けることを条件として一部解約金の支払義務を負い、受益者は、販売会社に対し、上記条件の付いた一部解約金支払請求権を有するとした。そして、同最判は、受益者の販売会社に対する上記条件付きの一部解約請求権を差し押さえた債権者は、取立権の行使として、販売会社に対して解約実行請求の意思表示をすることができ、委託者によって信託契約の一部解約が実行されて販売会社が一部解約金の交付を受けたときは、販売会社から同請求権を取り立てることができるとした。

(2) 振替投資信託受益権を差し押さえた場合

上述のとおり、投資信託振替制度においては、原則として受益証券は発行されず、受益権の権利の帰属は、振替機関が開設し、振替機関と共に口座管理機関（一般に販売会社が兼ねている。）が管理する振替口座簿の記載により定められる。受益者の金銭は、委託者名義の口座を経ずに受託者の信託勘定に信託される点、解約実行請求は、販売会社に対し、振替受益権をもって行うものとされ、委託者が受託者に一部解約を実行した場合、一部解約金は、受託者から直接（委託者名義の口座を通さずに）販売会社名義の口座に振り込まれ、販売会社は証券保管振替機構における振替口座簿の抹消を行うという点などが従来と異なることになるが、委託者・受託者間、委託者・販売会社間、販売会社・受益者間の3つの契約が証券投資信託の根幹をなすという基本的な仕組みに違いはないと思われる[18]。

そこで、上記最判の事案とは異なり、債権者が振替社債等執行の手続により振替投資信託受益権を差し押さえた場合、当該債権者は、取立権（規則150条の5）の行使として、一部解約金支払請求権の取立てをすることができるか否かが問題となる。

この点、解約支払請求権に係る債務者が委託者と受託者のいずれであるか明らかでなく、また、委託者は、振替受益権の差押えにつき振替機関等

---

[18] 村岡佳紀「投資信託における契約関係」金法1796号15頁（2007年）、新家寛ほか「投資信託にかかる差押え——最一小判平18.12.14の射程」金法1807号8頁（2007年）。

から通知を受けるものの、投資信託設定時において販売会社から受益者の氏名の伝達を受けていないため、債務者が振替受益権に係る権利者であるかどうかを判断することが困難であり、さらに、解約金は受託者が販売会社の口座に振り込むものとされており、委託者の口座を経由しないことから、委託者に対して取立てを行うことは実効性がない場合もあるなどの問題点を指摘する意見がある[19]。

　しかし、受益権行使の相手方は基本的には委託者であり、振替投資信託受益権の一内容をなす一部解約金支払請求権も、少なくとも一部解約実行請求がされるまでは、委託者に対する権利であると解するのが自然であるし[20]、一部解約実行請求は、上述のとおり、実際には販売会社（通常は振替機関等）に対して振替受益権をもって行われるのであるから、委託者が受益者の氏名を知らないなどの事情が差押債権者による一部解約実行請求権の行使を認めることの障害になるとは思われない。また、委託者が受益者に対する一部解約を実行すれば、受託者から販売会社の口座に解約金が振り込まれ、これが販売会社から受益者に支払われるという上述の仕組みからすれば、解約金が委託者の口座を経由しないからといって、委託者に対する取立てに実行性がないということにはならないと思われる。したがって、差押債権者は、取立権の行使として、一部解約実行請求権を行使して、一部解約金支払請求権の取立てをすることができると解する。差押債権者による取立権の行使として振替機関等に対する解約の申入れをすることができるとするものに堂園昇平「投資信託受益証券にかかる解約返戻金に対する差押え」塩崎勤ほか編『新・裁判実務大系（29）〔補訂版〕』311頁（青林書院、2009年）がある。

---

[19]　新家ほか・前掲注18）13頁。
[20]　加藤・前掲注17）1345頁（注22）参照。なお、上告人である再生債務者が支払停止前に再生債権者から購入した投資信託受益権につき、信託契約の解約により再生債務者が再生債権者に対して取得した解約金の支払債権を受動債権とする相殺の許否が問題となった事案に関する最一判平成26年6月5日民集68巻5号462頁は、「少なくとも解約実行請求がされるまでは、上告人が有していたのは投資信託委託会社に対する本件受益権であって、これに対しては全ての再生債権者が等しく上告人の責任財産としての期待を有しているといえる。」と判示している。

なお、実際の事件における振替機関等の対応は、差押債権者による取立てに応じる振替機関等もあれば、およそ取立てには応じないとする振替機関等もあるなど、振替機関等によって異なっている。

(3) 振替制度開始後の一部解約金支払請求権の差押え

　投資信託振替制度の開始後においても、上記最判で認められたように、受益者が販売会社に対して有する一部解約金支払請求権を差し押さえた上、取立権の行使として販売会社に対し解約実行請求をして、同請求権を取り立てるということが可能かどうかも問題となる。

　この点、理論上は、投資信託振替制度開始後も上記最判で示された方法による差押えが許されないとは解されないが、条件付一部解約金支払請求権を債権差押えの方法で差し押さえても、振替機関等に振替受益権の振替、抹消等を直ちに禁ずるものではなく、販売会社等が対応困難となるおそれもあるから、振替制度の適用のある振替受益権に対する強制執行は、振替社債等執行の手続によるのが相当であるとされている[21]。

---

21) 執行実務・債権（下）230頁。

第 14 講
財産開示に関する問題

竹田　光広

I　財産開示手続の概説

1　はじめに

　金銭債権に係る強制執行の申立ては、原則として執行対象となる債務者の財産を特定して行うことを要するため、債権者が債務者の財産に関する十分な情報を有していない場合は、債務名義等を得てもその強制的実現を図ることができないことになる。したがって、債権者の権利実現の実効性を確保するためには、債権者が、強制執行を行う前に、まず債務者の財産に関する情報を取得しておく必要がある。

　強制執行の前提となる債務者の財産に関する情報の収集手段に関する諸外国の制度を概観すると、債務者自身に財産情報を開示させる制度と債務者の財産情報を有する第三者に照会等をする制度（広い意味では弁護士照会制度なども含まれるが、ここでは債務名義等の所持を要件とする照会制度をいう。）に大別される。

　我が国における財産開示手続は、執行裁判所が関与して、債務者等にその財産に関する情報を開示させる手続として、平成 15 年改正法（平成 15 年法律第 134 号）により創設された制度であり（法第 4 章）、権利の強制的実現そのものではないが、金銭債権執行の準備段階の方策として創設され、独立の執行手続の 1 つとして定められている（法 1 条）。

2　手続の概要

　財産開示手続は、実施決定に関する手続と財産開示期日における手続との二段階の構造となっている。

　すなわち、財産開示手続は、まず、一定の執行力のある債務名義の正本を有する金銭債権者又は一般先取特権者の申立てにより、執行裁判所がその実施要件（法197条）を審査した上で実施決定をすることにより開始される。

　そして、実施決定が確定すると、執行裁判所は、財産開示期日を指定し、申立人及び開示義務者（債務者、その法定代理人、債務者が法人の場合は法人の代表者）を呼び出すとともに、期限を定めて開示義務者に財産目録の提出を求めることになる（法198条、規則183条）。開示義務者は、財産開示期日に出頭し、宣誓の上、債務者の財産について陳述し、期日の時点における債務者の財産を開示しなければならない（法199条、規則184条）。

3　違反に対する制裁

　財産開示制度については、その実効性を確保するため、違反に対する制裁が定められており、開示義務者の正当な理由のない財産開示期日への不出頭や宣誓拒絶（法206条1項1号）、財産開示期日において宣誓した開示義務者の正当な理由のない陳述拒否や虚偽陳述（同項2号）があった場合には、30万円以下の過料に処せられる（同条1項）。

　財産開示制度においては、開示義務者の開示期日への出頭や開示自体を強制するための手続は規定されておらず、その制裁も秩序罰である過料にとどめられていることから、諸外国の類似制度に比して、開示の実効性に乏しいとの議論もあるところであるが、現行制度自体は、民事訴訟において当事者の宣誓の上での虚偽陳述に対する制裁が過料にとどまることとの均衡、執行手続内における制裁（過料）の処理、破産免責制度等とのバランス等を考慮したものといわれている。

また、一方で、申立人等（法201条1号ないし3号）は、財産開示手続において得られた債務者の財産等に関する情報を債権行使の目的以外に利用、提供することは禁止されており（法202条）、これに違反した場合には、30万円以下の過料に処せられる（法206条2項）。

II　財産開示手続の申立てと実施決定

1　申立ての個数

　財産開示手続の申立ては、実務的には、債務者ごとに行うこととされている。これは、開示すべき財産状況は債務者ごとに異なるものであるし、財産開示期日における手続は非公開とされ（法199条6項）、財産開示手続の事件記録の閲覧謄写（法201条、17条）等においても債務者ごとに取り扱われていることなど、財産開示手続の性質からの当然の要請とされている。したがって、1通の債務名義に複数の債務者が記載されている場合であっても、債務者ごとに申立てをすべきことになる（これは、法人と法人代表者個人の両方が債務者とされている場合も同様である。もっとも、後述のとおり、法人代表者は、法人が債務者となっている場合の開示義務者でもあるため、財産開示期日の指定及び実施に当たっては、同じ日の近接した時間を指定するなどして、双方の出頭等の負担を軽減する取扱いがされるのが通常であろう。）。

2　管轄

　財産開示手続は、債務者の普通裁判籍の所在地を管轄する地方裁判所が、執行裁判所として管轄するものとされており、この管轄は専属管轄である（法196条、19条、民訴4条）。財産開示手続が、債務者（開示義務者）を財産開示期日に呼び出して財産を開示させる手続であることを考慮して、このような管轄が定められている。また、債務者（開示義務者）の呼出と出頭を前提とすることからすれば、債務者（開示義務者）の住居所そ

の他送達場所が不明の場合には、この手続を利用することができないものというべきである。

3 申立債権者

(1) 申立債権者の範囲

財産開示手続の申立債権者は、金銭債権者に限られ、①執行力のある債務名義の正本を有する金銭債権の債権者（法197条1項）及び②債務者の財産について一般先取特権を有する債権者（法197条2項）である。

(2) 財産開示手続の申立てができる債務名義

債務名義については、法22条が定めているが、財産開示手続においては、①仮執行宣言付判決（法22条2号）、②仮執行宣言付損害賠償命令（法22条3号の2）、③仮執行宣言付支払督促（法22条4号）、④執行証書（法22条5号）、⑤確定した支払督促（法22条7号、民訴396条）に基づく申立てはできないこととされている。

これは、財産開示手続により債務者財産に関する情報が一旦開示されてしまうと開示前の状態に回復することができないことから、債務名義のうち、暫定的に執行力が付与されているもの（仮執行宣言付判決等）や誤った執行がされても原状回復が容易な金銭債権に限って債務名義性が認められているもの（執行証書、支払督促）は除外することとされたものである。その趣旨からみて、実務的には仮払仮処分命令（民保52条2項）に基づく申立てもできないものと解されている。

(3) 一般先取特権を有する債権者

一般先取特権を有する債権者に対しては、債権の実現を図る社会政策的な必要性から民事執行の申立権が付与されており、債務者財産に関する十分な情報を有しないと民事執行の申立てをすることが困難になることは債務名義を有する債権者と同様であることから、財産開示手続の申立権も付与されることとされた。一般先取特権を有する債権者は、文書の提出に

よって一般先取特権の存在を証明する必要がある。

4　実施決定の要件

(1)　強制執行の開始要件等

民事執行手続の1つである財産開示手続を実施するためには、一般の強制執行と同様に、執行開始要件の具備が必要である（法197条1項ただし書）。すなわち、債務名義の正本等の債務者への送達、確定期限の到来に係る請求についてはその期限の到来などが必要である（法29条ないし31条）。一般先取特権に基づく場合も、一般の担保権実行と同様に被担保債権の履行遅滞が必要であると解される。

(2)　財産開示の必要性

財産開示手続は、債務者のプライバシーに属する自己の財産状況の開示を強制するものであるから、この手続を行う必要性がある場合に限り、手続を実施できることとするのが相当とされ、債務名義に基づく申立て、一般先取特権に基づく申立てに共通する要件として、次のア又はイのいずれかに該当することが必要とされている。

ア　1号要件

強制執行又は担保権の実行における配当等の手続（申立ての日より6月以上前に終了したものを除く。）において、申立人が当該金銭債権（当該先取特権の被担保債権）の完全な弁済を得ることができなかったとき（法197条1項1号、2項1号）。

この要件として、「配当等の手続」が行われたことを要し、単に強制執行手続等が行われただけでは足りないものとされたのは、強制執行手続等自体は無意味な執行申立てをすることなどにより容易に充足されるため（例えば、預金のない金融機関の支店に対する預金債権の債権差押えにおけるいわゆる空振り等）、そのような結果となることを避けるためとされている。

そして、この「配当等の手続」については、①配当又は弁済金の交付に限られるとする限定説[1]と②動産執行における執行不能、不動産執行に

おける無剰余取消しなども含まれるとする非限定説[2]とがあるが、上記の趣旨や後記イの実質的要件との対比、法84条3項の規定などから、実務の大勢は限定説に立っているものと考えられる（東京高決平成21年3月31日判タ1296号298頁参照）。限定説に立つと配当等の手続に至らない単なる強制執行等の不奏功は、後記イの要件の疎明の1つということになろう。

イ　2号要件

知れている財産に対する強制執行（担保権の実行）を実施しても、申立人が当該金銭債権（被担保債権）の完全な弁済を得られないことの疎明があったとき（法197条1項2号、2項2号）。

実際に何らかの強制執行等を実施する必要はないが、申立人が、債権者として通常行うべき調査により判明した財産に対して強制執行等を実施しても、債権の完全な満足を得られないことの疎明を要する。一般的には、債務者の居住地、所在地等の不動産を調査しても債務者がこれを所有していない、あるいは所有していたとしても無剰余であること、債務者の有する債権の不明や判明した債権だけでは完全な弁済を得られないこと、債務者の有する動産に十分な価値がないか、不明であることなどを疎明資料により疎明することを要する。

(3) 財産開示手続の再施制限

債務者（開示義務者）が申立ての日前3年以内に財産開示期日においてその財産について陳述をしたものであるときは、原則として実施決定をすることができない（法197条3項本文）。

これは、財産開示手続により一旦債務者の財産に関する情報が開示された後は、短期間のうちにその財産状況に大幅な変動を生ずることは少ないと考えられることから、他の債権者の申立てによる財産開示手続を実施せずとも、既に実施された手続の記録の閲覧等をすることで債務者の財産を

---

1) 改正担保・執行法の解説142頁等。
2) 中野・民執法836頁等。

把握することができると考えられたためである。

　もっとも、①債務者が当該財産開示期日において一部の財産を開示しなかったとき、②債務者が当該財産開示期日の後に新たに財産を取得したとき、③当該財産開示期日の後に債務者と使用者との雇用契約が終了したときには、例外的に実施することができる（法197条3項ただし書）。

　そして、実務的には、申立人は、申立段階においては、債務者が過去3年内に財産開示をしていないことの明示的な主張立証をすることまでは要さず、上記の事実を知らない旨の主張をすることで足りるとされている。

　なお、財産開示手続実施決定がされた後、財産開示期日が終了するまでの間に他の債権者から実施決定の申立てがあった場合には、法197条3項には該当せず、他の債権者の申立てに基づく実施決定がされることになろう。この場合、同一債務者につき数個の財産開示事件が係属することになるので、事件を併合して財産開示期日を指定することが考えられる。

(4) 破産手続、民事再生手続等との関係

　財産開示手続は、強制執行及び一般先取特権の実行と同様、債務者について破産手続開始決定、再生手続開始決定等の執行障害事由があると実施することができない（破42条6項、民事再生法39条1項等参照）。

5 実施決定（又は却下決定）の告知及び不服申立て

　実施決定は債務者に送達しなければならない（法197条4項）。実施決定が確定すると、財産開示期日の指定と呼出が行われることになるが、財産開示期日における債務者の不出頭、陳述拒絶等には過料の制裁があるため、告知の方法を送達に限定したものである。

　そして、実施決定は確定しなければその効力を生じないこととされている（法197条6項）。実施決定の申立てについての裁判（却下決定を含む。）に対しては、執行抗告をすることができ（法197条5項）、執行抗告は、その告知を受けた日から1週間以内の不変期間内に行わなければならない（法10条）。また、一般の先取特権に基づく申立てについての決定に対

しては、債務者は、担保権の不存在又は消滅を理由として、執行異議を申し立てることもできる（法203条、182条）。

Ⅲ 財産開示期日

1 財産開示期日の指定及び呼出し、財産目録の提出

　執行裁判所は、財産開示手続実施決定が確定したときは、財産開示期日を指定しなければならず（法198条1項）、申立人及び開示義務者（原則として債務者本人、債務者に法定代理人がある場合には当該法定代理人、債務者が法人である場合にはその代表者）を呼び出さなければならない（同条2項）。

　財産開示期日を指定するときは、開示義務者が財産開示期日前に財産目録を執行裁判所に提出すべき期限を定めて開示義務者に通知しなければならない（規則183条1項）。そして、開示義務者は、財産開示期日における陳述の対象となる債務者の財産（後記2）を記載した財産目録を指定された期限までに執行裁判所に提出しなければならない（規則183条2項、3項）。なお、東京地裁民事執行センターでは、財産開示期日は実施決定確定日から1か月後、財産目録提出期限は財産開示期日の10日前を目安として指定している。

　財産開示の期日の変更については、顕著な事由がある場合に限り（最初の期日にあっては、当事者の合意がある場合も含む。）、許されることになる（法20条、民訴93条3項）。

2 財産開示期日において陳述すべき債務者財産の範囲

　開示義務者は、財産開示期日における陳述の時点を基準として、債務者の有する積極財産について陳述する義務を負う。

　すなわち、財産開示手続は、執行の対象となる債務者の財産を開示させることを目的とする制度であるから、消極財産については原則として陳述

する必要はないし、過去の財産処分についても、詐害行為取消しなどの手がかりになり得ることがあるとしても、これを陳述する必要はない。もっとも、法200条1項の規定による陳述義務の一部免除（後記4）を受けるためには、財産の一部開示により債務の完済に支障がなくなったことを明らかにしなければならないことから、他に負担している金銭債務の状況について陳述しなければならない場合がある。

　開示義務者は、申立人の執行債権額にかかわらず、積極財産のすべてを開示するのが原則であり、その有する積極財産について、強制執行又は担保権の実行の申立てをするのに必要となる事項その他申立人に開示する必要があるものとして最高裁規則で定める事項を明示して陳述すべき義務を負う（法199条1項・2項、規則184条）。例えば、対象財産が動産であれば、その所在場所ごとに、主要な品目、数量及び価格（他から購入した動産にあっては購入時期及び購入価格を含む。）を明示して陳述しなければならない（規則184条3号）。ただし、債務者の財産のうち、差押禁止動産とされている生活に欠くことのできない衣服、寝具等や債務者の1月間の生活に必要な食料及び燃料については陳述をする必要がない（法199条1項、131条1号・2号）。

　提出すべき財産目録においても同様の記載をしなければならない（規則183条2項、法199条2項）。

3　財産開示期日における手続

(1)　財産開示期日の実施

　財産開示期日における手続は、非公開で行われ（法199条6項）、申立人が出頭しなくても実施することができる（同条5項）。

(2)　開示義務者が出頭した場合

　執行裁判所は、開示義務者に宣誓の趣旨、過料の制裁を説明し（法206条1項2号、規則185条1項）、開示義務者は、宣誓の上、財産開示期日における債務者の財産について陳述することになる（法199条1項、7項後段、

民訴 201 条 1 項・2 項、規則 185 条 2 項、民訴規 112 条 1 項ないし 4 項）。

　執行裁判所は、開示義務者に対して質問することができ、申立人も債務者の財産状況を明らかにするために必要がある事項について、執行裁判所の許可を得て質問することができる（法 199 条 3 項、4 項）。申立人の質問につき、執行裁判所の許可を要するものとされたのは、開示義務者が陳述しなければならない債務者財産は前記 2 のとおりであり、これに関連性のない質問や一般的・探索的な質問がされることを防止するためであり、このような質問は許されない（例えば、過去の財産処分そのものについての質問は許されない。もっとも、直近の財産処分に係る価値代替物が現在どうなっているのかなど、現在の財産状況の真偽に係るような質問は許されるものと考えられる。）。

　なお、事例としてはあまりないが、民事訴訟法 195 条各号の要件がある場合、受命裁判官、受託裁判官が手続を実施することができる（法 199 条 7 項前段、民訴 195 条、206 条）が、この場合でも、陳述義務の一部免除許可の申立てについての裁判は、執行裁判所が行うこととされている（規則 186 条、法 200 条 1 項）。

(3) 開示義務者が出頭しない場合

　財産開示手続においては、財産開示期日等を指定し、開示義務者に財産開示期日呼出状及び財産目録提出期限通知書を送達しても、開示義務者が財産目録を提出せず、財産開示期日にも出頭しない事例が相当数存在する。

　開示義務者が財産開示期日に出頭しない場合、執行裁判所は、申立人の意見を聴いて、開示義務者不出頭により事件を終了することができる。ただし、再度期日を指定すれば開示義務者が出頭する見込みが高い場合には、次回期日を指定することもできる。

　なお、この場合、民事訴訟における証人の不出頭（民訴 194 条）とは異なり、出頭しない開示義務者を勾引することはできない（ただし、正当な理由のない不出頭は、過料に処すべき事由となる。法 206 条 1 項 1 号）。

4　陳述義務の一部免除（法200条）

(1)　一部免除の申立理由

前記2のとおり、開示義務者は、申立人の執行債権額にかかわらず、積極財産のすべてを開示するのが原則である（申立人の執行債権額による陳述義務の制限を設けた場合には、開示財産の価額評価が必要となり、また、他の債権者の存在も問題となり、手続の迅速性を妨げるからである。）。

もっとも、法200条は、債務者のプライバシー保護の観点から、一定の例外を認めており、一定の理由がある場合には、債務者（開示義務者）は、財産の一部を開示した上で、陳述義務の一部免除の許可を申し立てることができることとしている。申立ては、書面又は口頭ですることができ、財産開示期日における口頭申立てや陳述予定の一部財産を明示した財産目録を添付した上での書面申立てなどが考えられる。

申立ての理由としては、次の理由が挙げられている。

ア　申立人の同意がある場合

財産の一部開示によりその余の開示を免除する旨の申立人作成の同意書を提出することや申立人が財産開示期日において口頭で同意することが考えられる。

イ　債務者の財産の一部開示により、申立人の請求債権・被担保債権の完全な弁済に支障がなくなったことが明らかである場合

これは、開示された財産をもって、申立人の請求債権（被担保債権）全額の回収をすることができると判断される場合であり、競合債権者がある場合には、競合債権者の債権額も考慮した上で、申立人が完全な弁済を受けることができるか否かを判断する必要がある（したがって、開示義務者としては、他の競合債権者の有無を明らかにする必要があり、その限度では債務者の消極財産についてもこれを明らかにする必要がある。）。

(2)　不服申立て

執行裁判所は、財産開示期日において、陳述義務の一部免除を許可するか否かを決定することになるが、その決定に対しては、執行抗告をするこ

とができる（法200条2項）。

Ⅳ　その他

1　開示情報の保護

(1)　財産開示事件の記録の閲覧等の制限（法201条）

　民事執行事件については、民事執行に利害関係を有する者であれば、記録の閲覧・謄写、謄本の交付等を請求することができる（法17条）。

　しかし、財産開示事件においては、債務者のプライバシー保護に配慮する必要があることから、開示義務者が過料の制裁のもとに陳述した債務者の財産状況が記載されている財産開示期日に関する記録については、記録の閲覧等の請求ができる者を利害関係人のうちの次の者（当事者及び財産開示の申立資格を有する他の債権者）に限定している。

　ア　申立人（法201条1号）
　イ　債務者に対する金銭債権について執行力のある債務名義の正本（債務名義の範囲は、財産開示の申立資格を認められる範囲）を有する債権者（同条2号）
　ウ　債務者の財産について一般の先取特権を有することを証する文書を提出した債権者（同条3号）
　エ　債務者又は開示義務者（同条4号）

(2)　情報の目的外利用の制限（法202条）

　財産開示手続及びその記録の閲覧によって得られた債務者の財産又は債務に関する情報については、債務者のプライバシー保護の観点から、当該債務者に対する債権をその本旨に従って行使する目的以外の目的のために利用し、又は提供してはならず（法202条）、この規定に違反した者は、30万円以下の過料に処せられる（法206条2項）。

2 財産開示手続の停止、取消し、終了等

(1) 停止、取消し

　執行停止文書が提出された場合は、財産開示手続を停止し、取消文書が提出された場合は、既になされた財産開示手続を取り消さなければならない（法203条、39条、40条、183条1項・2項）。

(2) 終了

　財産開示手続の係属中に債務者が死亡した場合、当然に手続を続行することはできず（法203条は法41条を準用していない。）、財産開示手続の一身専属性（実施決定における必要性の要件は属人的に判断されるなど）からすれば、承継執行文を得て手続を続行することもできない。当該債務者に対する財産開示手続は終了し、債権者は、必要であれば、新たに相続人に対して財産開示手続の申立てをしなければならない。

(3) 取下げ

　取下げについては、申立債権者は、開示義務者が財産目録を提出するまでの間は取下げをすることができ、その後は債務者（開示義務者）の同意（同意擬制を含む。）がなければ、申立てを取り下げることはできないと解されている（民訴261条2項・5項の類推適用）。

3 過料の手続

(1) 過料の裁判

　財産開示手続においては、前述のとおり、財産開示の実効性を確保するために（法206条1項）、あるいは、開示された情報の保護のために（同条2項）、各種の違反に対して、30万円以下の過料の制裁が定められている。

　上記過料事件は、執行裁判所が管轄し（法207条）、執行裁判所が職権により開始する（財産開示事件の当事者は、過料に関する申立権はないが、裁

判所に職権発動を促す上申をすることができる。)。

　過料の裁判は、当事者(被審人)に陳述の機会を与え、検察官に意見を求めた上で(非訟120条2項、なお、東京地裁民事執行センターでは原則として略式手続は採用していない。)、執行裁判所が過料に処すべき事由が存するか否かを判断し、理由を付した決定をもってする(同条1項)。なお、過料の具体的な額は、違反行為の態様、請求債権額等を考慮して、執行裁判所が決している。

(2) 不服申立て

　過料の裁判は、相当と認める方法で過料を受ける者に告知することによって効力を生ずる(非訟56条1項、2項)。実務では告知方法としては送達を行っている。過料についての裁判に対しては、当事者(被審人)及び検察官に限り即時抗告をすることができる。

4　財産開示手続の実情と今後の課題

　冒頭でも述べたとおり、財産開示手続は、債務者自身に開示義務を負わせることにより、その財産情報を開示させる制度であり、いわば債務者の誠実な義務の履行を期待する制度ということができよう。しかし、既に債務名義が作成されている金銭債務の履行義務を果たしていない(あるいは果たすことができない。)債務者が、その準備段階となる財産開示に限って、誠実に義務履行を果たすことを期待することには困難な面があることは否定できない。実際に東京地裁民事執行センターにおいても、財産目録を提出せず、財産開示期日に出頭しない開示義務者は相当程度の比率で存在する(開示義務者が財産目録を提出し、財産開示期日に出頭する場合の多くは、債務者に執行対象となるような財産が存在しない場合であり、むしろ債務名義が作成された金銭債権を履行できない財産状況にあることを申立債権者に理解してもらいたいと考えて、財産開示手続に応じている部分が多いようにも思われる。)。もとより、財産開示の実効性を確保すべく過料の制裁も定められているところであるが、金銭債務の履行ができない債務者(開示義務

者）にさらに金銭的な制裁を負担させることによって、開示義務履行の可能性が飛躍的に向上するとみることは困難であろう（このことは罰金等の刑事罰でも大きく異ならないものと思われる。）。

　このように財産開示手続によって、申立債権者が従前は知らなかった執行対象財産を把握するに至るといったような財産開示の本来の機能を果たす場面は残念ながらそれほど多いとはいえない。申立債権者もこの点には必ずしも大きな期待をしておらず、むしろ財産開示期日終了後、出頭した債務者（開示義務者）と今後の債務履行の方法や可能性について話し合うための契機として財産開示手続を利用しているのではないかと思われる面がないではない。

　債権者が、債務者の財産に関する情報を取得する手段を更に充実させるには、財産開示手続の実効化のみならず、弁護士照会制度を始めとする債務者の財産情報を有する第三者に照会等をする制度の充実が必要となるであろう（なお、現時点でも、一定の金融機関は、弁護士照会に対して預金口座の有無等に関する情報開示に応じているようである。）。

第15講
債権差押命令と破産手続開始決定を巡る諸問題

小河原　寧

I　はじめに

　破産法42条1項は、破産手続開始決定があった場合、破産財団に属する財産に対する強制執行で、破産債権に基づくものはすることができない旨を定めている。また、同条2項本文は、破産財団に属する財産に対して既にされている強制執行は、破産財団に対してはその効力を失う旨を定めている。以下では、主として、破産債権に基づく債権差押命令と破産手続開始決定が相前後してされた場合における諸問題について検討する。

II　破産手続開始決定後で、破産手続終了前に破産債権に基づく債権差押命令の申立てがあった場合の処理

1　はじめに

　破産債権者は、破産手続開始後は破産法に特別に規定のない限り、破産手続によらなければ破産債権を行使することはできない（破100条）。これを個別的権利行使禁止の原則という。その趣旨は、破産手続が開始した後は、破産債権者の権利行使の途を破産手続に一本化し、それ以外の抜け駆け的な権利行使を禁止する点にある[1]。

---

1)　大コンメ破産法418頁〔堂園幹一郎〕。

したがって、破産債権者は、破産手続開始決定後、破産債権に基づく債権差押えをすることができない。平成16年改正前の破産法（以下「旧破産法」という。）にはこの点に関する明文はなかったが、旧法下においてもこの結論には異論がなかった。上記のとおり、現行の破産法は42条1項において、この点を明文化した。

執行裁判所は、破産手続開始決定後に、破産債権に基づく債権差押命令の申立てがあった場合、当該申立てが違法であることを理由に申立てを却下する[2]。

2　実務の運用

もっとも、執行裁判所は、債務者及び第三債務者を審尋しないで差押命令を発しなければならないから（法145条2項）、債務者について破産手続開始決定がされたことを知らずに、差押命令を発令する事態が起こり得る。

同様の事態が不動産執行において生じた場合には、発令後に「売却による不動産の移転を妨げる事情が明らかになった」から、執行裁判所は、法53条により強制競売手続の取消決定をしなければならない[3]。

これに対し、債権執行の場合には、法53条に対応する規定はないが、不動産競売の場合と同様の考え方に立ち、執行裁判所は、差押命令を職権の発動として取り消すのが相当であり、実務の運用も同様である。

---

[2]　執行実務・債権（上）284頁。
[3]　新基本コンメ民執150頁〔瀬田浩久〕。執行実務・不動産（下）319頁。

III 破産手続開始決定後で、破産手続終了後に破産債権に基づく債権差押命令の申立てがあった場合の処理

破産手続終了後であれば、破産債権に基づく債権差押命令の申立ては妨げられない。したがって、以下のような処理となる。

1 同時廃止決定

同時廃止決定がされると、破産手続は開始と同時に廃止され、破産手続係属の効果が生じないので（同時廃止決定に対する即時抗告は執行停止効がない（破216条5項））、その確定を待たずに、個別執行禁止効が生じないこととなる。したがって、同時廃止決定後は、破産債権に基づく債権差押命令の申立ては妨げられない。

2 異時廃止決定

異時廃止決定は確定するまでは廃止による効力が生じない（破217条8項）。したがって、確定前であれば、IIと同様の扱いとなる。確定後であれば、IIIの1と同様の扱いとなる。

3 破産者が個人であり、免責許可の申立てをしている場合

以上に対し、同時廃止決定後や異時廃止決定確定後で、免責許可の申立ての裁判確定前に債権差押命令の申立てがあった場合には、以下のような処理になる。

(1) 破産法249条1項による処理

　破産法249条1項は、免責許可の申立てがあり、同時廃止の決定、異時廃止決定の確定等があったときは、当該申立てについての裁判が確定するまでの間は、破産者の財産に対する強制執行等はすることができない旨を定めている。この趣旨は、免責許可の申立てがされている場合には、免責許可の決定により破産者が当該破産債権について責任を免れるに至る可能性があるので、当該免責許可の申立てについての裁判の結論が出るまでの間、破産債権に基づく個別執行を禁止し、債務者の経済生活の再建を妨げないようにする点にある。したがって、執行裁判所は、破産手続終了後で免責の申立ての裁判が確定するまでの間に破産債権に基づく債権差押命令の申立てがあった場合、破産法249条1項に基づき、当該申立てが違法であることを理由に申立てを却下することになる[4]。

(2) 看過して発令された場合の処理

　執行裁判所が、債務者について免責の申立ての裁判が確定するまでの間に、これを知らずに発令した場合には、執行抗告（法145条5項、10条）により取消しの対象となる。

IV　破産債権に基づく債権差押命令の効力が生じた後に、破産手続開始決定があった場合の処理

1　破産管財人が選任された場合

(1) はじめに

　破産法42条2項は、破産債権者及び財団債権者間の公平・平等を図り、また、破産手続の円滑な進行を確保するという趣旨から、破産手続開始決定があった場合には、破産財団に対して既にされている破産債権に基づく個別執行手続が失効する旨規定している。なお、破産手続開始決定は、決

4）　大コンメ破産法1069頁〔花村良一〕。

定の時から効力を生じるから（破30条2項）、確定を要しない。

ここにいう「その効力を失う」の意義について、かつては様々な議論があったが、現在では、破産財産に対する関係においてのみ無効（相対無効）と解する考え方が趨勢であり、破産管財人は、破産財団に属する財産について個別執行手続がされていないものとして自由に管理及び処分をすることができるとされる[5]。

(2) 強制執行手続の処理

破産手続開始決定があった場合、破産財団に属する財産に対する強制執行手続をどうすべきかについては諸説がある。

この点について、破産手続開始決定は、執行処分の効力を相対的に失わせるものであるに過ぎず、また、その限りで法律上当然のものであるから、執行機関は既にした執行処分を取り消すことを要しないとする停止説[6]と、破産手続開始決定があった段階では手続を停止するにとどめるべきであるが、破産手続開始決定が確定したときに手続を取り消すべきであるとする取消説[7]が対立している。

停止説の根拠としては、上記の理由付けのほか、①破産法42条2項ただし書が、破産管財人が執行手続を続行することを妨げない旨規定していることからすれば、執行裁判所が執行処分の取消しをすることは予定していないこと、②民事執行法上、破産手続開始決定がされた場合に執行処分を取り消すべき旨を規定した条文はないこと、③執行処分が取り消されると、差押債権者は、破産手続が終了した後、再度の申立てをする必要があり不便である上、当初の差押えの後に債権譲渡がされるなどの事情の変化があった場合などに不利益が生じることが考えられる。他方、取消説の根拠としては、取り消した方が手続の併存が避けられ、第三債務者にとって権利関係が明確になることが挙げられる。

---

5) 大コンメ破産法171頁〔菅家忠行〕。
6) 鈴木ほか・注解(1)518頁〔近藤崇晴〕。
7) 香川・注釈(2)597頁〔田中康久〕。

確かに、停止説の方が現行法の文言に素直な解釈であることは否定できないが、実務上、破産手続開始決定が取り消される事態は極めてまれであり、停止説を採用することの不合理が生じるおそれはほとんどないこと、債権執行においては、不動産執行のような売却に向けて一連の手続を積み重ねるような構造ではなく、また、二重開始決定の制度もないので、後行事件への配慮をする必要がないことなどにかんがみると、少なくとも、不動産執行については格別、債権執行については、実務上、取消説を採用することが合理性であるように思われる。

　東京地方裁判所民事執行センター（以下「民事執行センター」という。）では、かつては、不動産執行及び債権執行のいずれについても停止説に従った運用をしていたが、平成12年から債権執行について取扱いを改め、現在では、破産管財人からの上申により、職権の発動として手続を取り消す取扱いである[8]。

　ところで、上記の取消説は、破産手続開始決定に対しては即時抗告が許されており、決定が取り消される可能性があることにかんがみ、破産手続開始決定の段階では停止にとどめ、破産手続開始決定確定後に取り消すべきであるとの立場を採用しているが、現在の民事執行センターでは、破産手続開始決定の効力が直ちに生じること（破30条2項）にかんがみ、破産手続開始決定の確定を待たずに取消しをする扱いである[9]。

　実際に破産手続開始決定が取り消されることがほとんど皆無である実情を踏まえると、この運用は是認されてよいと思われる。

　なお、東京高決平成21年1月8日判タ1302号290頁は、破産管財人の申立てにより債権差押命令を取り消した原決定について「破産手続開始決定がされた場合に、当然に債権差押命令を取り消すべきであるとはいえないものの、破産管財人が執行手続の取消しを上申した場合に限っては、債権差押命令の取消しによる差押債権者の不利益が限りなく小さいの

---

[8]　執行実務・債権（上）285頁。なお、同290頁に上申書の書式が掲載されているので参照されたい。
[9]　執行実務・債権（上）286頁。

に比べ、その取消しの必要性が事実上のものであるとはいえ存在することにかんがみ、債権差押命令を取り消すという原審の取扱いも認し得るものと解される」として抗告を棄却している。本決定は、原則論としては停止説を採用しつつも、現在の民事執行センターの運用を是認しているものと解される。

そもそも、破産管財人がこのような上申をするのは、当該破産手続が取消しにより終了する可能性がなく、かつ、強制執行の続行の必要がないと判断した上、差押債権について換価や取立てを予定している場合である。このような場合は、債権差押命令の取消しによる差押債権者の不利益が限りなく小さいといえるから、破産管財人の上申がある場合に限って取消しを認めるという実務運用は合理性があるというべきである。

(3) 転付命令が発令された場合

債権差押命令と共に転付命令が発令されている事件について、破産管財人から強制執行取消しの上申があった場合の処理はどうあるべきか。破産手続開始決定前に転付命令が確定していた場合、転付命令申立事件は、転付命令の確定により当然に終局するから、同事件を取り消す余地はない。しかしながら、転付命令の確定により基本事件である差押命令申立事件が当然に終了するか否かについては争いがある。

ア 執行終了説

転付命令は、被差押債権を差押債権者に移転するにつき、意思表示に代わる原因を与えることをもって終わり、その余の前提要件、発令要件は、執行手続外での当事者間の調整の問題であるとする立場である。

この説によれば、転付命令の確定により差押命令申立事件も終局することになるから、そもそも取消しの余地はないと思われる。

イ 執行存続説

被転付債権が存する限りは、実体的に転付の効果が生じることにより、執行が終了するという立場である[10]。この説によれば、転付命令の実体的効果が発生していない場合には、取消しをする余地があるという立場になると思われる。

現行法上、転付命令が取立権を排除していないと解されることからすれば、理論的にはイ説によらざるを得ないと思われるが、民事執行法上、転付命令が第三債務者に送達された時に競合差押えの有無を執行裁判所が確認できる制度にはなっておらず、また、被転付債権の実在や券面額は最終的には訴訟で判断される問題であり、執行裁判所はその訴訟の係属も知るべき立場にはないことを考えると、イ説をそのまま採用することには躊躇を覚える。

　もっとも、実務上は、第三債務者の陳述や執行競合を理由とする供託の事情届という民事執行法が予定する手続により転付命令の発令要件が欠けていることが執行裁判所に判明することもある。このように、執行裁判所に転付命令の実体的効果が生じないことが明らかな場合まで、転付命令の確定により差押命令申立事件が終局しているから取消しの余地はないというのはいささか形式的に過ぎるように思われる。この点に関する民事執行センターの定まった運用はないようであるが、強制執行の取消しは、破産手続開始前から開始されている強制執行が破産手続開始決定により効力を失ったこと（破42条2項本文）を確認する意味合いを有するに過ぎないと解されることにかんがみ、第三債務者の陳述や執行競合を理由とする供託の事情届により執行競合が判明した場合に差押命令の取消しを認めた事例がある。他にどのような例がこれに当たるか、さらに進んでこのような場合に差押命令の取下げを認めるべきかなどは、今後の課題である。

2　同時廃止の場合

　以上は、破産管財人が選任された場合であるが、同時廃止の決定がされた場合には、破産手続は開始と同時に廃止され、破産手続係属の効果が生じないから、その確定を待たずに個別執行禁止効が生じないことになる。もっとも、免責許可の申立てがされた場合には、破産法249条1項により、免責の申立ての裁判の結論が出るまでの間、手続が中止される。

10)　香川・注釈（2）655頁〔富越和厚〕。

ところで、既に給料等の継続的給付に対する債権差押命令が発令されている場合には（法151条）、手続が中止されても差押えの効力は失われない（すなわち、第三債務者から債務者に対する弁済禁止効は維持されている。）から、第三債務者は、毎月、給料等から差押額を控除して保管しなければならないという不都合が生じるとの指摘が主として実務家からされている[11]。

　このような扱いは、第三債務者に、金銭保管の負担や債権者に対する誤送信のおそれを生じさせるだけでなく、実際はほとんどの事案で免責許可決定が確定するにもかかわらず、債務者は、免責許可の決定が確定するまで差押相当額を受給できないという不都合が生じるとされ、破産裁判所に強制執行取消命令を認めるべきとの立法論もある。

　民事執行センターでは、債務者から執行裁判所に対して強制執行停止の上申があれば、これを認める運用である。この場合、債務者は、破産手続開始決定及び同時廃止決定がされたことを明らかにするため、当該決定正本を提出することを要する。加えて、上申に当たっては、上申書に、債務者が免責許可の申立てをしない旨の意思表示をしないことの申述を記載することを求めている（破248条4項ただし書）。執行実務・債権（上）291頁に上申書のひな形が掲載されているので参照されたい。

Ⅴ　破産債権に基づく新得財産に対する執行

　破産債権に基づく新得財産に対する強制執行が認められるかについては、新破産法施行以前は諸説があったが（大阪高決平成7年3月16日判時1550号39頁は、破産債権者の破産手続中における新得財産に対する強制執行等は許されないとした。）、通説は新得財産に対する執行も禁止されると解していた。新破産法においては、249条1項が免責の申立てについての裁

---

[11]　例えば、吉元利行「同時廃止と継続的給付に対する強制執行」金法1738号1頁（2005年）。全国倒産処理弁護士ネットワーク編『倒産法改正150の検討課題』98頁〔吉川武〕（金融財政事情研究会、2014年）。

判が確定するまでの間は、破産者の財産（新得財産も含む）に対する強制執行等の権利行使を禁止していることや、同法 100 条 1 項が、破産債権者は、破産手続開始後は、破産法に特別に規定のない限り、破産手続によらなければ破産債権を行使することはできない旨規定していることからしても、破産債権に基づく新得財産に対する強制執行は許されないと解される。このような執行手続は破産管財人の上申により取り消される。この上申を破産財団に属する財産に対する強制執行の取消しと区別する理由はないので、実務上、1 通の上申により、破産財産に対する強制執行と新得財産に対する強制執行のいずれをも取り消す運用である[12]。

VI 破産手続開始後の原因に基づいて発生した債権（新債権）に基づく破産財団に対する執行

新債権に基づくものであっても、破産手続開始決定後は、破産財団に属する財産に対する強制執行は許されない（破 42 条 1 項）。

VII 破産手続開始後の原因に基づいて発生した債権（新債権）に基づく新得財産に対する執行

新債権は破産債権でないから、新債権に基づく新得財産に対する強制執行は何ら制限されない。

この点に関連し、扶養義務等に係る定期金債権の取扱いが実務上問題となっている。

平成 15 年にされた民事執行法の改正（平成 15 年法律第 134 号）は、養育費その他の扶養義務等に係る金銭債権に基づく強制執行について、債権者が扶養義務等に係る確定期限の定めのある定期金債権を有する場合において、その一部に不履行があるときは、当該定期金債権のうち確定期限が到来していないものについても債権執行を開始することができる旨を定め

---

[12]　執行実務・債権（上）286 頁。

た（法151条の2）。

　扶養義務等に係る定期金債権に基づく新得財産に対する執行が認められるか否かは、破産債権の性質をどう捉えるかに関わる問題である。

　この点について、かつては、将来分の養育費は既に発生した債権であり、単に履行期が到来していないに過ぎないものと捉え、破産債権として扱う運用もあったようであるが、養育費請求権は所定の親族関係や要扶養状態という事実関係に基づき日々新たに発生する性質の権利であり、破産手続開始決定後に支払時期が到来する部分は、破産債権ではなく新債権であると解するべきである。現在の実務の運用の趨勢も同様である。この考え方を前提とすれば、定期金債権のうち確定期限が到来していないものを請求債権として将来の給料等の継続的給付に係る債権を差し押さえる旨の申立ては、新債権に基づき新得財産に対する執行を求めるものとして、破産法上何ら制限されないことになる。

　このような場合、1通の命令に、破産手続開始決定前に既に発生した養育費（破産債権）に基づく部分と将来発生する養育費（新債権）に基づく部分が併存する。

　かつて、民事執行センターでは、給料債権等を差押えの対象とする債権執行の場面においては、第三債務者の立場にも配慮する必要があるところ、扶養義務等にかかる定期金債権に基づく差押えのうち、その一部を取り消し、その一部をそのまま続行するというのは権利関係を不明確にし、第三債務者に混乱を与えるおそれがあることなどを理由に、執行手続の全部を取り消すという取扱いをしていた[13]。しかしながら、全部取消しをする理論的根拠があるか疑問であることから、現在では、新債権に基づく新得財産に対する差押部分を除いた部分のみについて取消し（一部取消し）とする扱いに変更されている[14]。

---

13) 東京地方裁判所民事執行センター「さんまエクスプレス第28回　新破産法のもとにおける強制執行手続の取扱い」金法1728号54頁（2005年）。
14) 執行実務・債権（上）287頁。なお、同294頁ないし296頁に上申書の書式及び決定例が掲載されているので参照されたい。

まま強制競売手続を進めるため、通常の強制競売手続と異なる問題が生じる。本稿においては、平成22年最判を前提とした上で、同一不動産について権利能力なき社団事案と所有権の登記名義人に対する債権者が申し立てた強制競売の申立てが競合した場合や、権利能力なき社団事案において配当要求又は交付要求がされた場合等に関し実務上生じうる問題点を検討したい（なお、本稿においては、二重開始決定（法47条）の関係にあるか否

---

2) 平成22年最判に反対するものとして、所有権の登記名義人を「請求の目的物の所持人」に準ずるものとして、社団の財産に属する不動産につき所有権の登記名義人に対する強制執行を許す旨の執行文（法23条3項の類推適用）の付与を受けることができるとする交替執行文説がある（中野貞一郎「権利能力のない社団の不動産に対する強制執行」判夕1341号4頁（2011年））。
3) 確定判決に準じる文書の例として、田原睦夫裁判官は、補足意見において、「権利能力のない社団を名宛人とする金銭債権を表示した債務名義に基づいて、構成員の総有不動産に対する強制執行を申し立てるに際しては、当該不動産が執行債務者たる権利能力のない社団との関係において、当該社団の構成員の総有に属することが証明されるとともに、当該不動産の登記名義人との関係においても、その事実が文書によって証明される必要がある（民事執行規則23条1号、2号イ参照）。その具体例としては、権利能力のない社団及び登記名義人との関係で、それぞれを名宛人とする確定した確認判決や判決理由中の判断（いずれか一方を名宛人とするものであっても、例えば、債権者代位による権利能力のない社団の代表者名義への移転登記手続請求の認容判決のように、当該不動産が構成員の総有不動産であることが判決理由中から明らかな場合等を含む。）、和解調書、当該不動産が権利能力のない社団の構成員の総有に属することを記載した公正証書、登記名義人を構成員の特定の者（個人又は一定の役職者等）とすることを定めた規約（公正証書又はそれに準ずる証明度の高い文書による。）などが考えられる。」と述べている。
　傾聴すべき内容であるが、他方において、確定判決に準じる文書を広く認めることは、強制執行の形式化原則の観点からの批判が強く当てはまるように思われる（中野・前掲注2）4頁）。とりわけ、判決理由中の判断については、争点の軽重、判断内容、判断の基礎となる証拠の証明力の程度等が様々であって、確定判決に準じる文書に該当するかについて執行裁判所が実質的判断を行うことは困難である。
　そもそも、権利能力なき社団事案の申立てに当たり添付することが求められる確認訴訟の確定判決及びこれに準ずる文書は、執行裁判所に対して責任財産であることを実質的に証明するものとは限らない（欠席判決、全部自白判決など）。しかし、平成22年最判によれば、欠席判決や全部自白判決も、権利能力なき社団事案における添付文書として扱われることになる。そうすると、権利能力なき社団事案において求められる添付文書は、権利能力なき社団名義で所有権の登記ができない代わりに求める権利の外観を形式的に表す文書として位置付けるべきものであり、文書の実質的記載内容が問題となるのではなく、当該文書自体の客観的な性質を問題とすべきではないかと思われる。

かにかかわらず、先に差押えの効力が生じた事件を「先行事件」、その後に差押えの効力が生じた事件を「後行事件」という。)。

Ⅱ 権利能力なき社団事案と他の債権者との関係について

　権利能力なき社団事案における差押えがされた場合に、他の債権者が同一不動産に権利行使をする場面としては、債務者（所有者）が同一の権利能力なき社団であるときと、債務者（所有者）が所有権の登記名義人であるときが考えられる。また、権利行使の態様としては、他の債権者が強制競売の申立てをする場合と、配当要求、交付要求をする場合が考えられる。他に、抵当権者との関係も問題となる。

1　全ての債権者との関係で、債務者（所有者）が同一の権利能力なき社団である場合

⑴　先行事件及び後行事件ともに強制競売手続である場合

　先行事件と後行事件は、債務者（所有者）が共通であるから、法47条の二重開始決定の関係に立つ。後行事件の申立てに当たっては、後行事件の債権者、債務者及び所有権の登記名義人の三者間の確認訴訟の確定判決（又はこれに準じる文書）を添付する必要がある。

⑵　仮差押えの申立てをする場合

　権利能力なき社団事案において、他の債権者が仮差押えの申立てをする場合は、不動産が当該社団の構成員全員の総有に属する事実を証する書面を添付する必要がある（最二決平成23年2月9日民集65巻2号665頁）。

⑶　配当要求をする場合

　権利能力なき社団事案において他の債権者が配当要求をする場合、配当要求は、既に開始決定がされている強制競売手続を前提として、当該手続の中で配当等を求めるものであること、強制競売の申立てが取り下げら

れ、又は強制競売の手続が取り消された場合には、配当要求も当然に効力を失うことからすれば、配当要求債権者は、配当要求に当たり、債権者、債務者及び所有権の登記名義人の三者間の確認訴訟の確定判決（又はこれに準じる文書）を添付する必要はないと解すべきであろう。

2　権利能力なき社団事案である先行事件において差押えがされた後、所有権移転登記がされてから、他の債権者が新所有者に対して権利行使をする場合

後行事件が強制競売である場合、先行事件の差押えにより処分禁止効が生じるから、その後の所有権移転登記は手続上無視され、所有権移転登記がされたことを前提とする後行事件の手続も、先行事件との関係で無視される[4]。先行事件は、権利能力なき社団事案であり、所有権の登記名義人とは所有者が異なるまま手続が進められるが、先行事件の差押登記の後に所有権移転登記がされていることには変わりがないから、通常の差押えと同様に処分禁止効が生じると解して良いであろう。

後行の仮差押えについても同様である。

3　権利能力なき社団事案と、所有権の登記名義人に対する強制執行が併存する場合

権利能力なき社団事案と所有権の登記名義人のうちいずれが先行事件であったとしても、他の債権者が後行事件として強制競売の申立てをすることは可能であり、執行裁判所は、競売開始決定をして差押登記をしなければならない。先行事件と後行事件の優劣関係をどのように考えるとしても、先行事件が取り消される可能性があり、後行事件についても予め差押えの効力を生じさせておく必要があるからである。

先行事件と後行事件の優劣関係については、次のような説が考えられ

---

[4]　なお、権利能力なき社団の名義で所有権の登記をすることはできないため、第三者から権利能力なき社団に所有権の登記名義が移転した場合を検討する必要はない。

る。

　A説：権利能力なき社団事案が先行事件であるか後行事件であるかに関わらず、常に権利能力なき社団事案が優先し、他方の手続は無視される。

　B説：債務者（所有者）を異にする2つの強制執行が有効に併存し、いずれかが優先するものではない。

　C説：権利能力なき社団事案が先行事件であるか後行事件であるかに関わらず、先行事件の差押えによって、債務者（所有者）を異にする後行事件との関係でも処分禁止効類似の効力が生じ、後行事件は先行事件の手続上無視される。

　A説の根拠としては、権利能力なき社団事案の申立てに当たり、確認訴訟が前置されていることが挙げられる。B説の根拠としては、権利能力なき社団事案の申立てに当たり添付すべき確認訴訟の確定判決の効力は、当該判決の当事者にしか及ばないこと、先行事件の差押えの後、債務者（所有者）は、当該不動産について何らの処分行為もしておらず、そのような状態で後行事件の差押えがされても、後行事件との関係で先行事件の差押えの処分禁止効を観念することができないことが挙げられる。C説の根拠としては、権利能力なき社団事案は、実体的権利関係と登記が一致しないまま手続が進行するから、差押登記がされた時点で、所有権の登記名義人を債務者（所有者）とする強制競売との関係では、既に具体的な処分行為がされたのと同視しうる状況にあることが挙げられる[5]。

　A説によると、先行事件が所有権の登記名義人を債務者（所有者）とし、後行事件が権利能力なき社団事案である場合、先行事件の債権者に対する何らの手続保障もないまま、先行事件が覆されることになる。確認訴訟の確定判決の効力が当該判決の当事者にしか及ばないことからすれば、A説は不当であろう。

[5] 中野・前掲注2）13頁は、2つの強制競売が別個に進行し、その結果は矛盾すると論じている。これは、平成22年最判を前提とした上でB説に立脚した場合の結論といえよう。

B説は、先行事件と後行事件が、手続の調整が何らされないまま併存することになり、困難な処理を強いられることになる。即ち、双方の手続を同時に進行させて良いのか、その場合、一方の事件について先に代金納付及び所有権移転登記がされると、他方の事件は当然に終了するのかといった問題について適切な解決策が見出し難くなる。また、一方の手続が覆されない限り、双方の手続を進めるべきではないと考えた場合、債権者が何らの措置も執らなければ、双方の手続はいつまでも進まなくなる。

　C説については、先行事件により差押えがされた後に、当該不動産が処分されないまま、債務者（所有者）を異にする後行事件による差押えがされたのであるから、処分禁止効を観念する余地はないという批判があり得る。しかし、処分禁止効は、先行の差押えと相容れない処分が、先行の差押えによって覆されることを意味するものであり、先に差押えをしたことによる効果ということができる[6]。実質的にみても、先行事件が所有権の登記名義人を債務者（所有者）とするものである場合は、差押登記によって、先行事件の存在が公示されているし、先行事件が権利能力なき社団事案である場合、差押登記からは権利能力なき社団事案であることは分からないものの、競売手続が行われていること自体は公示されているため、他の債権者は、自らの権利行使に何らかの制限が及ぶ可能性があることを一応予測することができ、不都合はないといえよう。

　以上によれば、C説が相当であり、執行裁判所は、先行事件により競売手続を進行させた上、後行事件の進行を事実上停止させ、先行事件が覆されたときに後行事件を進行させるべきである[7]。

----

6) 実体法上における対抗要件主義（民177条）と同様に考えて良いであろう。二重開始決定の場合においても、先行事件と後行事件が単純に両立し、それぞれ手続を進めるものとされているわけではなく、法47条において特別の効果が設けられているにすぎない。

7) 榎本光宏・最判解民事篇平成22年度（上）〔18〕429頁（注8）、青木哲「権利能力のない社団に対する強制執行の方法」民事執行・保全百選20頁は、強制競売開始決定に基づく差押登記がされた後に、不動産が譲渡され、新所有者に対する債権者が強制競売の申立てをした場合と同様に考えられるとしており、C説に立つものと思われる。

4　権利能力なき社団事案と公債権との関係

(1)　配当要求及び交付要求

　権利能力なき社団事案において、所有権の登記名義人を債務者とする配当要求をすることはできないと解すべきである。なぜなら、配当要求は、先行事件の手続を利用して配当等を求めるものであり、配当要求債権者は、先行事件において前提とされている事実関係及び法律状態に服するからである[8]。交付要求についても同様である。

(2)　権利能力なき社団事案と所有権の登記名義人に対する滞納処分による差押えが競合した場合

　先行事件と後行事件との関係は、権利能力なき社団事案と所有権の登記名義人を債務者（所有者）とする強制競売が競合する場合と同様である。

　先行する滞納処分による差押えの後に、権利能力なき社団事案による差押えがあった場合、滞納処分と強制執行等との手続の調整に関する法律（以下「滞調法」という。）の適用の有無が問題となるが、滞調法は、滞納処分と強制執行等が同一の債務者（所有者）について行われたことを前提としていることから、否定的に解すべきである。したがって、続行決定（滞調17条、9条）[9]、残余が生じたときの裁判所への交付（滞調17条、6条1項）の規定は、いずれも適用されない。また、同様の理由から、先行の滞納処分による差押えに基づき換価がされた場合における、後行の強制

---

[8]　債務者（所有者）が異なる場合に配当要求ができないことは、権利能力なき社団事案に限ったことではない（裁判所書記官研修所編『不動産執行における配当に関する研究』220頁（法曹会、1985年））。

[9]　もっとも、滞納処分における滞納者は権利能力なき社団であるが、所有権の登記名義人を第二次納税義務者として滞納処分による差押えをする場合は、実質的には権利能力なき社団の租税債務であることから、続行決定ができると解する余地もあるように思われる。そのような立場をとった場合、滞納処分による差押登記からは、外観上、滞納処分が第二次納税義務によるものであることが分からないから、徴収職員は、続行決定に先立ち意見を求められた際（滞調17条、9条2項）、滞納処分が第二次納税義務によるものであることを明らかにしつつ意見を述べるべきであろう。

競売手続に係る債権者への配当（国徴 129 条 1 項）もできないと解すべきである[10]。

(3) 固定資産税

固定資産税は、不動産の所有権の登記名義人に対して課される（地方税法 343 条）ため、先行事件が権利能力なき社団事案である場合、同一の不動産に対する固定資産税に基づいて滞納処分をしても、配当はされない。

これに対し、権利能力なき社団を第二次納税義務者とする滞納処分がされた場合、国税徴収法第 3 章の第二次納税義務の要件を満たさない場合であっても、差押えないし交付要求自体が適式であれば、執行裁判所は、課税要件についての審査権限を有さないから、一応これを有効なものと扱わなければならないであろう。

5 権利能力なき社団事案と、所有権の登記名義人に対する仮差押えが併存する場合

(1) 仮差押えが先行する場合

先行の仮差押えにおける債務者（所有者）と後行事件の債務者（所有者）が同一であれば、先行の仮差押債権者は、配当受領資格を有する債権者として扱えば足りる。この場合、仮差押えについても権利能力なき社団事案であることから、申立てに当たり証明文書（確認訴訟の確定判決等である必要はない。）の添付が必要となる（前記Ⅱの 1 (2)）。

先行の仮差押えが所有権の登記名義人を債務者（所有者）とし、後行事件が権利能力なき社団事案である場合は、仮差押債権者の本執行により後行事件が覆されるから、先行事件の帰趨を待って後行事件を進行させるのが相当である。仮差押債権者が本執行の申立てをしない場合は、後行事件により手続を進め、先行事件の仮差押債権者に対し配当するという考え方を採った場合、先行事件とその後の不動産譲受人に対する後行事件がとも

---

[10] ただし、このことは、後行事件が権利能力なき社団事案であるか否かとは関係がない。

に強制競売である場合との均衡を欠くように思われる。

(2) 権利能力なき社団事案が先行事件である場合

先行事件と後行事件の債務者(所有者)が同一であるか否かに従い、上記3と同様に扱うのが相当であろう。

6　権利能力なき社団事案と担保権との関係

(1) 抵当権
　ア　抵当権設定登記が先行する場合

この場合、権利能力なき社団は、抵当不動産の第三取得者に準じた立場にあり、あたかも抵当権の追及効が及んでいるような状態にあると考えれば足りよう。

即ち、権利能力なき社団事案に基づいて売却手続が進められ、抵当権は売却により消滅し(法59条1項)、抵当権の設定登記が強制競売による差押登記に先んじているから、抵当権者は配当等を受けるべき債権者となる(法87条1項4号)。権利能力なき社団事案の債権者が、配当異議の申出をして、抵当権者への配当を争うことは可能である。

　イ　権利能力なき社団事案が先行する場合

抵当権は売却により消滅するが、抵当権者は売却代金の配当等を受けるべき債権者とはならない。このことは、抵当権の設定に優先する差押えの効果によるものである。

(2) 区分所有法7条の先取特権

権利能力なき社団事案が先行する場合に、所有権の登記名義人に対する建物の区分所有等に関する法律(以下「区分所有法」という。)7条の先取特権に基づく配当要求や差押えがあった場合、配当要求債権者及び後行の差押債権者は配当受領資格を有するかが問題となる。

この点、区分所有法8条により、同法7条1項の債権は、債務者たる区分所有者の特定承継人に対しても行うことができると定められている

が、権利能力なき社団事案は、登記名義人から確認訴訟の確定判決によって所有者とされた者に対する特定承継が生じているわけではない。しかし、区分所有法は、区分所有関係に由来する義務の履行者を区分所有権の帰属によって決めていると解されること[11]、確認訴訟の確定判決の効力は配当要求債権者及び後行の差押債権者義務には及ばないことからすれば、これらの者との関係では、債務者（所有者）を所有権の登記名義人とした上で配当受領資格を認めるべきものと解される。

したがって、同法7条の先取特権に基づく配当要求債権者及び後行の差押債権者は、配当を受けるべき債権者に当たると解される。

Ⅲ　後行事件の債権者が先行事件を覆す手段

1　先行事件を覆す手段の必要性

後行事件は、先行事件によって覆される関係にあるため、後行事件の債権者は、先行事件を覆さない限り、強制競売に係る自己の権利を実現することができない。確認訴訟の確定判決が執行妨害目的の馴れ合いによるものであったり欠席判決であったりすることもあり得ることからすれば、先行事件を覆す法的手段が必要となる。

(1)　所有権の登記名義人の差押債権者に対する第三者異議訴訟の代位行使

所有権の登記名義人は、実体上の所有権を有していれば、先行事件の債権者との関係で「目的物の譲渡又は引渡しを妨げる権利を有する第三者」に該当する。したがって、後行事件の債権者は、所有権の登記名義人に代位して、差押債権者に対する第三者異議訴訟を提起することができる。

しかし、権利能力なき社団事案においては、差押債権者、債務者及び所有権の登記名義人の三者間における確認訴訟の確定判決がある以上、所有

---

11) コンメ・マンション区分所有法66頁。

権の登記名義人が差押債権者を被告としてこれに反する第三者異議訴訟を提起しても、請求棄却判決がされることは確実である。そして、後行事件の債権者が同訴訟を代位行使したからといって、所有権の登記名義人のなしうる主張を超えた独自の主張をすることができるわけではない[12]。

したがって、第三者異議訴訟の代位行使は法的には可能であるが、現実には、これによって先行事件を覆すことはできず、実効性に欠けるというほかはない。

(2) 再審の訴えの代位行使

民事訴訟法338条の再審事由があることが必要であるが、馴れ合い訴訟というだけでは、同条の再審事由があるとはいえず、再審の訴えによって確認訴訟の確定判決を覆すことはできないであろう。

(3) 差押債権者の資格による第三者異議の訴えの提起

第三者異議の訴えを提起できる「第三者」は、「強制執行の目的物について所有権その他目的物の譲渡又は引渡しを妨げる権利を有する第三者」である（法38条）。

第三者異議の訴えは、通常、第三者が強制執行の目的物について所有権等を有することを主張立証すれば足りるのに対し、権利能力なき社団事案における後行事件の債権者は、自らが差押債権者であることを主張立証するだけでは、「目的物の譲渡又は引渡しを妨げる権利を有する第三者」であるとはいえない。そのような場合に先行事件が覆される場合として、先行事件において債務者（所有者）とされている者が、競売不動産の所有権を有していないことが立証されたときが考えられるが、かかる事実が立証されたとしても、先行事件自体に瑕疵があるというに過ぎず、後行事件の

---

[12] 債権者が債権者代位権に基づきその債務者に属する債権を行使する訴訟において、被告である第三債務者が提出した抗弁に対し、原告の提出することのできる再抗弁事由は債務者自身の主張することのできるものに限られ、原告独自の事情に基づく再抗弁を提出することはできない（最二判昭和54年3月16日民集33巻2号270頁）。

債権者が、直ちに「目的物の譲渡又は引渡しを妨げる権利を有する」ことにはならない。

しかし、第三者異議の訴えは、第三者が執行対象物につき一定の権利ないし保護されるべき法的地位を有し、それが侵害され、かつその侵害につき執行を受忍する理由がない場合に認められると解されていることや[13]、差押債権者は、登記の欠缺を主張する正当な利益を有する第三者（民177条）に該当することからすれば[14]、差押債権者が固有の資格において第三者異議の訴えを提起することが許されると解する余地もあろう。

(4) 新たな確認訴訟の提起

ア　後行事件の債権者が、先行事件の債権者及び債務者を被告として、所有権の登記名義人が所有権を有することの確認を求める訴訟を提起した上、その確定判決により、法53条による取消しを求めることが考えられる。

このような他人間の権利の確認を求める訴えについては、確認の利益が認められないことが多い。しかし、上記の新たな確認訴訟は、他人間の事件である先行事件を覆すことを目的とするものであるが、後行事件の債権者は、上記(1)ないし(3)のとおり、他に自己の権利を実現する手段がない以上、確認の利益を有すると考えることが可能ではなかろうか。

イ　新たな確認訴訟を提起する場合の当事者をどのように考えるべきか。

先行事件の債権者に対する関係では、先行事件の手続が取り消されることによって直接影響を受ける立場にあるため、確認の利益があると考えられる。先行事件の債務者に対する関係では、先行事件によって自らの債務が減少する立場にあるところ、確認訴訟の確定判決の効果として先行事件が取り消されると、自らの債務が減少しない結果となるため、確認の利益があると考えられる。これに対し、所有権の登記名義人は、先行事件が取

---

[13]　新基本コンメ民執114頁。
[14]　最三判昭和31年4月24日民集10巻4号417頁。

り消されることによって直ちに損害を被る立場にはなく、権利能力なき社団事案において求められる確認訴訟の確定判決の当事者として権利能力なき社団が加えられている根拠が、権利能力なき社団名義の登記ができないことにあるものと考えられることからすれば、所有権の登記名義人に対する関係では確認の利益がないと考えられる。

　先行事件の配当要求債権者及び交付要求庁は、先行事件の帰趨に従うため、被告とする必要はなく、確認の利益もないと考えられる。

　ウ　ただし、確認訴訟を提起しただけでは、先行事件の手続を停止させることはできず、後行事件の債権者が確認訴訟を提起している間に、先行事件が終了してしまうおそれがある。また、仮処分によって強制競売手続を停止させることはできないとされている[15]。

　もっとも、通常の強制競売手続においては、第三者異議の訴えに伴う執行停止の制度が設けられているところ（法38条4項）、権利能力なき社団事案においては、確認訴訟のほかに先行事件を覆す手段がなく、その場合、強制競売手続を停止させる手段がないことからすれば、仮処分によって強制競売手続を停止させることが許されると解する余地があるのではなかろうか。

2　先行事件を覆すことができないという立場の是非

　これに対し、そもそも、後行事件の債権者は、先行事件を覆すことができないという考え方は成り立つであろうか。

　即ち、後行事件の債権者が新たな確認訴訟を提起したとしても、確認訴訟の確定判決は、後行事件の債権者に対して直接の法的効果をもたらすものではなく（これに対し、権利能力なき社団事案の確認訴訟の確定判決は、同判決を前提とする法律関係を前提とした強制競売の申立てをすることができる

---

[15]　八木一洋＝関述之編著『民事保全の実務〔第3版増補版〕（上）』393頁（金融財政事情研究会、2015年）。旧法下の判例として最三判昭和26年4月3日民集5巻5号207頁。

という意味において、債権者に対して直接の法的効果をもたらしている。）、何らかの利益を観念できるとしても、先行事件が効力を失うことによる反射的利益にとどまるという見解が考えられる。

　しかし、先行事件が所有権の登記名義人を債務者とし、後行事件が権利能力なき社団事案である場合には、後行事件の債権者は、第三者異議訴訟を代位行使できるはずであり、後行事件の債権者は、先行事件の効力を争うことができるから、そのこととの関係で均衡を失する。

　上記1(1)において第三者異議訴訟を代位行使することによって先行事件の効力を争うことができないのは、確認訴訟の確定判決が存在することの効果であって、第三者異議訴訟の代位行使そのものが理論的に許されないわけではない。そうすると、先行事件が権利能力なき社団事案である場合、事実上、第三者異議訴訟の代位行使によって先行事件の効力を争うことができないのであれば、新たな確認訴訟について確認の利益があると解して良いのではなかろうか。

3　権利能力なき社団事案の強制競売の申立てに当たり、確認訴訟の確定判決以外の文書が添付されている場合

(1)　和解調書・認諾調書

　和解調書や認諾調書の場合、後行事件の債権者は、先行事件の債務者（所有者）に代位して和解又は認諾無効確認訴訟を提起することが考えられる。ただし、第三者間の和解又は認諾について無効原因が存在することを立証することは事実上困難であろう。

(2)　公正証書

　公正証書の場合、後行事件の債権者は、通謀虚偽表示を理由とする公正証書の無効確認訴訟を提起することが考えられる。

(3)　判決（理由中の判断）

　判決理由中の判断をもって権利能力なき社団が実質的に所有するものとして強制競売を進める場合、かかる判決理由中の判断それ自体の効力を独

立して争う法的手段はない。

(4) その他

他に、1(3)(4)と同様、後行事件の債権者において、第三者異議の訴え又は確認訴訟を提起することが考えられる。

IV 先行事件及び後行事件の債権者相互間の不服申立て

1 後行事件の債権者による不服申立て

後行事件の債権者は先行事件の手続の中で不服申立てをすることができるであろうか。

まず、認容されたとしても先行事件が全体として覆るわけではない不服申立てについては、その後も先行事件に基づいて競売手続が進められるのであるから、不服申立ての利益を欠くというべきであろう。そのような不服申立てとしては、物件明細書の作成に対する執行異議や売却許可決定に対する執行抗告などが考えられる。

これに対し、不服申立てが認容されることにより先行事件が全体として覆るものについては、不服申立てが認められるという考え方と認められないという考え方があり得る。不服申立てが認められないという考え方の根拠として、後行事件の債権者は、先行事件における執行裁判所の執行処分が取り消されたからといって、先行事件において何らかの法律効果を享受するものではないことが挙げられる。しかし、後行事件の債権者は、単なる一般債権者等とは異なり、同一不動産について強制競売開始決定を得ており、先行事件に対する不服申立てが認容されれば、先行事件によって覆されることなく後行事件の手続を進めることができるのであるから、不服申立てが可能と解して良いのではないかと思われる。そのような不服申立てとして、競売開始決定に対する執行異議が挙げられる。

また、後行事件の債権者が先行事件の配当表に債権者として記載される

余地はないため、後行事件の債権者が配当異議の申出をすることはできない[16]。

2　先行事件の債権者による不服申立て

先行事件の債権者による後行事件についての不服申立ては、申立ての利益がないと解すべきであろう。なぜなら、後行事件は、先行事件によって覆される運命にあり、先行事件の債権者は、自らの手続を進行させれば競売手続の目的を達成できるし、後行事件を覆したからといって、先行事件の債権者が利益を受けるわけではないからである。

V　後行事件の時的限界

権利能力なき社団事案においては、後行事件における債権者は、先行事件の手続において配当を受けることはできず、先行事件が取り下げられ、又は取り消されない限り、後行事件に基づいて手続を進めることはできないが、先行事件が取り下げられ、又は取り消される余地がある限りは、後行事件による差押えの効力を生じさせる実益がある。

したがって、後行事件は、先行事件が取り下げられ、又は取り消される余地がなくなるまで（代金納付又は買受人への所有権移転登記がされるまで）は強制競売の申立てが可能であり、また、既に開始決定がされている後行事件は、先行事件の代金納付手続が完了したことが後行事件において確認されれば、手続を取り消すべきである（法53条）。

VI　配当等における問題

権利能力なき社団事案と所有権の登記名義人を債務者（所有者）とする強制執行が併存した場合の配当は、次のように考えられる。

---

16)　最一判平成6年7月14日民集48巻5号1109頁。

1 配当等が行われた場合

　先行事件によって配当等が行われた場合、後行事件の債権者は、法87条1項1号の配当等を受けるべき債権者には該当せず、後行事件の債権者に配当等を実施することはできないと解すべきである。
　このことは、先行事件と後行事件が法47条の二重開始決定の関係に立たないと解されることからの帰結である。

2 剰余金が生じた場合

　また、先行事件において剰余金が生じた場合、これを後行事件に移管した上で、後行事件の手続において配当等をすることはできず、先行事件の債務者（所有者）に還付しなければならないものと解される。
　不動産につき、滞納処分に続いて強制競売が行われ、滞納処分による売却代金について滞納者に交付すべき残余が生じたときは、徴収職員等は、これを裁判所に交付しなければならないものとされている（滞調17条、6条1項）。これは、滞納処分においては、強制競売に係る後行事件があったとしても、後行事件の債権者は配当を受けることができないこと（国徴129条）による。そして、滞調法は、同一の債務者（所有者）について滞納処分と強制競売等の手続の調整を図る法律であり、債務者（所有者）が異なる場合は想定していないから、権利能力なき社団事案において、上記滞調法の規定に準じた扱いをすることはできないものと考えられる。
　後行事件の債権者は、先行事件の売却代金から配当等を受けることはできないが、先行事件を覆すことができないまま先行事件が終局した以上やむを得ない。

第2講
不動産競売手続における商事留置権の成否

日向　輝彦

I　はじめに

1　不動産競売手続における留置権の処遇

　留置権は、通常、全ての者に対抗できるものとされ、民事執行法においても、59条4項（法188条で担保不動産競売について準用される。）は、「不動産の上に存する留置権……については、買受人は、これらによって担保される債権を弁済する責めに任ずる。」と規定し、引受主義を採用している。そのため、買受人は、留置権の付着した不動産の引渡しを受けようと思えば、不動産の売却代金のほかに、留置権者に対して留置権の被担保債権の全額を弁済しなければならない。したがって、競売対象の不動産について留置権の成立が認められることになると、買受人が不測の損害を被らないようにするため、留置権の成立を前提に、留置権の被担保債権額に見合った額を控除する必要がある。その結果、留置権の被担保債権額が不動産評価額を上回るようなケースでは無剰余となり、不動産競売手続が取り消されることにもなるため（法63条）、抵当権者からすれば留置権の成否は重大な関心事といえる。

2　商事留置権の問題点

　不動産競売手続において主張される留置権には、民法上の留置権（民295条）と商事留置権（商521条）とがあり、法59条4項所定の留置権

については、民法上の留置権か商事留置権かはもとより、その権利取得の時期及び原因も問わないという解釈が一般的である[1]。民法上の留置権も、商事留置権も、登記のような公示が要求されていないため、その存否を第三者が確認するのは困難である。とりわけ、商事留置権については、被担保債権と目的不動産との牽連性が要求されないため、常に買受人の引受けになることを認めてしまうと、目的不動産の維持・増加とは無関係に目的不動産の担保価値を浸食してしまうおそれがあり、抵当権等に基づく優先弁済請求権の行使を著しく困難としてしまうことになりかねない。そのため、留置権に関する引受主義については立法的な批判が強い[2]。

3 不動産競売手続において商事留置権の成否が問題となる典型事例

不動産に対する商事留置権の成否は、次のように建物建築工事請負人が建物の敷地を留置しようとする局面において顕在化することが多い。

土地所有者と建物建築工事請負人との間で、抵当権が設定されている土地上に建物を建築する工事請負契約が締結され、同契約に基づき、建築工事が施工されたが、請負代金の支払がされないことがある。このとき、建物が完成していて、その所有権が注文者に帰属する場合には、建物について留置権が成立することは異論がないと思われる。しかし、その場合でも、建物に法定地上権が成立しなければ当該建物には敷地の利用権原がないため、早晩収去される運命にあるといえ、その価額は低廉に評価されることとなり、建物建築工事請負人とって十分な担保ということはできない。そのため、建物建築工事請負人としては、建物以外から債権回収を考えなければならず、そこで、浮上するのが敷地に対する商事留置権であ

---

1) 香川・注釈（3）293 頁〔大橋寛明〕、新基本コンメ民執 181 頁〔水元宏典〕。
2) 松岡久和「留置権に関する立法論」福永有利ほか『倒産実体法——改正のあり方を探る』（別冊 NBL69 号）105 頁（商事法務、2002 年）参照。このような批判に対しては、留置権に法律上の優先弁済の効力がない以上、留置権の留置的効力を尊重し、引受主義を採ることが必然的な要請であるとの反論がある（三ケ月章『民事執行法』253 頁（弘文堂、1981 年））。

る。執行実務では注文者が所有する敷地の担保権の実行手続において、建物建築工事請負人から請負代金債権を被担保債権とする商事留置権を主張されることが少なくない[3]。

4 商事留置権の成否に関する東京地方裁判所民事執行センターの取扱い

(1) 建物未完成事案における取扱い

東京地方裁判所民事執行センターにおいては、従来、商事留置権の成立を否定する見解の説得性に疑義があったことから、不動産競売手続外の別訴において建物建築工事請負人の買受人に対する商事留置権が認められる余地があると考え、買受人に不測の損害を与えないという実践的な見地から、建物建築工事請負人の敷地に対する商事留置権の成立を肯定するものとして事件を取り扱っていた(ただし、建物建築工事がいまだ基礎工事段階にすぎないような場合については、建物建築工事請負人が外形的に敷地に対する独立した占有を有しているとまではいえないことから商事留置権は成立しないものとして取り扱っていた。)。

しかし、現在ではそのような取扱いを変更し、建物がいまだ完成していない事案(以下「建物未完成事案」という。)については、原則として建物建築工事請負人の敷地に対する商事留置権は成立しないものとして、当該敷地を評価し、当該評価に基づいて売却基準価額及び買受可能価額を定め、売却を実施する取扱いとしている。

このように取扱いを変更した背景には、平成22年以降に商事留置権の成立を否定する東京高裁の決定(東京高決平成22年7月26日金法1906号75頁、東京高決平成22年9月9日金法1912号95頁)が相次いで出されたことに加え、それまでの裁判例が請負人の敷地に対する商事留置権の成立を否定する立場に収斂しつつある状況にあったことや、商事留置権の成立

---

[3] 建物建築請負代金債権は建物に関して生じた債権であって、敷地に関して生じたものではないから、牽連性を欠き、ここでは民法上の留置権が成立しないことには争いがないと思われる。

を肯定した裁判例は、商事留置権を主張した時点で建物が完成ないしほぼ完成した事案（以下「建物完成事案」という。）についてのものであったことなどから、少なくとも建物未完成事案については商事留置権の成立を否定する傾向が確立されつつあり、不動産競売手続上、商事留置権が成立しないものとして扱っても、買受人が不測の損害を被るというおそれはほぼなくなったという実務上の理由が存在する[4]。ただし、このような商事留置権を否定する運用の前提として、いかなる法律構成を採るかについては、いまだ統一的な見解が存在するわけではない。

(2) 建物完成事案における取扱い

これに対し、建物完成事案については、商事留置権の成否について確立した取扱いは存在しておらず、事案ごとに個別に検討しているというのが現状である。

もっとも、後記Ⅱ1で見るように、近時の裁判例は、建物完成事案についても商事留置権の成立を否定するか、肯定しつつも商事留置権を先行する抵当権者に対抗できないとしてその効力を制限している。このような状況の中、平成27年5月25日に、東京高裁において、建物完成事案について建物建築工事請負人の敷地に対する商事留置権の主張を抵当権者との関係で否定する決定が出された（執筆時点では公刊物未登載。以下「平成27年東京高裁決定」という。）。

そこで、以下では、上記決定も踏まえ、建物完成事案についても建物建築工事請負人の敷地に対する商事留置権の成立ないし主張を否定するのが相当であるか否かについて検討する。なお、意見にわたる部分は執筆者の私見である。

---

[4] 東京地方裁判所民事執行センター「さんまエクスプレス第60回 建物建築工事請負人の建物の敷地に対する商事留置権の成否」金法1912号82頁（2010年）〔村上泰彦〕。

II 建物完成事案における商事留置権の成否について

1 裁判例及び学説の状況

　これまで最高裁判所の判例で不動産に対する商事留置権の成否について判断を示したものは出されていないが、バブル経済崩壊後、建物建築工事請負人が工事代金の未払を理由に、建物及び敷地に対する商事留置権を主張するケースが続出したこともあり、この問題を扱った下級審裁判例は多く存在する。この問題が争点となった平成以降の高等裁判所の判断を整理すると別紙「不動産商事留置権に関する高裁の判断」のとおりとなる。これらの裁判例をみると、商事留置権の成立を否定するか、成立は肯定しつつもその効力を制限して先行する抵当権に対抗する優先を認めないものが圧倒的多数である。また、これらの裁判例のうち判決理由から建物の存在が読み取れるものとして、裁判例①、③、⑤から⑨、⑪、⑬があり、このうち裁判例①を除いていずれも商事留置権の成立を否定するか、肯定しつつも商事留置権を先行する抵当権者に対抗できないとしてその効力を制限している。

　このような裁判例の傾向からすれば、建物完成事案についても商事留置権の成立ないし対抗を否定する傾向が確立されつつあり、不動産競売手続上、商事留置権が成立しないものとして扱っても、買受人が不測の損害を被るというおそれはほぼなくなったと評価することも可能であろう。しかし、これらの裁判例の論拠は様々であり、複数の法律構成を重畳的に用いるものもあるなど、商事留置権を否定する法律構成は確立されているとはいい難い。また、この問題を扱った文献は多数存在するものの、いずれの見解も定説となるまでには至っていない。見解によっては、敷地に抵当権が設定されていない場合にも建物建築工事請負人の敷地に対する商事留置権を否定することになったり、目的不動産と牽連性を有する被担保債権に基づく民法上の留置権の成立さえ否定したりすることになりかねないことに留意する必要がある。

したがって、建物完成事案について商事留置権を否定する場合には、その法律構成の説得性や他の事案における処理との整合性についても十分検討する必要がある。

2 否定説の検討

以下では、商事留置権の成立を否定する主な見解[5]について検討する。

(1) 不動産除外説

商事留置権の沿革や現行法の成立経緯等からすると、商法521条の「物」には不動産は含まれないとする見解である[6]。

この見解は、沿革上の議論に説得力が認められるが、商法521条は対象物から不動産を除外せずに単に「物」としており、現行法の解釈論としては無理があるといわざるを得ない[7]。なお、平成14年3月にとりまとめられた「担保・執行法制の見直しに関する要綱中間試案」では、商法521条の「物」には不動産が含まれるとの理解を前提に、不動産を商事留置権の対象から外すことが提言されていたが、結局、改正法には取り入れられていないことにも留意されたい[8]。

(2) 占有否定説

①建物建築工事請負人の敷地占有目的が建物建築工事の施工及び建物引渡しのための特殊なものであるという点に着目し、建物建築工事請負人の敷地占有は注文者の占有補助者としてされるにすぎず、商事留置権を基礎

---

5) 本稿で挙げている見解以外の否定説の論拠と批判については、松岡・前掲注2) 90頁以下に詳しい。
6) 淺生重機「建築工事請負人の建物敷地に対する商事留置権の成否」金法1452号16頁（1996年）、菅野佳夫「建築請負契約をめぐる問題点」判タ906号65頁（1996年）等。特に、淺生において詳細に論じられている。
7) 商法学者の多数は、商法521条の「物」には不動産を含むと解している。平出・商行為法144頁、田邊・商法総則・商行為法192頁、近藤・商法総則・商行為法131頁、江頭・商取引法253頁など。
8) 改正担保・執行法の解説16頁。

づけるものではない、あるいは、②工事の施工や引渡しの履行以外の目的で占有権原を主張することは注文者の意思に反し、公平の観点から許されない、などとして建物建築工事請負人の敷地に対する占有を否定する見解である[9]。

　占有とは、人が自己のためにする意思をもって目的物を事実上支配していると認められる客観的関係をいうところ（民180条参照）、建物建築工事請負人が建築工事施工のためだけに敷地を使用している場合には、客観的にみて「自己のためにする意思」があるとはいえないため、建物建築工事請負人の独立した敷地占有は認められない。これに対し、留置権を行使するために敷地を使用していると認められる場合には、客観的にみて「自己のためにする意思」を有しているといえ、建物建築工事請負人の敷地占有を否定することは困難であると思われる。少なくとも、建物が完成し、その所有権が建物建築工事請負人に帰属する場合には、建物は敷地を離れて存在し得ない以上、客観的に見て、建物建築工事請負人が自己のためにする意思をもって敷地を事実上支配しているとみるのが相当であろう。現に、裁判例においても、建物が完成ないしほぼ完成し、かつ、その所有権が建物建築工事請負人に帰属している事案については、建物建築工事請負人による敷地の占有を肯定するものが多く見られるところである（別紙の裁判例⑤、⑦、⑨、⑬）。

　また、上記見解が当初の占有目的による制限を認めている点については、①当初の占有目的による制限を認めてしまうと、例えば、商品保管目的や修理目的の占有では、別個に使用貸借契約等の独立の契約を締結していない限り留置権を主張できなくなってしまい、これは明らかにおかしい、②留置権に基づく占有権原を主張しているのに、占有権原がないから留置権は成立しないというのは論理が倒錯している、といった批判もある[10]。

---

9) ①につき、澤重信「敷地抵当権と建物請負報酬債権」金法1329号22頁（1992年）。②につき、栗田哲男「建築請負における建物所有権の帰属をめぐる問題点」金法1333号10頁（1992年）。

(3) 商行為による占有取得否定説

建物建築工事請負人の占有は当初の請負契約に基づく敷地使用とは別個のものであり、建物建築工事請負人と注文者の間の商行為たる請負契約に基づくものとはいえないとする見解である[11]。

しかし、商事留置権の一般的理解に従えば、商法521条が規定する「その債務者との間における商行為によって自己の占有に属した」というためには、占有取得行為自体が当事者間の商行為である必要はなく、目的物の占有取得の原因が当事者間の商行為によるものであれば足りるから[12]、建物建築工事請負人は商人間の請負契約に基づき敷地の占有を始めている以上、その占有の取得は商行為に基づくものといってよいと思われる。少なくとも、建物の所有権が建物建築工事請負人に帰属するに至った場合には、建物自体は請負契約に基づき建築され、建物建築工事請負人の所有に帰属したものであるから、その建物に基づく敷地占有も請負契約に基づくものと理解するのが自然であろう。

(4) 否定説共通の問題

不動産に対する商事留置権を全面的に否定するか、あるいは、商事留置権の成立要件を操作して敷地の商事留置権を否定してしまうと、敷地に抵当権が設定されていない場合にさえ、建物建築工事請負人は無担保の債権者となってしまい、建物建築工事請負人の保護に著しく欠けてしまうことになりかねない。

なお、請負代金を保全するために建物建築工事請負人がとり得る方策としては、約定の担保権の設定を受けたり、不動産工事の先取特権（民327条）を利用したりすることが考えられるが、実際には、建物建築工事請負人は経済的立場が弱いことや、仕事の完成までが比較的短期間なものが多

---

10) 河野玄逸「抵当権と先取特権、留置権との競合」銀法511号95、96頁（1995年）。
11) 小林明彦「建築請負代金未払建物をめぐる留置権と抵当権」金法1411号22頁（1995年）。
12) 平出・商行為法145頁、江頭・商取引法253頁参照。

いことから、約定担保の設定を受けることはほとんどない。また、不動産工事の先取特権についても、その効力を保存するには工事開始前に費用の予算額を登記する必要があり（民338条1項前段）、しかもその登記は先取特権者が単独で申請をすることができないなど、要件が厳格であることや、登記された予算を超過した増加費用には先取特権は認められないこと（同項後段）などから、追加・変更工事が常態の建築請負では実効性に乏しい。このようなことから、不動産工事の先取特権も実務上はほとんど利用されていない。

3　対抗関係説の検討

次に、対抗関係説について検討する。この説は、敷地に対する商事留置権が成立することは肯定しつつ、敷地の抵当権と商事留置権の優劣は、抵当権設定時期と商事留置権の成立時点（弁済期到来と占有取得時のどちらか遅い方）の先後によって決まるとする見解[13]である[14]。この見解を採る大阪高決平成23年6月7日（別紙の裁判例⑬）は、抵当権の設定登記後に成立した商事留置権については、法59条4項の「使用及び収益をしない旨の定めのない質権」と同様に扱い、同条2項の「不動産に係る権利の取得」に当たるものとして、抵当権者に対抗できないと解するのが相当である、として抵当不動産に対する商事留置権を「使用及び収益をしない旨の定めのない質権」と同様に扱うとの論理展開をしている。

上記決定は、不動産の商事留置権が不動産に対する牽連性を要求しないことから、先行する抵当権者等に不測の損害を及ぼす結果となることは、

---

[13]　基準時を留置権成立時ではなく占有取得時とする考え方もあるが、そもそも権利が成立していない時点を基準として、その権利の対抗要件を具備するということがあり得るのか疑問である。

[14]　秦光昭「不動産留置権と抵当権の優劣を決定する基準」金法1437号4頁（1995年）、生熊長幸「建築請負代金債権による敷地への留置権と抵当権（下）」金法1447号29頁（1996年）、畠山新「抵当権と不動産の商事留置権」金法1945号44頁（2012年）、小林明彦「建築請負代金のための商事留置権と土地抵当権」ジュリ1442号64頁（2012年）など。

担保法全体の法の趣旨、その均衡に照らして容認し難いと説示しており、商事留置権とそれに先行する抵当権との利益衡量に基づく合目的的な判断をしている。

しかし、このような対抗関係説に対しては、次のような批判があり、現行法の解釈として理論的に難点を抱えているといわざるをえない。

① 抵当権設定登記後に成立した不動産に対する商事留置権について、法59条4項の「留置権」ではなく、同項の「使用及び収益をしない旨の定めのない質権」に当たると解することは、同条2項が引受けとなる権利につき単に「留置権」としている現行法の解釈論としては困難であるといわざるを得ない。

② 民法上の留置権と商事留置権が基本的に効力を共通することを考えると、商事留置権についてのみ対抗関係を考えることはこれと整合しない。

③ 商事留置権の被担保債権の中には共益的なものもあるから、被担保債権の種類や性質を問わず、対抗力の具備の先後のみで抵当権との優劣を決するのは、利益衡量上も妥当とはいい難い。

④ 優先する抵当権への配当後に剰余があったときも、破産以外の手続で留置権者が配当を受ける手続が欠けているため（破66条参照）、留置権者は対抗できる他の債権者との関係でも優先弁済を受けられないという問題がある。

⑤ 複数の抵当権の間に商事留置権が成立する場合にどのように処理するかも問題である。

4　平成27年東京高裁決定について

(1)　平成27年東京高裁決定の概要

建物及びその敷地について根抵当権に基づく競売手続が開始され、その手続において、当該建物の建築工事請負人が別件の請負代金債権を被担保債権として上記敷地に対する商事留置権を主張したという事案で、執行裁判所は、商事留置権の成立を認め、無剰余を理由に競売手続を取り消した

のに対し、平成27年東京高裁決定は、次のように説示して、執行裁判所の判断を不当として取り消した。

「抗告人は、債務者から更地である本件土地に根抵当権の設定を受け、……その更地としての交換価値を把握していたところ、……このような事態（執筆者注：本件土地について商事留置権が成立するという事態）は、抗告人にとって根抵当権設定時は予測することが極めて困難なものであり、かつ、抗告人に上記事態の出現を防止する手段も想定できないものであって、抵当不動産である本件土地の交換価値の実現を妨げて根抵当権者である抗告人の優先弁済請求権の行使を著しく困難とするものである。また、債務者は、抵当不動産である本件土地を使用収益するに当たり、本件土地を適切に維持管理することが予定されており、商事留置権を含めて根抵当権の実行としての競売手続を妨害するような占有権原が設定されることになる事態を招くことは許されない。したがって、○○建設（執筆者注：建物建築工事請負人）は、本件土地2（執筆者注：本件土地の一部）の占有の開始に当たり根抵当権の実行としての競売手続を妨害する目的を有していなかったとしても、その占有は、根抵当権者である抗告人との関係は不法占有であるというべきであり、○○建設は、抗告人に対し、本件土地2につき商事留置権を主張することはできないというべきである。」。

(2) 検討

ア　上記決定は、商事留置権に基づく占有が、抵当権を侵害していることを理由に、抵当権者との関係で不法占有であると評価し、商事留置権の主張を否定する。

ところで、抵当権の対抗力の内容は、法188条により準用される法59条2項に規定されており、法46条2項の規定と併せて解すると、抵当権者は、抵当不動産が売却されるまで、たとえ抵当権に劣後する占有権原であっても、通常の用法に従って抵当不動産を占有する限り、その占有に介入し得ないと解される。もっとも、権原に基づく占有のなかには、その動機、態様等が悪質である等の事情により、権原の設定行為の効力が否定される場合もある。最一判平成17年3月10日民集59巻2号356頁は、

所有者から占有権原の設定を受けて抵当不動産を占有する者に対して抵当権に基づく物上請求の可否が問題となった事案において、権原占有者であっても、①その占有権原の設定に抵当権の実行としての競売手続を妨害する目的（以下「競売手続妨害目的」という。）が認められ、②抵当不動産の交換価値の実現が妨げられて抵当権者の優先弁済請求権の行使が困難となるような状態（以下「交換価値実現阻害状態」という。）がある場合には、抵当権に対する侵害と評価し得ることを判示している。同判決は、所有者が競売手続妨害目的をもって第三者に使用収益権を設定することは、いわば所有者に留保された管理処分権の逸脱又は濫用であって抵当権者との関係では正当化されないといった考えに立つものと思われ、競売手続妨害目的は、所有者の使用収益権と抵当権者の交換価値把握の権能との調和を図る観点から要求されたものと考えられる[15]。

このような考え方からすれば、権原占有者の競売手続妨害目的の有無にかかわらず、交換価値実現阻害状態が生ずれば常に抵当権者との関係で不法占有と評価することは、いきすぎであるといわざるを得ない。

イ　商事留置権についてみると、土地所有者の土地の使用収益は本来自由であり、土地上に建物を建てることも許容されるはずであるから、建物建築工事請負契約が抵当権者との関係でその効力が否定される理由はなく、同契約に基づく建物建築工事請負人の占有が常に不法占有であると解することは相当でないと思われる。少なくとも、留置権の被担保債権が、抵当不動産の価値の維持・増加を原因として生じたものであったり、抵当不動産が惹起した損害賠償請求権といった共益的性格が強い場合等には、必ずしも抵当権を商事留置権者に優先させる実質的な根拠があるとはいえないから、商事留置権者について抵当権者との関係においても不法占有であると評価すべき理由はない。また、抵当権者が建物の建築が予見される状態で抵当権の設定を受けた場合についても、抵当権者を保護する必要性は乏しい。

そうすると、商事留置権者が抵当権者との関係で不法占有と評価できる

---

[15]　戸田久・最判解民事篇平成17年度（上）161頁参照。

場合があるとしても、被担保債権の種類（共益的性格を有するか否か）や金額（交換価値の実現を阻害する否か）、商事留置権者による競売手続妨害目的[16]の有無、抵当権者が抵当権設定時に建物の建築を予見し得たかなどの事情を踏まえて総合的に判断することが必要であると思われる。

5　結論

　目的物との牽連性をも必要としない商事留置権の成立を認めることは、占有を要件とせず登記の先後により優先権が決まる抵当権との競合が生じ、その結果不動産取引の安全を著しく害するおそれをはらんでいることは否定し難いと思われる。しかし、商事留置権の成否や競売手続における処遇は、あくまで商法521条、法59条4項等の解釈として決すべき問題であって、上記のような懸念から、商事留置権の成立ない主張を一律に否定するのは相当とはいえない。

　以上で検討したとおり、否定説や対抗関係説は、現行法を前提とする限り回避不可能な問題を含んでおり、解釈による解決はいずれも決定打を欠いているといわざるを得ない。また、平成27年東京高裁決定を踏まえても、建物完成事案における商事留置権の処遇については、なお個別に検討する必要があるものといえ、建物未完成事案と同様に扱うことは相当ではないと思われる。

---

[16]　例えば、土地所有者が既に債務超過の状態に陥り又はそのような状態が切迫し、請負代金の完全な弁済を受けられる可能性が著しく低くなった状態で、既に土地に抵当権が設定されており、留置権の成立により抵当権者がその債権の満足上の不利益を被ることを知りつつ、意図的に留置権の成立内容を備える内容の取引を行うことなどが考えられる（中川敏宏「不動産留置権の抵当権化の可能性——韓国の留置権制度改革に対する考察を通じて」専修大学法学研究所編『民事法の諸問題(14)』（専修大学法学研究所紀要39巻）98頁（2014年））。

[別紙] 不動産商事留置権に関する高裁の判断

	事件	否定説				対抗関係説	肯定説	備考
		不動産除外	独立の占有否定	目的により占有概念を限定	商行為による占有否定			
①	東京高決平成6年2月7日金法1438号39頁						○	【占有状況】建物完成。【判断】商事留置権が成立することにつき、理由をほとんど示していない。
②	東京高決平成6年12月19日金法1438号40頁			○				【占有状況】建物不存在。ただし、請負人は土地を板囲いで囲い、請負人の社名が表示された看板を掲げていた。【判断】・建築工事の施工という限られた目的のための占有をもって、未だ基礎工事の中途段階で建物の存在しない状況にある敷地について、建物建築請負代金のための留置権成立の根拠とするのは、契約当事者の通常の意思と合致せず、必ずしも公平に適わない。・抵当権設定後の占有権原は抵当権者に対抗できず、抵当権者との関係では、その占有は不法占有と解すべき。
③	東京地判平成7年1月19日金法1440号43頁		○					【占有状況】建物完成。ただし、所有権は注文者に帰属。【判断】・建物の所有権が注文者にある以上、敷地の占有者は注文者であり、請負人は、請負契約に付随して敷地の利用が認められたに過ぎない。・もっとも、建物留置権の行使により建物の引渡しを拒否できる反射作用として、請負人は、建物を留置するために必要不可欠な敷地の明渡しを拒否することができる。
④	東京高判平成8年5月28日金法1456号33頁	○						建築工事の事例ではないが、倉庫及び事務所の借主たる会社が賃料の不払を理由に建物明渡訴訟を提起された際に、貸主に対する貸金債権等を被担保債権として、商事留置権を主張した事案。
⑤	大阪高判平成9年6月13日金法1508号80頁			○		○		【占有状況】建物完成。所有権は請負人に帰属。【判断】・建物の所有権を原始取得したことによって建物の敷地としての占有を得た

事件	否定説 不動産除外	否定説 独立の占有否定	否定説 目的により占有概念を限定	否定説 商行為による占有否定	対抗関係説	肯定説	備考
							ことが認められるが、請負人が取得する占有は、建物建築工事施工のために限定されたものであって、建物完成後も占有を継続するのは、当初の目的を超えている。 ・根抵当権設定後に商事留置権が成立するとしても、両担保権の成立ないし対抗要件の具備の順序、被担保債権の土地に対する牽連性の濃淡等からみて、商事留置権より根抵当権の保護を優先させるのが不動産担保法全体を通じての法の趣旨に沿い、公平である。
⑥ 大阪高判平成10年4月28日金判1052号25頁			○		○		【占有状況】 建物完成。所有権は注文者に帰属。 【判断】 ・商法521条の「物」に不動産が含まれることについては、立法の沿革に照らして疑問があるが、仮にこれが成立するとしても、請負人が取得する敷地の占有は、建物建築工事施工のために限定されたものであって、建物完成後も占有を継続するのは、商事留置権という法的根拠が仮にあるとしても、当初の目的を超えたものといえる。 ・抵当権設定後の留置権の成立は抵当権者の予測外であり、留置権による占有を抵当権者ないし抵当権実行による買受人に対抗しうるとすれば、土地抵当権設定の方法による融資取引の安全、安定を著しく阻害する結果となるものであり、不動産担保法全体の法の趣旨に照らして相当でない。 【その他の事情】 建物の注文者と土地所有者が同一でなく、建物の注文者が土地に対して単に短期賃貸借を有するに過ぎないという特殊性がある。
⑦ 東京高決平成10年6月12日金法1540号65頁		建物所有権取得前 ○		建物所有権取得後 ○			【占有状況】 60%完成。各階コンクリート打設が完了した段階で中断。建物所有権は請負人に帰属。 【判断】 建物引渡までの土地使用は、他に別段の合意があるなどの事情がない限り、注文者の占有補助者として使用しているに

事件	不動産除外	独立の占有否定	占有概念を限定	目的により占有否定	商行為による占有否定	対抗関係説	肯定説	備考
								すぎないが、請負人が建物の所有権を取得した後は、敷地を独立して占有するに至ったと認められる。 ただし、その占有は当初の請負契約に基づく土地使用とは別個のものであって、商行為によって生じた占有とはいえない。
⑧ 東京高決平成10年11月27日金法1540号63頁					(○)			【占有状況】 建物ほぼ完成。所有権は注文者の破産財団に帰属。請負人が建物を万能板で囲み、施錠し、施工業者が請負人であることを表示し、これにより、敷地を上記万能板で囲む状況となった。 【判断】 ・上記請負人による占有態様は、商法521条所定の占有と評価することができる。 ・商事留置権は肯定されるが、敷地所有者が破産したことにより、旧破産法93条1項（現破産法66条1項）に基づき特別の先取特権に転化した商事留置権と抵当権との優劣関係は、抵当権設定登記と商事留置権の成立との先後による。
⑨ 東京高決平成10年12月11日金法1540号66頁		建物所有権取得前○		建物所有権取得後○				【占有状況】 建物ほぼ完成。所有権は請負人に帰属。 【判断】 裁判例⑦とほぼ同様の判断を示した。 なお、同決定は、万能板で囲い出入り口を施錠したことによっては、敷地を占有したことにはならないとも判示している。
⑩ 東京高決平成11年7月23日金法1559号36頁		○						【占有状況】 建物未完成。一部躯体部分の建築を完了した時点で中断。 【判断】 建物が完成していた場合でも未完成事案と同様に請負人は占有補助者にすぎない。 「一般に請負人は……建物所有のために敷地上に使用借権等を取得すると解する余地があるのであるが、右権原も工事施工という事実行為のために成立したものであり、注文主への完成建物の引渡しという限定された目的のために存続する一時的な権原にすぎない。」

事件	否定説 不動産除外	否定説 独立の占有否定	否定説 占有概念を限定	否定説 商行為による占有否定	対抗関係説	肯定説	備考
⑪ 東京高決平成22年7月26日金法1906号75頁	○			○			【占有状況】 建物完成。建物所有権の帰属先不明。 【判断】 「商取引上、……商人の所有物……を常態的に占有することが予定されている場合に、その取引のためにその物……を占有したことが必要である。取引目的の実現の際、取引目的外の物に占有を及ぼし、それが偶々債務者所有であったという場合のその目的外の物は『商行為によって自己の占有に属した』とはいえないというべきである」。
⑫ 東京高決平成22年9月9日金法1912号95頁		○					【占有状況】 建物未完成。工事中断後、敷地の周囲に鉄製フェンスを設置して施錠をし、かつ留置権行使中の看板を掲示。 【判断】 ・建物は未完成である上、請負人の土地使用は、注文者との間の請負契約に基づき建物建築工事施工という債務の履行のための立入り使用である。請負人が土地について対外的に独立した占有訴権を行使したり、土地からの果実を収取することなどを予定しているものとも認めらない。そうすると、請負人は、土地につき、注文者の占有補助者の地位を有するにすぎない。 ・工事中断後にフェンスを設置するなどして占有を開始したとしても「商行為によって」自己の占有に属したとはいえない。
⑬ 大阪高決平成23年6月7日金法1931号93頁					○		【占有状況】 建物完成。所有権は請負人に帰属。 【判断】 ・建物完成時点における請負人の敷地に対する占有は商法521条所定の占有と評価でき、この時点で商事留置権が成立したといえる。 ・しかし、「抵当権設定登記後に成立した不動産に対する商事留置権については、民事執行法59条4項の『使用及び収益をしない旨の定めのない質権』と同様に扱い、同条2項の『対抗することができない不動産に係る権利の取得』にあたるものとして、抵当権者に対抗できないと解するのが相当である。」

第3講
法定地上権の成否を巡る諸問題

竹田　光広

I　法定地上権の意義、成立要件（概説）

1　法定地上権制度の存在理由

　民法においては、土地と建物は別個の不動産とされ、別個に抵当権の目的物となり、別個に差押え等の対象となる。土地とその上の建物が同一所有者に属している場合、自ら所有する土地について自己のために建物所有を目的とする土地利用権の設定（自己借地権の設定）をすることはできないため、競売により土地と建物の所有者が異なるに至ったときには、建物所有者又は建物買受人は、土地買受人又は土地所有者に対して、建物の土地利用権を主張できず、建物を収去して土地を明け渡さなければならないことになる。こうした事態を避けるため、その建物のために地上権が設定されたものとみなす制度が、法定地上権制度である。

　民法388条は、①土地上に建物が存在し（物理的要件）、②それが同一の所有者に属する場合に（所有者要件）、③土地又は建物に抵当権が設定され、④競売により土地及び建物の所有者を異にするに至った場合に、法定地上権が成立するものとしている（民法上の法定地上権）。

　また、法81条は、①土地上に建物が存在し（物理的要件）、②それが同一の所有者に属する場合に（所有者要件）、③土地又は建物に対する差押えがされ、④売却により土地及び建物の所有者を異にするに至った場合に、やはり法定地上権が成立するものとしている（民事執行法上の法定地上権）。

　かつては、民法上の法定地上権の成立要件のうち、④の「競売」に担保

権実行としての競売のみならず、強制競売及び公売処分を含むかどうかについて争いがあったが、この点が立法的に解決されたことになる（なお、公売処分については、国徴127条参照。）。

　法定地上権は、民法上、主として競売後の地上建物の存続を図るところに意義があるが（現実の利用上の法定地上権）、不動産競売手続においては、地上建物の存続を前提としつつ、土地及び建物の一括売却の可否（法61条、188条）や売却代金の案分（法86条2項、188条）に影響を及ぼす評価上の意義（評価上の法定地上権）もあり、法定地上権の成否が配当異議訴訟で争われることも多い。

2　法定地上権の成立要件（概説）

　民法上の法定地上権の成立要件の判断については、抵当権設定当時が基準となり、前記のとおり、土地又は建物の一方あるいは双方に対する最先の抵当権設定時に、土地上に建物が存在していること（物理的要件）、抵当権設定時における土地と建物の所有権が同一人に属していること（所有者要件）が必要となる。

　なお、民事執行法上の法定地上権の成立要件の判断については、差押え時が基準になるとするのが通説である。

Ⅱ　法定地上権の成立要件

1　土地上に建物が存在すること（物理的要件）

(1)　建物の存在

　物理的要件としては、抵当権設定時に現に建物が存在していれば足り、建物保存登記を経由している必要はない（大判昭和14年12月19日民集18巻1583頁）。「建物」といえるか否かについては、大審院以来、取引・利用の目的から社会観念上独立した建物といえる効用を有するか否かにより判断されており、法定地上権の物理的要件としての建物についてもおお

むね同様ということができる。もっとも、法定地上権の目的からすれば、土地利用目的は建物所有を目的とするものに限られることになる。

(2) 更地事例について

ア　抵当権設定時に土地が更地であった場合には、原則として、法定地上権は成立しない。この場合、土地の抵当権者は、地上権の負担のない土地所有権の交換価値を把握しているから、その後新築された建物のために法定地上権の成立を認めるならば、抵当権者に不測の損害を与えることになるからである。

最二判昭和36年2月10日民集15巻2号219頁（以下「36年最判」という。）は、更地に抵当権が設定された後の建物築造のケースにおいて法定地上権の成立を否定した例ではあるが、その判示において、「民法388条により法定地上権が成立するためには、抵当権設定当時において地上に建物が存在することを要するものであって、抵当権設定後土地の上に建物を築造した場合は原則として同条の適用がないものと解するを相当とする」として、抵当権設定後土地上に建物が築造された場合には原則として法定地上権が成立しないことを明確にしつつ、例外として法定地上権が成立する場合があり得ることを明らかにした上で、「土地に対する抵当権設定の当時、当該建物は未だ完成しておらず、しかも原判決認定の事情に照らし更地としての評価に基づき抵当権を設定したことが明らかであるときは、たとえ抵当権者において右建物の築造をあらかじめ承認した事実があっても、民法388条の適用を認むべきではない」として、土地に対する抵当権設定時における抵当権者の評価内容をその判断基準の1つとして挙げており、抵当権設定当時に既に建物の築造に着手されており、抵当権者がこれを承認した上、その建物の存在を前提とする土地評価に基づき抵当権の設定を受けたことが客観的に明らかなような場合には、例外的に法定地上権の成立を認め得ることを示唆したものと解されている[1]。法定地上権制度の目的が地上建物の存続による土地利用権保護と抵当権者による土地の価値把握との調和にあるとすれば、こうした抵当権者の土地の評価内容を判断基準の1つとすることには、相応の合理的根拠があると

いえよう。

　その後の最判でも、更地事例につき原則として法定地上権は成立せず、建物築造を抵当権者があらかじめ承認していたというだけでは足りないなどとする否定例が続き（最一判昭和44年2月27日判タ233号83頁、最三判昭和51年2月27日金法796号77頁等）、上記36年最判の原則論が確認された。一方で、その例外事例としては、下級審裁判例ではあるが、土地に対する抵当権設定時に建物の移築に着手されており、抵当権設定後1か月で建前がされ約4か月後に建物が完成し、抵当権者は抵当権設定時に建物建築の事実を承知し、建物が完成しても完全な弁済が得られるという土地評価のもとに抵当権を設定したという事案において、抵当権者は建物建築の事実を知ってこれを承認した上、その建物の存在を前提とする土地評価に基づいて抵当権を設定したことが明らかであり、抵当権者に不測の損害を被らせるおそれはないとして法定地上権の成立を認めた事例（松山地判昭和40年2月1日下民集16巻2号205頁、高松高判昭和44年7月15日下民集20巻7＝8号490頁）、土地に対する抵当権設定時には、既に屋根が葺かれ、壁の下地ができていた程度に建築が進んでいたという事案において、抵当権設定時に建物が建築中であった場合、法定地上権が成立するためには、例えば居住用建物として必要なすべての内外装工事が完成していることは必ずしも必要ではなく、建物の規模、種類が外形上予想できる程度にまで建築が進んでいる場合には、抵当権者は完成される建物を予想することができ不測の損害を被ることはないし、社会経済上も建物を維持する必要が認められるとして、法定地上権の成立を認めた事例（東京高判昭和47年5月24日下民集23巻5〜8号268頁）などがある。これらの裁判例は、36年最判の想定する例外的事例を認めたものと評価することができよう。

　イ　ところで、迅速性と経済性が要求される執行手続においては、建物の現実の完成時期や抵当権設定者の認識などを認定することは容易ではな

---

1) 同最判をこのように理解できることについては、川添利起・最判解民事篇昭和36年度33頁参照。その他の判例評釈もほぼ同旨といってよい。

Ⅱ　法定地上権の成立要件　269

いから、既登記建物については、建物登記記録の新築年月日により建物の存在時期を認定し、土地に対する抵当権設定時期との間隔により、法定地上権の成否を判断するのが執行実務の取扱いである。東京地裁民事執行センターにおいては、建物の完成が土地抵当権の設定時から数か月以内である場合は、特段の事情のない限り、土地抵当権設定時には建物の規模及び種類が外形上予想できる程度に至っていたものと認めて、法定地上権の成立を肯定する取扱いをしている。

(3) 再築事例
　ア　当初建物が取り壊された後に再築された建物につき、法定地上権が成立するか否かについては、これを認めるのが従前の大審院以来の判例とされていた。大判昭和10年8月10日民集14巻1549頁は、土地及び建物の所有者が、土地のみに抵当権を設定した後に建物を取り壊して新建物を建築した場合に、土地が競売されたときは、新建物のために旧建物を基準とする法定地上権が成立するとし（なお、最三判昭和52年10月11日民集31巻6号785頁は、同様の事案において、抵当権者の利益を害しないと認められる特段の事情がある場合には、新建物を基準とした法定地上権の内容を定めて妨げないとしたが、例外を認めるべき特段の事情については必ずしも明確ではない。）、大判昭和13年5月25日民集17巻1100頁は、所有者が土地及び建物に共同抵当権を設定した後に建物が滅失し、滅失した旧建物所有者の妻が新建物を建築した場合に、土地が競売されたときは、新建物のために旧建物を基準とする法定地上権が成立するとしており、学説上も抵当権設定当時建物が存在していた以上、抵当権者は法定地上権の成立を予測していたのであるから、再築した新建物に法定地上権が成立することを認めること自体には問題がないとする見解が一般的であった。

　ところで、土地と建物が同一所有者に帰属する場合には抵当権を取得する金融機関はこれを共同担保にとるのが通例であるが、上記見解に従えば、再築した新建物については法定地上権が成立し、新建物につき担保権の追加設定を受けられなかった土地抵当権者は、法定地上権の負担付きの土地の担保価値（土地の価格から法定地上権の価格が控除されたいわゆる底地

価格。地域にもよるが底地価格は土地価格の2、3割程度になる。）しか把握できないことになるため、土地及び建物に対する抵当権設定後、地上建物を取り壊し、その後新建物を築造して法定地上権を主張する執行妨害事例が多発するようになった。そこで、このような事例につき法定地上権を認めない見解も現れるようになり、実務の取扱いなども大きく分かれるようになった。

　イ　上記のような事例において、再築建物につき法定地上権の成立を認める見解は、土地と地上建物に共同抵当権が設定された場合、抵当権者は、土地の担保価値については、土地抵当権により底地価格を、建物抵当権により法定地上権相当価格をそれぞれ個別に把握しているのであるから、建物抵当権が地上建物取り壊しにより消滅する以上、法定地上権を成立させても土地抵当権による底地価格の担保価値の把握には影響はなく、土地抵当権を害することにはならないと説明する（個別価値考慮説）。

　これに対して、再築建物につき法定地上権の成立を否定する見解は、土地と地上建物に共同抵当権が設定された場合、抵当権者は、土地の担保価値のうち、底地価格を土地抵当権により、法定地上権相当価格を建物抵当権によりそれぞれ把握することで、結局、土地の担保価値全体（更地価格）を把握していたのであり、そうした抵当権者の合理的意思によれば、地上建物の滅失後は、土地抵当権が土地の担保価値全体（更地価格）を把握することになるのであるから、法定地上権の成立を認めることは不当であると説明する（全体価値考慮説）。

　もっとも、個別価値考慮説においても、抵当権設定者が地上建物を勝手に取り壊し、抵当権実行後（差押え後）に簡易建物を建築するような執行妨害事例については、新建物につき法定地上権の成立を主張することは権利濫用に当たるとする修正が示されていたし、全体価値考慮説においても、新建物所有者が土地所有者と同一で、かつ、新建物が建築された時点での土地抵当権者が新建物につき土地抵当権と同順位の共同抵当権の設定を受けたとき等においては、例外的に新建物のために法定地上権が成立するとされていた。

　東京地裁民事執行センターにおいては、全体価値考慮説を採用していた

が、全国的な実務的取扱いが統一されていた状況にはなかった。

　ウ　そうした状況の中、①最三判平成9年2月14日民集51巻2号375頁、②最一判平成9年6月5日民集51巻5号2116頁、③最二判平成10年7月3日判タ984号81頁等の3つの最高裁判決が出され、3つの小法廷がいずれも全体価値考慮説を採用することが明らかにされた。

　すなわち、まず、上記①の最判が、「土地及び地上建物に共同抵当権が設定された場合、抵当権者は土地及び建物の全体の担保価値を把握しているから、抵当権の設定された建物が存続する限りは当該建物のために法定地上権が成立することを許容するが、建物が取り壊されたときは土地について法定地上権の制約のない更地としての担保価値を把握しようとするのが、抵当権設定当事者の合理的意思であり、抵当権が設定されない新建物のために法定地上権の成立を認めるとすれば、抵当権者は当初は土地全体の価値を把握していたのに、その担保価値が法定地上権の価額相当の価値だけ減少した土地の価値に限定されることになって、不測の損害を被る結果になり、抵当権設定当事者の合理的な意思に反するからである」とし、全体価値考慮説を前提とした上で、「所有者が土地及び地上建物に共同抵当権を設定した後、当該建物が取り壊され、当該土地上に新たに建物が建築された場合には、新建物の所有者が土地の所有者と同一であり、かつ、新建物が建築された時点での土地の抵当権者が新建物について土地の抵当権と同順位の共同抵当権の設定を受けたとき等の特段の事情のない限り、新建物のために法定地上権は成立しない」とする判決要旨を述べ、土地所有者から土地を賃借した会社が新建物を建築した事案において、特段の事情がないものとして、法定地上権の成立を否定した。

　そして、上記②の最判は、上記①の判決要旨と同旨を判示した上、土地建物に共同抵当権が設定された後、建て替えられた新建物に土地との共同抵当権が設定されたが、新建物に対する抵当権設定前に法定納期限が到来した国税（新建物の抵当権の被担保債権に優先する国税であり、いわゆる「中間租税債権」といわれるもの。）につき交付要求がされた場合につき、「新建物の所有者が土地の所有者と同一であり、かつ、新建物が建築された時点での土地の抵当権者が新建物について土地の抵当権と同順位の共同抵当権

の設定を受けた場合であっても、新建物に設定された抵当権の被担保債権に法律上優先する債権が存在するときは、特段の事情がある場合には当たらず、新建物のために法定地上権が成立しない」として、抵当権設定当事者の合理的意思を尊重する結論をとった（すなわち、この場合には、土地の抵当権の対象財産の換価代金については、抵当権の被担保債権が国税債権に優先するが、新建物の抵当権の対象財産の換価代金については、国税債権が優先することになるところ、仮に、特段の事情があるものとして、新建物のために法定地上権が成立することを認めるとすれば、国税債権は、建物自体の価格だけではなく、土地の担保価値のうち、法定地上権相当額についても抵当権の被担保債権に優先して配当を受けられることになるため、特段の事情がある場合には当たらないとしたものである。）。

さらに、上記③の最判は、やはり上記①の判決要旨と同旨を判示した上、個別価値考慮説に立って新建物について法定地上権の成立を認めた原審の判断を是認することができないものとして、原判決の破棄差戻しをした。

上記各最判は、抵当権設定当事者の担保価値把握に関する合理的意思を重視して法定地上権の成否を判断したものと評価することができよう。

ところで、執行実務上、法定地上権の成否は、物件明細書作成時及び売却基準価額決定時までに判断する必要があるところ、上記②の最判における事例のような中間租税債権について、その時点までに交付要求がされないときには、新建物の所有者が土地の所有者と同一であり、かつ、新建物が建築された時点での土地の抵当権者が新建物について土地の抵当権と同順位の共同抵当権の設定を受けたときであれば、特段の事情があるものとして、法定地上権の成立を前提として、物件明細書を作成し、売却基準価額を決定せざるを得ないことになる（配当要求の終期から３か月以内に売却許可決定がされないときは、配当要求の終期はその３か月後に自動的に延長されることになる（法52条）から、売却基準価額決定後に、配当要求の終期が到来することが十分あり得る。）。売却基準価額決定後に交付要求がなされ、新建物の抵当権に優先する中間租税債権の存在が明らかになった場合には、法定地上権が成立しないことを前提として、手続の見直しをする必要が生

ずることになる。交付要求が売却実施処分後開札期日前にされれば売却実施処分を取り消すことになろうし、開札期日後売却許可決定期日前であれば売却不許可決定をすることになろう。

　なお、中間租税債権が存在する場合においても、その中間租税債権の額が新建物の本体価格を下回っているようなときには、法定地上権の成立を認めても、中間租税債権に建物価格のみから優先して配当すればよく、抵当権者の土地全体の価値把握には影響を及ぼさないとして、中間租税債権の額によって特段の事情の有無を判断する見解もある[2]。しかしながら、国税徴収法16条を前提としてそのような切り分けが可能かという問題や法定地上権の成否の判断を前提とせずに（すなわち、建物が存続するのか収去されるのかを決めることなく）建物本体価格の評価が可能なのかという問題もあり、東京地裁民事執行センターでは、売却条件の一義的明確性の観点等から、中間租税債権の額を考慮することなく、法定地上権の成立を否定する取扱いを行っている。

2　土地及び建物が同一の所有者に属すること（所有者要件）

(1)　所有者の同一

　ア　前述のとおり、法定地上権制度は、自ら所有する土地について自己のために建物所有を目的とする土地利用権の設定ができない現行法制の下で、建物存続という社会経済上の利益を確保せんとするものであるから、同一所有者要件が必要とされている（最三判昭和48年9月18日民集27巻8号1066頁等）。

　同最判は、さらに、抵当権設定時に土地・建物が同一所有者に実体的に帰属している場合には、未登記でも、所有権移転登記を経由していなくともよい、すなわち、対抗要件の具備は必要ないとしている。

---

[2]　小林明彦ほか「座談会・再築建物のための法定地上権をめぐって」金法1493号39頁（1997年）、滝澤孝臣「所有者が土地および地上建物に共同抵当権を設定した後に当該建物が取り壊されて同土地上に新たな建物が建築された場合における法定地上権の成否」金法1548号23頁（1999年）等。

そして、土地と建物の所有者が親子、兄弟、夫婦等の関係にある場合でも、異なる所有者である以上、抵当権設定時に土地利用権の設定が可能であるから、法定地上権は成立しない（最二判昭和51年10月8日集民119号35頁）。上記のような親族関係においては、賃料等を定めた明確な土地利用権の設定をすることなく、土地利用がされることも多いが、その場合には、黙示の使用貸借が認められることが多いであろう。

　イ　前述のとおり、同一所有者要件の判断の基準時は、最先の抵当権設定時であるが、最先の抵当権設定当時、土地及び建物の所有者が異なっていたところ、その後、同一の所有者に帰属したような場合にどのように解するべきかが問題となり得る。

　まず、土地及び建物の所有者が異なる当時に甲の第1順位の抵当権が建物にのみ設定され、その後、土地及び建物の所有者が同一となり、建物及び土地につき乙の共同抵当権が設定された場合（建物のみ抵当型）の法定地上権の成否については、見解に争いがある（この点を明確に判示した最高裁判例はないものと考えられる。）。東京地裁民事執行センターにおいては、このような場合に、法定地上権の成立を認めると、抵当権設定当時、建物とその約定利用権の価値を把握していたにすぎない甲に約定利用権の価値を上回る法定地上権の価値を得させる一方で、乙が損失を被ることになるとして、法定地上権が成立しないことを前提として売却条件が定められた事例がある[3]。

　次に、土地及び建物の所有者が異なる当時に甲の第1順位の抵当権が土地にのみ設定され、その後、土地及び建物の所有者が同一となり、建物及び土地につき乙の共同抵当権が設定された場合（土地のみ抵当型）については、最二判平成2年1月22日民集44巻1号314頁が、「土地について1番抵当権が設定された当時土地と地上建物の所有者が異なり、法定地上権成立の要件が充足されていない場合には、1番抵当権者は、法定地上権の負担のないものとして、土地の担保価値を把握するのであるか

---

[3]　西岡清一郎ほか「さんまエクスプレス第14回　二　取扱いの紹介」金法1663号79頁（2003年）参照。

ら、後に土地と地上建物が同一人に帰属し、後順位抵当権が設定されたことによって法定地上権が成立するものとすると、1番抵当権者が把握した担保価値を失わせることになる」として法定地上権の成立を否定した。これも抵当権設定当事者の担保価値把握に関する合理的意思を重視して法定地上権の成否を判断したものといえよう。

なお、最二判平成 19 年 7 月 6 日民集 61 巻 5 号 1940 頁は、上記最判と類似の土地のみ抵当型の事案で、競売開始決定当時、1 番抵当権が消滅していたときは、現存する抵当権を基準として法定地上権の成否を判断すべきであるとする。

乙とすれば、担保権実行時に先順位抵当権が消滅した場合には自らが 1番抵当権者としての担保価値を把握することができるとの意思を有していると考えられるのであるから、法定地上権の成否につき、現存する抵当権を基準とすべきことは当然といえよう。

(2) 共有と法定地上権

ア　はじめに

土地又は建物の一方ないし双方が共有の状態にある場合、同一所有者要件を満たして法定地上権が成立するか否かについては、共有関係が生じているのが建物か、土地か、あるいは双方かという要素、抵当権の目的の範囲や抵当権の実行の範囲といった要素の組合せにより多数の類型が考えられ、判例もそれほど多くはないため、複雑な問題を生ずる。

紙幅の関係もあり、考え得る類型を網羅的に論ずることは困難であるので、類型ごとの詳細及び東京地裁民事執行センターの取扱いについては、不動産執行の理論と実務（上）265 頁以下に譲ることとし、ここでは典型的な事例について、判例を中心とした簡単な検討にとどめたい。

イ　建物が甲単独所有で土地が甲・乙共有の場合

最一判昭和 29 年 12 月 23 日民集 8 巻 12 号 2235 頁（以下「29 年最判」という。）は、土地の甲共有持分のみに抵当権が設定され、これが実行された場合につき、法定地上権の成立を否定した。すなわち、同最判は、共有者の一人が共有地上に地上権を設定するには、他の共有者の同意を要す

ることを前提とした上で、「地上権を設定したものと看做すべき事由が単に土地共有者の一人だけについて発生したとしても、これがため他の共有者の意思如何に拘らずそのものの持分までが無視されるべきいわれはないのであって、当該共有土地については地上権を設定したと看做すべきではない」としたものである。

　その後、最三判昭和44年11月4日民集23巻11号1968頁は、建物のみに抵当権が設定され、これが実行された場合において、上記29年最判を前提としつつ、「右は他の共有者の意思に基づかずに当該共有者の土地に対する持分に基づく使用収益権を害することを得ないことによるものであるから、他の共有者がかかる事態の生ずることを予め容認していたような場合には、右の原則は妥当しない」とし、他の共有者の予めの容認があったときは、法定地上権が成立し得るとして、仮換地の特定部分の売買により法律上は従前地の共有持分が売買されたことになったために共有関係が生じたというやや特殊な事案において、仮換地の特定部分の売買により、共有者は法定地上権の成立を容認していたものとして、法定地上権の成立を肯定した。これは、29年最判が他の共有者の同意や意思に触れていることから、その例外として他の共有者の容認がある場合として判断されたものと考えられる。もっとも、そうした容認が個別具体的、主観的なものでは足りず、客観的なものであることを要すると解すべきことは、36年最判などによっても指摘されているところであり、こうした容認による例外については、限定的に解するのが実務的な運用といえよう[4]。

　そして、最三判平成6年12月20日民集48巻8号1470頁は、地上建物の共有者の一人であり、土地共有者でもある甲の債務を担保するため土地共有者の全員が各持分に共同して抵当権を設定し、これが実行された場合において、甲以外の土地共有者らが甲の妻子であるといった土地共有者間の人的関係のような外部からうかがい知ることのできない事情の存否により法定地上権の成否を決することは相当ではなく、「土地共有者らは建物所有者らが当該土地を利用することを何らかの形で容認していたとい

---

[4] 不動産執行の理論と実務（上）266頁参照。

えるとしても、その事実のみから右土地共有者らが法定地上権の発生を容認していたとみるならば、右建物のために許容していた土地利用関係がにわかに地上権という強力な権利に転化することになり、ひいては、右土地の売却価格を著しく低下させることとなるのであって、そのような結果は、自己の持分の価値を十分に維持、活用しようとする土地共有者らの通常の意思に沿わない」として、法定地上権の成立を否定した。同最判は、甲以外の土地共有者らが甲の妻子であるという事情や土地の各持分に共同抵当が設定されたという事情だけでは、甲以外の土地共有者らが法定地上権の成立をあらかじめ容認していたとみることができる客観的、外形的事実があるとはいえないと判断したものであり、事例判断ではあるが、法定地上権の成否の判断のあり方について指針を示すものということができる。

　ウ　建物が甲・乙共有で土地が甲単独所有の場合

　最三判昭和46年12月21日民集25巻9号1610頁は、甲所有の土地のみに抵当権が設定され、これが実行された場合について「建物の共有者の一人がその建物の敷地たる土地を単独で所有する場合においては、同人は、自己のみならず他の建物共有者のためにも土地の利用を認めているというべきであるから、民法388条の趣旨により建物共有者全員のために法定地上権が成立する」旨を判示して、法定地上権の成立を肯定している。おそらく29年最判のいわば裏返しともいうべき理由に基づくものということができようか。

　また、この最判からすれば、建物の甲共有持分のみに抵当権が設定され、これが実行された場合には、土地所有者である甲は他の建物共有者のためにも土地の利用を認めているということができるから、やはり建物共有者全員のために法定地上権が成立することになろう。

　一方、建物の乙共有持分のみに抵当権が設定され、これが実行された場合には、競売によって土地所有者と建物所有者が異なる状態になったとみることはできず、所有者要件を満たしていないから、法定地上権は成立しないものと解される。

エ　土地及び建物がいずれも甲・乙共有の場合

　土地及び建物がいずれも共有の場合、抵当権設定の範囲や実行の範囲により、その組合せは多種多様にわたり、見解も分かれ得るところであるが、基本的には、上記イ及びウの応用とみることもできる[5]。

　最一判平成6年4月7日民集48巻3号889頁は、土地の甲持分が競売された事案において、「この場合に、甲のために民事執行法81条の規定に基づく地上権が成立するとすれば、乙はその意思に基づかず、甲のみの事情によって土地に対する持分に基づく使用収益権を害されることになるし、他方、右の地上権が成立することを認めなくても、直ちに建物の収去を余儀なくされるという関係にはないので、建物所有者が建物の収去を余儀なくされることによる社会経済上の損失を防止しようとする同条の趣旨に反することもない」として法定地上権の成立を否定した。この最判を29年最判の応用例とみれば、当然の結論ということもできよう。

　一方で、土地及び建物の共有者の構成が同一で、土地全体や建物全体、あるいは土地及び建物全体が売却されるときには、同一人が土地及び建物を所有している場合と同様にみることができるとすれば、法定地上権の成立を認めることができる場合が多いであろう。

3　土地及び建物の一方又は双方が競売により売却されたこと

(1)　競売による売却

　この「競売」に、抵当権実行による競売以外に、強制競売や公売処分が含まれるか否かについては、かつては争いがあったところであるが、前述のとおり、この場合にも法定地上権を認め得ることにつき、立法的に解決されている（法81条、国徴127条等）。

　なお問題として残されているのは、この「競売」に形式的競売（留置権による競売、民法、商法その他の法律の規定による換価のための競売）を含められるか否かという点であり、明確な最高裁判決はなく、形式的競売にお

---

[5]　詳細については、不動産執行の理論と実務（上）281頁以下参照。

ける法定地上権の成否を検討すべき場合には、様々なケースがあり得ることから、下級審裁判例や実務の大勢が明確に固まっている状況でもない。東京地裁民事執行センターの取扱いも明確に固まっているとまではいえない状況にある[6]。

(2) 土地及び建物の一括売却

　法61条の一括売却により土地及び建物が一括売却される場合（実際の不動産競売においては、この場合が多い。）、土地所有者と建物所有者は同一となるので、前述した法定地上権の成立要件である④を欠き、すなわち「競売ないし売却により土地及び建物の所有者を異にするに至った場合」に当たらないため、現実の利用上の法定地上権は成立しないし、成立させる必要もない。しかしながら、一括売却の可否の判断を行ったり、配当の基礎となる配当原資の案分比率を求めたりするに当たっては、土地及び建物をそれぞれ個別に評価する必要があるため、前述した評価上の法定地上権については、この場合でも問題となり得るところである。

　すなわち、不動産競売手続上は、④の要件を欠いても、他の要件を満たす場合には、法定地上権が成立するものとして、土地及び建物を評価して、その売却基準価額を定めることになることに注意が必要である。

---

6) 執行実務・不動産（下）381頁参照。

第4講

明渡猶予制度を巡る諸問題

山下　真

I　明渡猶予制度の概要等

1　制度趣旨

　明渡猶予制度は、平成15年法律第134号による改正（以下、本稿において「改正法」という。）で短期賃貸借制度の廃止とともに創設された制度[1]であるが、その趣旨は、賃借人が競売による建物の売却によって突然に生活・営業の本拠からの退去を求められることによる不利益を避けるため、抵当権者に対抗することができない賃貸借に基づく抵当建物の占有者に対し、建物の競売による売却の時から6か月間は建物を明け渡さなくてよいこととするものである[2]。

2　制度対象者

　明渡猶予の対象となる者は、「抵当権者に対抗することができない賃貸借により抵当権の目的である建物の使用又は収益をする者」（民395条1項）で、さらに、競売手続の開始前からの占有者であること（同項1号）、又は強制管理若しくは担保不動産収益執行の管理人が競売手続の開始後にし

---

[1]　抵当権設定より後に登記された賃貸借に対し、抵当権者の同意により対抗力を与える制度（民387条）も同時に創設された。
[2]　改正担保・執行法の解説35頁。

た賃貸借に基づく占有者であること（同項2号）を要する。なお、改正法附則5条により旧法が適用される賃貸借については、新法の適用がないから明渡猶予制度の適用もない。

3　明渡猶予の期間

明渡猶予の期間は、競売における買受人の買受けの時から6か月であるところ（民395条1項）、「買受けの時」とは、買受人が競売による売却により所有権を取得する時をいい、具体的には買受人の代金納付時である（法79条参照）。

4　明渡猶予期間中の法律関係

明渡猶予期間中の占有者は、建物につき賃借権その他の占有権原を有するものではなく、期間の満了までその明渡しをしないことが許されるにとどまる。すなわち、無権原占有者であるが、所有者である買受人との関係において、明渡義務の履行に実体法上の期限の猶予を受けているものと考えられる。したがって、明渡猶予期間中の占有者は、買受人に引き受けられた賃貸借に基づく占有者とは異なり、買受人に対して建物の修繕を求めたり、債務不履行責任を追及できない。また、賃料の支払義務は負わないが、明渡猶予によって無償で建物を使用する権利が与えられるものではなく、建物所有者である買受人に対し、建物の使用の対価として賃料相当額の不当利得返還義務を負う[3]。

5　本講で論ずる問題点等

本講は、明渡猶予制度が創設されて10年余り経過し明渡猶予に関する裁判例も蓄積されつつある状況で、新たに提起された論点や審理運営上の

---

3) 改正担保・執行法の解説37頁。

留意点等について検討するものである。

具体的には、まず、どのような者が明渡猶予制度の適用を受けるのかを検討する。さらに、同制度の適用を受けるか否かは引渡命令の場面で問題となることが多いことから、引渡命令申立て時に明渡猶予制度適用の有無を審理する際の留意点について検討する。

II 明渡猶予制度の適用の可否が問題となる者

1 転借人

(1) 問題の所在

明渡猶予制度の対象となる者は、抵当権者に対抗できない「賃貸借」により目的物の使用・収益をする者（民395条1項）であるところ、一般的に「賃貸借」には「転貸借」も含むと解されていることから、転借人が明渡猶予制度の対象となるかが問題となる。この点については、判断の基準とすべき賃借権について、「原賃借人」を基準とすべきとする見解[4]と、「転借人」自身に明渡猶予による保護を認めるべきとする見解[5]がある。

(2) 「転借人」を基準とする見解

後者の見解は、文理上、転貸借を賃貸借に含むと解することに支障はないことや、賃貸された抵当建物についての抵当権実行の局面では、買受人の即時の明渡請求の利益は制限されているとみるべきであり、転貸借により建物を使用収益する者についても明渡猶予期間による保護を認めるのが相当であることなどを根拠とする[6][7]。

---

[4] 畑一郎「担保・執行法制の見直しと執行官実務」判タ1123号9頁（2003年）、内田義厚「新担保・執行法制と民事執行実務――引渡命令に関する実務運用を中心に」判タ1149号47頁（2004年）、谷口園恵「短期賃貸借保護の廃止と建物明渡猶予による保護」新民事執行実務3号63頁（2005年）、池田知史「短期賃貸借保護の制度の廃止と建物明渡猶予制度の創設」判タ1233号84頁（2007年）。
[5] 山野目章夫＝小粥太郎「短期賃貸借保護制度の見直し（下）」NBL796号76頁（2004年）。

(3) 「原賃借人」を基準とする見解

しかし、抵当建物の占有者の占有権原が転貸借である場合、転借人が所有者との関係で占有権原を主張することができるのは原賃貸借に基づいてであるから、明渡猶予制度適用の要件については、前者の見解のとおり原賃借人を基準に考えることが相当であり、実務も同様の見解に立っているものと考えられる[8]。もっとも、この見解に立つとしても、原賃借権が明渡猶予制度の適用を受けない場合（原賃借権が濫用的賃借権であるなど）における転借権の扱いについては、転借権が原賃借権の基礎の上に成立しているものであるから原賃借権が保護されない以上これに基づく転借権も保護されないのが原則であるが、場合分けをした上で、一定の場合には転借人について明渡猶予の適用を認めてよいとも考えられる[9]。

(4) 裁判例

ア　この点、東京高決平成20年4月25日判時2032号50頁は、建物の売却以前に前所有者（抵当権設定者）が建物の明け渡しを求めることができない地位にあった転借人は、競売による売却によって突然退去を求められることになるため前所有者からの賃借人と同様に民法395条1項の保護の対象とする必要があり、賃借人の賃借権を基礎とする占有者として同条項の適用を受けることができるというべきであるが、前所有者が明渡しを求めることができた転借人については、常に明渡請求を覚悟しておかなければならない立場にあったのであるから、同条項の対象とはならないというべきである旨判示し、抵当不動産の賃借人が建物明渡猶予制度の保護を受けることができる場合であっても、転使用借人が建物明渡猶予制

---

[6]　結論は同じであるが、建物明渡猶予制度とは、占有者は建物売却時から6か月間に新しい住居や営業の本拠を探し、引越をせよとするものであり、その占有者とは、建物を直接占有し、実際に住居や営業の本拠として利用していた者に限るべきであるとして、理由付けを異にする見解（新井剛「建物明渡猶予制度・売却のための保全処分・担保不動産収益執行と民法法理（2）」民事研修654号19頁（2011年））もある。

[7]　山野目＝小粥・前掲注5）74頁。

[8]　執行実務・不動産（上）336頁。

[9]　畑・前掲注4）9頁、谷口・前掲注4）63頁、内田・前掲注4）47頁参照。

度の保護を受けることができないときがあるとした。

　イ　しかし、かかる決定のように転貸がされたとの理由で明渡しを求めることができるとすると、買受人は明渡猶予制度が存在するため、原賃借人に対して即時の明渡請求をすることができないのに、転貸借が行われると一転して即時の明渡請求が認められ、均衡を失するように思われる。また、本件における相手方の占有権原は使用借権であり、決定は転貸借契約の締結につき前所有者（賃貸人）の承諾があったことを認めるに足りる証拠資料はない旨判示しているところ、そもそも、建物明渡猶予制度による保護の適用の対象となり得る者の占有権原が使用借権であってもよいのかという問題があり（条文上は「賃貸借」である。）、一般的には、無権原の占有や使用借権に基づく占有者は、特別な保護を与える必要性が低いと考えられるため、建物明渡猶予制度の適用の対象とされていない[10]ことからすれば、相手方に対する転使用借が賃貸人の承諾を得ているか否かを問うまでもなく、転借人等を基準とする考え方を徹底すれば、建物明渡猶予制度はそもそも適用されないということにもなるとも考えられるが、本決定はこの点について言及していない。また、本決定は、前所有者が明渡しを求めることができた転借人も保護することは、民法395条1項の改正の趣旨にも沿わない旨判示するが、短期賃貸借制度が廃止される以前の議論を見てみると、執行妨害目的などの非正常な短期賃借権者からの転借人は、原賃借権が保護されない以上、これに基づく転借権も原則として保護されないものとして、引渡命令が発令された裁判例はあるものの（東京高決昭和62年10月5日判タ660号231頁、東京高決平成9年11月5日判時1635号67頁）、これとは逆に、原賃貸借が短期賃貸借制度の適用を受け得る場合に、無断転貸を理由として、転借人のみに対する引渡命令が認められた事案は見当たらない。そうすると、本決定が判示するような改正の趣旨に沿わず改正前との不均衡という点も問題にならないものと考えられる。

　したがって、飽くまでも原賃借人を基準に判断すべきである。

---

[10]　改正担保・執行法の解説36頁。

なお、このように解したとしても、買受人は、原賃借人が明渡猶予制度の保護を受けることを前提に抵当建物を買い受けているのであるから、本決定のように解さないと、買受人が不測の損害を被ってしまうとまではいえないと思われる。

2 債権回収目的の賃借人

(1) 問題の所在

債権回収目的の賃借権とは、競売目的物件の所有者に対して金銭債権を有する者が、その債権を回収するため当該目的物件に賃借権を設定し、その賃料債権と金銭債権とを相殺して占有を確保するという類型の賃借権である。当該賃借権の目的が執行妨害目的をも有している場合には、明渡猶予制度の趣旨から保護を与える必要はない。しかし、そのような目的がうかがわれず純粋に債権回収目的で占有している場合、改正前の民法395条では債権回収目的であっても同条の適用を否定する運用がなされていたことから、明渡猶予制度の適用があるかが問題となり肯定説[11]と否定説[12]がある。

(2) 明渡猶予制度の適用を否定する見解

否定説は、改正前に民法395条の適用が否定されていたのは、適用を認めると担保権を有しないか又は後順位抵当権等を有するに過ぎない者が短期賃貸借に基づき建物の使用・収益をすることにより、登記を経由している先順位担保権者に優先して債権回収をすることを許す結果となって担保法秩序を害してしまうところ、債権回収目的の賃借権は競売による売却及びその後の代金納付により効力を対抗し得なくなる運命にあるとはいえ、それまでの間の収益については当該賃借権者に先取りを許してしまうという点で、なお担保法秩序に反する可能性があることなどを理由とす

---

[11] 畑・前掲注4) 7頁、谷口・前掲注4) 64頁、池田・前掲注4) 83頁。
[12] 内田・前掲注4) 43頁。

(3) 明渡猶予制度の適用を肯定する見解

しかし、改正後の建物明渡猶予制度の下では、明渡猶予を受ける占有者は買受人に対し使用の対価を支払うことを要し（民395条2項）、もとの所有者に対する債権との相殺や賃料前払を主張して使用の対価の支払を免れることはできないし、もとの所有者に差し入れた敷金の返還を買受人に対して請求することもできないから、担保法秩序に反する可能性があるとする改正前におけるのと同様の根拠付けは妥当しないというべきである。そして、債権回収は債権者として当然の行為であり、賃借人が目的物を本来の用途に従って利用している限り、相殺の形とはいえ対価を支払っているのであれば、明渡猶予制度の適用を否定すべき実質的な理由もないと解される。

したがって、改正後は、債権回収目的自体を理由として明渡猶予制度の適用を否定することは相当でないと考える。

3 滞納処分による差押え（仮差押え）後競売手続開始前からの占有者

(1) 問題の所在

滞納処分と強制執行等との手続の調整に関する法律（以下「滞調法」という。）の規定する滞納処分とは、国税徴収法による滞納処分及びその例による滞納処分をいい（滞調2条1項）、国税徴収法による国税の滞納処分のほかに地方税法による地方税の滞納処分についても滞調法の適用がある。

民事執行法に定める不動産競売の手続は、債権者が金銭債権の満足を得るために債務者（所有者）の不動産を差し押さえて強制的に換価し、その代金から債権の回収を図る手続であり、国税徴収法に定める不動産に対する滞納処分の手続は、納税者が納税しない場合に徴収機関が滞納者の不動産を差し押さえて強制的に換価し、その代金から税金の徴収をする手続であるところ、同一の不動産について競売手続と滞納処分手続が競合する事

態があり得る。これらを調整する法律が滞調法である。

　滞納処分による差押えがされた後、競売開始決定による差押えがされるまでの間に賃借権が設定された不動産が売却された場合、当該賃借権者は明渡猶予制度の適用を受けるかが問題となり、このような場合に引渡命令発令を肯定した最三決平成 12 年 3 月 16 日民集 54 巻 3 号 1116 頁もあることから、肯定説 [13] と否定説 [14] がある。

(2) 明渡猶予制度の適用を否定する見解

　否定説は、民法 395 条 1 項 1 号の「競売手続の開始」は滞納処分による差押えを含むと解し、賃借権に基づく明渡猶予の効果は法 59 条 2 項の処分制限効に服するなどと考え、明渡猶予制度の適用を否定する。

(3) 明渡猶予制度の適用を肯定する見解

　しかし、「競売手続」と明記されている以上、「公売手続」も含むと解することは文言上困難と解されるし、明渡猶予制度は改正前の短期賃貸借制度とは異なり、賃貸借の存続を認めるものではなく、建物占有者に実体法上の占有権原は認められないから、滞納処分による差押えの処分制限効の議論は明渡猶予制度の適用があるかどうかの結論には直結せず、明渡猶予の享受は処分制限効に服すべき「不動産に係る権利の取得」には当たらないと解すべきであろう。

(4) 裁判例

　東京高決平成 25 年 4 月 16 日判タ 1392 号 340 頁も、滞納処分による差押え後競売手続の開始前からの占有者に対する明渡猶予制度の適用を認め、上記最三決平成 12 年 3 月 16 日を根拠として明渡猶予制度の適用を否定すべきとする抗告人の主張を、「民法 395 条 1 項は、引渡命令に対し

---

[13] 谷口・前掲注 4) 64 頁、角井俊文「短期賃貸借保護制度の廃止と現況調査」新民事執行実務 5 号 105 頁（2007 年）、池田・前掲注 4) 83 頁。
[14] 中野・民執法 567 頁、畑・前掲注 4) 5 頁、内田・前掲注 4) 44 頁。

て引渡猶予の対象となる者として、『競売手続の開始前から使用又は収益をする者』と規定するものであり、滞納処分による差押後の占有者であっても、競売手続の開始前からの占有者であれば、引渡猶予の対象となると解するのが相当である。抗告人が掲げる最高裁判所の決定は賃借権が存続することを認めていた旧民法 395 条の適用に関する判断をしたものであり、本件と事案を異にするものである。」と判示して明確に排斥している。

(5) 仮差押えの場合について

なお、改正前は仮差押え後の賃借権について、仮差押えも処分制限効の点では差押えと異ならないことから売却により消滅するものと扱う運用が採られていたが、処分制限効の議論と明渡猶予制度の適否は直結しないと解すべきであり、民法 395 条 1 項は「競売手続の開始前から使用又は収益をする者」(同項 1 号) とのみ規定しているから、差押えと仮差押えを区別する理由はなく明渡猶予制度の適用を受けると解する。

4 占有権限等が不明である者

(1) 明渡猶予制度の適用の可否について

法 83 条 1 項の解釈上、買受人に対抗できる占有権原の存在についての立証責任は占有を主張する側にあると解されるから[15]、執行官の現況調査や執行裁判所の審尋 (法 5 条) 等によっても占有者により主張された賃借権の存否・内容等が不明である場合 (具体的立証がなされない場合) は、賃貸借により使用又は収益をする者と評価できず引渡命令が発令される。

占有の事実が認められる場合であっても、占有権原が不明であれば、民

---

[15] 法 83 条 1 項において所有者以外の占有者に対しても引渡命令を発することができることを原則的に規定し、同項ただし書において、その占有者が買受人に対抗できる権原を有している場合を発令できない例外的場面と規定していることから、占有者の側が買受人に対抗できる権原の存在について立証責任を負い、事件の記録上占有権原が不明な場合には、引渡命令を発令できると解される (不動産執行の理論と実務 (下) 531 頁)。

法 395 条 1 項が「賃貸借」についてのみ明渡猶予制度の適用を認めている趣旨や、権原不明の場合真実は使用貸借や不法占有の可能性もあるため、執行妨害を防ぐという観点からも明渡猶予制度の適用は慎重になされるべきである。

(2) 関連問題（物件明細書の記載との整合性）

なお、このような場合には、物件明細書に「○○（具体的な個人又は法人名）が占有している。同人の賃借権の存否（占有権原の存否、占有権原の種別）は不明であるが、代金納付日から 6 か月間明渡しが猶予される賃借権が存在するものとして売却基準価額が定められている。」と記載されることがある。

物件明細書は、記録上表れている事実とそれに基づく法律判断に関して、執行裁判所の裁判所書記官の認識を記載した書面で、その写しを執行裁判所に備え置いて一般の閲覧に供することにより、買受希望者に対し、当該売却物件の権利関係に影響を及ぼすような重大な情報を提供するものであり（法 62 条、規則 31 条 2 項）、その作成と写しの備置きの制度は、不動産の売却手続の適正化を最大の目的として制定された現行民事執行法の中でもその目的を果たすための中核となるものではある。しかし、明渡猶予制度の適否が判断されるのは引渡命令発令時であり、引渡命令発令時までに占有権原について審尋等がなされる可能性もあるところ、物件明細書作成時から引渡命令についての審理までに買受人等から提出された新資料をその判断の基礎とすることを否定する理由はない。

したがって、上記物件明細書の記載に効力はなく、飽くまでも占有権原不明とされ、明渡猶予制度の適用があるとは認定していないことに注意すべきである[16]。このような場合に、買受人が使用の対価の支払催告をした上で引渡命令の申立てをしてきた場合の審理上の問題点については、後記Ⅴで検討する。

Ⅲ 民法 395 条の要件に関する解釈問題

1 「抵当権者」について

「抵当権者」に仮登記担保権者は含まれないと解する。なぜなら、仮登記担保権については、抵当権の場合とは異なり改正前の民法 395 条の類推適用はなく、たとえ先順位担保権に対抗することができる短期賃借権であったとしても、仮登記担保権に劣後する賃借権は、仮登記担保権者には対抗することができない結果、売却条件の判断においては消滅するものとして扱うとされており、改正後においてこの解釈を変更する必要性は見いだせないからである。

2 「競売手続の開始前から使用又は収益をする者」について

競売手続開始決定を原因とする差押登記後、当該不動産を賃借・占有するに至った者は、当該事情につき善意の第三者であっても、「競売手続の開始前から使用又は収益をする者」には当たらないと解する。

東京高決平成 21 年 9 月 3 日金法 1896 号 91 頁も、「抗告人が主張する引渡しの猶予は、『競売手続の開始前から使用又は収益する者』について適用されるものであるところ（民法 395 条 1 項 1 号）、……抗告人は、本件建物の競売開始決定を原因とする差押登記後に本件建物を占有するに至った者であるから、上記条項が適用される者には該当しないことは明らかである。また、抗告人は、基本事件にかかわる事情を知らなかった善意

---

16) 不動産執行の派生手続である発令手続では手続形成の結果を前提とすべきであり、実体的権利関係自体は引渡命令に対する請求異議の訴えで主張されるべきこと、物件明細書作成後の権利変動（留置権発生等）については、常にこれをもって売却許可決定に対する執行抗告事由となし得るわけではないから作成後の事由に限って発令手続で考慮すべきことなどを理由とし、物件明細書の記載の拘束力を肯定する見解もある（鈴木ほか・注解 (3) 317 頁）。

の第三者である旨主張するが、上記事情は、上記判断を左右しない。」と判示している。

競売手続開始後に抵当建物を占有するに至った者は、原則として建物明渡猶予制度の適用は受けず、例外として「強制管理又は担保不動産収益執行の管理人が競売手続の開始後にした賃貸借により使用又は収益をする者」（民395条1項2号）を規定しているにすぎないことや、執行妨害に濫用されることを防止するため建物明渡猶予制度が定められたことからすれば、占有者の主観的事情により明渡猶予制度の適用の可否が左右されるというのは相当でないから、上記判示は正当なものと考える。

IV 明渡猶予制度の適用の可否の審理

1 申立人の主張立証事項

民法395条2項に基づく引渡命令の申立てに際し、申立人は「1か月分以上の対価の支払を催告したが未払であること」を主張する必要があり、1か月以上の対価の支払を催告したこと及びその額が賃料相当損害金として相当額であることの立証が必要である（なお、その他に要件としては「催告後相当期間の経過」を要する。）。同項の催告は「（抵当建物の使用をしたことの対価の）一箇月分以上の支払の催告」と規定されており、条文の文言上、催告の内容が限定されているから、対価として相当であることまでも当然立証を要するものと解される。

2 賃料相当損害金の額の相当性判断基準

(1) 留意点

建物の使用の対価である賃料相当損害金の金額は、特段の事情がない限り、従前の賃料額となると解されるが[17]、これと異なる額が相当額であ

---

17) 改正担保・執行法の解説39頁（注24）参照。

ることが証明されればその額となる。ただし、明渡猶予期間における占有には、賃料相当損害金を下げる要素として6か月の期間制限があり、さらに買受人は修繕義務を負わないのに対し、賃料相当損害金を上げる要素として、買受人に対し敷金等を入れる必要がないなどの特性があるから、特段の事情の主張がされた場合には、このような特性に注意して判断する必要がある。

(2) 裁判例

東京高決平成22年9月3日判タ1348号232頁は、抵当建物の買受人である抗告人が、民法395条1項1号の規定に基づいて買受時から6か月間の明渡猶予が認められる相手方に対し、相当期間を定めて1か月分以上の建物使用の対価の支払を催告したが、支払がなかったため、同条2項により同条1項の適用が排除されるとして、明渡猶予期間経過前に、建物の引渡命令を申し立てた事案において、「使用の対価の性質は、使用収益者自身による当該建物の使用収益を経済的に評価して、買受人に返還すべき不当利得に類似するものであり、占有者の従前からの使用収益の継続を前提とした、継続賃料の額をも考慮して、適正な使用の対価の額を算定するのが相当である。」と判示した。また、東京高決平成22年11月9日判タ1346号237頁は、担保不動産競売事件の抵当建物の賃貸人と賃借人が、現況調査が行われた約2か月後に、賃料を月額25万円から10万円に減額する合意をしている事案において、1か月当たりの建物使用の対価としては25万円が相当であると判断するに当たり、「本件賃貸借契約は平成6年4月から15年以上にわたって継続されてきたものであり、その間、賃料は月額30万円から20万円の間で推移してきたこと、現行の賃貸借契約は平成20年3月に平成25年2月を終期として更新され、賃料月額は更新前に引き続き25万円とされていたこと」のほか、建物とその敷地の売却基準価額や現実の買受額や賃貸人（抵当建物共有者）と抗告人（賃借人）とが元夫婦であり、賃料の変更日が建物について現地調査がされた約2か月後であったことなどの事情を判示している。

そうすると、建物使用対価の認定に当たっては、従前の賃貸借における

賃料額やその後の経過、減額合意の内容やそれがされた時期などの諸般の事情を考慮する必要があると考える。

(3) 私的鑑定書の取扱い

賃料の相当性について私的鑑定書が提出される事例もある。

しかし、明渡猶予期間における占有の特性に照らせば、適正賃料は単純に賃貸事例を比較して算出されるものではない。また、賃貸事例を比較する方法により当事者の一方により算出された金額は、恣意的判断となる可能性もある。すなわち、特段の事情がないにもかかわらず同じマンション内の他の物件ではなく別の場所の物件との比較をしているなど、物件の個別性を十分に踏まえた鑑定とは認め難いこともある（なお、上記東京高決平成22年9月3日も同様の判示をしている。）。

したがって、私的鑑定書による賃料額の主張がされたときは、相当性の立証がなされているか慎重な判断を要する。

3 催告の相当期間

建物使用の対価は、不当利得金の性質を有し刻一刻と発生するものであるから、その支払を催告するためには、当該催告に係る対価の発生期間が経過している必要がある。したがって、「相当の期間」の解釈については、既に支払期が経過した金員の支払を催告するという意味では履行遅滞解除における催告（民541条の催告）と同様の場面であるから、支払手続を行うために相当な期間と解し、それほど長い期間は必要ないとも考えられる。

もっとも、相手方（占有者）としては、競売による売却という自らが関与しない事実により、従前の賃貸人に対する賃料支払義務がなくなり、一方で、買受人に対する建物対価支払義務が生じることになるから、相手方が買受人（と名乗る者）から催告された場合、支払を従前の賃貸人かそれとも催告者に対してするか判断する必要があり、「相当の期間」については具体的事案に応じて慎重に検討する必要がある。なお、仮に不相当な期

間を定めての催告や期間を定めずして催告した場合、その有効性が問題となるが、前記のとおり履行遅滞解除における催告と同様に解した場合にはこのような催告も有効と解することができる[18]。

4　明渡猶予制度の適用を受ける賃借人が賃料相当額に満たない額を建物使用の対価として支払っている場合における民法395条2項の催告について

　建物使用の対価の一部が未払であるような賃借人は保護に値しないのであるから、従前の賃料額の一部でも未払があれば、民法395条2項の催告として有効とも考えられる。

　しかし、「一箇月分以上の支払の催告」という同項の文言に照らせば、未払額が1か月分に達する前にされた催告を有効と解することは困難であるし、買受人は6か月の明渡猶予の負担を覚悟した上で買い受けているのであるから買受人にとって酷な結果となるわけではない。

　したがって、買受人が引渡命令を申し立てた場合において、買受人が執行裁判所に提出した催告に関する資料等から賃借人による建物使用の対価の未払額が1か月分に達していないことが明らかなときは、未払額が1か月分に達してから改めて催告をするよう促し、買受人が応じない場合には申立てを却下する（取り下げを促す）ことが考えられる。

5　相手方（占有者）の主張立証事項

　明渡猶予期間中の占有者は、買受人に対し、建物を使用したことの対価を支払う義務を負い（民395条2項）、買受人が前記1の事実を主張、立証した場合には、占有者が「相当期間内に支払をしたこと」を抗弁事実として主張立証する必要がある。

---

[18]　付遅滞のための催告（民412条3項）としては有効であるが、民法395条2項による明渡猶予を失わせる効果は有しないとする考え方もある（池田・前掲注4）81頁（注41））。

そして、「事件の記録上その者が買受人に対抗することができる権原により占有しているものでないことが明らかであるとき」を除いては、占有者を審尋する必要があるところ（法83条3項）、買受人に対し相当期間内に支払がなかったことまでの立証は求めず、支払があったことを占有者側の抗弁事実としている関係上、買受人による立証のみで法83条3項ただし書の要件を満たすと判断することは相当でないから、原則として占有者を審尋すべきである。

　審尋の結果、賃料相当額の支払があったことの主張立証がされた場合には、引渡命令の申立ては却下され、主張立証がなされなければ引渡命令が発令される。なお、抵当建物の賃借人は、不動産競売手続やその前提となる抵当権設定契約の当事者でなく、新所有者である買受人（と名乗る者）から支払請求を受けても困惑し、元所有者との間で紛争解決を図ろうとする事例が少なからずあると思われるが、東京高決平成20年12月19日判タ1314号300頁は、民法395条2項所定の使用対価を元所有者又はその管理者に支払ったとしても、対象建物の引渡猶予を受けることはできない旨判示しており、かかる判示は、上記のような抵当建物の賃借人の行為は法的に保護されないと明確に述べたものである。前記3のとおり、抵当建物賃借人の保護は、催告について適切な期間を検討することによって図られるべきである。

Ⅴ　占有権原の存否についての審尋の要否

1　問題点

　買受人が、占有者が明渡猶予の適用がある占有権原を有しないことを理由として引渡命令の申立てをしてきたときは、物件明細書作成段階で審尋をしていたとしても再度占有者の占有権原を明らかにするための審尋を行う必要がある。

　これに対し、物件明細書に「○○が占有している、同人の賃借権の存否は不明であるが、代金納付日から6か月間明渡しが猶予される賃借権が

存在するものとして売却基準価額が定められている。」と記載されている事案で、買受人が6か月間の明渡猶予が適用されることを前提として使用の対価の支払催告をした上で引渡命令の申立てをしてきた場合、執行裁判所としては占有権原の存否についても審尋する必要があるかが問題となる。かかる物件明細書の記載は、前記Ⅱ4(2)のとおり、執行裁判所としては権利関係は不明という認識に過ぎず、明渡猶予制度の適用があることを積極的に認定したものではない。しかし、買受人が占有者には明渡猶予の適用があることを前提とした引渡命令の申立てをしており、前記Ⅳ5によれば、明渡猶予制度の適用の有無の判断にあたっては、建物使用対価の支払の有無について占有者を審尋すれば足りるとも考えられる。そうすると、執行裁判所があえて占有権原の存否についても審理をする必要があるのかというのが問題意識である。

2　代金納付日から6か月以内に使用の対価の支払催告をしたが占有者が支払わないことを理由とする引渡命令の申立てがされた場合

(1)　対価の支払がない場合

　審尋の結果、使用の対価を支払っていなかった場合には、占有権原について審尋するまでもなく引渡命令を発令できる。

(2)　対価の支払がある場合

　これに対し、占有者が使用の対価を支払っていた場合、占有権原についてさらに審尋を要するかについては、物件明細書に拘束力がないと解する以上、審尋をする必要性は否定できない。

　もっとも、新資料が提出されなければ格別の事情がない限り執行裁判所の心証は物件明細書作成時と変わらないと考えられるし、使用の対価を支払っていながら占有権原がない事案は実際にはほとんどないと考えられることから、占有権原について審尋を要しない場合が多いであろう。なお、占有権原の存否についての審尋は、質問事項が定型的でない場合が多く、代金納付をした買受人に迅速に所有権を移転させる必要性からも、物件明

細書作成段階において、引渡命令発令も見据えて執行官による調査のみならず、執行裁判所が審尋をするなどして慎重に調査しておく必要がある。

(3) 占有権原否定ないし不明の場合

執行裁判所が引渡命令申立て時における占有権原について審尋を行った結果、占有権原がない（ないし不明）との心証を抱いた場合、申立人が申立ての理由として占有権原があることを前提に使用対価の不払を主張しているにもかかわらず占有権原なしという理由で引渡命令を発令できるかも問題となる。

一般に非訟事件については、職権で事実の探知及び必要な証拠調べをすることができるとされ、法5条でも職権探知主義が採られ、証拠収集について簡易な手続が認められているから、執行裁判所としては、当事者が主張する事由以外の事由に基づいて発令をすることができると解される。もっとも、通常、執行裁判所が引渡命令の発令をするに当たっては、「申立人の申立てを相当と認め」などと理由を記載して発令すると思われるところ、引渡命令の申立書に、相当の期間を定めて1か月分以上の支払の催告をしたことのみの主張しかない場合は、申立ての理由に、相手方（占有者）が不動産を何らの正当な権原なく占有していることも追加するか申立人に確認をするなどし（この場合は選択的主張になる。）、相手方（占有者）に無用な誤解を与えないよう注意しておくのが適切であろう。

3 代金納付日から6か月を経過したことを理由とする場合

代金納付日から6か月を経過した場合には明渡猶予期間の経過後であるから、申立人は、相手方（占有者）が正当な権原がないことを理由に引渡命令の申立てをすると考えられる。

占有権原についての審尋の要否は、前記2と同じで、審尋をせずに発令できる判断できる場合が多いものと考えられる。

明渡猶予制度の適用があった事案であれば引渡命令は発令されるが、占有権原がなければ、申立期間を徒過していることから申立ては却下され

る。

4 前記2と同じ事情で代金納付日から6か月以内に申立てをしたが審理中に代金納付日から6か月が経過した場合

　申立書の理由としては、使用の対価につき支払がないことが記載されていたとしても、占有権原がないことの追加主張をするか確認することについては、前記2と同じである。

　申立て時に明渡猶予制度の適用がある場合は、決定時に6か月を経過しているから引渡命令は発令される。

　明渡猶予制度の適用がなかった場合は、申立てが6か月以内であり占有権原如何にかかわらず引渡命令は発令されるから、占有権原につき審尋をする必要はないと解される。

第5講
現況調査における占有の認定について

酒井　良介

I　はじめに

1　占有認定の目的

不動産執行手続において、執行裁判所は、執行官に対し、不動産の形状、占有関係その他の現況について調査を命じなければならない（法57条）。そして、現況調査報告書には、占有者の表示、占有の状況、占有者が債務者（担保権実行としての競売の場合は所有者）以外の者であるときは、その者の占有の開始時期、権原の有無及び権原の内容の細目についての関係人の陳述又は関係人の提示に係る文書の要旨及び執行官の意見を記載しなければならない（規則29条）。

不動産の占有関係は、執行裁判所が売却条件を定めるために必要な情報であるとともに、買受希望者に提供しなければならない情報であるから、現況調査において重要な意味を有する。

2　現況調査における占有

現況調査において調査の対象となる占有は、民法上の占有と同義であり、所持及び自己のためにする意思が要件である（民180条）[1]。

所持とは、人が物について事実上の支配をしていることが社会通念上認められるような人と物との事実的関係をいう。

自己のためにする意思とは、所持による事実上の利益を自己に帰属させ

ようとする意思をいい、その有無の判定は、所持を生じさせた原因たる事実の性質によって純粋に客観的・抽象的に行うものとするのが通説である[2]。

これに対し、所有の意思（民162条1項）とは、所有者と同様の排他的支配を事実上行おうとする意思をいい、占有取得の原因たる事実によって外形的・客観的に定められるべきものである[3]。自己のためにする意思は、所有の意思よりも広い概念であり、建物の賃借人は、当該建物につき所有の意思を有していないが、建物を占有しその利益を自分に帰属させようとする意思はあるから、自己のためにする意思は有しているということができる。

現況調査における占有は、かつては、占有の有無、占有権原の有無、占有が非正常であるかという点が問題となっていたが、現在においては、短期賃貸借制度が廃止されており、抵当権設定後の賃借権は明渡猶予の対象になるに過ぎないことから、占有が非正常であることが問題になるケースは著しく減少している。

占有の調査の在り方についてはこれまでに多数の論稿があるが、本稿においては、占有の有無に絞り、近時問題になっている点も含めて実務上問題になる点について論じたい。

---

1) これに対し、動産執行は、債務者の「占有」する動産が対象となるところ（法123条1項）、その趣旨は、動産の所有関係は外形上明らかでなく、債務者の所有権の有無という実体的権利関係の判断をすることは執行官の職務になじまないこと、債務者の占有する動産は、債務者の所有に属する蓋然性が高いことにある。したがって、動産執行にいう「占有」とは、観念的な支配状態を考慮すべきでなく、事実上・外形上の物の直接的支配状態である「所持」だけを意味し、かつ、自己のためにする意思の有無は問題とならない。
2) 川島武宜＝川井健編『新版注釈民法（7）物権（2）』12頁（有斐閣、2007年）。
3) 最一判昭和45年6月18日集民99号375頁。

Ⅱ 占有の有無

1 家族の占有

　世帯主の所有する建物に家族が同居している場合、特段の事情がない限り、家族は世帯主の占有補助者であり、独立の占有はないものとされる。その理由としては、家族には自己のためにする意思が認められず、世帯主の占有補助者にすぎないという説明と、独立の所持を有するとは認められないという説明が考えられる。

　これに対し、夫婦が共有している建物に同居している場合であれば、夫婦が所有者として共同占有しているということになろう。

　賃借している建物に居住している場合は、賃貸借契約上の借主が占有者となり、他の家族は、占有補助者となる。

　なお、引渡命令を申し立てる場合、理論的には、占有補助者を相手方とすることはできないはずである。しかし、占有補助者か否かの判断が微妙な事案もあり、引渡命令を発する執行裁判所と明渡執行をする執行官の判断が食い違うこともあり得ることから、執行裁判所は、占有補助者であると判断した者を相手方とする引渡命令を発することができる[4]。

2 所有者が長期不在の場合

　建物に所有者である世帯主とその家族が居住していたが、その後世帯主が単身赴任、家出、家庭不和、刑務所での服役等の事情で長期間不在にしており、現況調査の時点においては家族のみが居住している場合、どのように占有認定をすべきか。

　複数の建物について事実上の支配をすることは可能であるし、長期間不在にしていることのみによって、直ちに社会通念上の事実上の支配が失わ

---

[4] 鈴木ほか・注解（3）272頁。

れるものでもない。このような場合における社会通念上の事実上の支配の有無は、表札、建物内における動産の有無、現在居住している者との人的関係、不在となった理由等を総合して判断することになろう。

世帯主が刑務所に収容されている場合は、出所すれば家族のもとに帰ってくる蓋然性が高いから、特段の事情がない限り、世帯主の占有が続いており、家族は占有補助者という認定になると考えられる。これに対して、家庭不和により別居し、世帯主の残置動産がなく、他に住所を有しており長期間にわたって帰宅していないといった事情から、今後帰住の可能性がないと認定できる場合には、居住中の家族のうち事実上の支配をしていると評価することができる者を占有者と認定すべきであろう。

3 建物の一部についての占有

下宿、間借りなど、建物の一部について賃借権が主張される場合、その前提として、独立した占有があると認定することができるか否かが問題となる。

一般論としていえば、建物の一部についての占有は、当該部分が独占的排他的支配の可能な構造であり、かつ、客観的外部的事実支配があれば成立するということができる。もっとも、個別具体的な事案において、上記のような抽象的な基準によって独立した占有の有無を判断することはできず、結局のところ、具体的事情に照らして社会通念により判断するよりない。

具体的には、①当該建物の一部が、壁、ドア、施錠等によって他の部屋から独立して排他的な使用が可能か否か、また、独立の占有を認めることが相当な程度の範囲を支配しているか、②玄関、台所、浴室、トイレ等が専用であるか共用であるかといった機能的独立性、③建物使用の基礎となる契約の期間、使用の継続性といった時間的関係、④建物使用に関する金銭授受の有無及び多寡といった法律関係、⑤占有を主張する者の生計の独立性、同居人や賃貸人等との人的関係といった構造面と利用状況を考慮しなければならないと考えられる。

例えば、学生を相手として営業的に行っている下宿であり、個々の居室に鍵が設置されているような場合であっても、個人の住宅の一部を利用に供しているような形態からマンションに近いような形態まであるし、途中で居室の変更や、掃除等のために出入りすることが予定されているといったケースもあるため、独立した占有の有無を一義的に判断するための定式を設けることは困難である。

4　社宅

　社宅とは、従業員を居住させるために会社が提供する住宅であり、会社が所有する建物に従業員を居住させる場合と、会社が建物を賃貸して従業員を居住させる場合（いわゆる借上げ）がある。

　社宅の利用は、会社とその従業員という雇用契約上の関係が存続している間に限り従業員に住宅を提供するという関係にある。したがって、会社が社宅を保有することによって得られる利益は、従業員の住宅を確保することによって労働力を得ることにあり、従業員が居住することによる利益は、その結果として生じるものにすぎず、雇用契約が終了すれば、従業員は会社に社宅を明け渡さなければならないのが通常である。したがって、会社は、社宅を事実上支配しており、かつ、従業員の居住による事実上の利益を自己に帰属させようとする意思を有しているから、社宅の占有は会社にあるということができるが、従業員は、居住の利益が帰属しているものの、会社が社宅として利用していることに従属するものであるから、自己のためにする意思があるとはいえず、独立の占有が認められないのが原則である。したがって、社宅の占有者は、原則として会社（雇用主）と認定すべきである。

　もっとも、最三判昭和29年11月16日民集8巻11号2047頁は、会社とその従業員との間における有料社宅の使用関係が賃貸借であるか、その他の契約関係であるかは、画一的に決定し得るものではなく、各場合における契約の趣旨いかんによって定まると判示し（社宅として使用させていたことは、従業員の能率の向上を図り厚生施設の一助に資したもので、社宅

料は維持費の一部にすぎず社宅使用の対価ではないという原審の判断が維持された事案である。)、最二判昭和 31 年 11 月 16 日民集 10 巻 11 号 1453 頁では、社宅の事例において、世間並みの相当家賃額を支払っていたとして通常の賃貸借契約であると判示したこと(この事案においては、雇用関係が終了すれば直ちに又は 3 か月後に当然家屋を明け渡す旨の特約があったが、借家人に不利なものとして借家法 6 条(借地借家法 30 条)により無効と判示された。)などからすると、全く例外とする余地がないとはいえない。

しかし、従業員が一般の賃料と同程度の使用料を会社に支払っているというだけでは、例外に当たるとはいえず、実際に例外とされる事案としては、①名義貸しなどにより、会社が名目だけの賃借人となっている場合、②従業員が住居を賃借するに当たって勤務先の会社名を冒用した場合、③会社が経営する賃貸住宅に当該会社の従業員が一般人と同様の条件及び契約書で従業員が入居しているが、会社を退職しても退去義務がない場合など、そもそも社宅とも評価できないような事案に限られるのではないかと思われる。

なお、社宅は、会社と従業員との間の法律関係に関する事柄であるが、会社が所有又は賃借する建物に会社の代表者が居住する場合にも、同様の考え方が当てはまるといってよいであろう。

5 破産と占有

競売建物の占有者が破産した場合、引渡命令の相手方が誰であるかという点で問題が生じる。

建物所有者が当該建物を占有している場合において、当該建物所有者が破産手続開始決定を受けて破産管財人が選任された後に、当該建物が担保権実行としての競売により売却された場合、引渡命令の相手方は破産管財人であり、破産者を相手とすることはできない(東京高決平成元年 4 月 28 日判時 1312 号 103 頁)。

上記の場合、破産管財人は、所有者(担保権実行としての競売においては、法 83 条 1 項の「債務者」は「所有者」と読み替える。)の地位に基づい

て、引渡命令の相手方になるということもできる。しかし、それだけでは、破産者が引渡命令の相手方にならないことの説明にはならない。

　破産手続開始決定がされると、破産財団に属する建物については破産管財人が管理処分権を取得するのであって、その後、破産者（もと建物所有者）が当該建物に居住し続けたとしても、そのことは、破産管財人が破産者に対して事実上居住を許諾していることの結果にすぎない。そして、破産者は、破産管財人が当該建物を換価すれば、当然に明け渡さなければならず、固有の権利を主張することのできる法的地位を有さない。したがって、破産者は、破産財団に属する建物に居住することによって当該建物を所持しているとはいえるが、自己のためにする意思があるとはいえない。したがって、競売物件の占有者が破産した場合、破産管財人が占有者であり、破産者は占有補助者と解すべきことになる。

6　賃借人が死亡した場合の占有

　執行官は、現況調査報告書に、「占有者の表示及び占有の状況」等を記載しなければならないとされているところ（規則29条）、目的物の占有者とは、「直接占有者」すなわち、現実に目的物を直接支配している者を指す。この点、通説・判例は、相続による占有権の承継を認めているが、相続人が被相続人から承継する占有権は、目的物の現実的支配を伴わない観念的なものであるため、現況調査の対象にはならない。

　賃借人が死亡している場合は、賃借人の直接占有を現実に承継している者の有無を調査する必要がある。具体的には、賃貸人、近隣住民、警察署、民生委員、区役所などからの、賃借人の親族等の有無、連絡先、賃借人死亡後の賃料支払の有無などについての聴取、戸籍謄本、住民票の写しの取り寄せやライフライン調査などが考えられる。賃借人の直接占有を現実に承継している者がいない場合、残置動産があり、それが目的物を直接支配していると評価できる程度に至っていれば、残置動産の相続人が目的物の占有者と評価されることになる。その場合、相続関係の調査が必要となるが、熟慮期間（民915条）が経過するまでは相続人を特定することは

できないし、熟慮期間が経過した後であっても、相続関係が複雑であれば、限られた期間内に行わなければならない現況調査においては相続人を特定できない場合もある。

　賃借人の動産類が存在することなどによって、その相続人等が建物を占有していると評価すべき場合において、相続人が特定できない場合、現況調査報告書の記載については、執行官の意見欄等に「○○が占有していたが、同人は既に死亡している」等と記載した上で、占有者欄には、「不明」と記載するのが相当と考えられる。占有者欄に「亡○○」と記載することは、死者が占有していると受け止められかねない表現であり、「亡○○相続人」と記載することは、相続人でない者（内縁の妻等）が賃借権を承継する可能性があることから、いずれも表現として適当でないものと思われる。

7　賃貸マンションの駐車スペース

　賃貸マンションの駐車スペースの一部について所有者との間で賃貸借契約を締結している者は、建物の独立排他的な占有を有するか。

　例えば、賃貸マンションの地下1階に複数の白線で区切られた駐車スペースが設けられている場合、当該地下1階全体については建物といえるが、白線で区切られた各駐車スペースそれ自体は、借地借家法上の「建物」とはいえないであろう[5]。

　さらに、賃借人は、それぞれが白線で区切られた各駐車スペースを独立排他的に占有しているのか、地下1階を利用者全員で共同して独立排他的に占有しているのか、それとも所有者の占有補助者でしかないのかが問題となる。この点、各駐車スペースがそれぞれ白線で区切られ特定され、特定人が当該駐車スペースを利用しているのであれば、各利用者がそれぞれの駐車スペースを独立排他的に占有していると解して良いであろう（し

---

[5]　これに対し、駐車スペースが壁及び開閉式シャッターに囲まれた独立の区画になっていれば、借地借家法を適用すべき場合もあると思われる。

たがって、当該利用者はその利用している駐車スペースにつき単独で引渡命令の相手方となる。）。

　上記のような理解に立つと、現況調査においては、駐車スペースの利用者が誰であるかという点は、占有者に関する事項であるから調査の必要があるが、当該占有者は、借地借家法による保護はされないから、占有開始時期や、占有権原の有無及び内容といった対抗力に関する調査は、通常必要とならない。また、物件明細書には「地下１階部分につき、駐車場として使用されている。」と記載すれば足りるであろう。

8　共同使用形態

(1)　共同使用形態の種類

　１つの住居を家族関係にない複数の者が共同使用する場合の占有認定はどのようにすべきか。このような使用形態として、シェアハウス、ゲストハウス、ルームシェアなどと呼ばれているものがあるが、様々な形態のものがあり得るため、占有認定に当たっては、既存の法理論を用いて問題点毎に適切な解決を図るほかはない。

　共同使用形態は、居住者が自主的に運営する形態（自主運営型）と事業者が運営する形態（事業者運営型）に分かれる。

　自主運営型は、居住者が自ら１つの住居を賃借し、居間、台所、浴室、トイレなどを共同で使用するものであり、各人がそれぞれ独立した居室を有する場合と複数人が１つの居室を使用する場合がある。自主運営型においては、契約形態としては、居住者のうち代表者１名が契約当事者となる形態と居住者が各自契約する形態があり得る。

　これに対し、事業者運営型は、事業者が１つの住居を賃借して間仕切りなどで細分化し、居住者を募集して営業に供している形態である。居住者同士が一部の設備を共同で使用しているという点においては、自主運営型と同じであるが、それぞれの居室は、より独立性が高く、居住者相互間に人的関係のない場合が普通である。また、建物内部も大幅に改造（構造、間取り等）されていることが多い。シェアハウスの中でも、共同住宅

への用途変更、採光、火災報知器の設置等の面で、建築基準法や消防法等、法令上の制限に反するものは、脱法ハウスと呼ばれ、近時問題となっている。

(2) 占有認定の考え方

シェアハウスにおいては、占有部分は、共用施設部分と居室部分に分けることができるところ、居室部分については、それぞれの居室が、障壁その他によって他の部分と区画され、独立排他的支配が可能な構造、規模を有するか否かという観点から独立性を有すると判断でき、居住者が独立した居室をそれぞれ排他的に支配しているのであれば、当該部分について独立した占有があると考えて良いであろう。

これに対し、とりわけ自主運営型のシェアハウスにおいては、居住者と居室との関係が明確に対応していない場合があり得る。そのような場合には、居住者が居室ごとに独立した占有を有するとはいえず、建物全体についての占有主体が問題となる。その判断に当たっては、賃貸借契約上の名義、表札等の外形的事情によって、居住者全員による共同占有であるか、代表者の単独占有（その場合、他の居住者は占有補助者となる。）であるかを判断することになろう。

また、それぞれの居室について居住者による独立の占有が認められる場合であっても、共用の居間、談話室、台所、浴室、トイレ等については、共同生活を営む上で居住者全員に必要な設備であることから、自主運営型においては、居住者全員の共同占有と判断すべきことになろう。これに対し、事業者運営型においては、事業者が、維持管理のために個々の居住者の承諾を得ることなく共用施設の設置された部分に立ち入ることが予定されていると解すれば、多くの場合は事業者が占有者であると判断すべきことになろう。

第6講
抵当権付債権の差押えがされた場合

岩田　瑤子

I　問題の所在

　抵当権の被担保債権が差し押さえられると、差押えの効力が従たる権利にも及ぶ（民87条2項類推。大判大正元年11月26日民録18輯1005頁）から、その抵当権にも差押えの効力（法145条1項）が及ぶ（抵当権の随伴性）。また、被担保債権の一部が差し押さえられた場合でも、抵当権の不可分性から、差押えの効力は抵当権の全部に及ぶことになる。

　その結果、抵当権の被担保債権を差し押さえられた債務者（抵当権者）は抵当権の実行をすることができなくなる（法145条1項。東京高決昭和33年12月9日下民集9巻12号2409頁）一方、取立権を有する差押債権者が抵当権の実行をすることにより被差押債権を取り立てられるようになる（法155条1項本文）。

　仮に、他の債権者の競売申立てにより、抵当不動産が売却されたとしても、債権差押えの効力により、抵当権の被担保債権が差し押さえられた債務者（抵当権者）は、配当等を受けることができない（ただし、差押えの効力の及んでいない部分については、この限りでない。）。もっとも、抵当権の被担保債権の差押債権者が当該抵当権の実行等においてどのような立場で配当を受けることができるかについては様々な見解がある。

　そこで、抵当権の被担保債権が差し押さえられた場合の手続の進行や配当における問題点等について、以下検討する。

II　差押債権者による抵当権実行の申立て

1　抵当権の被担保債権の差押え

　被担保債権の差押えの効力は抵当権にも及ぶが、抵当権者（債務者）が抵当権自体の処分行為、例えば、転抵当権設定、抵当権の譲渡等（民376条）をし、その旨の登記を経ると、処分の相手方（転抵当権者、譲受人）に対し、差押債権者は差押えの効力を対抗できなくなってしまう[1]。

　そこで、抵当権について、被担保債権の差押えによる処分制限がなされている旨の公示（不登1条参照）をする必要が生じ、これは、抵当権設定登記にその旨の付記登記（以下「差押登記」という。）をして行われる。この登記は、差押えの効力の及ぶ担保権につき利害関係を有する第三者と差押債権者の対抗関係上の利害を調整するためのものであるから、職権ですることができず[2]、あくまで差押債権者の申立てにより、債権執行裁判所の裁判所書記官がその旨の登記嘱託をすることとされている（法150条）。

　なお、被担保債権について二重に差押えがされる場合、申立てにより重ねてこの嘱託登記がなされる。ただし、複数の差押登記がなされても、その登記の順序が、被担保債権の取立て等における差押債権者間の優劣関係を示すものではない。

2　取立権の行使による抵当権の実行

(1)　抵当権の実行の可否

　差押債権者は、債務者への差押命令送達日から1週間を経過したとき

---

1)　差押え後の被担保債権譲渡による抵当権移転の場合は、債権差押えの効力によって債権譲渡の効力自体が否定されるので、このような対抗関係は生じない。
2)　香川・注釈(6) 269頁。

には、被差押債権の取立権を取得し（法155条1項）、被差押債権は債務者に帰属したまま、その取立てに必要な裁判上及び裁判外の行為を自己の名をもって行うことができる（法157条参照）から、抵当権付債権の差押えの場合、差押債権者は自ら被差押債権の取立てのために、抵当権の実行を申し立てることができる。

差押えの競合等がない場合は、この差押債権者による抵当権実行になんら問題はないが、差押えの競合等がある場合は、第三債務者に供託義務が生じ（法156条2項）、差押債権者が直接取り立てることはできなくなるため、差押債権者が「取立て」のためこの抵当権実行をなし得るかが問題となる。

しかし、差押えの競合等がある場合にも、第三債務者が供託義務（法156条2項）を履行しなければ、差押債権者は自ら取立訴訟を提起可能であることに照らせば、取立権能の一環として、差押債権者は被差押債権に係る抵当権実行もできると解される。ただ、その場合には、取立訴訟においてなされている（法157条4項、5項、166条1項1号）ように、当該抵当権に対する配当額の供託を経て、債権執行裁判所による配当手続によってのみ競合債権者が満足を受けるという手続的手当てをする必要がある[3]。

(2) 抵当権の実行申立てに必要な法定文書の提出

被担保債権の差押えにより取立権を取得した結果、差押債権者は、実体的にはその債権に従たる抵当権の行使権限を得、手続的には抵当権実行手続の追行権限を取得したと理解される。そして、法181条3項所定の「抵当権の承継を受けた者」とは、抵当権の実体的移転を受けた者に限らず、このような意味での「代位行使権者」をも含む趣旨であると解されるから、差押債権者はこの抵当権の行使権限、手続追行権限の取得を、裁判の謄本その他の公文書によって証明するときには、その実行申立てをすることができる[4]。

---

[3] 伊藤ほか・不動産配当744頁。

①抵当権について差押登記（法150条）を経ていれば、その記載のある登記事項証明書を提出して申立てをすることができる（法181条1項3号）。また、②差押登記が未了の場合であっても、差押えの効力が及んでいる抵当権についての登記事項証明書（法181条1項）を提出したうえ、その抵当権の被担保債権を差し押さえたことを証するために債権差押命令正本を、取立権の発生を明らかにするため送達通知書[5]を提出することによって抵当権実行の申立てをすることができると解される（同条3項）。

このように、差押債権者が抵当権実行の申立てをすることができるのは、必ずしも、抵当権の差押登記を経ている場合に限られない。したがって、被担保債権の差押えが競合している場合であって、1人の差押債権者は差押登記をし、他の差押債権者は差押登記をしていない場合、差押登記を経ていない差押債権者も抵当権実行の申立てをすることが可能である[6]。

III 差押債権者に対する配当

1 差押債権者が競合していない場合

(1) 差押債権者が被担保債権につき転付命令を得た場合

この場合には、転付命令によって、被担保債権が差押債権者に移転するため、抵当権の随伴性により、抵当権も差押債権者のもとへ移転し、差押債権者が抵当権者となることから、自ら抵当権実行を申し立てた場合、他の債権者が強制競売又は担保不動産競売の申立てをした場合のいずれであっても、法87条1項4号により配当受領資格が認められる。

---

4) 伊藤ほか・不動産配当744頁。
5) 送達通知書には、差押命令が債務者及び第三債務者に送達された年月日が記載されているから（規則134条）、差押命令正本と合わせて取立権の発生を明らかにすることができる。
6) 大系（12）223頁〔井上一成〕。

(2) 差押債権者の取立権の行使による場合

ア 転付命令を得ていない場合には、差押債権者は単に抵当権付債権を差し押さえたにすぎず、「債権」ないし「抵当権」を取得するものではないから、あくまで「差押登記前に登記された抵当権者」（法87条1項4号）として配当受領資格のあるのは債務者（抵当権者）であり、差押債権者は、配当受領資格を定めた法87条1項各号のいずれにも該当しない。そのため、不動産執行手続プロパーの問題として差押債権者に配当受領資格を認めることは困難である[7]。

そこで、不動産執行手続において差押債権者への配当を認めるか否かが問題となり、債権執行重視説と不動産執行重視説の2つの考え方がある[8]。

(ｱ) 債権執行重視説

被担保債権の差押えがされていても、不動産執行プロパーの問題としては、抵当権の差押登記の有無にかかわらず、当該抵当権の実体法上の帰属者であり、登記を有する抵当権者（債務者）が法87条1項4号所定の配当受領資格者である。しかし、被担保債権が差し押さえられている以上、この配当受領資格に基づいて抵当権者（債務者）に配当すべき金銭の交付は、債権執行における換価・満足に関する法理に従って処理すべきである（すなわち、差押えの競合等がなければ、差押債権者自ら直接に抵当権の優先弁済請求権を行使して配当額を受領でき、競合等があれば、配当額の供託、債権執行裁判所の配当を経て、供託金から満足を得ることになる。）。

(ｲ) 不動産執行重視説

不動産執行の配当手続では、これ自体に関する規定から導き出されない

---

7) なお、法87条1項1号には抵当権実行の申立てによる場合も含まれるとの解釈を前提に、差押債権者自ら抵当権実行の申立てをした場合や、既に実行されている競売手続の申立債権者の地位を承継した場合には、不動産執行手続プロパーの問題としても配当受領資格を認めることが可能である（法87条1項1号）とする見解もある（大系（12）224頁〔井上〕）。

しかし、本稿においては、法87条1項1号の差押債権者には、抵当権実行の申立てによる場合は含まれないとの見解を前提とする。この点についての詳細は伊藤ほか・不動産配当182頁以下を参照されたい。

8) 伊藤ほか・不動産配当745頁。

限り、差押債権者への配当金の交付や供託を行うことはできない。差押債権者や競合差押債権者について法87条1項4号（又は1号）所定の配当受領資格が認められる必要があり、その限度で差押債権者に配当金を交付するなどの処理をすることができる。

イ　この両説のうち、債権執行重視説の考え方をとるものが多数とされている[9]。不動産執行手続と債権執行手続が接合されている場合に、不動産執行手続プロパーの問題として解決しようとするのは無理がある上、差押債権者は債権執行手続における換価・満足の手段として抵当権を実行しているにすぎないのであるから、差押えの競合等の有無によって債権配当の法理に従って処理すべきであると思われることからすると、債権執行重視説が相当であろう。

債権執行重視説によれば、当該不動産執行の配当手続では、債務者（抵当権者）が「差押登記前に登記された抵当権者」（法87条1項4号）であれば、その抵当権の順位に従って、観念的には債務者（抵当権者）が配当にあずかることになる。

そして、債務者（抵当権者）に配当されるべき金銭の交付は、債権執行の換価・満足に関する法理に従うべきことになるので、債権差押えの競合等がない場合、すなわち、差押債権者が1人の場合や、複数の差押債権者がいても、その差押金額の合計額が被担保債権額を下回るとき（法149条参照）には、差押債権者は債務者（抵当権者）に配当されるべき金額から、自己の債権の弁済を受けることができ、残余があれば、債務者（抵当権者）に交付される（法155条）。

ここで注意したいのは、差押債権者が不動産執行の手続の中で配当金を受領できるのは、差押債権者の取立権の効果であり、差押債権者が自ら抵当権実行を申し立てたことの効果ではないということである。したがって、差押債権者自ら抵当権実行の申立てをした場合、他の債権者が強制競売又は担保不動産競売の申立てをした場合のいずれであっても、差押債権者が配当金を受領できることに変わりはない。

[9]　大系（12）224頁〔井上〕。

また、差押債権者が本来債務者（抵当権者）に配当すべき金額から弁済を受け得るのは、この取立権能自体の効果であるから、差押債権者が抵当権の差押登記（法150条）を経由しているか否かに関わらず、このような取扱いをする必要がある。あくまでも、この差押登記は、抵当権の処分の相手方との関係で差押えの処分制限効の対抗要件となるのであり、差押債権者が不動産所有者に対して、取立権を対抗するための要件ではないからである[10]。

　ウ　以上のとおり、被担保債権の差押えがあっても不動産執行手続における配当受領資格者は抵当権者（債務者）であることに変わりなく、配当金の交付の段階において、債権執行の効果を実現するために差押債権者に配当金を交付することになるから、配当期日の呼出しは、配当受領資格者である抵当権者（債務者）及び現実に配当金を交付すべき相手である差押債権者の双方にすることになる。

(3) 執行裁判所の調査義務

　差押債権者が取立権の行使により自ら抵当権の実行を申し立てた場合は、その申立て自体から被担保債権の差押えの事実が執行裁判所に明らかになるが、他の債権者が強制競売又は担保不動産競売の申立てをした場合には、当該申立ての時点で抵当権の差押登記（法150条）がない限り抵当権の被担保債権が差し押さえられている事実は、当然には、競売手続に係る執行裁判所には判明しない。競売手続に係る執行裁判所が第三債務者となるわけではないからである。一般的には、買受人から提出された登記事項証明書（実務では、代金納付の際に買受人に目的不動産の登記事項証明書の提出を求めている。）上にある差押登記（法150条）により、又は差押債権者から債権差押命令正本が提出されることにより、競売手続に係る執行裁判所に判明する。

　もっとも、このような差押登記や債権差押命令正本の提出がない場合にも、執行裁判所が当該不動産に係る抵当権の被担保債権に対する差押えの

---

[10]　伊藤ほか・不動産配当746頁。

有無を調査する義務を負うかが問題となる。しかし、競売手続に係る執行裁判所は、本来、法87条1項各号の規定に基づき配当等を受ける債権者を判断すれば足り、他に配当等を受けるべき債権者の存否を調査する義務を負わないと解されることから、被担保債権に対する差押えの有無を調査する義務も負わないと解すべきである。

　したがって、競売手続に係る執行裁判所は、記録上債権差押えがあることが明らかな場合、すなわち、登記事項証明書に被担保債権の差押えに基づく抵当権の差押登記のある場合や、差押債権者からの被担保債権の差押命令正本の提出、又は第三債務者である所有者からの申出がある場合を除いて、当該不動産に係る抵当権の被担保債権に対する差押えはないものとして配当手続を行えば足りる。

　これを差押債権者の側からみると、差押債権者が配当金を交付されるべき債権者として扱われるためには、差押登記前から競売事件が係属している場合には、競売手続に係る執行裁判所に対し、差押登記が記入された登記事項証明書を添えて届け出ること等が必要となる。これに対し、差押登記後に第三者が競売を申し立てた場合には、既に登記事項証明書上に差押登記があることから、競売手続に係る執行裁判所に差押えの存在が明らかであり、当然に配当金を交付されるべき債権者として取り扱われることになる。また、差押登記を経ていない場合には、債権差押命令の正本等を提出して抵当権の被担保債権が差し押さえられていることを競売手続に係る執行裁判所に通知しておく必要がある。

　このような差押登記や債権差押命令の正本等の提出等がないときには、競売手続に係る執行裁判所が被担保債権の差押えの事実に気付かず、抵当権者（債務者）に配当等の額を交付してしまう事態も生じる。この場合、抵当権者（債務者）には差押えの効果として弁済受領権限はないが、不動産執行裁判所の配当金の交付自体は有効とみざるを得ない[11]。差押えの登記を怠ったことによる不利益は債権者が負うべきである[12]。

Ⅲ　差押債権者に対する配当　317

2 差押債権者が競合している場合

(1) 執行裁判所による供託

ア 債権執行では、差押えが競合すると、第三債務者に供託義務が生じ（法156条2項）、差押債権者が第三債務者から直接取り立てることはできなくなるから、抵当権の被担保債権について差押えが競合した場合にも、差押債権者は取立権の行使として自ら直接競売手続において配当等を受けることはできない。そうすると、競売手続に係る執行裁判所は、不動産執行プロパーにおける配当受領資格者である抵当権者（債務者）に対して配当等を行うことになるとも思われるが、被担保債権が差し押さえられている以上、抵当権者（債務者）への弁済は禁止されており、抵当権者（債務者）に配当すべき金銭の交付は、債権執行における換価・満足に関する法理に従って処理すべきであると考えられる（債権執行重視説）。

そこで、競売手続に係る執行裁判所は、抵当権者（債務者）の受けるべき配当等に相当する金銭を供託し（又は、債権執行手続に係る執行裁判所に保管替えし）、債権執行手続の中で差押債権者に対し配当等が行われることになる。

もっとも、競売手続に係る執行裁判所は被担保債権の差押えにおける第三債務者ではないことから、この場合の供託の根拠をどう解するかは以下のとおり、従来から議論がある。

(ア) 法157条5項類推適用説[13]

本来の債権執行では、差押えが競合すると、第三債務者に差押債権全額

---

11) この交付については、以下のとおり、債権の準占有者に対する弁済と考える見解もある。すなわち、形式的な弁済者は競売手続に係る執行裁判所ないしその裁判所書記官であるが、実質的な弁済者は担保物件の所有者であり、この両方が善意の場合には、民法478条の適用を認めるべきであろう。しかし、担保物件所有者が第三債務者であるような場合には、被担保債権が差し押さえられたことは分かっているのであるから、自ら執行裁判所にその旨の申出をすべきもので、これをしないときは、過失があり、民法478条による保護を受けられないと解すべきであろう（二重弁済を免れない。）（鈴木ほか・注解（4）475頁〔稲葉威雄〕）。
12) 田中・民執解説314頁。
13) 伊藤ほか・不動産配当747頁、田中・民執解説314頁。

について供託義務が生じ（法156条2項）、この第三債務者の供託に係る事情届（同条3項）を受けた債権執行裁判所において配当手続を行う（法166条1項1号）。また、第三債務者が任意に供託をしないときは、取立訴訟で供託を命ずる判決を得ることができ、この判決に基づき不動産執行において配当を受ける際には、不動産執行裁判所は配当額を供託し、この供託金について債権執行裁判所が配当手続を行う（法157条4項・5項、166条1項1号）。

そこで、このような制度の趣旨にかんがみれば、不動産執行の場面で、抵当権の被担保債権につき差押えが競合している場合には、法157条5項の類推適用により抵当権者（債務者）へ配当すべき金額を供託し、その旨を債権執行裁判所に通知し、供託書正本を送付すべきである（法156条3項、規則138条参照）。規則138条は事情届の規定であるが、事情届は本来第三債務者がなす手続であるから、不動産執行裁判所は事情届をするのではなく、通知をすることになる。

㈦　法156条2項類推適用説[14]

法156条の供託は、本来、第三債務者が行うものであって、競売手続に係る執行裁判所は第三債務者とはならない。しかし、不動産が売却されて売却代金に変わると、抵当権付債権の差押えの効力は配当金交付請求権に移行すると考えられるところ、配当金交付請求権が差し押さえられた場合には、競売手続に係る執行裁判所が第三債務者の立場に立つのであるから、抵当権付債権の差押えが競合し、かつ、配当手続終了後供託をしなければならないような場合には、執行裁判所は第三債務者類似の立場に立つと解される。したがって、第三債務者の供託を定める同条2項を類推適用して配当金を供託し、債権執行裁判所に事情届（法156条3項、規則138条）を提出すべきである。

イ　いずれの見解も妥当性を有するが、東京地方裁判所民事執行センター（以下「民事執行センター」という。）においては、法156条2項類推適用説の立場をとっている。同説の上記理由に加え、法156条2項の類

14）　伊藤ほか・不動産配当748頁、香川・注釈（6）294頁。

推適用による供託ができれば、その後の手続を簡明にすることができるという利点がある[15]。

　法156条2項類推適用による供託は、競売手続に係る執行裁判所の属する地方裁判所の出納官吏が行う。出納官吏は、供託後、供託書正本を添付して、債権執行手続に係る執行裁判所に事情届を提出する（法156条2項・3項、規則138条1項・2項）。事情届を受けた債権執行手続に係る執行裁判所は、配当等を実施しなければならない（法166条1項1号、2項）ので、競合する差押債権者らは債権執行手続の中で配当等を受けることができる（法165条1号）。

　もっとも、現時点ではこのような供託は実務上確立されているものではないので、手続を進める上で、供託所との調整を図る必要がある。その調整がつかない場合には、競売手続に係る執行裁判所は、結局、債務者（抵当権者）の受けるべき配当額に相当する金銭を債権執行の執行裁判所に保管替えするとともにその旨の通知をする（保管金取扱規程5条）ほかに方法がない。これを受けた債権執行手続に係る執行裁判所は、配当等を実施することになるから、この場合であっても、競合する差押債権者らは同順位の配当等を受けることができる[16]。

(2) 競合の有無の調査義務

　抵当権付債権の差押えが競合しているか否かは、これまで検討したように、配当手続に大きな影響を与える。そこで、抵当権の差押登記（法150条）や、債権差押命令正本等の提出により、抵当権付債権の差押えの事実が競売手続に係る執行裁判所に判明した場合、同執行裁判所が、さらに差押えの競合の有無についてまで調査義務（他にも抵当権付債権の差押えをした債権者がいるかどうかの調査義務）を負うかどうかが問題となる。

　この点、競売手続に係る執行裁判所は、被担保債権の差押えをした執行裁判所に問い合わせをするなどして、競合の有無を調査すべきとする見解

---

15) 執行実務・不動産（下）227頁
16) 執行実務・不動産（下）228頁。

もあるが、民事執行センターにおいては、次の理由により調査は不要であると解している。すなわち、①競売手続に係る執行裁判所は、法87条1項各号の配当受領資格者に対して配当すれば足り、他に配当等を受けるべき債権者の存否を調査する義務を負わない、②競売手続に係る執行裁判所は、第三債務者ではないので、差押えの競合の有無を正確に調査する手段が制度的に保障されていない、③抵当権付債権の差押えに基づき差押登記（法150条）をするか否かは、差押債権者の意思に委ねられており、その登記の申出もせず、また、差押命令正本を競売手続に係る執行裁判所に提出もしない債権者は、競売手続において無視されるという不利益を被ってもやむを得ない[17]。

もっとも、差押競合の有無の確認が煩雑ならば、むしろ法156条1項を根拠にして供託をし、債権執行の執行裁判所へ事情届をすることが簡明であろうとする見解[18]や、競合の有無の確認のために万全を尽くすのは困難で、その正確性についても制度的な保障がなく、債権執行手続上の処理に任せるべきであるから、法91条1項3号を類推して配当等留保供託をしたうえ、法156条3項を類推してその旨債権執行裁判所に通知するとともに供託書正本を送付して債権執行裁判所の配当等の実施にまかせるのを本則とすべきとする見解[19]もある。

3　配当金交付請求権の差押えとの関係

(1)　配当金交付請求権の差押え

不動産執行において、不動産の売却、代金納付がされると、配当受領資格者は、国（＝執行裁判所）に対して配当金交付請求権を取得すると観念される。この配当金交付請求権は、配当期日において当該配当受領資格者への配当額が定まり、かつ、その配当額について法91条1項各号の配当

---

[17]　執行実務・不動産（下）226頁。
[18]　鈴木ほか・注解（4）475頁。
[19]　香川・注釈（6）294〜295頁。

留保供託事由がないとされた時に現実化する権利であるが、現実化する前の段階においても、当該配当受領資格者に対する債権者による債権差押えや仮差押えの対象となり得る。

　配当金交付請求権に対する差押えがいつからできるかについては、様々な考え方があり得るが、民事執行センターにおいては、売却許可決定がされれば、その発生の基礎となる法律関係が存在して、近い将来における発生が確実に見込めるといえることから、将来債権として差し押さえることができるとする取扱いである[20]。

　配当金交付請求権の差押えは、配当受領資格者を債務者、国を第三債務者として発せられる。配当金交付請求権に対する差押えの効力が生じると、国（競売手続に係る執行裁判所の属する地方裁判所の出納官吏）は、第三債務者であることから、債務者（抵当権者等の配当受領資格者）に交付すべき配当金がある場合は、差押債権者の取立てに応じて（法155条1項）、債務者ではなく直接差押債権者に配当金を交付したり（ただし、法156条1項により権利供託をすることもできる。）、競合を生じた場合には供託をすることになる（法156条2項）。

(2) 抵当権付債権の差押えと配当金交付請求権の差押え

　抵当権付債権の差押えの効力は、代金納付によって抵当権が消滅した（法59条1項）後は、抵当権の価値代替物である配当金交付請求権（法87条1項4号）に移行すると解されるから、抵当権付債権の差押えは、配当金交付請求権自体の差押えと競合することになる。

　この場合には、出納官吏において、法156条2項（仮差押えの執行があるときには民保50条5項が加わる。）の供託をした上、供託書正本を添付して債権執行手続に係る執行裁判所に事情届を提出する（法156条3項）。そして、事情届を受けた債権執行手続に係る執行裁判所により配当等が実施され、競合する差押債権者らは配当等を受けることになる。

---

[20]　執行実務・債権（上）125頁。

IV 根抵当権の場合

1 根抵当権により担保された債権の差押えの効力

(1) 元本確定前の根抵当権

ア これまで抵当権付債権の差押えについて見てきたが、根抵当権により担保されるべき債権が差し押さえられた場合も同様に扱ってよいだろうか。

元本確定後の根抵当権の場合は、確定により根抵当権と被担保債権との関係が固定することから、その附従性及び随伴性について、抵当権の場合と異なるところがない。したがって、被担保債権に対する差押えの効力は確定後の根抵当権に及ぶことになり、抵当権の場合と同様に扱われる。

しかし、元本確定前の根抵当権は、設定契約で定めた一定範囲に属する債権を極度額の範囲内で不特定に担保することから、抵当権や確定後の根抵当権とは異なり、その随伴性が否定され（民398条の7）、また附従性が緩和されている。そのため、元本確定前の根抵当権により担保された債権の差押えの効力が、根抵当権に及ぶか否かにつき説が分かれている。

(ア) 消極説

元本確定前の根抵当権には厳格な意味では被担保債権は存在せず、単にその候補者が存在するに過ぎない。この候補者に対する差押えは、元本確定前は、まだ被担保債権に対する差押えと見ることはできないから、差押えの効力は根抵当権には及ばない。

(イ) 積極説

根抵当権も被担保債権をもち、ただそれが入れ替わり得るに過ぎない。民法398条の7は、債権譲渡の場合の随伴性を否定しているが、これは権利関係の複雑化を防ぐために特に設けられた規定であって、債権者に変更のない差押えを直接対象とするものではない。また、本来債務者（根抵当権者）の責任財産を構成しているはずの担保価値を、差押えによって完全に捕取し得ないのは不当である[21]。したがって、根抵当権の担保すべ

き債権の範囲に属する債権が元本確定前に差し押さえられた場合も、その差押えの効力は根抵当権に及ぶと解すべきである。

　イ　これらのうち、積極説が現在の通説とされており、執行実務でも積極説の立場により運用されている。登記実務においても、従来は消極説の立場がとられていたが、昭和55年12月24日付法務省民三第7175号民事局長回答、同日付法務省民三第7176号民事局長通達で、これが変更され、元本確定前の根抵当権の被担保債権に対する差押登記が申請された場合には、受理するとされた。

(2)　差押債権者による根抵当権実行の申立て

　元本確定前の根抵当権の担保すべき債権の範囲に属する債権を差し押さえた差押債権者が、自ら抵当権の実行を申し立てることができるかについては反対説も存在するが[22]、差押えの効力が根抵当権にも及ぶと解する以上、取立権が生じた後は、その取立権に基づく競売の申立てを認めて差し支えないと思われる。差押債権者による競売申立てによって、根抵当権の元本が確定してしまうが（民398条の20第1項1号）、根抵当権者（債務者）が債務不履行をしている以上、そのような拘束を受けるのもやむを得ないというべきである。

　なお、差押債権者が、元本確定前の根抵当権により担保される債権について転付命令を得た場合には、その債権は差押債権者に帰属することとなり、根抵当権の被担保債権の範囲から離脱し、民法398条の7によって随伴性が否定される結果、根抵当権に及んでいた差押えの効力も消滅するから、差押債権者としては、取立権の取得後、根抵当権の実行を申し立てて元本を確定させた後に転付命令を得るのが相当であろう[23]。

---

21)　竹下守夫「根抵当権の被担保債権の差押・質入とその効力」不動産登記講座（3）289〜290頁参照。
22)　我妻栄『新訂担保物権法』502頁（岩波書店、1968年（第3刷、1971年））。
23)　香川・注釈（6）277頁、297頁。

2 配当時の優先関係

(1) 諸説

　根抵当権の目的不動産が競売に付された場合の差押債権者の競売手続上の地位は抵当権付債権の差押えの場合と基本的には同一であるが、配当等の段階で、根抵当権付債権の差押債権者と本来の根抵当権者である債務者との優先関係が問題となる。

　元本確定時に、差押えに係る根抵当権付債権を含む根抵当権の担保すべき債権の合計が極度額の範囲内にある場合には、差押債権者は被差押債権について全額弁済を受けることができるから問題は生じない。

　しかし、根抵当権の担保すべき債権の合計が極度額の範囲を超えている場合に当該根抵当権に対する配当金等をどのように分配するかが問題となり、以下のとおり考え方が分かれている。

　　ア　法定充当説

　民法の法定充当の規定（民489条、491条）によるべきで、差押債権者の差し押さえた債権の弁済に充当すべき部分があるときは、その金額につき、差押債権者が優先弁済を受けることができるに過ぎない[24]。

　　イ　案分説

　差押債権者と根抵当権者を根抵当権の準共有者に準ずるものとみて、差押債権者と根抵当権者の各債権額の割合に応じて案分すべきである（民398条の14参照）[25]。

　　ウ　差押債権者優先説

　案分比例では、根抵当権者（債務者）が被担保債権総額を極度額以上に増加させることによって、差押えの効力が潜脱される結果になるし、また、差押債権者はその債権額全額の満足が得られなければ、根抵当権者（債務者）の受けるべき配当金交付請求権を差し押さえることができるこ

---

[24] 鈴木禄弥「確定前の根抵当権の被担保債権の差押えと質入れの効力」金法993号7頁（1982年）。松尾英夫「根抵当権付債権の差押え、質入れの登記と諸問題(3)」金法978号10頁（1981年）。
[25] 鈴木ほか・注解(4) 476頁〔稲葉威雄〕。

とから、差押債権者は根抵当権者（債務者）に優先して配当を受けられる[26]。

(2) 差押債権者の優先

差押債権者と根抵当権者は、根抵当権の準共有的立場にあるといってよいが、根抵当権者は差押債権者にとっては債務者であるから、一部代位弁済者と原抵当権者の優劣に関する最一判昭和60年5月23日民集39巻4号940頁に照らし、まず差押債権者が差し押さえた債権に配当され、残余が債務者の有するその余の債権に配当されるとする考え方が有力である[27]。

V 抵当権者（債務者）による競売申立ての帰趨

1 抵当権者（債務者）の地位

抵当権付債権が差し押さえられると、抵当権者はその債権及び抵当権の処分（例えば、転抵当、抵当権の順位の譲渡・放棄、抵当権の譲渡など）を禁止されるが、差押えの効力が生じた後も抵当権者としての地位を失うものではないから、抵当権保存のための行為（例えば、抵当権存在確認等の訴訟提起、抵当権の侵害に対する妨害排除請求等）をすることはできる。

2 競売申立て前に抵当権付債権が差し押さえられた場合

抵当権の被担保債権が差し押さえられた後に、抵当権者（債務者）が競売申立てをした場合、前述のとおり、抵当権者（債務者）は被担保債権の取立てをすることが禁じられているから、抵当権の実行を申し立てることはできず[28]、競売申立ては不適法として却下すべきである[29]。

[26) 竹下・不動産登記講座（3）294頁。
[27) 古島正彦「抵当権付債権及び根抵当権付債権の差押えの問題点」債権執行諸問題125頁参照。
[28) 田中・民執解説313頁、鈴木ほか・注解（4）474頁〔稲葉威雄〕。

もっとも、差押登記（法150条）がされていないと、抵当権者（債務者）の競売申立て時に提出された登記事項証明書から被担保債権の差押えの存在を執行裁判所が知ることができないため、競売開始決定をしてしまう場合が考えられる。この場合、差押登記を得なかった不利益は差押債権者が負うべきであり、裁判所には被担保債権の差押えの有無につき調査義務はないと解すべきであるから、競売開始決定をした以上、差押債権者や第三債務者から執行異議の申立てがされたときに対応すれば足りると解される。

3　競売申立て後に抵当権付債権が差し押さえられた場合

　抵当権者（債務者）の申立てに基づく抵当権実行のための競売事件が既に係属しているときに被担保債権が差し押さえられた場合は、差押えの効力により抵当権者（債務者）は競売手続を追行する権利を制限されるから、差押えの効力が消滅するか差押債権者がその手続を承継するまで競売の手続は停止されると解するべきである[30]。

　もっとも、執行裁判所が被担保債権の差押えの存在に気が付かずに停止すべき手続を進行させ、代金納付がされて抵当権が消滅した（法79条、59条1項）後に、被担保債権の差押えの存在が執行裁判所に判明した場合には、抵当権は消滅しているから、もはや差押債権者が手続を承継することはできない。この場合には、抵当権に対する差押えの効力が配当金交付請求権の上に移行したと解されるから、抵当権者（債務者）に配当すべき額を競合がない場合には差押債権者に交付し、競合している場合には、法156条2項類推により供託し、債権執行の手続で差押債権者は配当を

---

29)　これに対し、差押えの効力が生じた後も執行債務者は担保権者としての地位を失うものではなく、差押債権者のためには、不動産競売手続において抵当権者が配当等によって現実の満足を受けることを阻止しておけば足りるとする見解もある（香川・注釈（6）295頁、298頁（注7））。

30)　鈴木ほか・注解（4）474頁。奥村正策「抵当権付債権に対する執行手続とその効果」判タ182号118頁（1965年）。これに対し、前掲注29）と同様の見解もある（香川・注釈（6）272頁）。

受けることになろう。

VI 付随的問題

1 抵当権付債権が仮差押えされた場合

(1) 抵当権付債権の仮差押え

　抵当権付債権が仮差押えされた場合にも、差押えの場合と同様、仮差押えの効力は、従たる権利である抵当権に及び（民87条参照）、仮差押債権者の申立てにより、抵当権の仮差押登記がされる（民保50条5項、法150条）。仮差押えの効力により、抵当権者（仮差押債務者）は、仮差押債権者との関係で、転抵当権の設定や抵当権の譲渡といった処分が制限され、抵当権実行の申立てをすることもできなくなる[31]。

　もっとも、仮差押えは処分を禁止する段階で執行が終了し、換価・満足段階にまでは進まないものであるから、仮差押債権者には取立権は発生しない。したがって、差押えのときのように仮差押債権者が抵当権の行使権限を取得することはないから、仮差押債権者が抵当権を実行することはできない。

(2) 配当時における問題

　ア　他の債権者の強制競売又は担保権実行によって不動産が売却された場合、抵当権者（債務者）の被担保債権が仮差押えされていても、当該被担保債権の配当受領資格者は「差押登記前に登記を経た」抵当権者（債務者）である。

　しかし、仮差押えの結果、第三債務者は抵当権者（債務者）に対する被担保債権の弁済を禁じられており、その反面、抵当権者（債務者）は、第三債務者から有効に弁済を受領する権限を有していないのであるから、競

---

[31]　菊井維大＝村松俊夫＝西山俊彦『仮差押・仮処分〔3訂版〕』162頁（青林書院新社、1982年）。

売手続に係る執行裁判所の配当手続において、この点を無視して、配当受領資格を有することをもって、被担保債権に対する配当額をそのまま抵当権者（債務者）に交付するということは許されないと解される。

　もっとも、仮差押債権者は、差押債権者と異なり、取立権がないことから、仮差押債権者に配当金を交付することもできない。

　そうすると、競売手続に係る執行裁判所の配当手続では、被担保債権に対する配当額を抵当権者（債務者）にも仮差押債権者にも交付できない事態になる。

　そこで、この配当額について供託をすることが考えられるが、その根拠については以下のとおり説が分かれている。

(ア)　民事保全法50条1項、法156条1項類推説[32]

　被担保債権に対する仮差押えの効力は、前記のとおり抵当権にも及ぶが、この抵当権が不動産執行における売却により消滅したときは（法59条1項）、仮差押えの効力は、被担保債権についての配当金交付請求権に転化したと考えることができる。

　そうすると、執行裁判所は、いわば仮差押えの第三債務者類似の地位に立っているといえるので、民事保全法50条1項、法156条1項の類推適用により、配当金交付請求権自体が仮差押えされているときと同様に抵当権者を被供託者として配当額を供託できる。

(イ)　法91条1項2号又は3号類推説

　法91条1項は、配当留保供託を定めたものであるが、これは、確定的に配当受領資格者に配当額を交付することができない事情がある場合の供託であるから、被担保債権の仮差押えがされているときも同様の状況が生じているとして、これを類推適用するのが相当である。

　法91条1項に列挙されたいずれの号に準ずると解するかについては、仮差押債権者の債権に準じるものとして同項2号を類推する見解[33]や、

---

[32]　伊藤ほか・不動産配当755～756頁。
[33]　強制競売における執行債権の仮差押えの場合についての見解であるが、近藤ほか・基礎と応用103頁、香川・注釈（2）579頁参照。

停止文書が提出された場合と同様に考えて同項3号を類推する見解があり得る。

(ウ) 法91条2項類推説[34]

仮差押えが効力を維持している間は、配当額を抵当権者にも仮差押債権者にも交付できないが、将来の仮差押えの帰趨によって、抵当権者又は仮差押債権者のいずれかに交付すべきことになるから、債権者不確知の状態にあるわけではないが、執行裁判所のなし得る弁済供託の性質を有する法91条2項供託を、この場合に類推、利用することが可能であると解される。

イ　抵当権者（債務者）の配当金交付請求権に差押えや仮差押えがある場合には、被担保債権の仮差押えの効力が配当金交付請求権の上に移行したと解し、被担保債権の仮差押債権者を含めて（仮）差押えの競合が生じたとして法156条1項又は2項の供託をするほかないこと[35]や、民事執行センターでは、被担保債権の差押えが競合した場合には、第三債務者類似の立場に立つとして法156条2項類推説をとるのが相当であると解していること（前記Ⅲ2(1)参照）にかんがみると、被担保債権の仮差押えがあった場合には、競売手続に係る執行裁判所は第三債務者類似の地位にあるとして、民事保全法50条1項、法156条1項類推適用により供託するのが相当であると思われる。このように解すると、その後の手続が簡明であり、実務上の利点は大きい[36]。

もっとも、この点については供託実務が確立されていないので、供託所と十分協議の上手続を進めなければならず、供託が認められない場合は保管金として留保するほかないであろう。

ウ　このように、仮差押えの段階では、仮差押債権者に配当金を交付することはできないものの、被担保債権の仮差押えが配当期日までに本執行

---

34) 伊藤ほか・不動産配当756頁。
35) 伊藤ほか・不動産配当757頁。
36) 法91条1項又は2項を類推して供託するとすると、その後の手続を不動産の執行裁判所が行うことが予定されているため、これを債権執行の手続にのせる方法を別途考えなくてはならない。

に移行する可能性があるので、民事執行センターにおいては、配当受領資格者である抵当権者（債務者）に加えて、被担保債権の仮差押債権者にも配当期日の呼出を行っている。

2 強制執行における請求債権が（仮）差し押さえられた場合

抵当権付債権の差押えと類似の問題が生じ得るケースとして、強制競売における請求債権（執行債権）が差し押さえられる場合が考えられる。

(1) 差押債権者による強制執行

被差押債権の債権者（差押債務者）が債務者（第三債務者）に対し、被差押債権について債務名義を有している場合（このような場合の被差押債権のことを「抵当権付債権」にならって、便宜上、「債務名義付債権」と呼ぶことにする。）には、差押債権者は差押命令に基づいて債務名義の正本自体を取り上げることができる（法148条）。債務名義の正本を取り上げたときは、差押債権者は、取立権があることを理由として（法155条）、あるいは供託請求権があることを理由として（法156条2項）、承継執行文を得て、第三債務者の不動産、動産、債権に対して強制執行をすることができると解される（なお、債務名義の正本を取り上げるまでもなく、取立権あるいは供託請求権があることにより、債務者を代位して承継執行文の付された債務名義の正本の付与を請求することができると解することもできる。）[37]。

このように差押債権者が、債務名義付債権を差し押さえた上、当該債務名義に基づいて第三債務者の不動産に対して強制執行をした場合には、抵当権付債権の差押債権者が抵当権を実行した場合と同様、差押えの競合等がない場合には不動産配当手続において配当額を受領することができ、差押えの競合等がある場合には供託を経て債権執行裁判所により配当を受けることになると考えられる。

これに対し、仮差押えの場合は、差押えと異なり、処分制限効しか有し

---

[37] 田中・民執解説315、316頁。

ないことから、上記のような強制執行の申立てはできない。

(2) 差押債務者（債務名義の債権者）による強制執行の帰趨

債務名義付債権が（仮）差し押さえられると当該債権の債権者である差押債務者は、（仮）差押えの効力により、当該債権につき取立権を失う（法145条1項）。この場合、抵当権付債権が（仮）差し押さえられた際に、抵当権者である差押債務者が抵当権を実行できなくなるのと同様、当該債務名義に基づく強制執行もできなくなる[38]とも思われる。しかし、請求債権に対して（仮）差押えがされたからといって、給付訴訟の当事者適格を失うものではないことは判例上確立しており（最三判昭和48年3月13日民集27巻2号344頁、東京高決平成10年8月7日判タ1034号281頁）、執行手続において、請求債権に対する（仮）差押えがあっても請求異議事由とはならないとする見解が有力である。近時の裁判例でも仮差押えがされても被仮差押債権を請求債権として強制執行をすることができる旨示されている（東京高決平成21年6月4日金法1896号105頁）。したがって、債務名義付債権が（仮）差し押さえられても、差押債務者は強制執行を申し立て、第三債務者の財産を差し押さえることができる[39]と解される。このように、抵当権付債権が（仮）差し押さえられた場合に、差押債務者が抵当権を実行することができなくなるのと異なり、債務名義付債権が（仮）差し押さえられても、差押債務者が当該債務名義に基づき強制執行の申立てができると解されるのは、強制執行が全くできないとすると、第三債務者の財産処分によって、同人の責任財産が散逸してしまい、差押債務者が害されるおそれが大きいからであろう[40]。

もっとも、（仮）差押えがされている場合に、差押債務者が執行手続により最終的な満足を得てしまうのは（仮）差押えの趣旨に反し妥当でな

---

[38] 兼子一『強制執行法〔増補版〕』126〜127頁（酒井書店、1951年（第25刷、1968年））。
[39] これに対し、仮差押えの場合は強制執行の申立てをすることができるが、差押えの場合にはできないとする見解もある。香川・注釈(2) 579〜580頁参照。
[40] 中野・民執法254頁参照。

い。そこで、（仮）差押えがされている場合には、執行手続が満足的段階に進むことを阻止すべきと解されている（上記最三判昭和48年3月13日、東京高決平成21年6月4日）。具体的な方法については、執行異議（法11条）による方法や停止文書の提出（法39条1項）に準ずるものとして停止する方法が考えられる[41]。なお、差押えの場合には、差押債権者が取立権を有し、執行手続を承継すると思われるので、停止が問題となるのは、主に仮差押えの場合だと思われる。

　また、配当等の手続に至ってから執行債権が（仮）差し押さえられていることが判明した場合には、それが差押えであれば、差押債権者が取立権を有するから、差押えの競合等がないときは、差押債権者に配当金を交付し、差押えの競合等があるときは、抵当権付債権の差押えが競合した場合と同様、法156条2項類推により供託すればよい。また、執行債権が仮差押えされた場合には、民事保全法50条1項、法156条1項類推適用により供託すればよいと考えられる。なお、仮差押えの場合には、法91条1項2号に準じて供託すべきとの見解もある[42]。

---

[41] 詳細は、原克也「強制執行の停止（民事執行法39条）をめぐる裁判例の検討」判タ1384号32頁（2013年）参照。中野・民執法692頁、254頁。
[42] 香川・注釈（2）579頁参照。

第 7 講

形式的競売を巡る諸問題

澤田　久文

I　はじめに

　法 195 条は、「留置権による競売及び民法、商法その他の法律の規定による換価のための競売については、担保権の実行としての競売の例による。」と規定する。民法、商法等の実体法において、競売の手続で目的物を換価することが定められている場合に、その規定に基づいて行われる競売を形式的競売という。形式的競売の例としては、共有物分割のための競売（民 258 条 2 項）、弁済供託のための競売（自助売却、民 497 条、商 524 条）、相続財産換価のための競売（民 932 条）、遺産分割のための競売（家事 194 条 1 項）、特別清算における会社財産換価のための競売（会社 538 条）、破産管財人による換価のための競売（破 184 条）、区分所有者の共同の利益のための区分所有権の競売（区分所有 59 条）等がある。

　形式的競売の手続については、民事執行法は、概括的に担保権の実行としての競売の例によると定めているだけで、具体的には、競売による換価を定めた実体法の解釈に委ねられていることから、実体法の規定の趣旨・目的に応じて、担保権の実行としての競売に関する諸規定のうち、利用すべきものは利用し、利用すべきでないものは利用しないという合理的、合目的的な考慮が求められることになる[1]。本稿では、不動産の形式的競売を巡る解釈上の問題のうち、近時、東京地方裁判所民事執行センター（以下「民事執行センター」という。）において実務上検討されたものの中から、

---

1) 鈴木ほか・注解（5）354 頁参照。

いくつかを取り上げて論じることとする。

Ⅱ 共有物分割のための競売における共有持分の承継

1 問題の所在

　共有不動産について、共有者間で分割の協議が調わないときは、共有者は、裁判所に分割を求める共有物分割訴訟を提起することができ、裁判所は、現物分割することができないか、又は分割によりその価格を著しく減少させるおそれがあるときは、その競売を命じることができるとされている（民258条）。この場合、分割を求める共有者は、他の共有者全員を相手方として、執行裁判所に競売の申立てをすることができ、その申立てに際しては、競売開始文書（法181条1項）として、競売を命ずる判決の謄本又は正本及びその確定証明書を提出することが求められる。
　共有物分割訴訟の口頭弁論終結後に、一部の共有持分が譲渡や相続等により移転した場合に、前共有者を当事者とする競売を命ずる判決に基づいて、競売申立てをすることができるか、また、競売開始文書としてどのような文書を提出すべきかが問題となる。

2 考えられる見解とその根拠

　共有物分割訴訟の口頭弁論終結後に一部の共有持分の承継があった場合に、競売を命ずる判決に基づく各共有者の競売申立権が消滅するか否かについては、①全ての共有者の競売申立権は当然に消滅するという見解、②相続等の一般承継の場合は消滅しないが、売買等の特定承継の場合は消滅するという見解、③一般承継であっても特定承継であっても競売申立権は消滅しないという見解が考えられる。
　承継がなかった共有者を含め、全ての共有者の競売申立権が消滅するという見解（上記①）は、共有物分割訴訟は、全ての共有者を当事者とし、各共有者の属性を前提として分割方法が判断されることからして、共有持

分の承継により共有者が変更する以上、前共有者の属性を前提とする判決の効力は失われ、これに基づく競売申立権は消滅すると解するものと考えられる。そして、一般承継の場合は消滅しないが、特定承継の場合は消滅するという見解（上記②）は、相続等の一般承継では、前共有者の属性も承継されるので、判決の効力は失われず、競売申立権は消滅しないが、特定承継では、前共有者の属性は承継されないので、判決の効力は失われると解するものと考えられる。また、競売申立権は消滅しないという見解（上記③）は、一般承継であっても特定承継であっても、共有物分割訴訟の判決の効力は口頭弁論終結後の承継人に及ぶ（民訴115条1項3号）から、これに基づく競売申立権は消滅しないと解するものと考えられる。

3　実務の取扱い

　当事者の承継により競売申立権が消滅するという見解の根拠は、競売を命ずる判決は、各共有者の属性を前提として分割方法が判断されたものであり、一部の共有者が変わると判決の前提が異なるというものである。

　しかし、共有物分割訴訟においては、共有者の属性のみならず、共有物の性質、形状や価値等の諸事情を総合的に考慮した上で、具体的な分割方法が定められるのであり、その結果、現物分割は不相当であり、競売により換価してその代金を分割すべきであると判断された場合に、競売を命ずる判決によって、各共有者に競売申立権が付与されるものである。そうすると、共有物分割訴訟の口頭弁論終結後に一部の共有者に変更があっても、必ずしも競売による換価代金の分割を選択する基礎が失われるとは限らないのであって、共有持分の承継があったことにより判決で定めた分割方法が不相当になったか否かを問わず、一律に判決の効力が消滅し、共有物分割の手続を最初からやり直さなければならないと解するのは、合理性がないように思われる。このことは、一般承継であっても特定承継であっても同様と解される。

　そこで、民事執行センターでは、共有物分割訴訟の口頭弁論終結後に共有持分の承継があった場合は、それが一般承継であっても、特定承継で

あっても、競売を命ずる判決の効力は消滅せず、当該判決に基づく競売申立権及び競売手続の相手方となる地位が、共有持分権と不可分の関係にあるものとして、新たな共有者に承継されるものと解し、当該判決に基づき、新たな共有者が他の共有者を相手方として競売申立てをすることも、他の共有者が新たな共有者を相手方として競売申立てをすることも、いずれも可能とする取扱いとしている[2][3]。

4　区分所有法59条に基づく競売との異同

　最三決平成23年10月11日集民238号1頁は、建物の区分所有等に関する法律（以下「区分所有法」という。）59条1項に基づく競売請求訴訟の口頭弁論終結後に被告であった区分所有者がその区分所有権を譲渡した場合に、その譲受人に対し同訴訟の判決に基づいて競売を申し立てることはできないと判示した。

　マンション等の区分所有建物において、区分所有者は、建物の管理又は使用に関し区分所有者の共同の利益に反する行為をしてはならないとされている（区分所有6条1項）。区分所有法59条に基づく競売は、特定の区分所有者による区分所有者の共同の利益に著しく反する行為により、共同生活を維持する上で著しい障害が生じる場合に、当該区分所有者の区分所有権を剥奪して、その障害を除去しようとするものであり、特定の区分所有者が、区分所有者の共同の利益に反する行為をし、又はその行為をするおそれがあることを原因として、区分所有者の集会の決議に基づき、訴えをもって認められるものである。そうすると、競売請求訴訟においては、当該区分所有者が上記のような属性を有するかが審理の対象となるが、こ

---

[2]　執行実務・不動産（下）371頁。
[3]　新たな共有者が、共有持分の承継により競売を命ずる基礎が失われ、分割方法として不相当になったと主張して、競売申立てを争うことができるかという問題もある。本稿では立ち入らないが、共有物分割訴訟の判決後の事情の変更を主張して、判決で定められた分割方法を変更するために、どのような手続を執り得るかという問題と軌を一にするものと思われる。

れは、当該区分所有者固有のものであって、区分所有権の譲受人に承継される性質のものではない。また、競売の目的は、上記のような属性を有する特定の区分所有者を排除することにあるから、区分所有権の譲渡により区分所有者が第三者に変われば、上記の目的は達せられることになる。このような区分所有法59条に基づく競売の性質に鑑みると、競売請求訴訟の口頭弁論終結後の区分所有権の譲受人に対して、競売の申立てをすることはできないと解するべきであり、これは、立法担当者の見解でもあった[4]。

これに対し、既に述べたように、共有物分割のための競売は、目的不動産を換価して代金を分割することが目的であって、特定の共有者を排除することを目的とするものではなく、共有者に変更があったからといって、分割方法として競売による換価代金の分割を選択する基礎が失われるわけではないという点で、性質が異なるといえる。したがって、前掲最三決平成23年10月11日は、区分所有法59条に基づく競売における当事者の承継について、上記の立法担当者を含む通説的見解を確認したものであるが、共有物分割のための競売における当事者の承継についての実務の取扱いを否定するものではないと考えられる。

5 共有者の承継がある場合の競売開始文書

共有物分割のための競売において、競売を命ずる判決に表示された共有者から共有持分が承継されている場合は、競売申立てに際し、共有持分の承継を証する文書を提出する必要があるところ（法181条3項）、相続等の一般承継の場合は戸籍謄本等を、売買等の特定承継の場合は持分移転登記が記載された登記事項証明書等を提出するのが通常と考えられる。なお、新たな共有者を相手方として競売申立てをするに際し、持分移転登記がされていない場合は、一般承継の場合は、申立人において代位による移転登記を経た上で、競売開始決定をすることになるが、特定承継の場合

[4] 新しいマンション法320頁。

は、代位による移転登記をすることはできないので、そのままでは新たな共有者を相手方として競売申立てをすることはできないことに留意する必要がある（ただし、そのような場合は、登記上の共有持分権者を相手方として申立てをすることが多いと思われる。）。

Ⅲ 区分所有法59条に基づく競売における無剰余取消しの準用の有無

1 形式的競売における剰余主義の適用ないし準用の有無

(1) 剰余主義について

　不動産競売は、差押債権者の金銭債権の満足を目的とする手続であるから、差押債権者が売却代金から配当を受けられない場合には、実益がないので、売却を実施すべきではない（無益執行禁止の原則）。また、売却により目的不動産に設定されている抵当権は消滅し（法59条1項）、抵当権者は、順位に従って売却代金から配当を受ける（法87条1項）にとどまることから、不必要な売却により抵当権者の利益が害されることを防ぐ必要がある（優先債権者の換価時期を選択する利益の保護）。そこで、買受可能価額が手続費用及び差押債権者の債権に優先する債権（優先債権）の見込額の合計額に満たないとき（これを「無剰余」という。）は、その旨を差押債権者に通知し、差押債権者において無剰余を回避する措置を講じない限り、競売手続は取り消される（法63条）。これを無剰余取消しといい、手続費用及び優先債権を弁済してなお剰余がある場合に限り売却に付す考え方を剰余主義という。

　形式的競売は、差押債権者の金銭債権の満足を目的とする手続ではないので、無剰余の状態で売却することが必ずしも無益とはいえない場合があることから、形式的競売における剰余主義の適用ないし準用の有無については、法59条の適用ないし準用と関連して、見解が分かれている。

(2) 形式的競売と消除主義

　形式的競売の売却条件については、かねてから、売却により抵当権は消滅するものとする消除主義と、売却により抵当権は消滅せず、買受人が引き受けるものとする引受主義との間の対立があり、大別すると、①法59条が適用ないし準用され、抵当権は消滅するという見解（消除説）、②法59条は準用されず、抵当権は買受人が引き受けるという見解（引受説）、③単に目的物を換価することを目的とする換価型と、目的物を換価した上で債権者に一括して弁済することを目的とする清算型に分類し、換価型については引受主義、清算型については消除主義によるという見解（二分説）がある[5]。

　引受主義によるという考え方は、形式的競売は差押債権者の金銭債権の満足を目的とする手続ではなく、必ずしも売却代金を債権者に配当する必要はないので、権利者の意思に反してまで担保権を消滅させる必要はなく、目的不動産に係る権利関係をそのまま買受人に移転すれば足りるとするものである。しかし、引受主義によると、買受人の地位が不安定となるため、買受希望者を募ることが困難になること、売却基準価額を定めるためには買受人が引き受ける担保権の負担内容を調査しなければならず、迅速な売却の妨げになること、形式的競売で売却された後に抵当権が実行され、同一の不動産について競売手続が反復する可能性があり、手続経済に反すること、形式的競売と担保不動産競売とが競合した場合、売却条件が異なる両者の手続を調整する規定がなく、手続が不明確になることなど、実務的な観点から困難な問題を生じることもあって、競売実務では、形式的競売全般について、消除主義による取扱いが一般になっている[6]。

(3) 消除主義の適否と剰余主義の適否の関係

ア　引受主義と剰余主義

　引受主義によれば、抵当権は消滅せず、抵当権者への配当は予定されな

---

[5] 新大系（12）418頁参照。
[6] 新大系（12）420頁参照。

いから、優先債権者の換価時期を選択する利益が損なわれることはないので、手続費用との関係を除けば、剰余主義の適用ないし準用が問題となることはない。買受可能価額が手続費用に満たない場合にのみ、無剰余を回避する措置が講じられない限り競売手続が取り消されるか否かが問題となるにとどまる。

イ　消除主義と剰余主義

消除主義によれば、抵当権が消滅する以上、破産管財人による換価のための競売のように、性質上執行裁判所の配当手続が予定されていないものを除き、少なくとも抵当権者に対する配当が行われることになる[7]ので、優先債権との関係でも剰余主義の適用ないし準用が問題となる。

この点については、①形式的競売においても優先債権者の換価時期を選択する利益を重視して、剰余主義の適用ないし準用を肯定する見解と、②形式的競売においては差押債権者の金銭債権の満足が目的ではなく、無剰余であっても無益執行には当たらないのに、買受可能価額で優先債権を満

---

[7] 形式的競売において、公租公課に係る交付要求及び一般債権者の配当要求を認めるかについては、見解が分かれている。

公租公課に係る交付要求については、国税徴収法において、交付要求の対象となる強制換価手続に含まれるのは担保権の実行としての競売であり（国徴82条、2条12号）、これに形式的競売は含まれないとして、文理解釈上、形式的競売において交付要求を認めるのは租税法律主義に反するという見解もある。しかし、消除主義の下で抵当権者に対する配当手続が行われるのに、法定納期限等において優先する公租公課が配当を受けられないとすると、抵当権者が優先する公租公課に先立って配当を受ける結果になり、相当とはいえない。また、法195条において形式的競売は担保権の実行としての競売の例によると規定されていることから、交付要求を認めることが必ずしも租税法律主義に反するとはいえないと解することも可能である。そこで、実務上は、交付要求を認める取扱いとしている。

一般債権者の配当要求については、これを否定すると、形式的競売と担保不動産競売又は強制競売とが競合した場合の調整が困難となること、一般債権者は、別途強制競売の申立てをすることも可能であり、二重開始決定を受ければ配当加入できるので、あえて配当要求を否定する必要はないと考えられることなどから、実務上は、原則として、一般債権者の配当要求も認める取扱いとしている。ただし、限定承認による相続財産換価のための競売については、民法929条から931条に定める方法により債務を弁済するために実施されるものであり（民932条）、競売手続において一般債権者に対する配当を認めると、民法の規定と異なる方法で弁済する結果となることから、一般債権者による配当要求を認めるべきではない（新大系（12）430頁）。

足することができないために手続が取り消されると、競売による換価を定めた実体法の目的が達せられないとして、剰余主義の適用ないし準用を否定する見解が考えられる。

(4) 最高裁判例の考え方

最三決平成24年2月7日集民240号1頁は、共有物分割のための競売について、「民事執行法59条が準用されることを前提として同法63条が準用されるものとした原審の判断は、正当として是認することができる」と判示した。

これは、もとより共有物分割のための競売についての判断であり、当然に他の形式的競売にも射程が及ぶとはいえないが、法59条が準用されるとした点については、形式的競売を換価型と清算型に分類する場合に、共有物分割のための競売は換価型の典型とされていることからして、換価型では引受主義によるという二分説をとらないことを明らかにしたものと考えられ、結局、形式的競売全般について消除主義による取扱いとする実務の運用を是認したものと解される。

他方、法63条が準用されるとした点については、前記のとおり、消除主義によることを前提としても、直ちに形式的競売全般につき剰余主義によることになるとはいえないと考えられることから、なお、共有物分割のための競売以外の形式的競売については、その性質に応じて、法63条の準用の有無を個別に判断する必要があるものと考えられる（前掲最三決平成24年2月7日の岡部喜代子裁判官の補足意見参照）。

2 区分所有法59条に基づく競売の性質からの検討

(1) 売却による利益と抵当権者の利益の比較

建物の区分所有者が共同の利益に反する行為をし、その行為による他の区分所有者の共同生活上の障害が著しく、他の方法によってはその障害を除去して共用部分の利用の確保その他の区分所有者の共同生活の維持を図ることが困難であるときは、他の区分所有者の全員又は管理組合法人は、

当該区分所有権及び敷地利用権の競売を請求することができるとされている（区分所有59条1項、6条1項）。これは、共同の利益に反する義務違反行為をする区分所有者を排除して、他の区分所有者の共同生活の維持、継続を図ることを目的とするものであり、競売は、他の方法によって目的を達成することが困難な場合にいわば最後の手段として認められるものであって、売却の必要性は大きいといえる。

　前記のとおり、剰余主義を定めた法63条の趣旨は、無益執行の禁止と優先債権者の換価時期の選択の利益の保護にあるところ、区分所有法59条に基づく競売においては、特定の区分所有者を排除することが目的であるから、無剰余で売却することが無益な執行とはいえない。また、剰余主義によると、抵当権が設定されている区分所有権については、買受可能価額で抵当権の被担保債権を満足できる場合のほかは、抵当権者の同意が得られない限り、売却に付すことができなくなるが、そうすると、他の区分所有者の共同の利益を害するような区分所有者を排除するという目的が達せられず、その結果、その区分所有建物において区分所有者の共同生活を維持、継続することができないことになり、不都合が大きいといえる。

　他方で、剰余主義が準用されないとすると、抵当権者は換価時期の選択の利益を奪われ、被担保債権に満たない不十分な配当で、担保権を失うという不利益を被ることになるが、区分所有法の規定によって区分所有者が共同の利益を害する行為をしたときに競売請求を受けることは、区分所有権自体に内在する制約であるとみることもでき、そのような制約があることは、区分所有権に抵当権を設定する時点で想定されていると考えられるから、抵当権設定者である区分所有者が競売請求を受けることによって、抵当権者が不利益を被るのもやむを得ないということができる。

　以上によれば、区分所有法59条に基づく競売においては、優先債権との関係では、売却による利益と抵当権者の利益を比較して、売却の必要性が大きいことから、剰余主義は準用されないものと解し、無剰余でも売却を実施することができると解するのが相当である。

(2) 共有物分割のための競売との相違

この点、共有物分割のための競売は、共同生活の維持、継続のための最後の手段である区分所有法59条に基づく競売と比べると、売却の必要性が大きいとまではいえないこと、共有不動産自体に内在する制約とはいえず、抵当権設定時に想定されているとはいい難いこと、抵当権設定者である共有者が競売の申立人となるので、申立人と抵当権者との間に接点がない区分所有法59条に基づく競売と比べて、申立人が抵当権者と協議して法63条2項ただし書の同意を求める機会を設けやすいと考えられることなど、区分所有法59条に基づく競売とは性質が異なるといえる。

したがって、共有物分割のための競売において剰余主義が準用されると判示した前掲最三決平成24年2月7日は、区分所有法59条に基づく競売について剰余主義は準用されないとする取扱いを否定するものではないと解される。

3 手続費用との関係

(1) 剰余主義の適用を肯定した裁判例

東京高決平成16年5月20日判タ1210号170頁は、区分所有法59条に基づく競売に消除主義が適用されることを前提としながら、「建物（区分所有権）の最低売却価額で手続費用を弁済することすらできないと認められる場合でない限り」、法63条は適用されないと判示し、「換言すれば、手続費用との関係でのみ同条は適用される」とも説示しており、買受可能価額が手続費用の見込額を超えないとき（法63条1項1号、いわゆる費用無剰余）には、剰余主義の適用があるとするものと解される。

なお、同決定は、「最低売却価額で手続費用を弁済する見込みがない場合であっても、競売の申立人がその不足分を負担すれば、なお、競売は実施すべきものと解される」と説示していることからすると、費用無剰余の場合であっても、法定の無剰余回避の措置（法63条2項1号）のほかに、申立人が手続費用の不足分を負担すれば、売却に付すことができると解しているように思われる。そこで、競売の手続費用は申立人の予納金から支

出され（法14条1項）、売却代金から最優先で償還されるところ、申立人が不足分を負担することを明らかにするため、売却代金が手続費用に不足する場合はその不足分を放棄する旨の意思表示をさせることが考えられる。売却代金が手続費用に満たない場合は、申立人が不足分の償還を受けられないことになるので、費用無剰余の場合は、無剰余の通知により売却代金から償還されない可能性があることを申立人に通知して、競売手続を続けるか否かを申立人に選択する機会を与え、申立人が不足分を負担する意思を明らかにした場合に、競売手続を続けるのが相当であるという考え方もあり得る。

(2) 検討

費用無剰余の趣旨は、無益執行の禁止であり、売却代金が手続費用にも満たないような場合に、国家機関である裁判所が売れるまで手続を続けることを強いられるのは相当ではないというものと考えられるが、既に述べたとおり、区分所有法59条に基づく競売は、区分所有者の共同の利益を害する区分所有者を排除することを目的とするものであって、剰余がなくても無益とはいえず、他の方法によって目的を達成することが困難な場合に競売が認められることからして、売却代金が手続費用に満たなくても、なお売却の必要があるので、執行手続を続けるのが不相当とはいえない。そうすると、剰余主義の準用の有無について、優先債権がある場合と費用無剰余の場合を区別する合理的な理由があるとはいえ、費用無剰余の場合も、優先債権がある場合と同様に、剰余主義は準用されないと解するのが自然であると考えられる。

また、前掲東京高決平成16年5月20日は、費用無剰余の場合でも申立人が手続費用の不足分を負担すればなお競売を実施すべきとも説示しているところ、費用無剰余の場合に法63条の準用がないとして売却を実施すると、手続費用の不足分は予納義務のある申立人が事実上負担することになる。区分所有法59条に基づく競売は、共同の利益を害する区分所有者を排除するための最後の手段として、厳格な要件で訴訟手続を経て認められるものであり、手続費用を負担してでも競売を実施することを望むと

いうのが申立人の通常の意思であると考えられることからして、この場合に、無剰余の通知や手続費用の不足分の放棄といった手続的負担を要求する実質的必要性は乏しいものと思われる。なお、申立人は、売却基準価額をみて競売申立てを取り下げることもできるから、無剰余の通知がなくても、競売手続を続けるか否か選択する機会を失うといった不都合は生じないといえる。さらに、区分所有法59条に基づく競売では、売却代金が手続費用に満たず、申立人が売却代金から手続費用の償還を受けられなかったときは、執行費用額確定処分の申立て（法42条4項）をして相手方から取り立てることができると考えられるが、売却に際し手続費用の不足分を放棄していると、執行費用額確定処分の申立てができなくなって、申立人の不利益になることが考えられる。

4 実務の取扱い

以上のような考え方から、民事執行センターでは、区分所有法59条に基づく競売においては、優先債権があるか否かにかかわらず、法63条は準用されないと解して、剰余の見込みがない場合も、無剰余の通知をすることなく、売却に付す取扱いとしている[8]。

IV 形式的競売の申立人による差引納付の可否

1 問題の所在

不動産競売では、買受人が定められた代金納付期限までに執行裁判所に売却代金を納付した後で、これを原資として、配当ないし弁済金交付の手続が行われるのが原則であるが、買受人が売却代金から配当又は弁済を受けるべき債権者であるときは、売却許可決定の確定までに執行裁判所に申し出て、売却代金から配当又は弁済を受けるべき額を差し引いて、これを

---

8) 執行実務・不動産（下）384頁。

配当期日又は弁済金交付日に納付することができるとされている（法78条4項）。この差引納付の制度は、買受人にいったん代金全額を納付させた上で、後日配当等を受けさせるという二重の手続を避けるとともに、手続の迅速化を図ったものである。

形式的競売においては、差押債権者の金銭債権の満足を目的とする手続ではないことから、申立人等が買受人となり、債権者として配当又は弁済金交付を受ける立場になくても、差引納付の申出をすることができるかが問題となる場合がある。

2 共有物分割のための競売における共有者

(1) 共有者による差引納付の申出

共有物分割のための競売は、売却代金を分割するための手続であり、配当等を受けるべき債権者がないとき、あるいはこれらに弁済してなお剰余があるときは、売却代金（剰余金）は、弁済金交付の手続により各共有者にその共有持分に応じて交付される。ここで、共有者による買受申出も禁止されていないので、共有者が自ら買受人となって、共有持分に応じて交付を受ける弁済金との差引納付の申出をすることが考えられる。

(2) 物上保証人による差引納付の可否

不動産競売において、債務者には買受申出資格がないが（法68条）、担保不動産競売における所有者（物上保証人又は第三取得者）は、物的有限責任を負うにすぎないので、自ら買受人となることができる。この場合、配当等を受ける債権者に弁済してなお剰余があるときは、剰余金の交付を受ける立場にあるが、民事執行センターでは、法78条4項に規定する「配当又は弁済を受けるべき債権者」には当たらないと解し、剰余金との差引納付の申出を認めない取扱いとしている[9]。

実質的な観点からも、配当等を受けるべき債権者の場合は、配当期日に

---

9) 執行実務・不動産（下）60頁。

おいて差額を納付しなかったときは、代金不納付となって買受申出の保証の返還を受けられない（法80条1項）だけではなく、自己の債権の回収を図ることができない立場にあることから、差額を納付する蓋然性が高いといえるのに対し、競売不動産の所有者は、自己の債権の回収を図る立場ではないから、差額を納付する蓋然性が高いとはいえず、執行妨害を図る目的で差引納付の申出を濫用するおそれもあり得ると考えられるので、差引納付を認めるのが相当とはいえない。また、担保不動産競売において剰余金が生じる事例は必ずしも多くなく、その金額も比較的少ないことが多いので、差引納付を認める必要性も低いといえる。

(3) 検討

共有物分割のための競売における共有者についても、担保不動産競売における所有者と同様の立場とみて、差引納付の申出は認められないという見解も考えられる。

しかし、担保不動産競売では、差押債権者や交付要求庁等に弁済した後で剰余金が生じた場合にのみ所有者に交付されるのに対し、共有物分割のための競売は、分割方法として売却代金の分割が選択された結果行われるものであって、剰余主義の準用もあることから、基本的には共有者への売却代金の交付が予定されており、担保権者や交付要求庁がなくても競売が実施されるので、共有者に交付される金額が大きくなることも少なくないと考えられる。そうすると、担保不動産競売における債権者と同様に、いったん代金全額を納付させた上で、後日弁済金交付を受けさせるという二重の手続を避け、手続の迅速化を図るため、差引納付を認める必要性は高いといえる。また、共有物分割のための競売における共有者は、自己の債権回収を図る立場ではないものの、担保不動産競売における所有者と比べると、差引納付の申出を執行妨害に悪用するおそれは低く、差額を納付する蓋然性は高いといえるから、差引納付を認めることによる弊害も少ないと考えられる。

そこで、民事執行センターでは、共有物分割のための競売において、共有者が買受人となった場合は、法78条4項を準用し、差引納付の申出を

認める取扱いとしている。

3　区分所有法59条に基づく競売における申立人

(1)　申立人による差引納付の申出

区分所有法59条に基づく競売において、申立人である管理者又は管理組合法人等が、配当においては手続費用の償還を受ける立場にあるにすぎない場合に、自ら当該区分所有権の買受人となって、償還を受ける手続費用との差引納付の申出をすることが考えられる。

(2)　差引納付における手続費用の取扱い

一般に、差引納付の申出において、買受人が、債権者として配当等を受けるほかに手続費用の償還を受けるときは、売却代金から差し引くことのできる配当又は弁済を受けるべき額に手続費用も含まれると解されている[10]。しかし、区分所有法59条に基づく競売の申立人が買受人で、配当要求もしていない場合は、配当等を受ける債権はなく、手続費用のみ償還を受けることになるところ、手続費用のみを差し引くために差引納付の申出をすることの可否は明確でない。

(3)　検討

共有物分割のための競売における共有者に差引納付の申出が認められるのは、共有持分に応じて売却代金（剰余金）の交付を受ける立場にある点で、配当等を受けるべき債権者と同視することができるからであり、区分所有法59条に基づく競売の申立人のように、剰余金の交付を受ける立場にもなく、手続費用のみの償還を受けるにすぎない者は、配当等を受けるべき債権者と同視することはできず、法78条4項を準用する基礎がないとして、差引納付の申出を認めないという見解も考えられる。

他方で、不動産競売は、差押債権者の金銭債権の満足を目的とするもの

---

10)　鈴木ほか・注解（3）148頁参照。

であるから、手続費用の償還を受ける者が配当等を受ける債権を有するのが通常であるが、形式的競売は、金銭債権の満足を目的とするものではないから、配当等を受ける債権を有しない者が申立人となることも想定されるところ、手続費用が高額に上ることもあるので、手続費用のみの償還を受ける場合でも、差引納付を認める必要性がないとはいえない。また、区分所有法59条に基づく競売は、共同の利益に反する行為をする区分所有者を排除することが目的であり、申立人は、差額を納付しない限りその目的を達することができないから、共有物分割のための競売における共有者と比べても、差額を納付する蓋然性は高く、差引納付を認めることによる弊害は少ないといえる。

　そこで、民事執行センターでは、区分所有法59条に基づく競売の申立人については、手続費用のみの償還を受ける場合でも、法78条4項を準用し、差引納付の申出を認める取扱いとしている。なお、この取扱いは、形式的競売全般に及ぶものではなく、他の形式的競売の申立人については、その性質に照らして、法78条4項の準用の可否を個別に検討する必要がある。

第 8 講
担保不動産収益執行を巡る諸問題

内田　義厚

I　はじめに

　担保不動産収益執行（以下「収益執行」という。）は、その適正処理という観点からみた場合、数ある民事執行手続の中でも屈指の難関であるといってよい。収益執行とは、平たくいえば、担保目的不動産につき、所有者に処分権限を留保しつつ、その使用収益権を剥奪して管理人に帰属させ、管理人は当該不動産の管理行為を継続的に行いつつ、その収益を同じく継続的に収受し、これを担保権者に配当する手続であるが、このような意義の中に、既にいくつかの解決困難な問題点の萌芽を見ることができる。すなわち、収益執行手続が開始しても、所有者は依然として処分権限を有し、一定の範囲で担保不動産にコミットしていることから、それと管理人との関係をどのように規律するかがまずもって問題にならざるを得ない。また、使用収益権と一言でいっても、その形態は、不動産利用形態の多様化に伴って千差万別であり、管理人がどの範囲で収益収受権を有するのかは当該事案ごとによって異なってこざるを得ないし、そもそも「収益」といいうるのか、その認定に困難を伴うものも少なくない。そして、管理人が担う不動産の「管理」行為は、収益を生み出す実質的な源泉といってもよいが、これについても目的不動産の状況や性質によって必要とされる管理行為の範囲は様々であり、事案ごとの判断が要求される。さらに、売却によって実質的に終了する 1 回的手続である担保不動産競売に対し、収益執行は、ある一定期間に得られた収益を対象とするものであるから、その性質上、継続的に管理行為や収益収受行為等がされることにな

り、この継続性という特質が、問題の解決を困難にする要因になる場合もある。管理人及び執行裁判所は、このような困難な要素を多く含むこの手続を適正かつ迅速に遂行しなければならず、そのためには、各事案での問題点に関する個別的解決の集積だけではなく、各場面における解決の視点とでもいうべきものを探り出し、そこから当該事案に最も適合した解決を見出していくことが必要と考えられる。そこで本稿では、個々の問題点についていくつかに分類し、それをどのような視点から捉えるべきか、また、その視点からはどのような解決方向が考えられるかについて、できる限り明らかにすることで、今後の実務処理の指針樹立に寄与することを目的とするものである。なお、本稿をまとめるにあたっては筆者がかつて所属していた東京地方裁判所民事第21部（民事執行センター）から、実務運用をはじめとして様々なご教示をいただいたが、以下で述べる見解はすべて筆者に責任があり、同センターの実際の運用とは関係がないことをお断りしておく[1]。

II 手続選択に関する諸問題

　収益執行と同様に、目的不動産の賃料から回収を図る法的手段としては、抵当権に基づく物上代位による賃料債権の差押えがある。また、目的不動産の売却によって債権回収を図る法的手段として、担保不動産競売がある。債権者としては、これらの債権回収手段を適切に使い分け、適切な期間内に最大限の回収を図るということが重要になるが、そのような観点から、収益執行がどのような場合に利用されることになるのかが問題にな

---

1) 収益執行に関する文献は多いが、執行裁判所の観点から検討したものとして、執行実務・不動産（下）に収録されている収益執行関係の各論稿がまずもって参考になる。また、収益執行に特化して実務上の問題点を網羅的に取り上げて検討したものとして、中村隆次＝野田恵司＝小河好美＝溝口優「担保不動産収益執行の諸問題」判タ1319号5頁以下（2010年）がある。また、理論的問題点や大阪地裁での最近の運用などを紹介したものとして、熊谷聡「大阪地方裁判所（本庁）における担保不動産収益執行事件の概況および若干の考察（上）（下）」金法1979号69頁以下（2013年）、1985号116頁以下（2014年）がある。本稿では、これら各論稿から有益な示唆を受けた。

る。この点につき、物上代位のメリットとしては、①管理人選任が不要であり、手続に要する費用が比較的低廉で済むこと、②債権執行の例によって換価がなされることから、差押債権者に直接の取立権が認められており、簡易迅速な回収が可能になるといった点が挙げられ、他方、デメリットとしては、物上代位権が行使されると、所有者は不動産の維持管理の意欲を失い、適切な管理をしなくなるため、不動産が荒廃し、その価値が低下するおそれがあるといった点が挙げられている。これに対し、収益執行のメリットとしては、①多数の賃借人がいる場合でも、不動産単位で管理を行えば足り、賃借人を特定して賃借人ごとにその賃料債権を差し押さえる必要がないこと、②管理人が収受した収益から不動産の維持管理に要する費用を支出することができること、③管理人が不法占有者を排除したり、賃料不払や用法違反を理由に賃貸借契約を解除したり、新規の賃貸借契約を締結したりすることができるといった点が挙げられ、他方、デメリットとしては、申立てに要する費用が比較的高額になるといったことが挙げられている[2]。

　このような両手続のメリットとデメリットを考慮した場合、収益執行を選択すべき場面としては、申立て等に要する費用がある程度高額になったとしても、当該目的不動産の性質や状況に照らして、管理人による適正な管理の下、迅速かつ適切な債権回収が相当程度期待できる場合が考えられよう。具体的には、①賃借人が多数で、債権者の調査による賃貸借契約関係の把握が困難な物件、②管理の不備により不動産の荒廃が懸念される物件、③既存の占有者の排除や新規の賃借人の確保が必要とされる物件等においては、収益執行が有用ではないかと考えられる[3]。

---

[2]　齋藤＝飯塚・プログレッシブ215頁。
[3]　天野雅裕ほか「座談会・担保不動産収益執行の実務上の問題点について」新民事執行実務6号42頁（2008年）の黒木正人氏（十六銀行事業支援部――当時）の発言によれば、占有者や給付義務者の調査や特定が金融機関ではできない場合は収益執行を選択することになる、アパートなどの借主の多い物件、建物の管理が面倒な物件、テナントや借主の入れ替わりが激しい物件、不法占拠者がいるような物件、賃料不払があるような物件はすぐに収益執行を申し立てるとしている。

III 申立て及び開始決定を巡る諸問題

1 目的不動産の選択に関する諸問題

　どの不動産について収益執行開始を申し立てるかは、基本的には債権者の選択に委ねられるべき事柄であるから、建物及びその敷地に抵当権が設定されている場合に、建物のみを対象として選択し、収益執行の開始を申し立てることは違法ではないということになる。しかし、地上建物の存在によって土地も含めた不動産全体の価値が高まり、収益の増進が図られているものと考えられること、建物のみを対象とした場合、敷地の固定資産税負担の問題が複雑化したり、収益執行開始後に建物と敷地について競売が開始された場合に、収益執行によって得られた賃料をどのように競売の請求債権に充当するかといった問題点が発生する懸念があること、敷地上で何らかの違法行為がされている場合（違法駐車や不法投棄等）に、管理人がこれに対処することが困難になることなどを考慮すれば、建物とその敷地について共同担保が設定されているような場合には、建物とその敷地を一括して収益執行の対象とすることが相当と考えられる。

2 給付義務者の調査及び特定に関する諸問題

(1) 給付義務の詳細が判明しない場合の措置

　収益執行申立ては書面によるが（規則1条）、その記載事項については、競売と同様の規定（規則170条1項）が置かれているほか、同条3項に収益執行独自の記載事項に関する規定が置かれている。同項は、申立人は、給付義務者を特定するに足りる事項及び給付請求権の内容であって申立人に知れているものを記載しなければならないとしているが、ここでは、「申立人に知れている」ものを記載しなければならないとしている点が重要である。これは、給付義務者を特定するに足りる事項及び給付請求権の内容については、差押債権者がまずは特定すべき責務を負い、その調査を尽く

したうえで収益執行申立てをすることを期待しつつ（強制管理に関する規則63条2項参照）、給付義務者が存在することは確かであるが、その詳細が不明な場合などは、差押債権者において判明している限りの事項を記載すれば足りるとともに、そのような者については、差押債権者による給付義務の特定がされていない（特定責任が果たされていない）ということで、収益執行開始決定時においては給付義務者として扱わないとする運用を示唆しているものと解するのが相当である[4]。このようなことからすれば、収益執行開始決定時においては、給付義務の存在や内容が確実に判明している賃借人についてのみ給付義務者として扱うとするのが相当ということになろう。そして、収益執行開始決定後に不明であった給付義務の詳細が判明した場合には、その部分については追加的に給付命令を発令し、開始決定とともに当該給付義務者に送達するという運用が相当ということになろう。

　これに対しては、給付請求権の存在は給付命令の要件ではないという点から、収益執行申立て時において給付義務者が判明している限り、その詳細が不明であっても給付命令を発令するのが相当ではないかという考えもあろう。しかし、給付義務の内容が不確定な者まで給付義務者として扱った後に、管理人の調査等によって異なる給付義務者が判明するといった事態は、収益執行手続に対する給付義務者等の信頼を失わせ、管理人による事後の物件管理に対する支障ともなりかねないことから、極力避けるべきと考えられること、給付義務者に関する調査は、開始決定後に管理人が行うことができ、その段階で給付義務の内容等が具体的に判明すれば、前記のとおり追加的に給付命令を発令することが可能であること、給付請求権の存否の問題と給付請求権の特定のあり方は別次元の問題であると考えられることなどからすれば、開始決定時に詳細が不明な賃借人について給付命令を発令することは避けるべきではないかと考える。

---

[4] 条解民執規322頁。

(2) 開始決定及び給付命令での給付義務の特定の程度

　給付義務を特定する場合、その当事者及び発生原因を記載するのが典型的かつ妥当と解される。そうだとすると、給付義務者の氏名、住所（法人の場合は住所、商号、代表者）及び対象となる物件と発生原因たる賃貸借契約の内容などを記載することになろう。ここで、賃貸借契約の記載においては、一般的には賃料額が重要な要素になるが、これを記載しないという扱いも見られる[5]。給付義務命令は給付義務者を一括して1通の命令で発令・送達されるのが通常であり、賃料額を記載することは、同じような仕様の部屋で賃料額が異なる場合に無用のトラブルを招いたり、プライバシーの観点から問題があると考えられること、賃料改定などの事情変化に柔軟に対応する必要があることからすれば、上記のような取扱いも是認できよう。

Ⅳ　収益の収受を巡る諸問題

1　開始決定の効力発生前に支払期が到来している未払賃料の扱い

　収益執行において準用されている法93条2項（平成15年法律第134号による改正後）は、収益は、既に弁済期が到来し又は後に弁済期が到来すべき法定果実とすると規定していることから、収益執行開始決定の効力発生前に弁済期の到来した未払賃料も回収することができる。しかし、それが被担保債権の履行遅滞前の賃料であっても回収できるかについては、民法371条（平成15年法律第134号による改正後）が「抵当権は、その担保する債権について不履行があったときは、その後に生じた抵当不動産の果実に及ぶ」と規定していることから争いがある。

　この問題点については、物上代位に基づく賃料債権差押えのところでも検討したところであるが（第1部第9講Ⅱ参照）、民法371条が上記の通りの文言に改正された目的ないし趣旨は、担保不動産収益執行の実体法上

---

[5]　齋藤＝飯塚・プログレッシブ219頁。

の根拠条文とすることに主たる点があったのであり、それ以上に同条の解釈・運用に関する議論は特にされなかったという立法の経過、法93条2項は、被担保債務の不履行前に発生した賃料についても差押えが可能であるとしており、民法371条の解釈でこれと異なる解釈をとることは、実体法の規定と訴訟法の規定の齟齬を容認することになり、理論的にも実際的にも相当とはいいがたいこと、同条の「果実」に関し、「賃料債権」ではなく「賃料」と解すれば、被担保債権の債務不履行後に収取される「賃料」について抵当権の効力が及ぶという解釈が可能になるが、かかる解釈は、賃料のような法定果実を「物の使用の対価として受けるべき金銭その他の物」と規定していること（民88条2項）としていることに照らし十分可能であると解されること[6]などからすれば、被担保債権の履行遅滞前に発生している賃料についても収益執行の対象としうるものと解される。もっとも、抵当権の効力が及ばない上記賃料部分については、抵当権者に対する配当原資にするべきではなく、配当受領資格のある他の債権者に配当し、そのような資格のある債権者がいなければ、所有者に剰余金として交付すべきであろう[7]。

2 転貸賃料の取扱い

(1) 転借人に対する給付命令発令の可否

　給付義務者に関する債権者又は管理人による調査の結果、目的不動産が転貸されている場合は少なくなく、実務上は、純粋な転貸事案のほか、いわゆるサブリース契約が締結されている場合も多い。このような転貸が収益執行開始決定前に行われている場合、管理人は、原賃借人に対する賃料債権のみを差押えできるにとどまることになる。なぜなら、管理人は、所有者の有していた管理収益権を収益執行開始によって行使しうるにとどま

---

[6] 山野目章夫＝小粥太郎「平成15年法による改正担保物権法・逐条研究(3)」NBL780号49頁（2004年）。
[7] 中村ほか・前掲注1）10頁。

るからである。しかし、物上代位に基づく転貸賃料債権の差押えについて最二決平成12年4月14日民集54巻4号1552頁は、所有者の取得すべき賃料を減少させ、又は賃貸借を仮装した上で、転貸借関係を作出したものであるなど、抵当不動産の賃借人を所有者と同視することを相当とする場合には、その賃借人が取得すべき転貸賃料債権に対して抵当権に基づく物上代位権を行使することができるとしている。そして、所有者と賃借人を同視することが相当とされる場合は、管理人は転借人に対しても、所有者から剥奪した管理収益権に基づき、転貸賃料の給付を求めることができると考えられること、同じ収益に対する強制執行制度である物上代位において認められることが収益執行で認められないとする合理的理由はないことからすれば、抵当不動産の賃借人を所有者と同視することを相当とする場合には、その賃借人が取得すべき転貸賃料債権に対して、収益執行を開始することができると解すべきである。

(2) 民法613条1項による転借人からの賃料取立て

所有者と賃借人を同視することが相当でない場合であっても、民法613条1項に基づき、転借人から原賃貸借の賃料の限度で取り立てることは可能と解される[8]。この場合、転借人からの取立てに際して、転借人に対する給付命令発令が必要か問題になるが、元来所有者は民法613条1項に基づいて転借人に対して権利行使をなしうるのであり、収益執行開始によって管理人はかかる所有者の法的地位を当然に取得していると考えられることからすれば、理論的には給付命令の発令は必要ないものと考える[9]。したがって、原賃借人に対して原賃借料の給付命令を発令したが、

---

8) 本文で記載した通り、転借人に対する取立てが可能になるのは、所有者と賃借人が同視できない場合である。同視しうる場合に、転貸賃料債権だけではなく、原賃料債権まで収益執行によって差し押さえることはできないと解される。

9) 山野目章夫「担保不動産収益執行と執行官の執務」新民事執行実務6号124頁(2008年)。給付命令が必要とする見解として、中村ほか・前掲注1) 16頁、熊谷・前掲注1) 金法1979号74頁。もっとも、転借人に対する給付命令の発令前に原賃借人に対する給付命令が発令されていた場合は、両者が併存するのは相当ではないから、原賃借人に対する給付命令はこれを取り消すなどの措置が必要になろう。

その給付命令が功を奏さなかった場合には、民法613条1項により、原賃借料の範囲内で転借料を収益として取得できるということになる。もっとも、転借人に対し、管理人に対して負うべき給付義務の範囲を明確化し、管理人の転借人に対する権利行使を円滑にするという実務的見地からすると、転借人に対して給付命令を発令するということは考えられ、このような措置を民法613条1項が禁じているとまではいえないのではないかと考える[10]。

3 管理運営委託契約に基づき受託者から所有者に支払われる金銭の取扱い

(1) 収益該当性の問題

　事業委託型のサブリース契約において、サブリース業者から所有者に支払われる金銭の原資の相当部分は、サブリース業者が賃料として得た金銭であると考えられるから、不動産の交換価値が実現したものと評価できること、このような実質を有する上記金銭につき、契約の形式によって物上代位の負担を免れうるとするのは相当とはいえないことなどからすれば、これを賃料債権と同視し、物上代位を認めるのが相当と解される。これにつき、建物（ホテル）とその敷地の所有者が、第三者との間でホテル運営管理委託契約を締結し、これに基づいて所有者が支払を受ける運営管理委託料が収益執行の対象となるかにつき、福岡高決平成17年1月12日判タ1181号170頁は、以下のとおり判示して収益に該当するとした。「抗告人債務者は、ホテルの事業主体はあくまで抗告人債務者であり、抗告人給付義務者との間の契約上も、抗告人給付義務者が抗告人債務者の計算においてホテルの運営管理業務を行うとされているから、当該契約によって抗告人債務者に生じる収益は本件建物の使用の対価ではなく、ホテル営業による収益である旨主張する。確かに、抗告人債務者が主張するように、

---

[10] 鎌田薫ほか「平成15年担保・執行法改正の検証(2)」ジュリ1324号100頁（2006年）には、転借人に対して発令している例があるとの谷口園恵判事の発言があるが、これがどのような根拠で発令されたかについては明らかではない。

ホテル営業による収益が担保不動産である本件建物から生ずる収益のみでないことは首肯できるものと思われる。しかし、本件記録によれば、抗告人債務者が平成2年6月29日に抗告人給付義務者との間で締結したホテル運営管理委託契約の基本的な内容は、抗告人債務者が本件建物及びその所有の家具、什器備品等付帯設備一切を抗告人給付義務者に提供し、抗告人給付義務者がこれを使用してホテルの運営管理のための一切の業務を行うこと、この抗告人給付義務者が行う業務内容はホテル営業の運営管理全般に及んでおり、特に、抗告人債務者に代わって金銭出納管理等収支業務を行うことも含まれていること、抗告人債務者は抗告人給付義務者に対して委託業務上必要なる人件費、再委託先の業務委託料及びその他抗告人債務者が必要と認めた費用を支払うこと、というものある（原文ママ）ことが認められる。そうすると、本件建物におけるホテル営業の収益がいろいろな要因によって変動を生じ得るものであることは措くとしても、このホテル営業の基盤が本件建物にあることはいうまでもないから、その収益の中に、抗告人債務者が担保不動産である本件建物を抗告人給付義務者に使用させた対価が少なからず存在することは容易に想定されるところである。そして、これが担保不動産収益執行の対象となる収益としての法定果実、すなわち、担保不動産たる本件建物の使用の対価ないし使用利益に当たることはいうまでもないから、このような収益に対しても、担保不動産収益執行は認められなければならない。したがって、上記のような理由からして、原決定が、上記の意味での収益の給付請求権として、『本件建物について、抗告人債務者と抗告人給付義務者との間で締結されたホテル運営管理委託契約に基づき、抗告人債務者が抗告人給付義務者から支払を受けるホテルの総収入から抗告人債務者が抗告人給付義務者に支払うべき人件費並びに再委託先への業務委託料及びその他の費用を差し引いた金銭の引渡請求権』と特定したことには、何ら違法な点はないと判断するのが相当である。｣。

(2) **受託者からの金銭の中に収益以外のものが含まれていた場合**

収益に該当しない部分については収益執行の対象とすることはできない

から、このようなものが含まれている場合の給付請求権の特定方法としては、「賃料から〇〇費相当分を控除した金銭の給付請求権」といったような形式にすることが考えられよう。そして、この理は、管理運営委託契約に基づいて支払を受ける金銭についても、それが収益に該当する限り同様と考えられる。これについて、前記福岡高決平成17年1月12日は、「本件建物について債務者と給付義務者との間で締結されたホテル管理運営委託契約に基づき、債務者が給付義務者から支払を受けるホテルの総収入から債務者が給付義務者に支払うべき人件費並びに再委託先への業務委託料及びその他の必要な費用を差し引いた金銭の引渡請求権」と給付請求権を特定したことにつき、「担保不動産収益執行においては、その対象となる担保不動産の使用収益のために執行補助機関として管理人が選任され、また、給付義務者や給付請求権の内容が変動することがあり得ることは、法が予定するところである（188条、95条2項、96条1項参照）。そして、債権者は、この申立てに際して収益給付義務者の存否に関する調査義務を負うものではなく、開始決定の段階における収益給付命令も必要的ではない。さらに、執行裁判所は、その後の対象不動産の管理及び収益を含む執行の手続において、管理人の調査を前提に、法の趣旨に従って、その対象たる給付請求権の内容を対抗力の有無等の問題を含めてできるだけ明確にした上で、手続を適切に進行させることが予定されていると解される。その上で、収益の給付義務を負うとされた第三者が給付義務の有無及び内容を争う場合には、最終的に訴訟手続によって決せられることとなる。このような担保不動産収益執行の手続的特色を踏まえると、開始決定の段階における給付請求権は、上記の程度に特定されていれば足りるものと解するのが相当である。」とした。この件は、その決定内容からすると、執行抗告決定時においては、ホテル運営管理委託契約書が当事者のいずれかから提出されていたことが認められるのであり、それに基づいて給付請求権の内容がある程度具体的に特定できているものと思われるが、通常の収益執行申立ての場合、かかる契約書等の資料を債権者が保持しているとは限らないことからすれば、この特定の程度をあまりに厳格に解することは相当ではないこと、収益執行の場合、上記決定も述べているとおり、開始決定

後に管理人による給付義務者に関する調査が予定されていることなどからすれば、ある程度概括的な特定でも許容されるのではないかと思われる。もっとも、この種の管理委託ないし営業委託の内容がその業種や業態などによって千差万別であることからすれば、一般的な基準を定立することは困難といわざるを得ない。

4 目的外不動産と一括して賃料額が定められている場合の取扱い

例えば、収益執行対象不動産の一部を対象外として収益執行を申し立てて開始決定を得たのち、管理人の調査の結果、対象外不動産も含めた形で一括して賃料が定められていた場合の措置が問題になるが、管理人において債務者等から各不動産の賃料の内訳について明らかになれば、それによって賃料を各不動産に割り付けて給付命令を発令することになると思われる。このような内訳の根拠が調査によっても判明しない場合は、建物であれば床面積等を基準に適宜按分する形が考えられよう。もっとも、このような問題が起きないようにするためには、特別の事情がない限り、一単位の不動産（一棟の賃貸用建物、一筆の土地等）については一部対象外とするのではなく、全体を収益執行の対象とすることが望ましく、一部を除外する場合は、その根拠などについて債権者から執行裁判所に対して説明することも必要であろう。

5 更新料の取扱い

更新料とは、きわめて一般的にいえば、不動産賃貸借契約の更新に際し、その対価として賃借人から賃貸人に支払われる一時金ということができる。この更新料の法的性格については様々な見解があるが、これを賃料の補充（不動産価額に一定率を乗じて求められる経済賃料と実際の支払賃料の差額の補充）と考えた場合、収益執行の対象とすることが可能という方向になろう。しかし、かかる考え方に対しては、賃料は不動産価額に連動するものではなく、その不動産を利用してもたらされる収益から支払われる

ものであり、不動産価額が上昇したからといって直ちにその上昇に応じて賃料が上昇するものではないというという批判がされており[11]、このことからすれば、賃料の補充とする立場に直ちに与することはできないと思われる。結局のところ、更新料は、合意更新（賃貸人の了解に基づく更新）により賃貸借契約の正当事由による解約ないし更新拒絶といったリスクを回避できたことに対する対価としての意義が強いように思われるところであり[12]、このような意義を重視すれば、更新料を収益執行の対象となる法定果実とみることは困難であるように思われるし、そもそも、かかる更新料につき、給付を求める「請求権」が存在するかという点も問題になるように思われる[13]。さらに、実務的にも、更新後それほど経たないうちに競売による売却がされて賃貸借契約が終了する事態も考えられることからすると、更新料を収益とみて管理人が取得することは様々なトラブルを招きかねず、このような紛議を未然に回避することが相当と考えられる。

　以上からすれば、給付命令においても、特段の事情がない限り、更新料は収益に含まれないという前提で管理人は収益の回収に当たるべきであろう[14]。

---

[11]　勝木雅治「借地の更新料」塩崎勤＝澤野順彦編『新・裁判実務大系（15）不動産鑑定訴訟法Ⅱ』140頁以下（青林書院、2002年）。
[12]　古屋紘昭「借地借家契約の合意更新・法廷更新と更新料の授受」金判580号52頁（1979年）。
[13]　最二判昭和51年10月1日判時835号63頁は、宅地賃貸借の法定更新の事例であるが、法定更新に際し、賃貸人の請求があれば当然に賃貸人に対する賃借人の更新料支払義務が生ずる旨の商慣習又は事実上の慣習は存在しないとしている。なお、執行実務・不動産（下）357頁は、更新料の趣旨から法定果実に該当するとしているが、更新料の趣旨について本文のような分析をした場合、収益性（法定果実性）を肯定するのは困難ではないかと思われる。
[14]　同旨の見解として、中村ほか・前掲注1）13頁。なお、管理補助者として不動産管理会社を選任している場合などは、更新料取得のニーズが高いとも考えられよう。しかし、給付義務者の視点からみた場合、管理人に支払うべきものでないにも関わらず、その補助者に支払うことが適法視される根拠は見出しがたく、管理業務に対する不信感や混乱を招きかねないことからすれば、補助者において更新料を取得することも特段の事情がない限り、否定されるべきではないかと考えられる。

V 管理を巡る諸問題

1 管理人及び補助者の地位・権限

　管理人の地位については、理論上様々な見解が主張されているが、実務的にはさほどの実益があるとはいえないので[15]、債務者から剥奪した当該不動産の使用収益権限を、裁判所の授権により行使する執行補助機関と把握することでよいのではないかと考えられる[16]。また、管理人は、その権限の円滑な遂行のため、代理人を選任し、又は第三者を補助者として使用することができる。実務上は、不動産管理業務に通暁した管理会社を補助者として選任する場合が多いとされているが、収益執行という特殊な場面における管理業務に対応しうる管理業者が全国的に確保できるか、また、管理委託料をどの程度に設定するか、収益見込みとの間で難しい判断を迫られる場面もあるように思われる[17]。これらは、監督機関である執行裁判所との連携がどの程度緊密に取れるかという点が大きく影響しよう。なお、管理人については、債務者を管理人とすることができるかという点が従来から議論されている。これについては積極説もあるが[18]、理

[15) 後述する、所有者による妨害行為への対処では、地位に関する議論が影響することがありうる。

[16) 長谷部幸弥「担保不動産収益執行における管理人の法的地位に関する若干の考察」門口退官記念 629 頁以下、特に 634 頁は、現在のドイツにおいては、管理人の法的地位の議論は純粋に理論的性格のものであり、実務的に重要な帰結をもたらすものではないとする点に広いコンセンサスが得られている、管理人の地位に関する理念的な性質決定から直ちに個々の論点の帰結が決まるものではない、むしろ、関連する制度との間の位置付けや、根拠法令としていかなる実定法規が存在し、それがいかなる趣旨によるものかという条項の解釈を基本に据えつつ、個別の問題の理論的解決を目指すべきとするが、この点は筆者も同感である。さらに付け加えるならば、管理人が果たすべき役割は、このような条項解釈だけではなく、個々の管理行為の態様やあり方といった個別的観点からも検討されるべきと考える。

[17) 山野目章夫「担保不動産収益執行の実務上の諸論点」新民事執行実務 12 号 19 頁（2014 年）参照。

[18) 中野・民執法 587 頁注（7）。

論上はともかく、実務上は、目的物件に対する利害関係が強いことや、公正らしさの確保という点からすれば、特段の事情がない限り、避けるべきであろう。積極説が例として挙げる、農業用・林業用・園芸用の土地に対する収益執行の場合については、債務者を補助者として選任し、管理委託契約において委託料等は支払わない、あるいは低額とする旨の合意をすることで対処すべきではないかと考える。

2 目的物管理に関する諸問題

(1) 目的建物の修繕

収益執行は、目的不動産が生み出す収益を、管理者による収益管理のもとに抵当権者の被担保債権の弁済に充てるものであり、目的不動産の管理業務も、かかる収益執行の目的実現に資する限度で行われるべきものであって、管理それ自体を目的とするものではない。このことからすれば、目的不動産の維持管理それ自体に過分の費用を要し、得られる収益とのバランスを欠くような事態に至った場合には、収益執行の目的を果たすことができないことは明らかであるから、そのような状態になることが判明した段階で、配当に当たる金銭が生ずる見込みがないことを理由に、収益執行手続を取り消すことも考慮すべきである（法106条2項）[19]。また、取消しまで至らない場合であっても、相当程度の費用が見込まれる工事の場合は、執行裁判所及び債権者の意向も聴取しつつ、必要最小限の内容に止めたり、緊急性のある部分についてのみの応急補修に止めるといった工夫が要請されよう。この問題についても、具体的案件を通じての管理人と執行裁判所との連携が重要になろう。

---

[19] 山野目・前掲注17) 20頁、大阪高決平成21年5月14日判タ1332号42頁参照。

(2) 目的不動産を占有する所有者との関係（管理妨害行為への対処も含む）

目的不動産について所有者が占有している場合（建物の一部を所有者が占有している場合が典型）、執行裁判所は法97条の建物使用許可をなしうるが、同条の要件を満たさない場合でも、所有者を賃借人とする通常の賃貸借契約を締結することは差し支えなく、配当原資の増殖を図るという実務的観点からも相当と解されよう[20]。もっとも、その期間については、あまり長期にわたることのないようにすべきであろう。

では、所有者あるいはその関係者が目的不動産の使用収益を妨害する場合、管理人としてはどのような措置をとることができるであろうか。例えば、所有者又はその関係者が、収益執行開始前後に目的不動産への出入りを困難にするような行為（妨害物の設置等）を行った場合の措置が問題になる。

まず、占有排除の方策としては、管理人は所有者の占有を解いて自らが占有することができ（法96条1項）、その排除のために執行官の援助を求めることができる（同条2項）。管理人が執行官である場合も、執行官としての権限により、抵抗を排除することができると解される（法6条1項）から、その一環として、妨害物が所有者あるいはその関係者によって設置されたと認められる限り、自ら撤去をすることができるのではないかと思われる。また、管理人は、執行補助機関として、独自の意思決定に基づき、自己の名と責任において不動産の管理及び収益に必要な行為をなしうることからすれば、管理人の名において民事保全（妨害物撤去の仮処分等）を申し立てることができると解すべきである。

(3) 執行妨害目的等の被正常占有者への対処

正常な賃貸借契約の存在を装いながら、執行妨害目的や債権回収目的で目的動産を占有する者（非正常占有者）に対し、管理人はどのような対応を取ることが考えられるか、具体的には管理人による建物明渡請求ができ

---

20) 山野目・前掲注17) 17頁。

るかがここでの問題である。

　これにつき、対象不動産の管理の面で管理人が所有者的な立場にあるという理解のもとでは、非正常賃貸借を排除することは収益執行ではできないとする見解もある[21]。しかし、管理の面において所有者的立場にあるということ（所有者が収益執行開始前に締結していた賃貸借関係の拘束を受けるということ）と、その承継者が当該賃貸借契約を否認しうるということは、管理人が契約解除権を有することからすれば両立すると解されるのであり、管理人の地位を、所有者とは距離を置いた執行補助機関として理解した場合には、なおさらそのように解することができるのではないかと思われる。そこで、私見ではあるが、このような非正常賃借人は、目的不動産の所有者（債務者）と同視することを相当として（前述の最二決平成12年4月14日参照）、管理人は、その所有権に基づき、当該非正常占有者の占有を排除することができると解すべきである。また、そのような明渡しの方向とは逆に、管理人と占有者の間で、正常な賃貸借契約を改めて締結するということも、前述のとおり、管理人と所有者との間での賃貸借契約が有効であることからすれば、特に問題はなく、収益の増殖や適正な物件管理を可能にするものとして妥当ではないかと考える[22]。

(4)　電気供給契約等のライフラインに関する契約の処理

　通常、目的不動産については電気、ガス、水道等のいわゆるライフライン契約がなされていると考えられるが、管理人は、収益執行対象不動産に関する管理（不動産の通常の用法に従って利用・収益をしつつ、その価値の維持を図ること）に必要な一切の行為をすることができ（法95条1項）、その中には、当該不動産の収益維持に必要不可欠とみられるライフラインに関する契約を締結する権限も含まれると解される。したがって、管理人は、所有者の意向いかんにかかわらず、自己の名でライフラインに関する

---

21)　長谷部・前掲注16) 門口退官記念645頁。
22)　実務上、管理人としては、占有者に対し、まずは正常な賃貸借契約の締結を求めることが考えられよう。これを占有者が拒否すれば、法96条1項に基づき、所有者と同視して明渡しを求めれば足りる。

契約を締結することができ、その効果は所有者に帰属すると解される[23]。

VI 配当を巡る諸問題

1 共益費用の認定（取下げ又は取消しの場合）

　収益執行事件が取下げ又は取消決定により終局した場合であっても、その時点までに取得した配当原資が存在すれば、最終配当を実施することが通例である。この場合、事件終局に要する手続を行う際に生じる費用が共益費用になるかが問題になる。具体的には、①差押登記の抹消登記嘱託のために必要な登録免許税及び登記済証の返還に関する郵便代、②取消決定の正本送達費用、③給付義務者等への事件終了通知に要する費用、④事件終了後の管理人報酬決定正本の送達費用などが共益費用になるかが問題になる。

　このうち、差押登記抹消登記嘱託に要する登録免許税その他の費用は、差押債権者の負担とする明文規定がある（法54条2項）。その趣旨は、上記費用は、結果的に不必要になった強制執行のために要したものであるから、強制執行に必要なもののみを執行費用として債務者の負担とした法42条1項の趣旨に照らし、債務者ではなく差押債権者の負担とした点にあるが、このような趣旨は、収益執行においても同様に妥当するものと解される[24]。このような解釈を前提とした場合、上記①ないし③はいずれ

---

[23]　同旨、山野目・前掲注17）24頁。この場合に難しいのは、所有者が料金の支払を滞納している場合に、それを管理人が引き継ぐかという点である。収益執行開始前の滞納分を管理人が支払う法的根拠はないが、滞納分の支払がない場合は供給を停止される可能性がある場合は、収益維持の観点から管理人が収益から支払わざるを得なくなるのではないかと思われるし、それを違法視することはできないであろう。この点、中村ほか・前掲注1）18頁は、水道供給契約において、管理人が収益執行期間外の延滞水道料を支払わずに給水停止措置となった場合は賃貸借契約の債務不履行となる可能性があり、収益執行は事実上継続できないことになるから、実際に水道供給が停止される危険性が具体化している場合は、管理人において収益執行開始前の水道使用料を支払ったとしても、管理人の善管注意義務違反は生じないというべきであるとしている。

[24]　新基本コンメ民執151頁〔瀬田浩久〕。

も差押債権者の負担としてよいものと考えられるが、④については、管理人報酬決定が配当手続遂行において不可欠な要素となっていることから、これを差押債権者の負担とすることは相当ではなく、共益費用とすべきではないかと思われる。

2 民法375条の適用

　収益執行での配当においても民法375条が適用されるという点については、おそらく異論はないものと思われる[25]。問題は、同条の「満期となった最後の2年分」をどのように計算するかという点である。これについては、①配当期日ごとに当該配当期日を起算日とし、前回までの配当で充当された分も含めて通算で2年分とするという方式（各配当期日起算説）と、②第1回の配当期日を起算日とし、以後発生した分について優先権は認めない（第1回期日起算日説）との2つの説が考えられる。

　民法375条の趣旨である後順位抵当権者等の保護、予測可能性の確保という観点、及び配当期日ごとの計算の複雑化を回避し、迅速な配当を実現するという観点からすれば、第1回期日起算説の方が優れているようにも思われるところである。他方、この説の場合、第1回配当期日で2年分に達していなかった場合に、それ以降の分について優先権を喪失することになってしまうが、そのような結論は実体法的観点からは容認しがたいということになろう。理論的にはどちらの考えも成り立ちうるところではあるが、実務的には、②の第1回配当期日起算日説を原則としつつ、第1回配当期日で2年分に達していない場合は、例外的に①の各配当期日起算説によることが考えられよう[26]。

---

[25] 物上代位の場合であるが、東京高判平成8年9月26日判時1589号54頁がある。
[26] 山野目・前掲注17) 25頁は、数回の配当において優先弁済を受ける利息及び遅延損害金の期間を通算して、最後の2年分の制限が適用されるという考え方が比較的無難ではないかとする。改正担保・執行法の解説58頁以下参照。

第 9 講
破産手続開始決定と強制競売手続を巡る諸問題

小河原　寧

I　はじめに

1　はじめに

　破産法42条1項は、破産手続開始決定があった場合、破産財団に属する財産に対する強制執行で、破産債権又は財団債権に基づくものはすることができない旨を定めている。また、同条2項本文は、破産財団に属する財産に対して既にされている強制執行は、破産財団に対してはその効力を失う旨を定めている。

　他方、破産管財人は、強制執行手続をそのまま進行する方が破産財団に有利であると判断した場合には、手続の続行を求めることができる（破42条2項ただし書）。

2　「手続の続行」の意義

　従来、強制執行は時間や費用がかかり、目的不動産が廉価で売却されるなどのイメージが先行し、破産管財人が手続の続行を求めることは稀であったように思われる。しかしながら、近時、執行手続が迅速に進行し、売却基準価額よりも相当高額で売却される例もあることに鑑みると、破産管財人が新たに買受希望者を探して任意売却を試みるよりも手続を続行する方が財団の迅速かつ確実な増殖に有利となる場合も少なくないと思われ、破産管財人の有力なオプションのひとつとして検討されるべきであろ

う。

3 破産手続との調整

　民事執行法は、破産手続との調整を図る規定を設けておらず、また、破産管財人が続行を求めた場合におけるその後の手続についても規定がないことから、実務上、手続進行に苦慮する局面も少なくない。

　以下では、不動産に対する強制競売と破産手続を巡る諸問題について、手続の流れに沿って、東京地方裁判所民事執行センター(以下「民事執行センター」という。)における実例等を紹介する。

II 強制競売開始決定前に破産手続開始決定があった場合の処理

1 執行裁判所が破産手続開始決定を知っていた場合

　破産法は、破産手続開始決定の効果として、破産債権に基づく強制執行を禁止していることから(破42条1項)、破産手続開始決定の登記がされている不動産に対して破産債権に基づく強制競売の申立てがあった場合には、執行裁判所は、申立てが違法であることを理由に強制競売の申立てを却下することとなる。もっとも、平成17年改正前の破産法においては、債務者が破産した場合にはその所有する不動産に破産登記がされることとされていたが、同年改正後の破産法で、債務者が法人の場合における破産登記制度が廃止された(破257条参照)。他方、債務者が個人の場合における破産登記制度は現行法上も存在し、裁判所書記官が遅滞なく登記嘱託する旨の規定があるものの(破258条1項)、破産手続実務においては登記嘱託を原則として留保していることから[1]、破産手続開始決定の登記が

---

[1] 山本克己ほか編『新基本法コンメンタール破産法』616頁〔髙井昌一郎〕(日本評論社、2014年)。

されている不動産に対して強制競売の申立てがあることは実務上ほとんど考えられない。

2　執行裁判所が破産手続開始決定を知らない場合

　執行裁判所が強制競売開始決定をし、裁判所書記官がこれに基づく差押登記の嘱託をしたところ、既に破産登記がされている場合があり得る。この場合、執行裁判所は、登記官から送付された登記事項証明書によって破産手続開始決定の事実を知ることになる。この場合は「売却による不動産の移転を妨げる事情が明らかになった」といえるので、執行裁判所は、法53条により強制競売手続の取消決定をしなければならない[2]。

III　強制競売開始決定後に破産手続開始決定があった場合の処理

1　破産法42条2項の趣旨

　破産法42条2項は、破産債権者及び財団債権者間の公平・平等を図り、また、破産手続の円滑な進行を確保するという趣旨から、破産手続開始決定があった場合には、破産財団に対して既にされている破産債権又は財団債権に基づく個別執行手続が失効するものとした。ここにいう「その効力を失う」の意義について、かつては様々な議論があったが、現在では、破産財産に対する関係においてのみ無効（相対無効）と解する考え方が趨勢であり、破産管財人は、破産財団に属する財産について個別執行手続がされていないものとして自由に管理及び処分をすることができる[3]。

---

[2]　新基本コンメ民執 150 頁〔瀬田浩久〕。執行実務・不動産（下）319 頁。

[3]　大コンメ破産法 171 頁〔菅家忠行〕。

2 実務の運用

執行裁判所は、当該不動産の所有者について破産手続開始決定があったことを当然に知るわけではない。そこで民事執行センターでは、破産手続開始決定があり、破産管財人が選任された場合には、破産管財人から、破産手続開始決定の正本、管財人証明書及び印鑑証明書並びに「強制執行停止上申書」[4]を提出するよう求める取扱いである。これらの書面の提出があると、執行裁判所は破産手続開始決定の確定を待たずに手続を停止する（強制執行の失効は破産管財人の手続続行を妨げないから「取消し」とせずに「停止」とする扱いである。なお、破産手続開始決定は直ちに効力を有するから（破30条2項）、破産手続開始決定の確定を待たずに手続を停止している。ここでいう停止とは、事実上手続の進行を止めるという意味合いであって、執行裁判所が停止決定をするわけではない。）。

IV 売却許可決定後同決定確定前に、所有者につき破産手続開始決定がされた場合、最高価買受申出人が保証金の返還を求めることができるか

1 手続の停止の有無

この点につき、破産手続開始決定が売却許可決定期日後にされた場合には、買受人保護のため、原則として、手続は停止すべきではなく（法72条2項の類推）、代金納付後は配当を実施すべきである（法84条4項の類推）とする見解もある[5]。

しかしながら、このような解釈は、破産法42条2項の文言に反するものであり、実務上の賛同を得られるには至っていないようである。

---

4) 執行実務・不動産（下）322頁【書式1】参照。
5) 中野＝下村・民執法153頁。

2 手続が停止した後の措置

次に、手続が停止することを前提として、既存の見解及び考えられる見解を検討する。

(1) 返還を認める説
ア 法72条1項準用説[6]

最高価買受申出人の不安定な地位を解消すべきという法の趣旨に鑑み、法72条1項を準用し、買受申出の撤回ないし取消しを認めて保証金の返還を認める見解である。

イ 法74条準用説

最高価買受申出人に対し、執行抗告をして破産開始を理由とする売却許可決定の取消しを認める見解である。

ウ 法75条1項準用説

最高価買受申出人が不安定な地位に置かれることを不動産の「損傷」に準ずるものと捉え、最高価買受申出人に対し、売却許可決定の取消しを認める見解である。

(2) 直ちには返還を認めない見解
ア 否定説

破産管財人に、手続を続行するか任意売却をするかのオプションを認めた破産法の趣旨に鑑み、買受申出の撤回は一切認めず、保証金の返還も認めない見解である。

イ 限定説

否定説に立ちつつも、破産管財人が手続を続行しないことが確定的になった段階で、破産管財人から執行裁判所に強制競売手続の職権による取消しを上申させて強制競売手続を取り消す、又は破産管財人に強制競売手続を続行させた上で強制競売手続を取り下げさせるなどの運用の工夫をし

---

6) 香川・注釈(2)596頁〔田中康久〕。

て保証金の返還を認めるべきであるとする見解である。

　ウ　破産法53条準用説

　代金納付まではいわば売買契約が双方未履行となっている状態にあると解することができるから、最高価買受申出人（あるいは執行裁判所）が破産管財人に対し、続行を求めるか否かを相当期間を定めて催告し、破産管財人が期間内に確答をしないときは、破産法53条を準用し、売買契約が解除（取消）された状態になるとして、保証金の返還を認める見解である。

3　検討

　以下、これらの見解を順次検討する。

　破産法は、破産管財人が手続の続行を求めることができる旨を規定しているが、最高価買受申出人が、所有者の破産という自らの責めに帰すべきでない事由により、場合によってはかなり長期間不安定な地位に置かれるのは相当でないこと、売却許可決定前に破産手続開始決定がされた場合（この場合に買受けの申出をした者がこれを撤回して保証金の返還を求めることができることに異論はないであろう。）との均衡等に鑑みると、否定説は相当でなく、何らかの方法で最高価買受申出人を保護すべきであると思われる。

　上記見解のうち、法75条1項準用説に対しては、かかるケースを不動産の属性としての「損傷」と捉えることは困難ではないかとの疑問がある。また、法74条準用説に対しては、最高価買受申出人が執行抗告をすることができるかという疑問がある。

　また、限定説に対しては、破産管財人はいわゆる財団増殖義務の見地から、自ら手続を取り下げたり、上申書を出すことを嫌う傾向があるともいわれており、結局、最高価買受申出人の地位がいつまでも安定せず、否定説と同様の問題点が生じる旨が指摘できよう。さらに、破産法53条準用説に対しては、確かに、この説によれば破産管財人は相当期間内に続行するか否かを決する必要があり、買受申出人が長期間不安定な地位に置かれ

るという上記の難点は解消されるものの、競売手続を破産者と買受人との間の売買と捉えることには相当無理があり、同条の解釈としても困難であるとの批判があり得る。

こうしてみると、法72条1項準用説が最も難の少ない見解ということができよう。

もっとも、法72条1項準用説に対しては、同項は売却決定期日終了までに停止事由が生じた場合に関する規定であり、売却許可決定後の停止の場合とは場面が異なるとの批判があり得るところである。しかしながら、このような批判に対しては、責めに帰すべき事由のない最高価買受申出人の不安定な地位を解消すべきという法の趣旨は、破産手続開始決定の前後を問わず妥当すること、そもそも民事執行法は破産法との調整を意識した規定を置いていないのであるから、このような解釈をしても同項の趣旨には反しないといった反論も不可能ではないであろう。

4　手続の続行との関係

次に、法72条1項準用説を採用した場合における買受申出の撤回ないし取消しと手続の続行との関係について考察する。

法72条1項準用説を採用したとしても、破産管財人が売却許可決定後に手続の続行を求めることができることは条文上否定できないと思われる。

最高価買受申出人が、破産管財人が手続の続行を求めた後も買受申出の撤回ないし取消しをすることができるか否かについては、買受申出人の保護を貫徹してこれを肯定する説も考えられるが、手続の続行後は競売手続が速やかに進行し、買受申出人の「不安定な地位」は解消されるから法72条1項を準用する根拠はなく、申出の撤回ないし取消しは認められないと解するべきであろう。そうなると、最高価買受申出人の買受申出の撤回ないし取消しは、破産管財人が手続を続行する前にする必要があることとなる。両者の優劣は、執行裁判所に対する意思表明の到達の早い順と考えるより他にないと思われるが、実務上、判定が困難な場合が生じ得る事

態もあり得る。なお、民事執行センターでは、実例はないようである。執行裁判所としては、後述のとおり、破産管財人の続行の意思をできるだけ早く確認すべきである。

5　先にした売却許可決定の処理

法72条1項準用説を採用し、買受申出の撤回ないし取消しを認めた場合、先にした売却許可決定をどうするかという問題が生じる。定説はないが、執行裁判所が職権で取り消すのが相当と思われる。

6　売却許可決定確定後に破産手続開始決定がされた場合

売却許可決定確定後に破産手続開始決定がされた場合はどう考えるべきであろうか。

この点につき、売却許可決定が確定すると、買受人には代金納付義務が生じるから（法78条）、その後の買受申出の撤回は許されないとの見解もあり得る。しかしながら、責めに帰すべき事由のない買受（申出）人の不安定な地位を解消すべきという法72条1項の趣旨を貫き、撤回を許すという実務もあり得よう。

V　破産管財人が手続の続行を求める場合の方法

破産法42条2項は「破産管財人において破産財団のためにその手続を続行することを妨げない」と規定するのみで、続行の方法について何ら定めていない。法は、申立てを要するとしておらず、破産管財人が続行を決断すれば特段の手続を要しないはずであるが、執行裁判所は、破産管財人が手続を続行することを知り得ないから、裁判所書記官は、破産管財人に対し、強制競売の続行を求めるか否かを電話で確認するのが通例である。破産管財人が続行を求めない場合にはその旨の電話聴取書を作成し、続行を求めた場合には、破産管財人から、破産手続開始決定正本、破産管財人

の資格証明書及び印鑑証明（既に提出されていれば不要である。）並びに上申書の提出を求めている。

VI 破産管財人が手続を続行した場合の処理

1 はじめに

　手続続行がされた場合において、①執行費用の扱い、②別除権の扱い、③滞納処分としての差押え・参加差押えがあった場合の扱いについては実務の運用も分かれているようである。また、そもそも、執行裁判所が配当等期日（配当期日及び弁済金交付の日を含む。以下同じ。）を実施すべきか否かについては未だ確立した実務はないようである[7]。

2 執行費用の扱い

　執行費用は、生じた時期が破産開始前であるか後であるかを問わず、破産法42条4項により財団債権となる。
　破産法42条1項により財団債権に基づく強制執行が禁止されているから、続行された強制執行の手続の中でこれを回収することは許されない。財団債権は、破産管財人から破産手続によらずして随時弁済されるが（破2条7号、151条）、財団債権の総額が破産財団の総額を上回るときは破産管財人が債権額の割合により平等弁済される（破152条1項）。
　仮に、競売手続の中で執行費用の弁済がされるとすれば、執行費用に実質的な優先権が与えられることとなり不合理である。このような不合理を避けるため、執行裁判所は、執行費用を破産管財人に交付するべきであり、申立債権者に対して、直接執行費用を交付ないし配当することは相当

---

[7]　執行実務・不動産（上）〔第2刷〕200頁には「執行費用及び別除権者を有する担保権者に対して配当をした残金を破産管財人に交付する」との記載があるが、〔第3刷〕で記載が改められた。

ではない。民事執行センターでは、この点も含め、かつて、やや不安定な運用をしていた時期もあったものの、現在では、破産管財人に執行費用を交付する運用である。

3 別除権の扱い

　近年、民事執行センターでは実例はないようである。
　別除権者が破産手続によらない権利行使を保障されている（破65条1項）ことからすれば、別除権者が配当金の交付（配当）を受けるのが相当である。

4 滞納処分としての差押え・参加差押えがあった場合の扱い

(1) 破産手続開始決定前に国税滞納処分等がある場合

　破産法43条2項により国税滞納処分等の続行を妨げないから、別除権的な取扱いとなり、執行裁判所が、直接、租税等請求権者に対して交付（配当）するのが相当である。
　なお、最三判平成9年11月28日民集51巻10号4172頁は、担保権実行のケースであるが、破産者所有の不動産に対する競売手続において交付要求がされたときは、交付要求に係る請求権に基づき破産宣告前に国税徴収法又は国税徴収の例による差押え又は参加差押えがされている場合を除き、交付要求に係る配当金は破産管財人に交付すべきであると判示している（最一判平成9年12月18日判時1628号21頁も同旨）。

(2) 破産手続開始決定前に国税滞納処分等がない場合

　交付要求に係る配当金は破産管財人に交付され、破産管財人から財団債権としての弁済を受け、又は破産債権としての配当を受ける。

5　配当等期日の要否

執行裁判所は配当等期日を実施すべきか。
以下、代表的な文献を検討する。

(1)　斉藤秀夫ほか編『注解破産法（上）〔第3版〕』391頁（青林書院、1998年）〔永田誠一〕

「配当期日には別除権者に対する配当をなしたのち……」とされ、配当期日を実施することを前提とした上で、別除権者に配当をするとの見解を示している（なお、「公租公課による交付要求が有効になしうるかは問題である」とされるが、本書が平成17年改正前の破産法の注釈書であることに留意を要する。）。

(2)　伊藤眞ほか『条解破産法〔第2版〕』348頁（弘文堂、2014年）

「破産管財人により続行された場合、当該手続になされていた破産債権者・財団債権者による従来の配当要求・交付要求等は無効となる。破産債権者等は破産手続に参加するためには別途、破産債権届出・財団債権届出を行うことが必要となる。また当該続行手続に対する破産債権者・財団債権者による新たな配当要求・交付要求等は許されない。当該続行手続において配当手続は行われず、換価代金等は破産管財人に交付され、破産財団に組み込まれる。」としており、配当期日を実施しないことが明言されている。

(3)　大コンメ破産法172頁〔菅家忠行〕

租税等の請求権に基づく交付要求は可能であるが、配当金を受領することはできず、交付要求に係る配当金は破産管財人に交付された後、破産手続において破産管財人から財団債権として弁済を受け、又は破産債権としての配当を受けることになる。別除権となる担保権の被担保債権の取扱いについては解釈上の争いがあるとし、配当等の実施を認める見解と、被担保債権に対する配当金も破産管財人に交付され、破産管財人が別除権者に

弁済するという見解[8]を紹介されるが、自説は述べられていない。

(4) 伊藤眞『破産法・民事再生法〔第3版〕』413頁（有斐閣、2014年）
「ただし、配当はなされず、売却代金は破産管財人に交付する。」とされ、配当期日を実施しないことが明言されている。

(5) 実務の動向
ア　不動産の代金が納付されたときは、執行裁判所は、配当等期日を定めなければならない（規則59条1項、173条1項）とされ、他方、破産法42条2項は「破産管財人において破産財団のためにその手続の続行をすることを妨げない」と定めているから、手続の続行があれば配当等の手続が実施されると解するのが、条文の素直な読み方であることは否定できない。

しかしながら、手続の続行があると、既にされていた配当要求は失効し、破産管財人が破産債権者及び財団債権者に代わって執行債権者の地位に就くこととなるから、仮に、配当等期日を実施するとしても、配当を受けるべき債権者に配当期日の呼出しをする必要はなく、また、破産債権の額に関する争いは破産手続の中で、財団債権の額に関する争いは民事訴訟で決着がそれぞれ図られることとなるから、配当異議の申出も想定できない。そもそも破産管財人が手続の続行を求めることができるとされた趣旨は、係属中の強制競売手続を利用した方が財団増殖に有利な場合にその続行を認める点にあるから、既に金銭化された破産財団を配分するかという局面で執行手続をそのまま利用することは制度として想定されていないのではないだろうか。執行裁判所は、配当等期日を実施することを要しないと解される。また、近時の実務では、執行裁判所が、別除権者や破産手続開始決定前に国税徴収法又は国税徴収の例による差押え又は参加差押えをした租税等債権者に代金を交付し、破産管財人に残金を交付し、手続を終

---

[8]　裁判所書記官研修所『改訂民事実務の研究（追録）――問題と協議の結果』〔研修資料12号〕111頁（裁判所書記官研修所、1968年）。

了すれば足りると解する運用も見られるが、端的に売却代金全部を破産管財人に交付すれば執行裁判所の職責を免れるとの運用も考えられる。いずれにせよ、執行裁判所としては配当表を作成する必要はないものの、別除権者やこれに準じる租税等債権者に対する交付額を把握するため、また、破産管財人に執行費用の額を把握させるため、事実上のメモを作成し、破産管財人に交付するのが相当である。

　イ　民事執行センターにおいては、平成26年中に配当等期日を実施した複数の実例がある。もっとも、いずれの事例も配当等期日の指定後に破産手続開始決定がされた事案であった。このような事案で、あえて配当等期日を取り消すべき実務上の要請はないであろう。

第10講
マンションの管理費等について

河野　一郎

I　はじめに

1　マンションの管理費等と民事執行手続

　区分所有建物であるマンションについて、その維持管理、区分所有者の団体の運営及び建物の修繕積立等を目的として、規約若しくは集会の決議（以下「規約等」という。）をもって、共用部分の管理に係る経費として、管理費及び修繕積立金等の名目で[1]、毎月一定額（以下「管理費等」という。）を徴収するのが通常である（区分所有18条参照）。

　管理費等の負担者は、各区分所有者であり（区分所有19条）、管理費等の請求権者は区分所有者の団体である（区分所有3条）。規約に別段の定めがない限り集会の決議により管理者が選任され（区分所有25条1項）、管理者に訴訟行為等が授権されている場合には、管理者が訴訟等の当事者となることができる（区分所有26条4項）。

　未払の管理費等を民事執行手続で回収する方法として、管理費等請求訴訟の認容判決等に基づく強制競売、区分所有法7条1項の先取特権に基づく担保不動産競売[2]、区分所有法59条1項に基づく競売請求を認容す

---

[1]　マンション標準管理規約（単棟型、国土動指第89号、国住マ第60号（2016年）以下「標準管理規約」という。）25条参照。
[2]　申立ての留意点について、東京地方裁判所民事執行センター（以下「民事執行センター」という。）「さんまエクスプレス第59回　滞納管理費等の回収を図るために区分所有建物の競売を申し立てる場合等における留意点」金法1906号54頁以下（2010年）。

る確定判決に基づく、区分所有権及び敷地利用権の形式的競売による方法があるほか、他の債権者の申立てにより既に開始されている不動産競売手続において配当要求する方法[3]がある。

本稿は、未払の管理費等について、①民事執行の開始段階、②調査及び評価段階、③配当等の段階、④区分所有法59条1項の競売において生じる実務上の論点の中からいくつかを取り上げるものである。

2 マンション、区分建物及び区分所有建物の意義

本稿では、マンションの管理の適正化の推進に関する法律（平成12年法律第149号）2条1号にいう2以上の区分所有者が存する建物で人の居住の用に供する専有部分のあるもの並びにその敷地及び附属施設を「マンション」という（マンションの建替え等の円滑化に関する法律（平成14年法律第78号）2条1項1号参照）。

区分所有者の専有部分を「区分建物」（不登2条22号）といい、被災区分所有建物の再建等に関する特別措置法（平成7年法律第43号）2条の専有部分が属する一棟の建物を「区分所有建物」という。

II 民事執行の開始段階

1 管理組合の法人成りと承継執行文の要否

マンションには、その管理を目的として、区分所有者で構成される管理組合が置かれるのが通常である。一般に、マンションの管理を目的として区分所有者で構成される団体で法人化されていないものを管理組合といい、管理組合法人と区別することができる。そこで、マンションの管理組

---

[3] 民事執行センター「さんまエクスプレス第81回 不動産競売手続における配当要求時の留意点 消費税率改定に伴う予納郵券及び執行費用の変更」金法1998号94頁以下（2014年）。

合が権利能力なき社団として債務名義を取得した後に、管理組合法人となった場合、強制競売の申立てを行う際に承継執行文を必要とするだろうか。

　承継執行文の付与を必要とするのは、債務名義に表示された当事者以外の者を債権者又は債務者とする場合であるところ（法 27 条 2 項）、債務名義成立後に有限会社が株式会社に組織変更したときは、法人格の変動はなく、権利義務の異同もないことから、単純執行文の付与で足りるとされている[4]。加えて、「区分所有者は、全員で、建物並びにその敷地及び附属施設の管理を行うための団体を構成」する（区分所有 3 条前段）ところ、管理組合は、区分所有法の規定に従って建物等の管理を行っている限り、区分所有法 3 条前段の団体である[5]。区分所有法 3 条の団体である管理組合と区分所有法 47 条 1 項の管理組合法人はいずれも「管理組合」と定義されているし（マンション管理 2 条 3 号）、管理組合は、団体としての同一性を維持したまま管理組合法人に移行し、管理組合が法人成りした場合、管理組合法人成立以前の集会の決議、規約及び管理者の職務の範囲内の行為は管理組合法人について効力を生ずる（区分所有 47 条 5 項）。そうすると、権利義務関係に変動はないから、単純執行文の付与で足りるといえよう。

2　管理費等と区分所有法 7 条 1 項の先取特権

　区分所有者が他の区分所有者に対して有する管理費等の債権は、区分所有法 7 条 1 項前段で担保される。「共用部分、建物の敷地若しくは共用部分以外の建物の附属施設につき他の区分所有者に対して有する債権」の典型例として、未払となっている他の区分所有者の管理費等を区分所有者が立て替えた場合の立替金償還請求権や共用部分等について他の区分所有者

---

[4]　裁判所職員総合研修所監修『執行文講義案〔改訂再訂版〕』134 頁（司法協会、2015 年）。
[5]　濱崎恭生『建物区分所有法の改正』109 頁（法曹会、1989 年）。

が行った不法行為に対する損害賠償請求権が挙げられ、「規約若しくは集会の決議に基づき他の区分所有者に対して有する債権」の典型例として、規約等で各区分所有者が負担すべき管理費、修繕積立金、組合運営費、臨時の修繕費等について定めた場合の支払請求権や区分所有者の義務違反行為について定めた場合の違約金支払請求権が挙げられる（民事執行センター・前掲注2）54頁、57頁）。このほか、管理者又は管理組合法人は、「その職務又は業務を行うにつき区分所有者に対して有する債権」について、先取特権を有するものとされ、管理者が管理費用を立て替えた場合の立替金償還請求権などは区分所有法7条1項後段で担保される（執行実務・不動産（上）237頁）。

先取特権は、担保物権であり、債務名義をうることなく、直ちに担保不動産競売を行うことができる（法180条1号、181条以下）。

区分所有法7条1項前段にいう「規約若しくは集会の決議に基づき他の区分所有者に対して有する債権」の解釈に関連して、民事執行手続上、規約等を有効なものとして取り扱うことができるかが論点となっている。本稿では、管理費及び修繕積立金以外の費目のうち町内会費、区分建物の水道光熱費、弁護士費用について検討する。

(1) 町内会費

管理組合より区分所有者に対し、未払の管理費等に加えて町内会費の請求がされることがある。

町内会費支払請求権は区分所有関係に由来するものではないので、たとえ規約に定めがあったとしても、先取特権で担保される債権には当たらないと考えられるが、判決等の債務名義を取得して、一般債権者として配当要求する場合には、町内会費も請求債権に加えることができるものと扱われている[6]。

町内会は、地域の住民を対象として会員相互の親睦を深めることなどを目的とする団体であり、管理組合とは目的及び構成員の範囲を異にする

---

6) 執行実務・不動産（上）237頁。民事執行センター・前掲注3）95頁。

上、構成員の脱退が認められている（最三判平成17年4月26日集民216号639頁）ことを踏まえ、町内会費の徴収は、マンションの管理に関する事項ではなく、区分所有法3条の目的外の事項であるから、多数決で決定し、規約等で定めても、その拘束力はないものである（東京簡判平成19年8月7日裁判所HP）。

(2) 区分建物の水道光熱費

管理組合が供給事業者との間で一括契約を締結して全戸分の水道光熱費を立替払した上で各区分所有者に立替金償還請求する場合（一括検針一括徴収制）があり、このように専有部分で消費された水道光熱費について、民事執行手続上、各区分所有者が支払うべき額や支払方法等について規約に定めがあるときに当該規約の定めを有効なものとして取り扱うことができるだろうか。

区分建物の水道光熱費について規約等に定めがあったとしても、原則として区分所有法30条の規約事項の範囲に含まれない規約の定めとして無効であるが、「特段の事情」がある場合には当該規約の定めが有効であるとした裁判例がある（名古屋高判平成25年2月22日判時2188号62頁）。管理組合が一括契約をしている場合には、供給事業者の取扱い、建物の構造上の制限その他の事由により、各戸が個別に供給契約を締結することができない等の事情があれば「特段の事情」が認められることを前提として手続を進めることは可能であろう（「特段の事情」を認めた裁判例として、大阪高判平成20年4月16日判タ1267号289頁）。

(3) 弁護士費用

ア 規約の定めに基づかない（集会の決議に基づく）請求

マンションの管理組合の総会の決議により定められた営繕維持積立金等を支払わず、訴訟提起を余儀なくさせたことが管理組合及び管理者に対する不法行為に当たりうる（東京地判平成4年3月16日判時1453号142頁）。不法行為に基づく場合、弁護士費用は、事案の難易、請求額、認容された額、その他諸般の事情を斟酌して相当と認められる額の範囲内のものに限

り、不法行為と相当因果関係に立つ損害といえる（最一判昭和44年2月27日民集23巻2号441頁）。

これに対し、民法419条に照らし、債務不履行による損害賠償として、債務者に対して弁護士費用その他の取立費用を請求することはできない（最一判昭和48年10月11日集民110号231頁）。

規約に定めがない事案で、区分所有者の集会の決議により、弁護士費用の負担を課すことは、特定の組合員に対して、その意に反して一方的に義務なき負担を課し、あるいは、他の組合員に比して不公正な負担を課すような決議として無効であり、当該組合員の承諾若しくはこれに準ずべき特段の事情のない限り、許されないと考えられる（東京高判平成7年6月14日判タ895号139頁）。

イ　規約の定めに基づく請求

規約で弁護士費用の負担義務を定めている場合、弁護士が委任を受けて請求しているときは弁護士費用の請求を認める見解がある（今岡毅「マンションの管理費請求訴訟」岡久幸治ほか編『新・裁判実務大系（26）簡易裁判所民事手続法』424頁（青林書院、2005年））。

規約に、違約金として支払義務を負う弁護士費用の請求ができる旨の定め（標準管理規約60条2項。以下「違約金条項」という。）がある事案で、管理組合は弁護士に支払義務を負う一切の費用を請求することができ、当該費用として、102万円余の額は不合理とは解されないとした裁判例がある（東京高判平成26年4月16日金判1445号58頁、加藤新太郎「マンション管理費滞納分請求訴訟において管理組合が区分所有者に請求することのできる『弁護士費用』に関する管理規約の解釈」NBL1081号79頁以下（2016年））。

規約の団体法的性格や区分所有法30条1項の規定に照らし、違約金条項に基づく弁護士費用の金額が高額に過ぎるなどの事情がない限り、違約金条項の効力が否定されるとはいい難いであろう（東京地方裁判所プラクティス委員会第一小委員会「マンションの管理に関する訴訟をめぐる諸問題(2)」判タ1385号48頁（2013年））[7]。

3 区分所有法7条1項の先取特権と民法335条1項の主張及び立証

　区分所有法7条1項の先取特権は、優先権の順位及び効力に関しては、共益費用の先取特権とみなされる（区分所有7条2項）。したがって、不動産以外の財産である当該先取特権の対象となる建物に備え付けた動産から

7) 違約金条項について、消費者契約法2条2項の「その他の団体」に法人格を有しないマンションの管理組合を含む（すなわち消費者契約に該当する）とする見解（消費者庁消費者制度課編『逐条解説 消費者契約法〔第2版補訂版〕』83頁（商事法務、2015年））と消費者契約に該当しないとする見解（加藤新太郎編『簡裁民事事件の考え方と実務〔第4版〕』413頁（民事法研究会、2011年））があるが、この点をいずれに解するにせよ、標準管理規約の違約金条項により、区分所有者相互間の約束（管理組合すなわち所有者全員の組織体と組合員との間の約束）としてそのような合意が成立しているとみられる（「マンションの新たな管理ルールに関する検討会報告書」77頁（2015年））。
　違約金条項の法的性格について、賠償額の予定額であるとの見解（前掲「マンションの新たな管理ルールに関する検討会報告書」77頁、渡辺晋『最新 マンション標準管理規約の解説〔3訂版〕』283頁（住宅新報社、2016年））と債務不履行による損害賠償（遅延損害金）とは別途に請求できる制裁金としての性格を有する違約金と解する見解（稲本洋之助=鎌野邦樹編著『コンメンタールマンション標準管理規約』213頁（日本評論社、2012年））及び違約罰（制裁金）とする裁判例がある（前掲東京高判平成26年4月16日）。損害賠償と趣旨を異にする違約罰的なものとして違約金を規定する場合がある（消費者契約9条1号参照）ことを踏まえ、具体の規約について違約罰（制裁金）とされた場合、民法420条3項の推定は及ばないものと考えられる（奥田昌道編『新版注釈民法（10）Ⅱ』665頁以下〔能見善久=大澤彩〕（有斐閣、2011年））。
　請求できる範囲については、本文記載の事情がない限り、区分所有法7条1項前段の債権として、弁護士に支払義務を負う一切の費用の全額を請求できると考えられる。
　なお、管理者が区分所有者のために訴訟当事者となった場合の訴訟費用の前払請求権や償還請求権のように区分所有者全員に対する請求権であるときは、区分所有法7条1項後段により、各区分所有者に対して分割的に債権を有し、その分割された債権について先取特権を有するものと解される（コンメ・マンション区分所有法63頁）。弁護士費用について、訴訟費用に関する上記の解釈と同様に考えるべきであろうか。
　管理者又は管理組合法人は、滞納者を除く区分所有者のために規約の定めに基づいて弁護士に支払義務を負う一切の費用の全額を区分所有法7条1項前段の債権として滞納者に請求するのが通常であること（国土交通省「マンション標準管理規約（単棟型）コメント」（2016年）第60条関係⑥参照）や、弁護士費用は訴訟費用に該当しないこと、規約の定めなくして原則として請求することはできないことを踏まえると、弁護士費用について訴訟費用に関する前記の解釈と同様に取り扱うことは相当ではないと考えられる。

弁済を受け、なお不足がある場合でなければ、不動産から弁済を受けることはできない（民306条1号、335条1項）。そこで、区分所有法7条1項の先取特権に基づく担保不動産競売の申立てに際し、「建物に備え付けた動産に対する担保権の実行では請求債権額に足りないこと」を申立人が主張及び立証する必要があると考えられる[8]。

担保不動産競売の場合に限らず、区分所有法7条1項の先取特権に基づいて、賃料に対する物上代位権の行使を申し立てる場合においても、同様に考えられる（民335条1項）。

III　調査及び評価

1　未払の管理費等を調査する必要性及び方法

管理費等の支払請求権は、債務者である区分所有者の特定承継人に対しても行使することができる（区分所有8条）。競売による買受人も「特定承継人」に当たる（東京地判平成9年6月26日判時1634号94頁など）。区分所有法8条の債権の範囲については議論があるが[9][10]、区分所有法7条に定める債権は全て特定承継人に対しても行使することができると解されている[11]。買受人が区分建物を転売したとしても、債務者である区分所有者が滞納していた管理費等の支払義務を免れることはできない（東京地判平成20年11月27日公刊物未登載）。このように、管理費等の滞納がある場合には、未払の管理費等は買受人の負担となる。

したがって、マンションの未払の管理費等の有無及び金額について、区分所有者等のプライバシーへ配慮しながら、標準化された相当な方法で調

[8)]　民事執行センター・前掲注2) 59頁以下。
[9)]　裁判所職員総合研修所監修『不動産執行事件等における物件明細書の作成に関する研究』540頁（司法協会、1994年）。
[10)]　東京地方裁判所プラクティス委員会第一小委員会「マンションの管理に関する訴訟をめぐる諸問題(3)」判タ1386号25頁以下（2013年）。
[11)]　コンメ・マンション区分所有法66頁。

査する必要がある。

　実務上、管理費等の調査は、管理組合等に対し、費目として管理費及び修繕積立金を例示しつつ他の費目を記載することのできる照会書を送付し、それに対する回答を求めるといった形で行われる。管理費及び修繕積立金以外の費目を記載する場合にはその裏付けとなる資料の添付を求める取扱いがありうる。

2　管理費等の未払分を減価することの要否及び方法

(1)　管理費等の未払分を減価することの要否

　管理費等の滞納がある場合には、未払の管理費等は買受人の負担となる。買受人は債務者である元区分所有者に対し管理費等の支払分を求償請求することができる（東京高判平成17年3月30日金判1224号51頁、東京高判平成23年11月16日判時2135号56頁）。さはさりながら、債務者である元区分所有者からの回収は現実的には困難であると考えられるので、競売物件を評価する際には、未払の管理費等を考慮して減価を行う必要があると思われる[12]。

(2)　管理費等の未払分を減価する方法

　現況調査により判明した管理費等を全て買受人が負担するのか、管理費等以外に金銭的な負担はないかは、迅速性が求められる現況調査で必ずしも明らかとなるものではなく、未払の管理費等の金額を控除することは、買受希望者に確定的な金額であるとの誤解を生じさせるおそれがあるので、減価の方法として、評価日から売却見込日までに見込まれる増加額を加えた管理費等について、金額による控除ではなく、控除割合（減価率）に置き換えて減価することが考えられる[13]。

　実務上、減価率に1パーセント未満の端数が生じる場合にはこれを切

---

[12]　競売不動産評価の理論と実務59頁、全国競売評価ネットワーク評価基準委員会「競売評価書標準書式」（平成24年4月27日）7頁及び8頁。

り捨てる扱いがみられる（いわゆる1パーセント・ルール）。管理費及び修繕積立金以外の項目を考慮に入れたとしても減価率が同じになるケースが多いので、こうしたケースでは管理費及び修繕積立金以外の項目について特段の調査を行わず、評価上の減価を行うことはありうるだろう[14]。

3 物件明細書への記載方法

未払の管理費等の有無は、買受希望者に注意喚起するため、物件明細書の「その他買受けの参考となる事項」欄に「管理費の滞納あり。」などと記載されるのが通常である[15]。

Ⅳ 配当等の段階

1 未払の管理費等と配当要求債権者の範囲

未払の管理費等についての先取特権は、特定の不動産を目的とする先取特権であり、債務者の総財産を目的とする通常の一般先取特権とは区別しうるが、優先権の順位及び効力については、一般先取特権である共益費用の先取特権とみなされる（区分所有7条2項）。したがって、動産に対する

---

13) 競売不動産評価マニュアル110頁、113頁（注6）及び149頁、競売不動産評価の理論と実務166頁及び314頁、全国競売評価ネットワーク「競売不動産評価基準」金法1904号70頁（2010年）第4節五。
14) 滞納管理費相当額の減価をする実務上の取扱いに関し、管理組合が申立債権者等である場合（競売物件の売却代金から管理組合に対して配当が行われ、買受人が管理費等を負担しないことが考えられるとき）及び滞納期間が5年を超える場合（管理費等は、民法169条の定期給付金に当たり、その消滅時効は5年である（最二判平成16年4月23日民集58巻4号959頁）ところ、滞納期間が5年を超えることが考えられるとき）の取扱いについて、鷹野旭「マンションの滞納管理費について」KBネット11号（平成26年全国競売評価ネットワーク広報誌）28頁及び29頁（2014年）を参照されたい。
15) 齋藤＝飯塚・プログレッシブ154頁。法曹会編『例題解説 不動産競売の実務〔全訂新版〕』119頁（法曹会、2012年）、民事執行センター「競売ファイル・競売手続説明書〔再訂版〕」（2006年）D-10。

強制執行、不動産に対する強制競売及び担保権の実行としての競売において、未払の管理費等についての先取特権を有する者は、一般先取特権者として配当要求することができる（法51条1項、133条、188条）。すなわち、未払の管理費等の請求権者である区分所有者の団体又は訴訟行為等の授権がされている管理者は、配当要求をなしうる[16]。

それでは、管理費等の請求権者である区分所有者の団体として配当要求することができる者の範囲をどのように考えるべきか。

管理費等の請求権は、①管理組合法人がある場合には管理組合法人に帰属する。②管理組合法人がない場合には管理組合が、団体としての組織をそなえ、多数決の原則が行われ、構成員の変更にかかわらず団体が存続し、その組織において代表の方法、総会の運営、財産の管理等団体としての主要な点が確定しているときは、権利能力なき社団としての性質を有し、その名においてその代表者により取得した資産は構成員に総有的に帰属する結果（最一判昭和32年11月14日民集11巻12号1943頁、最一判昭和39年10月15日民集18巻8号1671頁）、区分所有者に総有的に帰属する。この場合、管理者（区分所有26条4項）のほか、権利能力なき社団である管理組合は、構成員全員に総有的に帰属する資産である管理費等の支払を求めることができる（法20条、民訴29条、最一判平成26年2月27日民集68巻2号192頁参照）。③管理組合法人がなく、権利能力なき社団としての管理組合もないときは、滞納者を除く区分所有者に帰属する[17]。したがって、①の場合の配当要求債権者は、管理組合法人であり、②の場合の配当要求債権者は、管理者又は管理組合であって、③の場合の配当要求債権者は、滞納者を除く区分所有者全員であるということになる[18]。

---

16) 執行実務・不動産（上）238頁以下、執行実務・不動産（下）154頁、民事執行センター・前掲注3）96頁。ただし、管理者の規定は管理組合法人に適用されない（区分所有47条11項）。
17) 新しいマンション法55頁。
18) 森義之「マンションの管理経費についての配当要求」東京地裁配当等手続研究会編著『不動産配当の諸問題』269頁以下（判例タイムズ社、1990年）。

2　町内会費や水道光熱費等の配当要求がされた場合の処理

　区分所有法7条1項の先取特権の優先権の順位及び効力については一般の先取特権である共益費用の先取特権とみなされる（区分所有7条2項）。したがって、法51条1項、188条により、法181条1項の文書によってその存在を証明して配当要求をすることができるが、権利の存在を証明しなければ当該配当要求は却下されることになる（法51条2項）。

　管理費等及び町内会費について配当要求がされた場合には、町内会費を被担保債権とする先取特権の存在についてはその証明がないから（前記Ⅱ2(1)）、この部分について、配当要求が一部却下される。

　管理組合が供給事業者との間で一括契約を締結して区分所有者が負担すべき水道光熱費を立替払したときの求償権に基づいて配当要求があった場合（前記Ⅱ2(2)）、規約に定めがあることを前提に、供給事業者の取扱いやマンションの供給設備などの事実関係を審査し、規約の有効性が判断されるであろう[19]。

　弁護士費用については、前記Ⅱ2(3)イを踏まえ、弁護士の報酬の種類、金額、算定方法及び支払時期（弁護士の報酬に関する規程5条4項参照）を明確化するため、違約金としての弁護士費用の負担を明記した規約のほか、弁護士委任契約書、請求書、領収書など弁護士費用の内訳を示す資料によって違約金条項の効力等が判断されることとなろう。

3　配当要求後に発生した管理費等への配当の要否

　先取特権者は、配当要求終期までに書面で配当要求をした場合にのみ配当等の受領資格が与えられる（法51条、87条1項2号、188条、規則26条、173条1項）。配当要求債権者が配当期日等において配当等を受けることができるのは、配当要求書記載の債権のみであり、配当等の時に債権計算書で配当要求書を超える債権について請求の拡張をしたとしても、拡張し

---

[19]　民事執行センター・前掲注3）95頁。

た債権について配当等を受けることはできないと解される[20]。

　未払の管理費等について、区分所有法7条1項に基づく配当要求がされた場合において、当該配当要求以降に発生する管理費等を請求しようとすることは請求の拡張となり、当該配当要求においては配当の対象外となる。拡張部分につき配当に与ろうとする場合は、新たな管理費等が発生する都度、配当要求の終期までに配当要求を申し立てる必要があり、配当要求書に「○年○月から支払済みに至るまで毎月発生する滞納管理費」等と記載して請求することを認めない取扱いがありうる[21]。

　関連して、債務者が管理費等を滞納し、また、強制競売に付された不動産について剰余が生じ、剰余金が供託された場合、管理組合が当該剰余金の還付請求権を差し押さえることができるだろうか。区分所有法7条1項の先取特権は法59条1項により売却により消滅することからすれば、法193条1項の担保権の存在を証する文書の提出がないとも思われる。

　先取特権は、その目的物が売却されて代金に変じた場合には、この代金に効力を及ぼすものであり、これは、売却が裁判所による競売手続によるものであっても異なることはないから、債務者に対して区分所有法7条1項に規定する管理費等の請求権を有する管理組合は、先取特権に基づいて、区分建物の売却代金（配当手続実施後の剰余金を含む。）から優先弁済を受けることができると解される（東京高決平成22年6月25日金法1912号107頁）[22]。

---

[20]　附帯請求である遅延損害金は、支払済みまで請求する旨配当要求書に記載してあれば、配当期日等までの分について配当等を受けることができる（執行実務・不動産（上）241頁）。

[21]　民事執行センター・前掲注3）96頁。

[22]　区分所有者に対して区分所有法7条1項に規定する管理費等の請求権を有する管理組合は、同建物が強制競売により売却された場合の売却代金に対し、同請求権を被担保債権とする先取特権に基づく物上代位権を行使できる。したがって、区分所有者が区分建物を賃貸しているときは、物上代位に基づいて管理費等を回収する方法が考えられる（渡辺晋『最新 区分所有法の解説〔6訂版〕』312頁（住宅新報社、2015年））。前記Ⅱ3参照。

V 区分所有法59条1項の形式的競売

1 区分所有法59条1項の趣旨と管理費等の未払

　管理費等の未払がある場合、区分所有権及び敷地利用権の競売請求権が認められうる（区分所有59条1項）。

　区分所有法59条1項の規定に基づき区分所有権及び敷地利用権の競売を請求する権利は、「特定の区分所有者が、区分所有者の共同の利益に反する行為をし、又はその行為をするおそれがあることを原因として、区分所有者の共同生活の維持を図るため、他の区分所有者等において、当該行為に係る区分所有者の区分所有権等を競売により強制的に処分させ、もって当該区分所有者を区分所有関係から排除しようとする趣旨」のものと考えられる（最二決平成28年3月18日民集70巻3号937頁）。

　区分所有法59条1項の趣旨に照らし、管理費等の未払が区分所有者の共同生活上の障害が著しく（いわゆる共同利益違反行為の要件）、他の方法によってはその障害を除去して共用部分の利用の確保その他の区分所有者の共同生活の維持を図ることが困難であるとき（いわゆる補充性の要件）に該当するかは、債務名義作成機関において判断されることとなろう[23]。

2 区分所有法59条1項の形式的競売をめぐる論点

　買受人が競売手続における売却により所有権を取得する際に、不動産上の抵当権等の担保権や賃借権等の用益権などの負担をどのように取り扱うかについて、法は、買受人が所有権を取得する際に、引受主義（差押債権者に優先する不動産上の負担はそのまま買受人が引き受けるとするもの）を例外とし、消除主義（不動産上の負担をできる限り消滅させ、買受人に可能な限

---

[23]　東京地方裁判所プラクティス委員会第一小委員会・前掲注10) 35頁以下、コンメ・マンション区分所有法340頁以下。

り負担のない不動産を取得させようとするもの）の原則を採用している（法59条1項、188条）。

　形式的競売は「担保権の実行としての競売の例による」（法195条）ところ、買受人の地位を安定させる観点から、区分所有法59条1項に基づく競売に法59条1項が準用されると解される[24]。

　これに対し、区分所有法59条1項に基づく競売における無剰余取消しの準用の有無や差引納付の可否については最三決平成24年2月7日集民240号1頁の岡部喜代子裁判官の補足意見のほか、本書第2部第7講を参照されたい。

VI　おわりに

　マンションの未払の管理費等について、新たな課題が生起しており、さまざまな視点から継続的検討及び分析がなされている[25]。

　本稿は民事執行手続の観点から課題の一端を紹介するものであるが、今後の実務の運用のより一層の充実に役立てば幸いである。

---

24)　新大系（12）420頁。新基本コンメ民執176頁。国土交通省・前掲注7)「マンション標準管理規約（単棟型）コメント」別添3「滞納管理費等回収のための管理組合による措置に係るフローチャート」記載の注記。
　　　近時の学説の状況について、中野＝下村・民執法787頁以下。笠井正俊「形式的競売に関する最近の判例等について」KBネット13号（平成28年全国競売評価ネットワーク広報誌）49頁以下（2016年）。山木戸勇一郎「形式的競売に関する一考察」慶應法学26号97頁以下（2013年）を参照されたい。

25)　評価人候補者（不動産鑑定士）の視点からの分析として、民事執行センター「さんまエクスプレス第87回　東京区部における競売マンション選好に関する分析」金法2022号74頁以下（2015年）がある。

第 11 講

信託財産に属する不動産を目的とする競売事件

鷹野　旭

I　はじめに

　信託とは、典型的には、ある者（委託者）が、信託行為（信託契約、遺言等）によって、信頼できる他者（受託者）に金銭や土地等の財産を移転し、受託者が、委託者の設定した目的（信託目的）に従って、委託者の指定した者（受益者）のために当該財産の管理、処分等を行う法的仕組みをいう。

　信託行為によって受託者に移転した財産や、当該財産の運用によって得られた財産など、信託によって管理又は処分をすべき財産を信託財産という（信託2条3項）。信託財産には独立性があるとされることから、信託財産に属する財産に対する強制執行等（強制執行、仮差押え、仮処分若しくは担保権の実行若しくは競売又は国税滞納処分をいう。以下同じ。）は、原則として禁止され、信託財産が引当てとなるべき一定の権利に基づく場合に限って認められるものとされている（信託23条1項）。

　また、登記又は登録をしなければ権利の得喪及び変更を第三者に対抗することができない財産については、信託の登記又は登録をしなければ、当該財産が信託財産に属することを第三者に対抗することができないものとされており（信託14条）、不動産については、不動産登記法97条以下に信託の登記に関する定めが置かれている。

　ところで、登記がされた不動産について強制競売又は担保権の実行としての競売を申し立てる際には、申立書の添付書類として当該不動産の登記事項証明書を提出しなければならないから（規則23条1号、173条）、不

動産競売の申立てを受けた裁判所は、登記事項証明書により当該不動産が信託財産に属する財産であることを知ることとなる[1]。

本稿は、信託財産に属する不動産について競売の申立てを受けた執行裁判所が、競売を開始し、売却を実施して配当に至るまでの各手続において問題となる点を概観するとともに、若干の考察を試みるものである。

II　強制競売

1　開始決定

(1)　受託者の債権者による信託財産責任負担債務に係る債権に基づく強制競売

信託法は、受託者が信託財産に属する財産をもって履行する責任を負う債務を信託財産責任負担債務というものとした上で（信託2条9項）、信託財産に属する財産に対しては、信託財産責任負担債務に係る債権（信託財産に属する財産について生じた権利を含む。）に基づく場合を除き、強制執行等をすることができない旨定めている（信託23条1項）。信託財産責任負担債務となる債務は、信託法21条1項各号に列挙されている。

したがって、ある不動産が信託財産に属する場合には、当該不動産の登記名義人に対して債権を有する債権者といえども、その債権が信託財産責任負担債務に係る債権でない限り、当該不動産に対して強制執行をすることはできないことになる。これに反してされた強制執行に対しては、信託の受託者及び受益者が、第三者異議に準じる異議の訴えを提起して争うことができるものとされている（信託23条5項）[2]。

---

1) これに対し、競売の目的不動産が信託財産に属していたとしても、その登記を経由していない場合には、当該不動産が信託財産に属することを差押債権者に対抗することができない（信託14条）から、目的不動産が信託財産に属しないものとして競売の手続が進められることになる。
2) 委託者は、原則として第三者異議に準じる異議の訴えの提起権者には含まれないが、信託行為において上記異議の訴え提起の権限を有する旨を定めたときは、訴えの提起権者となる（信託145条2項1号）。

それでは、債権者が、信託の登記のされた不動産について、その登記名義人を債務者として強制競売を申し立てる場合、申立債権者において、請求債権が信託財産責任負担債務に係る債権であることを主張立証する必要があるであろうか[3]。

　民事執行において、執行機関は、執行対象物が債務者の責任財産に属しているか否かを調査しなければならないが、この調査は、外形的事実に基づき形式的に行えば足り、登記や占有等の外形的事実によって執行対象物が債務者に属する一応の外観が認められれば、強制執行を開始することができるものと解されている[4]。

　そうすると、問題は、競売の目的不動産に信託の登記がされている場合、請求債権が信託財産責任負担債務に係る債権であるか否かが不明であっても、上記外観があるといえるかどうかという点にあるところ、信託法は、不動産が信託財産に属することを信託の登記によって公示するという建前をとり、信託の登記を当該不動産が信託財産に属することについての第三者対抗要件としている（信託14条）。そうすると、申立債権者が提出した登記事項証明書に信託の登記がある場合、これによって、単に名義人が当該不動産を所有しているというだけではなく、「名義人が、信託の受託者として、信託財産に属する不動産を所有している」ことが公示されていることになるから、当該不動産は、「名義人の債務のうち、信託財産責任負担債務の引当てとなるものであるが、それ以外の債務の引当てになるものではない」という外観を備えていることになる。また、信託法23条1項は、信託の中核的効果である信託財産の独立性という基本的原則を定めた規定とされており[5]、同項の規定ぶり（「信託財産責任負担債務に

---

[3] 強制執行は、執行文の付された債務名義の正本に基づいて実施されるが、判決等の債務名義には、当該債務が信託財産責任負担債務であるか否かについてまで明示されないのが通常であるし、債務名義に付される執行文も、債権者が債務者に対し強制執行をすることができる旨を宣言するにとどまり、信託財産に属する財産に対する強制執行を認める旨が記載されることはまずないから、執行文の付された債務名義によって請求債権が信託財産責任負担債務に係る債権であるか否かが必ず明らかになるとはいえない。

[4] 鈴木ほか・注解（1）657～658頁〔鈴木忠一〕、中野・民執法295頁等。

[5] 逐条新しい信託法97頁。

係る債権……に基づく場合を除き、信託財産に属する財産に対しては、強制執行……をすることができない」）に照らしても、信託法は、信託財産に属する財産に対する強制執行を原則として禁止し、信託財産責任負担債務に係る債権に基づく強制執行をその例外と位置づけているものと解される。してみると、競売の目的不動産に信託の登記がある場合、債務者が当該不動産の登記名義人であるというだけで、当然に当該不動産が請求債権に係る債務の引当てとなる財産であるという外観を備えているとみることはできないというべきである。

　ただし、債務名義や執行文に信託財産責任負担債務である旨が表示されるとは限らないから、そのような表示がない限り強制執行を認めないと解することは妥当でなく、申立債権者において、債務名義その他の資料によって、請求債権が信託財産責任負担債務に係る債権であることを示すことができれば、強制執行を開始することができると解するのが相当である。この場合、疎明で足りると解すべき法文上の根拠はなく、また、登記記録の表題部に債務者以外の者が所有者として記録されている場合に債務者の所有に属することを「証する」文書の提出が求められる（規則23条1号）ことと対比しても、請求債権が信託財産責任負担債務に係る債権であることの証明を要するというべきである。証明の程度については、受託者が競売開始決定の送達を受ける立場にあり、第三者異議に準じる異議の訴え（信託23条5項）を提起して争う機会が実質的に保障されているといえることからすると、例えば、他人名義の預金債権に対する差押えにおけるような慎重な判断[6]を要するとまでいう必要はないが、受託者に上記異議の訴え提起の負担を強いることを正当とする程度の立証を要するというべきであろう。なお、執行機関による調査は、書面審査を中心としており、立証の方法には限りがあるから、申立債権者の手持ちの資料では立証することができない場合も考えられるが、そのような場合には、受託者を相手方として、当該債務名義に係る債務が信託財産責任負担債務である

---

[6]　執行実務・債権（上）157頁以下参照。

ことの確認等を求める訴えを提起し、勝訴判決を得るなどの方法を検討すべきことになろう[7]。

　以上に対し、信託の登記があっても、債務者が競売の目的不動産の登記名義人であれば強制競売の開始を認めるに十分な外観があるということができ、強制競売の開始に不服のある受託者及び受益者の側において、第三者異議に準じる異議の訴え（信託23条5項）を提起して争うべきであるとの考え方もあり得る。しかし、例えば、多数の不動産信託を取り扱っている会社との間で、A信託に関して取引をした債権者が、A信託の運用が思わしくないからといって、B〜Zの各信託に係る不動産について、順次強制競売の申立てをすることができ、あとは、受託者ないし各信託の受益者の側において、強制競売が開始される都度、第三者異議に準じる異議の訴えを提起して対応しなければならないと解することは、受託者側の負担が過大というべきである。また、債務名義が判決であればその理由中の記載により、執行証書であれば当該証書に記載された当事者の表示や契約内容により、請求債権が信託財産責任負担債務に係る債権であることを容易に明らかにできる場合が多いと思われるし[8]、債権者がこれを明らかにする資料を所持していない場合には、強制競売の開始を認めても、受託者又は受益者による上記異議の訴えにおいて請求債権が信託財産責任負担債務に係る債権であることを証明できる見込みが乏しく、結局のところ強制執行不許の判決がされる蓋然性が高い[9]。そうすると、債権者と債務者側（受託者及び受益者）との間の利益衡量という観点からも、程度の問題はあるにせよ、まずは債権者の側で請求債権が信託財産責任負担債務に係る債権であることを示さなければならないものと解するのが妥当である。

7) そのような確認訴訟に訴えの利益が認められるか等の問題はあるが、本稿ではこれ以上の検討はしない。
8) 和解調書の場合、債務名義それ自体からは判明しないことも多いと思われるが、当該事件の訴訟記録等の資料により明らかにできることが多いと思われる。
9) 前述のとおり、信託法が、信託財産に対する強制執行等を原則として禁止し、信託財産責任負担債務に係る債権による強制執行等をその例外と位置づけていることからすれば、第三者異議に準じる異議の訴えにおいては、申立債権者において、上記例外に該当すること、すなわち、請求債権が信託財産責任負担債務に係る債権であることを証明しなければならないものと解される。

なお、以上のように解した場合、請求債権が信託財産責任負担債務に係る債権であることが、信託の登記のある不動産に対する強制競売開始の要件となり、この要件を欠く競売開始決定は不適法ということになるから、請求債権が信託財産責任負担債務に係る債権であることを争う受託者及び受益者は、第三者異議に準じる異議の訴えのほか、執行異議を申し立てて争うこともできるということになる[10]。もっとも、執行異議の審理は、口頭弁論によらず書面審理を中心とした簡易迅速なものが想定されていると解され[11]、信託法が特に第三者異議に準じる異議の訴えの制度を設けている趣旨に照らしても、執行異議において信託財産責任負担債務に係る債権であるか否かを実質的に審理判断すべきものと解することは妥当でない。思うに、民事執行法は、登記等の外観によって執行対象物が債務者の責任財産に属するか否かを判断すれば足りるものとし、そのような形式判断が実体と異なっていても執行処分は適法であって、不服のある者が第三者異議の訴えによりこれを争うべきものとしている。そうすると、信託の登記のある不動産に対する強制競売事件においても、決定の時点の資料によれば、請求債権が信託財産責任負担債務に係る債権であり、競売の目的不動産が当該債権に係る債務の引当てとなる財産であるとの外観が認められる限りにおいて、当該開始決定は適法であるということができる。したがって、執行異議の事由となるのは「開始決定の時点における資料によっても、請求債権が信託財産責任負担債務に係る債権であり、競売の目的不動産がその引当てとなる財産であるとの外観が認められない」という点に限られ、受託者及び受益者が、執行異議において、開始決定までに執行裁判所に提出されていない資料に基づいて、請求債権が信託財産責任負担債務に係る債権でない旨を主張することはできないものと解することができるのではなかろうか。

　なお、信託の登記のある不動産を目的とする強制競売事件では、申立債

[10]　執行異議の申立権者は、執行処分により自己の法律上の利益を害される者であり、必ずしも執行当事者に限定されるものではない（執行実務・不動産（上）14頁）から、受託者だけでなく、受益者も執行異議を申し立てることができると解される。
[11]　執行実務・不動産（上）138頁。

権者において、請求債権が信託財産責任負担債務に係る債権であることを主張し、執行裁判所がこれを認めたことを明らかにするため、競売開始決定の請求債権目録に、「別紙物件目録記載の不動産の信託目録第〇号の信託の信託財産責任負担債務に係る債権」である旨を付記することが考えられるであろう。

(2) 受託者の固有の債権者による強制競売

前述のとおり、信託財産には独立性があるから、受託者の固有の債権者（以下、受託者がその固有財産〔受託者の財産のうち、信託財産に属する財産でないものをいう。信託2条8項参照〕に属する財産のみをもって履行する責任を負う債務に係る債権者を、「固有の債権者」という。）は、信託財産に属する財産に対して強制執行をすることができない。

それでは、受託者の固有の債権者が、信託の登記がされた不動産について、当該登記が仮装のものであり、真実は受託者とされる債務者の固有財産に属すると主張して、強制競売を申し立てることはできるか。

この点に関し、信託を離れた一般論として、所有権の登記名義人が債務者以外の者である場合には、債務者が登記名義人となることができない場合など（権利能力なき社団である場合など）の例外を除き、他の証拠によって債務者の所有に属することを証明したとしても、強制競売を開始することはできず、債権者において、債務者に代位して債務者への所有権移転登記を経由してから強制競売を申し立てるべきものと解されている。登記名義により一律に判断することが執行手続の安定に適するし、他人名義では差押えの登記ができないからである[12]。

債権者が提出した登記事項証明書に信託の登記がある場合、他人名義というわけではないから、差押えの登記をすることに支障はないものの、信託財産に属するか否かを登記により一律に判断することで手続の安定を図る要請があることは、登記が他人名義である場合と同様である[13]。また、登記が仮装のものであるという場合、債務者（受託者とされる者）は、前

---

[12] 執行実務・不動産（上）307頁。

所有者（委託者とされる者）に対し、信託の登記の抹消、信託を原因とする所有権移転登記の抹消及び売買等の真の原因を登記原因とする所有権移転の各登記請求権を有することになり、債務者の固有の債権者は、これらの登記請求権を代位行使することができると解されるから[14]、信託の登記を残したままで強制競売を開始することを認めなければ債権者による権利行使が不可能になるという事情もない。そうすると、受託者の固有の債権者が、信託の登記が仮装のものであることを立証しても、そのままでは強制競売を申し立てることができず、上記登記請求権を代位行使し、登記上も債務者の固有財産に属する外観を整えた上で強制競売の申立てをすべきものと解するのが相当である[15]。

(3) 受益者及び委託者の債権者による強制競売

信託財産から生じる利益は、実質的かつ最終的には、受益者が享受すべきものということができるが、受益者は、信託財産に属する財産の所有権を有するものではないから、受益者の債権者が信託財産に属する財産に対して直接強制執行をすることはできない。受益者の債権者において、受益者が信託の上に有する利益をもって自己の債権の満足を得ようとするので

---

13) 他人名義の不動産に対する強制競売を認めた場合、登記名義人の債権者と競合することにより手続が不安定になるおそれがある。これと同様に、受託者の固有の債権者による強制競売を認めた場合、信託財産責任負担債務に係る債権を有する債権者と競合することにより、手続が不安定になるおそれがあるといえる。例えば、強制競売の開始決定後に受託者の変更による所有権移転登記がされた場合、受託者の固有の債権者との関係では、当該不動産は信託財産ではなく、上記所有権移転登記は差押えの処分制限効に反するものとして手続上無視されるべきことになるが、信託財産責任負担債務に係る債権を有する債権者との関係では、新受託者が債務者たる地位を承継することになる（本稿Ⅱ2(1)ア参照）から、誰を執行債務者と見るのかといった点を巡って手続が不安定になる懸念がある。
14) なお、信託を原因とする所有権移転登記について、所有権移転原因を売買等に更正する旨の更正登記は、登記の同一性を欠くのでできないと解されているようである。
15) このように解すると、信託の登記のある不動産についてされた競売開始決定に対し、第三者異議に準じる異議の訴えが提起された場合、債権者が、当該訴訟において、信託の登記が仮装である旨、すなわち、競売の目的不動産が信託財産に属しない旨を主張して争うことはできないと解することになろう。

あれば、信託受益権の差押え[16]を検討すべきことになる。

　委託者の債権者についても、同様に、信託財産に属する財産に対して強制執行をすることはできない。ただし、委託者の債権者については、下記(4)のとおり、自己信託の場合に一定の例外が認められている。なお、信託法21条1項3号は、「信託前に生じた委託者に対する債権であって、当該債権に係る債務を信託財産責任負担債務とする旨の信託行為の定めがあるもの」を信託財産責任負担債務に係る債権としており、一見すると、委託者の債権者が信託財産責任負担債務に係る債権を有する場合があるようにもみえる。しかしながら、この規定は、信託行為の定めにより、委託者の負担する債務について受託者が債務引受をすることによって、当該債務を信託財産責任負担債務にすることが可能であることを明らかにしたものであり[17]、したがって、この規定により信託財産責任負担債務になるのは、もともと委託者が負担していた債務ではなく、債務引受により受託者が負担した債務というべきであるから、委託者の債権者が、同号に該当することを主張して、委託者を債務者とする強制競売を申し立てることはできない。この場合、委託者の債権者は、債務引受の事実を立証して承継執行文の付与を受けるなどした上で[18]、受託者を債務者として強制競売の申立てをすべきことになろう。

(4) 債権者詐害目的の自己信託

　前述のとおり、委託者の債権者は、信託財産に属する不動産に対して強制執行をすることができないのが原則であり、このことは、委託者が債権者を害することを知って信託をした場合であっても変わらない。詐害信託であることを主張する債権者は、受託者を被告として、当該信託の取消し

---

[16] 本書第1部第13講参照。
[17] 逐条新しい信託法84頁参照。
[18] 免責的債務引受については、承継執行文の付与を受けられると解されているが、重畳的債務引受の場合に承継執行文の付与を受けられるかについては争いがある。これを認めない見解に立った場合には、債務引受の事実を疎明して仮差押えをした上で、受託者を被告として本案訴訟を提起し、債務名義を取得すべきことになる。

を裁判所に請求することができ（信託11条1項）、これにより信託財産を委託者の名義に復帰させた上で、強制競売の申立てをすべきことになる。もっとも、これには例外があり、信託法23条2項及び4項は、①信託の設定当初から委託者が自ら受託者となるいわゆる自己信託がされた場合において、②委託者が債権者を害することを知って当該信託をしたときは、③信託前に生じた債権を有する委託者の債権者は、④強制執行等の時点でも受託者と委託者が同一人格である場合に限り、⑤信託の日から2年の間、信託財産に属する財産に対して強制執行等をすることができる旨を定めている。したがって、上記①ないし⑤の要件を充足するときは、例外的に、委託者の債権者が、受託者（ただし、委託者と同一人格である。）名義の不動産について強制競売の申立てをすることができるということになる。

　それでは、申立債権者は、上記規定により強制競売の申立てをするに当たり、上記①ないし⑤の要件全てを立証する必要があるであろうか。通常、上記①（自己信託であること）、④（強制執行の時点で受託者と委託者が同一人格であること）及び⑤（信託の日から2年が経過していないこと）の点は、登記記録により明らかであり、③（請求債権が信託前に生じたものであること）の点は、債務名義の記載による債権の成立時期と登記記録に記載された信託の日[19]とを対照することで判明するが、問題となるのは、②の要件（詐害行為性及び詐害の意思）である。この点、信託法23条2項は、信託法の制定に当たり、旧信託法の下では一般に許容されていないと解されていた自己信託を許容するとともに、債権者詐害の懸念への対応も不可欠であるとの認識のもと、自己信託の場合には、詐害信託の取消訴訟の提起を要することなく、債務名義等に基づき直ちに信託財産に対して強制執

---

[19] 信託法は、自己信託の効力発生を公正証書等の作成又は確定日付ある証書等による通知にかからしめており（信託4条3項）、信託の登記を申請する際には、上記公正証書等ないし上記通知を証する情報を添付しなければならない（不登令別表65）から、委託者（兼受託者）が故意に信託の日を遡らせて登記をすることは困難であり、基本的には、登記記録の記載をもって信託の日を認定することができるものと解される。

行等を開始することができ、委託者又は受益者が不服とする場合には、これらの者の側において、第三者異議に準じる異議の訴えを提起しなければならないものとし、委託者の債権者の利益の保護を図った規定であるとされている[20]。このような信託法23条2項の趣旨からすると、立証方法の限られる執行手続において、委託者の債権者に上記②の要件の立証を要求することは妥当でないし、上記②の要件のように実質的かつ規範的な要件は、執行機関による審査になじまないものでもある。そうすると、債権者詐害目的の自己信託であると主張して強制競売の申立てがあった場合、執行裁判所としては、上記②以外の要件について審査すれば足りるものと解するのが相当ではなかろうか。ただし、申立債権者は、受託者等により第三者異議に準じる異議の訴えが提起された場合には、当該訴訟において上記②の要件を立証しなければならないものと解される[21]。

なお、委託者の債権者が、債権者詐害目的の自己信託であることを主張して強制競売を申し立てる場合、申立書の請求債権目録には、信託法23条2項の規定に基づく強制競売の申立てであることを明らかにするために、「信託法3条3号に掲げる方法によってされた信託（別紙物件目録記載の不動産の信託目録第○号）の前に生じた、同信託の委託者である債務者に対する債権」等と付記することが考えられる[22]。

(5) 小括

以上によれば、信託の登記のある不動産について強制競売の申立てをすることができるのは、債権者詐害目的の自己信託であることを理由として

---

[20] 逐条新しい信託法37～40頁参照。
[21] 立証責任の分担について、同旨・逐条新しい信託法47頁（注18）、米倉明編著『信託法の新展開――その第一歩をめざして』1頁以下〔米倉明〕（商事法務、2008年）。
[22] 信託前に生じた委託者に対する債権であっても、信託財産責任負担債務になることがある（信託21条1項3号の場合等）ところ、どちらの根拠に基づく競売手続であるのかによって、受託者の変更があった場合の取扱いなどに違いが生じる（詳細は、本稿Ⅱ2(1)アを参照されたい。）から、このような付記をして請求債権の性質を明確にしておくことが、その後の手続の安定に資するということができる。

委託者の債権者が申し立てる場合(信託23条2項の場合)を除き、登記名義人である受託者に対して信託財産責任負担債務に係る債権を有する債権者に限られるということになる。

以下では、信託法23条2項の規定に基づく強制競売を「信託法23条2項の強制競売」といい、信託財産責任負担債務に係る債権を有する債権者による強制競売を「信託債権[23]等による強制競売」ということとする。

2 競売手続中の信託関係の変動

(1) 受託者の変更
ア 信託債権等による強制競売事件

執行裁判所が、競売の手続中に、信託の受託者が変更したことを認識したときは、その後の手続をいかに進めるべきであろうか。

この点、信託法75条1項は、信託の受託者が変更した場合、新受託者は、前受託者の任務が終了した時に、その時に存する信託に関する権利義務を前受託者から承継したものとみなす旨定めている。信託財産に属する不動産(競売の目的不動産)の所有権が「信託に関する権利」であることは明らかであるから、受託者の変更により、競売の目的不動産の所有権が新受託者に移転することになる。また、信託債権等による強制競売事件における執行債務者の債務は、信託財産責任負担債務であるところ、信託財産責任負担債務は、信託財産が引当てとなるべき債務なのであるから、受託者が変更したときには、「信託に関する義務」として、新受託者に承継されることになる。そうすると、信託債権等による強制競売事件の手続中に受託者が変更した場合、債務名義に記載された債務者(前受託者)ではない者(新受託者)が執行債権に係る債務を承継することになるから、この者に対して強制執行等を続行するためには、承継執行文の付与を受ける

---

[23] 信託財産責任負担債務に係る債権のうち受益債権でないものを信託債権という。信託法21条2項2号。

ことが必要になりそうである。もっとも、信託法75条8項は、新受託者が就任するに至るまでの間に信託財産に属する財産に対し既に開始されている強制執行等は、新受託者に対し続行することができる旨規定して、承継執行文の付与を受けることなく新受託者に対して手続を続行することを認めている[24]。

以上要するに、信託債権等による強制競売事件において、執行裁判所が手続の途中で受託者の変更を認識したときは、以後、新受託者を執行債務者として手続を進めることとなり、その際、承継執行文の付与を受ける必要はないということになる。

イ　信託法23条2項の強制競売事件

これに対し、信託法23条2項の強制競売事件における執行債権は、委託者に対する債権であるから、信託の受託者が変更しても新受託者が債務を承継することはなく、執行債務者に変更は生じない。引き続き、差押え時の債務者を執行債務者として手続を進めればよいことになる。なお、受託者の変更により、競売の目的不動産の所有権が新受託者に移転することになるが、この所有権移転は、仮に登記を備えたとしても、差押えの登記に後れるものとして、手続上無視されることになろう。

(2) 信託の終了

信託の登記のある不動産を目的とする強制競売の手続中に、当該信託が終了した場合、強制競売の手続に影響を与えるであろうか。

この点、信託は、当該信託が終了しても清算の結了まで存続するものとみなされる（信託176条）から、信託に関する権利義務についても、信託の終了により当然に委託者その他の者に移転するわけではなく、引き続き、受託者（信託の終了後は「清算受託者」と呼ばれる。）が信託に関する権利義務の帰属主体となる。そして、清算受託者は、以後、現務の結了、信託財産に属する債権の取立て及び信託に関する債務の弁済等の清算事務を執行し、その上で、残余財産をその帰属すべき者に給付することになる

---

[24]　逐条新しい信託法229頁参照。

（信託177条、181条）。そうすると、強制競売の手続中に信託が終了したとしても、当該競売の目的不動産が信託財産に属しており、当該信託の受託者が競売の目的不動産の所有者でかつ執行債権に係る債務者であることに何ら変わりはなく、信託の終了が競売手続に影響を与えることは基本的にないということができる。なお、清算受託者は、原則として、信託に係る債務の弁済を終えるまで、残余財産の給付をすることができない（信託181条本文）から、清算受託者が、強制競売の手続中に委託者等に対して残余財産の給付として当該競売の目的不動産の所有権を移転させることは、原則として許されないことであるし、例外的に許容される場合（同条ただし書参照）であっても、残余財産の給付としての所有権の移転及びこれによる当該不動産の信託財産からの離脱という効果は、差押登記後の物権変動として、差押債権者に対抗することができないから、執行裁判所としては、これを無視して手続を進めればよいということになる。

　ところで、一般に、信託が終了し、清算受託者が委託者等に対して残余財産の給付として信託財産に属する不動産の所有権を移転させた場合、信託の終了を原因とする所有権移転登記及び信託登記の抹消登記がされることになる[25]。信託債権等による強制競売事件において、差押債権者は、競売の目的不動産に信託の登記があることを前提に、請求債権が信託財産責任負担債務に係る債権であることを主張立証して差押えの登記を得たものであり、当該競売手続においては、配当要求をすることのできる者が原則として信託財産責任負担債務に係る債権を有する債権者に限られる[26]など、信託の登記がない不動産に対する強制競売事件とは差押債権者の有する地位が異なる。したがって、信託の登記のある不動産の差押債権者は、当該信託登記の抹消について、登記上の利害関係を有する第三者であるということができ、信託登記の抹消登記の申請には、差押債権者の承諾が必要であると解される（不登68条）。仮に、差押債権者の承諾なく信託

[25]　信託に関する不動産登記については、「信託法等の施行に伴う不動産登記事務の取扱いについて」（平成19年9月28日付法務省民二第2048号法務局長・地方法務局長あて民事局長通達）等を参照されたい。
[26]　本稿Ⅱ3⑴参照。

Ⅱ　強制競売　411

登記の抹消登記がされたとしても、その前提となる所有権移転登記が競売手続上無視されるべきものである以上、執行裁判所としては、なお競売の目的不動産が信託財産に属するものとして、その後の手続を進めるべきものと解される。

(3) 受託者の固有財産への帰属

　信託の受託者が、信託財産に属する財産を自己の固有財産に帰属させることは、原則として禁止されているが（信託31条1項1号）、例外的に許容される場合がある（同条2項）。それでは、信託の登記のある不動産を目的とする強制競売の手続中に、受託者が当該不動産を自己の固有財産に帰属させた場合、強制競売の手続に影響を与えるであろうか。

　この点については、信託財産に属する不動産を固有財産に帰属させることは、当該不動産の所有権の性質を変更するものであり、民法177条の「不動産に関する物権の……変更」に該当し、差押えの登記を具備した債権者に対抗することができないというべきであるから、執行裁判所としては、競売の目的不動産が依然として信託財産に属するものとして、その後の手続を進めるべきものと解される。

　なお、一般に、信託の受託者が信託財産に属する不動産を自己の固有財産に帰属させた場合、その旨の登記及び信託登記の抹消登記がされることになるところ[27]、信託登記の抹消に差押債権者の承諾が必要であるとの見解に立てば、強制競売の手続中に受託者が競売の目的不動産を自己の固有財産に帰属させたとしても、差押債権者の承諾がない限り、信託登記の抹消登記申請が受理されることはないということができる。仮に、差押債権者の承諾なく信託登記の抹消登記がされたとしても、執行裁判所としては、前記(2)と同様に、なお競売の目的不動産が信託財産に属するものとしてその後の手続を進めるべきことになろう。

---

27) 前掲注25）の通達参照。

3 配当要求及び交付要求

(1) 信託債権等による強制競売事件

ア 信託財産責任負担債務に係る債権を有する債権者

　前述のとおり、信託財産に属する財産に対しては、信託財産責任負担債務に係る債権に基づく場合を除き、強制執行等をすることができないのが原則であるから、信託の登記のある不動産を目的とする強制競売事件において、配当要求をすることができるのも、基本的には、信託財産責任負担債務に係る債権を有する債権者に限られる（その例外については、後述する。）。そして、強制競売の申立てに当たり請求債権が信託財産責任負担債務に係る債権であることの証明が必要であると解するのであれば、執行力ある債務名義の正本を有する債権者が配当要求をする場合にも、信託財産責任負担債務に係る債権であることを証明する必要があり、かかる証明のない配当要求は、不適法なものとして却下されることになると解される。一般の先取特権を有する債権者が配当要求をする場合についても、これと同様に考えられよう。これに対し、強制競売の開始決定に係る差押えの登記後に登記された仮差押債権者が配当要求をする場合については、被保全債権が信託財産責任負担債務に係る債権であることの審査を経て仮差押えの登記がされていると解されるし、差押えの登記前に登記された仮差押えの債権者が無条件に配当受領資格を有するものと解される（法87条1項3号）こととの均衡を考えれば、配当要求の際に執行裁判所が改めてこの点を審査する必要はないと解することができよう[28]。

イ 交付要求

　交付要求についても、実体法上は、信託財産責任負担債務に係る租税等に基づくものでなければならないが（信託23条1項による原則的禁止の対象には、滞納処分〔交付要求もその一種〕も含まれている。）、そもそも執行裁

---

28) 仮差押えの際に被保全債権が信託財産責任負担債務に係る債権であることを審査すべきと解するとして、証明が必要か疎明で足りるかという点は問題であるが、本稿ではこの点には立ち入らない。

判所が交付要求の基礎となる租税等債権の存否、執行力の範囲等を審査することは予定されていないから、信託財産責任負担債務に係る債権であるか否かは審査の対象にならないものと解される。

　なお、実務上は、交付要求庁において、競売の目的不動産が信託財産に属しており、信託財産責任負担債務に係る債権に基づくのでなければ交付要求をすることができないということを知らないまま交付要求がされるという事態が生じないようにすることが重要であるから、執行裁判所が「租税その他の公課を所管する官庁又は公署」に対して発する催告書（法49条2項3号）には、競売の目的不動産に信託の登記がされており、信託財産責任負担債務に係る債権に該当する場合等でなければ交付要求をすることができない旨を注意的に記載しておくことが相当であろうし、交付要求に係る租税等債権が、その性質上信託財産責任負担債務に係る債権であることに疑義がある場合（例えば、受託者の住民税や国民健康保険税については、一般に、信託財産責任負担債務に係る債権である可能性がかなり低いということができる。）には、交付要求庁にその点を確認することが望ましいであろう。

　　ウ　受託者の変更があった場合
　前述のように、信託債権等による強制競売事件においては、受託者の変更により執行債務者に変更が生じるから、競売手続の途中で受託者の変更があった場合、前受託者を債務者とする債務名義を有する債権者は、新受託者に対する承継執行文を得なければ、配当要求をすることができないと解される[29]。同様に、交付要求についても、交付要求の時点の執行債務者を滞納者とするものでなければ、不適法になるものと考えられる[30]。ただし、差押えの登記後に登記された仮差押債権者については、信託法

---

[29]　信託法75条8項は、既にされている強制執行について、承継執行文の付与を受けることなく手続を続行することを認めたものであり、他の債権者が開始した強制執行の手続に参加する際にも承継執行文の付与を不要とする趣旨まで読み込むことはできないものと解される。

[30]　国税については国税通則法7条の2により、地方税については地方税法9条の4により、新受託者が信託財産責任負担債務である納付義務を当然に承継するから、新受託者を滞納者とする交付要求をすることに支障はないものと解される。

75条8項が仮差押えとの関係でも新受託者に対して手続を続行できる旨を定めているから、仮差押え後に受託者の変更があっても、承継執行文の付与を受けることなく、新受託者を債務者とする配当要求をすることができる[31]。

エ　受託者による配当要求

信託財産に属する不動産を目的とする競売事件においては、執行債務者である受託者が配当要求をすることができる場合がある。すなわち、受託者は、信託事務を処理するのに必要と認められる費用を固有財産から支出した場合、当該費用とこれに対する利息の償還を受けることができ（信託48条1項）、又は、必要と認められる費用の前払を受けることができる（同条2項）。また、受託者は、一定の要件の下に信託財産から損害賠償を受け（信託53条1項）、あるいは、信託報酬を受けることができる（信託54条1項、2項）。そして、受託者が有するこれらの権利は、信託財産に属する財産に対して強制執行又は担保権の実行の手続が開始したときは、これらの手続との関係においては、金銭債権とみなされ（信託49条4項、53条2項、54条4項）、文書により当該権利の存在を証明した受託者は、配当要求をすることができる（信託49条5項、53条2項、54条4項）。これらの規定は、受託者が信託財産から支払を受けるべき権利を有していたとしても受託者が強制執行手続に参加するために自らを債務者とする債務名義を要求することは不可能を強いるものであるために、特に置かれたものである[32]。なお、これらの規定により金銭債権とみなされる受託者の権利のうち、費用等の償還・前払に関する権利については、一定の範囲で他の債権者に優先するものとされている（信託49条6項・7項）。

なお、信託法75条6項は、受託者が費用等の償還、損害の賠償又は信託報酬を受ける権利を有する場合において、受託者の変更があったときは、前受託者が新受託者に対し、費用の償還等を請求することができる旨

---

[31]　この場合、配当要求書における当事者の表示は、例えば、
「債務者（受託者）　乙野次郎【仮差押時の受託者　甲野太郎】」
などとして、新旧受託者を併記することが考えられる。

[32]　逐条新しい信託法180頁以下。

Ⅱ　強制競売

を定めているが、この場合には、前受託者において、新受託者を債務者とする債務名義を取得することが可能であるから、上記のような特別の配当要求は認められていない。また、この前受託者の新受託者に対する債権についても、上記と同じ内容の優先権が認められている（同条7項）が、この優先権は、先取特権等の物権として構成されているわけではないから、前受託者がこれらの権利を行使するには、担保権の実行としての競売を申し立てるのではなく、債務名義を取得した上で、強制執行の申立てをし、又は、既に開始している執行手続に配当要求をすべきものと解される。

(2) 信託法23条2項の強制競売

ア 委託者の債権者

債権者詐害目的の自己信託であることを主張する委託者の債権者は、信託財産に属する不動産に対する強制執行等をすることができるのであるから、既に開始された信託法23条2項の強制競売に配当要求をすることもできるものと解される。そして、競売の申立てに当たって詐害行為性と詐害の意思を立証する必要がないと解するのであれば、配当要求の際にもこれらを立証する必要はないものと解することになる。

イ 信託財産責任負担債務に係る債権を有する債権者

信託法23条2項は、債権者詐害目的の自己信託であっても、信託財産責任負担債務に係る債権を有する債権者が信託財産に属する財産に対して強制執行等をすることができる旨を明示しているから、請求債権が信託財産責任負担債務に係る債権であることを主張立証した受託者（＝委託者）の債権者も、信託法23条2項の強制競売事件において配当要求をすることができるものと解されよう。

ただし、信託法23条2項の強制競売の開始後に受託者の変更があった場合、新受託者が執行債務者になるわけではない[33]から、新受託者を債務者とする配当要求を認めることはできないと解される。そもそも、競売手続開始後に受託者が変更された上で、新受託者が新たに債務を負担し、

---

33) 前記2(1)イ参照。

その債権者が競売手続に参加しようとする場面は相当限られているし、新受託者の債権者は、競売による差押え後に債権を取得したに過ぎないから、競売手続に参加できないとしてもやむを得ないというべきではなかろうか[34]。

4 売却条件の判断（前受託者の留置権）

競売による差押えの前後を問わず、受託者の変更があった場合において、前受託者が、信託法75条6項の規定に基づき現在の受託者に対して費用等の償還、損害の賠償又は信託報酬の各請求権（信託48条、53条、54条）を有するときは、前受託者は、信託財産に属する財産を留置することができる（信託75条9項）。不動産の上に存する留置権は、その成立時期が競売開始の前であるか後であるかにかかわりなく、競売によって消滅せず、その被担保債権は、事実上買受人の負担となる（法59条4項）から、執行裁判所による調査の結果、競売の目的不動産を信託の前受託者が占有している場合において、前受託者が上記の請求権を有するものと認められ、かつ、留置権行使の意思を示しているときには、執行裁判所は、当該請求権が買受人の負担となることを考慮して、売却基準価額を定めるべきことになる[35]。

---

[34] これに対し、競売手続開始後に受託者の変更があった場合でも、前受託者（委託者）の債権者は、請求債権が信託財産責任負担債務に係る債権であることを主張立証すれば、前受託者を債務者として、配当要求をすることができると解する。すなわち、この場合、受託者の変更により信託に関する権利義務が新受託者に移転し、前受託者は、固有財産をもって履行する責任を負うにとどまることになる（信託76条1項）から、一見すると、前受託者を債務者とする配当要求は認められないようにも思われる。しかし、信託財産責任負担債務は、受託者が信託財産に属する財産をもって履行する責任を負う債務なのであるから、信託財産責任負担債務の帰属主体と信託財産に属する財産の帰属主体が分離するのは背理であり、信託法の予定しない事態でもある。そうすると、信託法23条2項の強制競売事件においては、差押えの処分制限効により、受託者の変更による所有権の移転が否認されることの当然の帰結として、信託財産責任負担債務の移転も否認され、競売手続との関係においては、前受託者がなお信託財産をもって履行する責任を負担しているものとみるのが相当ではないかと思われる。

ところで、信託法は、受託者の変更により新受託者が前受託者から信託に関する権利義務を承継するとしつつ、その場合にも、前受託者は、原則として、自己の固有財産をもって承継された債務を履行する責任を負う旨定めている（信託75条、76条1項）。したがって、執行債権に係る債務が前受託者のもとで発生していた場合には、前受託者は、受託者の変更後も、差押債権者に対し、固有財産をもって執行債権に係る債務を履行すべき責任を負っているのが通常である。そうであるにもかかわらず、前受託者が留置権を主張し、これを考慮して売却基準価額が定められた結果、差押債権者が競売代金から債権全額の満足を受けることができなかった場合には、差押債権者の不利益のもとに、その債務者である前受託者が事実上の優先弁済を受けることになり、妥当性を欠くように思われる。このような場合、差押債権者としては、前受託者の新受託者に対する費用償還等請求権を差し押さえ、転付命令を得ることにより、留置権を消滅させることができるところ、差押債権者がこのような対応をとるか否かによって売却条件が異なることになるから、執行裁判所としては、売却条件の決定に先立って差押債権者の意向を確認することも検討すべきであろう[36]。

5　売却

　競売の目的不動産は、売却によって信託財産に属する不動産ではなくなるので、執行裁判所は、受託者から買受人への所有権移転登記を嘱託するとともに、信託登記の抹消登記を嘱託することになる（不登104条1項参照）。通常の競売事件では、差押えの登記後にされた所有権移転登記については、差押えに対抗することのできない登記であるから、抹消登記を嘱

---

[35]　基本的には、売却基準価額を定めるに当たり、不動産の評価額から留置権の被担保債権の金額を差し引くことになろう。

[36]　ただし、このような場合、前受託者において、差押債権者に対する債務を履行しないにもかかわらず、競売の買受人に対して留置権を主張して競売目的不動産の明渡しを拒絶することは、信義則に反し許されないという解釈も十分あり得るように思われる。執行裁判所において、そのような解釈を採るならば、前受託者の留置権を考慮することなく売却基準価額を定めることになろう。

託することになるが、信託債権等による強制競売手続の途中で受託者の変更があった場合には、前述のとおり、競売手続との関係でも新受託者への所有権移転を有効なものとして取り扱うことになるから、当該所有権移転登記の抹消登記を嘱託することなく、最終の受託者から買受人への所有権移転登記を嘱託すべきことになる。

6　配当

(1)　信託法23条2項の強制競売事件における債権者間の優劣

　信託法23条2項の強制競売事件において、債権者詐害目的の自己信託であることを主張する委託者の債権者と、信託財産責任負担債務に係る債権を有する債権者とが競合した場合、その優劣が問題となるが、信託法その他の法令に両者間の優劣に関する定めはないから、同順位の債権者として扱うことになるものと解される。

(2)　配当異議

　配当表に記載された債権者の債権について、信託財産責任負担債務に係る債権ではないと主張する他の債権者及び債務者は、配当異議の申出をすることができると解される。その場合、①他の債権者が異議を申し出たときは、配当異議の訴えを提起すべきであり（法90条1項）、②債務者（受託者）が、執行力ある債務名義を有しない債権者（無名義債権者）に対して異議を申し出たときも、同様であると考えられる（同項）。

　それでは、③債務者（受託者）が、執行力ある債務名義を有する債権者（有名義債権者）に対して異議を申し出た場合はどうか。この場合について、法90条5項は、請求異議の訴えを提起しなければならない旨を定めている。しかしながら、「債権者の債権が信託財産責任負担債務に係る債権でないこと」は、債権の存否や債権それ自体の内容を問題とするものではないから、請求異議の事由になるとは解し難い。信託法23条5項が受託者等の主張する異議について第三者異議の規定を準用していることも、請求異議によって争うことができないことを前提にしているものと解され

る。

　ところで、債務者が、配当期日において、差押債権者に対して配当異議の申出をした場合、その部分については、配当期日における配当が実施されない（法89条2項）。そして、債務者が、差押債権者を相手取って第三者異議に準じる異議の訴えを提起し、執行停止文書を得て執行裁判所に提出すれば、差押債権者に対する配当は留保される（法91条1項3号）。法90条6項は、有名義債権者に対する配当異議の申出をした債務者が、請求異議の訴えを提起したことの証明及びその訴えに係る執行停止の裁判の正本の提出をしないときは、配当異議の申出を取り下げたものとみなす旨定めており、これを文言どおり解釈すれば、第三者異議に準じる異議の訴えを提起して執行停止文書を提出した上記債務者についても、配当異議の申出を取り下げたものとみなされることになる。しかし、そうであっても、既に執行停止文書が提出されているのであるから、配当は留保されなければならず、配当留保事由が解消されていないのに配当が実施されることにはならない。そうすると、差押債権者に対し、信託財産責任負担債務に係る債権でないことを理由として配当異議の申出をした債務者は、配当期日から1週間以内に第三者異議に準じる異議の訴えを提起し、執行停止文書を提出することで、配当留保の結果を得られることになる[37]。

　これに対し、一般に、配当要求に対して第三者異議の訴えを提起して争うことができるとは解されていないから、債務者（受託者）が配当要求債権者に対して第三者異議に準じる異議の訴えを提起することができると解することは困難である。また、上記のとおり、「請求債権が信託財産責任負担債務に係る債権でないこと」が請求異議の事由になると解することも困難であるから、債務者が配当要求をした有名義債権者に対し、法90条

---

[37]　競売の目的不動産の所有権は、代金納付により買受人に移転し、その後に債務者が第三者異議に準じる異議の訴えを提起して勝訴判決を得たとしても、上記所有権移転の効果は覆らないから、配当の段階で提起する第三者異議に準じる異議の訴えについて、訴えの利益が認められるかが一応問題になるが、本文記載のとおり、第三者異議に準じる異議の訴えに勝訴することによって差押債権者に対する配当を阻止することができるのであるから、この点で、なお訴えの利益は失われていないものと解される。

5項が規定するように請求異議の訴えを提起して争うこともできないものといわざるを得ない。そうすると、債務者は、配当要求をした有名義債権者に対し、「信託財産責任負担債務に係る債権でないこと」を主張して争う機会がないことになってしまうが、この結論は明らかに不当であるから、民事執行法の明文からは離れるものの、少なくとも差押債権者以外の有名義債権者に対しては、債務者が「信託財産責任負担債務に係る債権でないこと」を主張して配当異議の訴えを提起することができると解するほかないのではないか。これに対し、差押債権者に対して配当異議の申出をした場合には、上記のとおり、第三者異議に準じる異議の訴えという手段があるから、どうしても配当異議の訴えを認めなければならないというものではないであろう。

いずれにしても、配当異議の訴えの適法性は、当該訴えの受訴裁判所が判断すべき事項であり、執行裁判所としては、配当異議訴訟を提起した旨の証明書が提出された場合には、法91条1項7号の「配当異議の訴えが提起されたとき」に該当するものとして配当を留保するのが相当であろうと解される。

なお、受託者（債務者）ではなく、受益者が配当異議の申出をすることができるかについては、これを許容する明文の規定がないことからすれば、消極に解すべきことになろう[38]。仮に、受託者が適切に配当異議の申出をしない場合には、受益者は、受託者に対し、注意義務（信託29条）ないし忠実義務（信託30条）に違反したものとして、損失填補責任（信託40条）等を追及することができることになる。

III 担保権の実行としての競売

1 開始決定

(1) 登記された（根）抵当権の実行

信託の登記のされた不動産に対し、（根）抵当権の実行としての競売を申し立てる場合、申立債権者において、実行（根）抵当権が信託財産責任

負担債務に係る権利であることを主張立証する必要があるであろうか。

　この点、民事執行法は、担保権の存在を示す法定文書の提出により競売手続を開始することとし、担保権の不存在等の実体的事由については、債務者又は所有者の側からの指摘を待って、執行異議や執行抗告等の手続で審理判断するという構造をとっている（最二決平成17年11月11日集民218号433頁参照）。また、信託法は、信託財産責任負担債務に係る債権等による場合を除く強制執行等を禁止しているところ、次のとおり、登記された（根）抵当権は、ほぼ例外なく、信託財産責任負担債務に係る権利に当たるということができる。

① （根）抵当権の設定登記が信託登記に先立つ場合には、信託法21条1項2号（信託財産に属する財産について信託前の原因によって生じた権利）に該当する。
② 信託後の抵当権設定の場合において、（根）抵当権の設定行為が「信託財産のためにした行為」であり、かつ、受託者の権限に属するときは、信託法21条1項5号に該当する。
③ （根）抵当権の設定行為が「信託財産のためにした行為」であるが、受託者の権限に属しない場合については、信託法27条1項又は2項の規定により取り消すことができないのであれば同法21条1項6号イに該当し、取り消すことができるときでも、登記が抹消されていないので

38）　受託者の固有の債権者が、信託財産に対する強制執行に参加してくるという場面は、受託者と受益者の利益が相反する場面であり、必ずしも受託者が受益者の適切な利益代表者ではないともいえるから、この場合に受益者に何らかの手続保障を認める必要性それ自体は否定できない。もっとも、受益者が誰であるかは必ずしも執行裁判所に明らかでなく（受益者の氏名住所は、原則として信託の登記中の信託目録に記載されるが、これが執行裁判所に必ず提出されるとは限らないし、信託目録に受益者の氏名住所が記載されないこともある（不登97条2項参照）。）、配当期日において執行裁判所が異議の申出適格について審査するのは実際上困難であるし、受益者は膨大な人数になることもあるから、配当異議の申出を認める前提として受益者全員に配当期日への呼出状を送付しなければならないと解することも現実的ではない（仮に、配当異議の申出を認める場合、各受益者が単独で申出をすることができると解することになると思われる。信託105条1項、92条1号・3号参照）。）。受益者に配当異議の申出適格を認めるのであれば、そのための手続が整備されるべきであり、上記申出適格は消極に解さざるを得ないであろう。

あるから、未だ取り消されていないものと判断することができ、同号ロに該当する。
④ （根）抵当権の設定行為が「信託財産のためにした行為」でないときは、ほとんどの場合が信託法31条1項4号に掲げる行為に当たり[39]、同条7項に規定する行為として、同法21条1項7号に該当する（登記が抹消されていないのであるから、未だ取り消されていないものと判断することができる。）。

そうすると、担保権の実行としての競売を申し立てる際には、（根）抵当権設定登記のある登記事項証明書を提出すれば足り、信託財産責任負担債務に係る権利であることについてそれ以上の資料を提出する必要はないということができる。

そして、申立てを受けた執行裁判所は、基本的には、登記の記載のとおりに債務者及び所有者を認定して、競売開始決定をすることになる。ただし、開始決定の時点で、不動産登記記録の甲区に受託者の変更による所有権移転登記がある場合には、債務者の認定に検討を要することがある。この点については後述（2⑴イ）する。

(2) 上記(1)以外の担保権の実行

実務上、担保権の実行としての競売申立てのほとんどが、登記された（根）抵当権に基づくものであり、それ以外については、実務上余り例がないので、詳細な検討は省略する。もっとも、上記(1)における検討のとおり、担保権の存在を証する文書が提出されれば、そのこと自体をもって、信託財産責任負担債務に係る権利であると認められることが多いであろうと思われる[40]。

---

39) 信託財産責任負担債務に係る債権を被担保債権として信託財産に属する不動産に抵当権を設定したのであれば、当該抵当権設定行為は「信託財産のためにした行為」であるということができる。したがって、抵当権設定行為が「信託財産のためにした行為」でない場合というのは、受託者の固有の債務や信託と関係のない第三者の債務に係る債権を被担保債権として抵当権を設定した場合に事実上限られることになり、ほとんどの場合が利益相反行為であるということができるであろう。

以下では、登記された（根）抵当権の実行としての競売事件を念頭においで論じることとする。

(3) 執行異議

実行担保権が「信託財産責任負担債務に係る権利」ではないと主張する受託者及び受益者は、第三者異議に準じる異議の訴えを提起して争うことができる。また、法182条は、債務者又は所有者が、競売開始決定に対する執行異議の理由として、担保権の不存在又は消滅という実体上の事由を主張することを認めているから、上記主張をする受託者（受益者は、同条による執行異議の申立権者である「債務者又は不動産の所有者」に当たらないものと解される。）は、これを主張して執行異議を申し立てることもできると解される。もっとも、一般に、執行異議の審理としては、口頭弁論によらずに書面審理を中心とした簡易迅速なものが想定されており、口頭弁論を開いて当事者双方が主張立証を尽くす必要があるような理由を主張する執行異議の申立ては、不適法として却下されることになるであろう[41]。

---

40) （根）抵当権以外の担保権の実行のうち、実務上、比較的多く見かける例として、区分所有建物の管理費を被担保債権とする先取特権（区分所有7条）の実行としての競売申立てがあるが、区分所有建物の管理費は、当該建物の管理等に要する費用として、当該建物の登記名義人である受託者が負担する債務であり、信託財産責任負担債務の範囲を定める信託法21条1項各号のいずれに該当するのかは若干問題があるにしても、信託財産責任負担債務であることは明らかであると思われる。したがって、この場合、先取特権の存在を証する文書が提出されれば、当該先取特権が信託財産責任負担債務に係る権利であるということもおのずと明らかになるといえよう。
41) 執行実務・不動産（上）138頁参照。

2 信託関係の変動

(1) 受託者の変更

ア 所有者である受託者の変更

　前述のとおり、受託者の変更により信託財産に属する不動産の所有権を含めた信託に関する権利義務の一切が新受託者に移転する。通常の競売事件では、競売開始による差押え後の所有権移転は、差押えの処分制限効に抵触するものとして手続上無視されることになるが、この場合も同様に解すべきか。

　この点、法46条1項は、競売開始決定が債務者（担保権の実行としての競売においては所有者と読み替えることになる。）に送達されたときに差押えの効力が生じるものとしており、差押えの処分制限効というときの「処分」としては、所有者自身による処分行為が想定されているものと解されるところ、受託者の変更は、受託者が全く関与せずに行われることもある（例えば、委託者及び受益者は、いつでも、その合意により受託者を解任することができ〔信託58条1項〕、信託行為に新受託者に関する定めがあればその定めにより、定めがなければ委託者及び受益者の合意により、新受託者が選任される〔信託62条1項〕）から、差押えの処分制限効によって、必ずしも受託者（所有者）が関与するとは限らない受託者の変更による所有権移転までもが禁止されると解釈することは困難である[42]。

　また、受託者の変更による権利義務の移転は、形式的には前受託者から新受託者への権利義務の移転（特定承継）であるが、実質的には信託財産の管理者の変更であることから、民事訴訟手続において当事者である受託者に変更があったときには、訴訟物である権利義務について特定承継があった場合の原則である民事訴訟法49条ないし51条の規定によるのではなく、法人の代表者が交代した場合（民訴124条1項3号、37条）に準

---

[42] 送達より先に差押えの登記がされたときは、差押えの処分制限効は、登記の時に生じる（法46条1項ただし書）が、送達による差押えの効果と登記によるそれとが異なるという解釈は採り難いであろう。

じて、前受託者の任務が終了したときに訴訟手続が中断し、新受託者がこれを受継するものとしている（民訴124条1項4号）。

　そうすると、担保権の実行としての競売開始後に、所有者である受託者の変更によって新受託者に競売の目的不動産の所有権が移転した場合、当該所有権移転が差押えの処分制限効に抵触することはなく、民事訴訟手続と同様に、法人の代表者が交代した場合に準じて取り扱うのが相当であると解される。そして、民事執行手続においては、中断・受継の観念がなく、当事者の承継があっても競売手続はそのまま進行するものとされているから、所有者である受託者が変更した場合には、新受託者を所有者として、その後の手続を進めればよいということになる。

　イ　債務者兼所有者である受託者の変更

　変更後の新受託者を所有者として扱うべきことになるのは、上記アのとおりである。

　それでは、債務者は誰とみるべきであろうか。この点、信託債権等による強制競売の場合と異なり、担保権の実行としての競売においては、実行担保権の被担保債権に係る債務が当然に「信託に関する義務」であるということはできない。例えば、委託者が、第三者の債務について抵当権を設定していた（物上保証していた）不動産について信託をした場合、当該抵当権は、信託法21条1項2号に該当し、信託財産責任負担債務に係る権利となるが、その被担保債権に係る債務は、信託と無関係であって、信託に関する義務ということにはならない。もっとも、受託者が債務者兼所有者である場合に限れば、受託者が「信託財産に属する財産につき固有財産に属する財産のみをもって履行する責任を負う債務に係る債権を被担保債権とする担保権を設定すること」は利益相反行為として禁止されているから（信託31条1項4号）、受託者が上記規定に反して固有の債務について抵当権を設定したというのでない限り、基本的には、当該被担保債権に係る債務は信託財産責任負担債務であり、受託者の変更によって新受託者が当該義務を承継するということができる。

　そうすると、執行裁判所としては、受託者が債務者兼所有者であるという場合、受託者の変更により新受託者が被担保債権に係る債務を承継した

可能性が高いという前提に立ちつつ、差押債権者（担保権者）に資料の提出を求めるなどして可能な範囲で調査した上で、競売手続上の債務者を新受託者に変更して手続を進めるか否かを判断すべきということになるであろう[43]。

　なお、以上のとおり、受託者の変更により新受託者が実行担保権の被担保債権に係る債務を承継する場合があることからすると、例えば、抵当権設定時の所有者（受託者）がAであり、抵当権設定登記上の債務者もAであったが、競売申立ての時点では受託者の変更により所有者がBになっていたという場合、実行抵当権の被担保債権に係る債務者（すなわち、競売手続上の債務者）が、登記記録上のAではなくBであるという可能性があることになる。そうすると、このような場合、執行裁判所としては、競売開始決定に当たり、漫然と登記記録上の債務者であるAを債務者と認定するのではなく、申立債権者に確認するなどしてA、Bのいずれが現在の債務者であるのかを確定させた上で、競売開始決定をすべきであるということになるであろう。

(2)　信託の終了及び受託者の固有財産への帰属

　競売手続の中途において、信託が終了し、あるいは、受託者が競売目的不動産を自己の固有財産に帰属させたとしても、競売手続が影響を受けるものでないことは、強制競売において述べたところと同じである。

---

43)　信託法76条1項は、受託者の変更により信託債権に係る債務が新受託者に承継された場合にも、原則として、前受託者は、自己の固有財産をもってその承継された債務を履行する責任を負うものとしているから、受託者の変更後、前受託者も引き続き債務を負担することにはなるが、そうであっても、信託財産責任負担債務に係る債権を担保するために信託財産に属する不動産に抵当権が設定されたという場合には、新受託者が当該不動産の所有権と被担保債権に係る債務の両方を承継するとみるのが素直であり、被担保債権に係る債務だけ前受託者のもとにとどまるという解釈は採り難いものと思われる。

3 その他の手続

　配当要求及び交付要求、売却条件の判断、売却、配当の各手続において問題となる点については、基本的に、強制競売において述べたところと変わらない。

Ⅳ　最後に

　本稿は、信託の登記のある不動産を目的とする競売事件において生じうる問題について、実務上比較的ありそうなものに絞って検討を加えたにすぎず、もとより網羅的なものでは全くない。本稿で検討を加えていない論点として、例えば、競売手続の途中で自然人である受託者が死亡した場合の取扱いの問題がある。受託者が死亡しても、信託財産に関する権利義務は相続の対象にならず、信託財産は法人となる（信託74条1項）が、受託者の相続人は、新受託者が信託事務を引き継ぐまでの間、信託財産に属する財産を保管し、信託事務の引継ぎに必要な行為をしなければならないとされている（信託60条2項）。受託者が死亡した後、長期にわたって新受託者が選任されないという場合、旧受託者の相続人に競売開始決定や配当期日呼出状等を送達して手続を進めることは可能か。あるいは、申立債権者が、その費用負担により、信託財産法人管理命令の申立て（信託74条2項）をし、裁判所によって選任された信託財産法人管理人に宛てて送達を実施する必要があると解すべきであろうか。

　また、本稿では、不動産以外の財産に対する強制執行等については全く検討していない。信託法14条にいう「登記又は登録をしなければ権利の得喪及び変更を第三者に対抗することができない財産」、例えば、登録自動車等に対する執行手続については、本稿で述べたところと共通する部分も多いと思われるが、債権執行については、執行裁判所において、被差押債権が信託財産に属することを知る機会のないまま差押命令が発令されることになるであろう点において根本的に異なることになるであろう。

　以上のような留保はあるが、平成18年制定の新信託法と民事執行手続

について検討した論考[44]は少ないようであり、本稿が少しでも参考になれば幸いである。

[44) 新信託法下における信託財産に対する競売手続に言及するものとして、園部厚『不動産競売マニュアル——申立・売却準備編〔3訂版〕』200頁以下（新日本法規出版、2014年）がある。また、旧信託法下での信託と執行手続を考察する論考として、古島正彦「信託財産に対する執行に関する問題」全国書協会報108号83頁（1989年）がある。

第12講
建物の合体と不動産競売手続

山下 真

I 問題の所在

　建物の合体とは、数個の建物に物理的変更を加えてこれを物理的に1個の建物とする場合のうち、主たる建物と附属建物が合体する場合のように建物の表示の変更の登記手続によるべき場合を除くすべての場合を意味する[1]。

　不動産競売手続では執行官による現況調査がなされるところ、その調査の過程で、壁が取り払われたり廊下が増築されるなどし、競売対象の建物が隣接する他の建物と物理的に一体となっていることが判明する場合がある。

　本講では、建物が合体したことにより対象建物の独立性が認められなくなった場合の不動産競売手続上の問題点、特に対象建物に設定された抵当権の帰趨及び合体判明後の競売手続の進行について検討する。なお、壁等が容易に修復できるような場合には、そもそも建物が合体したといえるかが問題となるが、本講では建物が合体していると執行裁判所が認定した事案について論じるものである。

---

1) 不動産登記法49条1項参照、藤下健「不動産登記法一部改正法摘要」登記先例解説集382号13頁（1993年）。

Ⅱ 抵当権設定後に建物が合体した場合

　その間に主従の区別のない、A所有甲建物に抵当権設定後、甲建物がB所有乙建物と増改築工事等により物理的に一体となり新たに丙建物となったが、建物の合体登記未了のまま甲建物の抵当権が実行され、現況調査により物理的に一体となっていることが判明したという事案について検討する。

1　抵当権の帰趨

(1)　合体建物に設定された抵当権の帰趨についての裁判例
　このような事案では甲建物が独立性を喪失した以上、建物に設定された抵当権も消滅し、競売手続は続行できないのであろうか。
　最三判平成6年1月25日民集48巻1号18頁（以下「平成6年1月判決」という。）は、互いに主従の関係にない甲乙2棟の建物がその間の障壁を除去する等の工事により1棟の丙建物となった場合、甲建物又は乙建物を目的として設定されていた抵当権は、丙建物のうちの甲建物又は乙建物の価格の割合に応じた持分を目的とするものとして存続すると判示した。

(2)　建物の合体についての理解及びそれに基づく現況調査の必要性
　平成6年1月判決前、不動産登記実務では、一不動産一登記用紙の原則から、合体によって旧建物が消滅し、したがって抵当権等も消滅すると取り扱わざるを得ないような考え方もあったが、平成5年法律第22号（以下「改正法」という。）による改正により不動産登記法が改正され、合体した場合の登記手続について定められた。改正法は、実体法上、合体前の建物の抵当権は合体後の建物の持分の上に移行して存続するという考え方に立っており、このような考え方によれば、甲乙両建物の所有者が異なる場合、主従関係のない動産の付合に関する民法244条の類推適用により、両所有者は、甲乙建物の各価格の割合に応じて丙建物を共有し、甲、

乙建物に抵当権が存在したときは、同法247条2項の類推適用により、その抵当権は対応する共有持分上に移行して存続することになる[2]。

したがって、本件事案では、抵当権設定後に建物が合体したとしても、丙建物の共有持分上に甲建物に設定された抵当権が移行して存続することになる。なお、このような建物の合体についての理解によれば、合体の当時における目的物件の価額の割合に応じた共有持分が競売の対象となり合体した建物全体が現況調査の対象となるから、建物全体について現況調査をしていなかった場合には、再調査を命じるなどして建物全体について現況調査を行う必要がある。

2 合体判明後の競売手続

(1) 開始決定及び差押登記の有効性

ア 強制競売事案との違い

(ア) 強制競売の裁判例

甲建物に設定されていた抵当権が合体後の共有持分上に移行して存続するのであれば、当該抵当権に基づく競売手続開始決定及びそれに基づく差押登記は有効であるように思われる。

この点、最三判平成6年2月22日集民171号757頁(以下「平成6年2月判決」という。)は、XがA所有の甲建物及び乙建物について仮差押命令を得てその登記を経由した後、AがY(登記官)に対し、甲・乙建物について仮差押前の日付で合体を原因とする建物表示抹消登記を、合体後の丙建物について表示登記の申請をしたところ、YがAの申請に基づく各登記を行ったため、XがYに対し、各登記処分の取消しを求めたという事案において、本件仮差押命令が発令された時点においては、甲・乙建物は独立の不動産としての存在を失っていたから、これを対象としてされた本件仮差押命令は効力を生ぜず、その登記も仮差押登記としての効力を有しないとし、Xは仮差押登記を回復する法律上の利益を欠くから、抹消登記処

---

[2] 高林龍・最判解民事篇平成6年度23頁以下。

分の取消しを求める訴えの利益がないと判示した。

　㈦　平成6年1月判決と平成6年2月判決の違いについての私見

　平成6年2月判決の事案は強制競売の事案であるところ、同判決の射程が抵当権実行の事案にも及ぶということになれば、競売手続開始決定及びそれに基づく差押登記はいずれも無効となるようにも思われるが、同判決の射程は、建物合体前に抵当権が設定され、その抵当権が実行された事案には及ばないと解すべきである。なぜなら、そもそも抵当権は、債権者が債務者又は第三債務者（物上保証人）が債務の担保に供した物を、それらの者に使用収益させながら債務が弁済されない場合にその物の価額によって優先的弁済を受けることのできる担保物権であるから、旧建物が物理的に滅失したような場合には抵当権は「別物」の新建物には及ばず競売開始決定も取り消されるべきであるが、建物の合体では旧建物に物理的変更は加えられているものの建物の一部の変更にとどまっており常識的には物としての同一性が合体前後で断絶しているとは考えられないから、合体によって新建物が出現したとしても旧建物部分の価値については依然として抵当権者が把握していると解することができる。そして、担保不動産競売における競売申立ては、抵当権者が抵当権の交換価値を具体化させる手段なのであるから、抵当権が有効に存続している限り当該抵当権に基づく申立てを排除する理由はなく、当該申立てに基づく競売開始決定も有効と考えるべきだからである[3]。なお、建物の合体は旧建物の一部が滅失している場合と同様に考えることができるとも思われるところ、上記競売開始決定が有効と考える解釈は、旧建物の一部が滅失していることが判明した場合には再評価を行うにとどまり、競売開始決定自体の取消しまではしていないという実務とも整合する。

　このように解すると、平成6年2月判決が「甲及び乙建物は、いずれも、独立の不動産としての存在を失っていたものであり、これを対象としてされた本件仮差押命令は効力を生（じない）」と判示しているのは、甲・乙という2つの不動産は存在しておらず、丙という1つの不動産しか存在しないから、1つの不動産の一部に仮差押えをすることはできない（単一の所有権の一部につき仮差押えをすることはできない）という当然のこ

Ⅱ　抵当権設定後に建物が合体した場合　　433

とを述べたに過ぎないものと考えられる。

これに対し、抵当権実行の場合には、抵当権が旧建物の価額の割合に応じた持分を目的とするものとして存在すると考えられるから、共有持分（他の共有者との関係で目的物の利用上の制約は受けていてもそれ自体単一の所有権）上に抵当権が設定されている事案に近いものと考えられる。

したがって、甲建物に設定されていた抵当権が合体後の共有持分上に移行して存続するのであれば、当該抵当権に基づく競売手続開始決定、それに基づく差押登記は有効であると解する。

　イ　合体前の建物にされた差押登記の公示機能の有無
　㋐　公示についての裁判例

前記差押登記を有効とする見解は、抵当権が有効に把握している価値は、合体の登記がなされるまでは旧建物に対する抵当権によって保全され、かつ表示されていること、すなわち旧建物の登記が公示機能を果たしていることを前提とするが、甲建物が独立性を喪失した以上、甲建物の差押登記に公示機能があるのかという点も問題となる。

最一判平成10年7月16日登記情報445号132頁は、債権者が債務者を建物の所有者として仮差押命令を得て、裁判所は建物を未登記建物であるとして嘱託し、法務局は職権で表示登記及び保存登記をして仮差押登

3）　平成6年2月判決の射程が抵当権実行の場合には及ばないという点について、「差押命令は、抵当権が把握している価値が具現化するプロセスであるから、単純に旧建物を対象とするものではなく、抵当権が把握する価値が旧建物から新建物の共有持分に移行した以上、旧建物への差押えは新建物の共有持分に対する差押えとみなして何ら差し支えない」（森宏司「建物の合体と不動産競売手続」判タ880号21頁（1995年））との見解は私見と同旨である。なお、この見解については、平成6年1月判決の判例解説においても触れられているところ、同解説で必ずしも否定的に紹介されているものではない（高林・前掲注2）32頁）。そして、平成6年2月判決の事案は、平成5年改正前の事案であるところ、改正後の不動産登記法下においては、旧登記簿記載事項を新登記簿に反映する（合体後の建物の持分部分に関する登記としての効力を認める）方向で考えるべきであろうとされる（同頁）。差押有効説に立つ文献として、他に、中野・民執法396頁及び松山恒昭判事、高木陽一判事補による平成6年1月判決の判例解説（西村宏一＝倉田卓次編『平成6年度主要民事判例解説』（判タ882号）49頁（1995年））などがある。なお、新法のもとでは仮差押登記は有効とする見解もある（大西武士「抵当建物の合体とその登記」金法1419号5頁（1995年））。

記を行ったが、建物はもとは4個の区分所有建物であったものを債務者が内部の障壁を除去して構造上も利用上も1個の建物としたものであったため、その4個の区分建物の表示登記が残っていたことから、法務局が重複登記であるとして新しくなされた建物の登記を職権で抹消したことに対し、債権者が抹消処分の取消しを求めた事案において、区分建物の障壁を撤去し、増築等が行われても、物理的に滅失することなく同一性を保持している場合は、既存建物による建物の表示は増築等による物理的変更後の既存建物を公示するものとしてその効力を有し、重複登記に当たるとした法務局（登記官）の処分に誤りはないとして債権者の請求を棄却した原々審、原審の判断を是認した（原々審は東京地判平成6年9月20日登記先例解説集400号147頁）。

(イ) 私見

かかる裁判例に照らし、建物の合体の事案においては、合体登記がなされるまでは、合体前の建物登記によって、建物に対する差押登記が公示されていると解すべきである。

したがって、本件事案でも、甲建物の差押登記に公示機能が認められる。

(2) 競売手続進行のために合体登記を要するか（私見）

ア　問題の所在

合体前の甲建物の登記によって建物に対する差押登記が公示されていると考えるのであれば、合体登記を経ることなく競売手続を進行して良いようにも思われる。

この点、平成5年法改正前の競売手続実務はそのように考えていたようであるし[4]、現在の実務でも、増改築が執行妨害の一態様として捉えられるような場合には、物件明細書の任意的な記載として備考欄に「売却外の建物（家屋番号〇〇番）との隔壁の一部が取り除かれ、同建物と一体として利用されている。」などと記載することにより、建物の現状について

---

[4] 森・前掲注3) 19頁。

注意喚起をすることにとどめている事案も散見される。

イ　私見

しかし、執行妨害とは認定できないような場合には、持分割合が不確定であることや実体関係と登記との不一致を放置したまま手続を進めることによる買受人等の負担を避けるため、合体登記を経る必要があると考える。

すなわち、甲建物に設定されていた抵当権が合体後の共有持分上に移行して存続すると考える以上、持分割合を決めなければ評価額の算定もできず競売手続を進めることができない。また、評価人の評価により持分割合を決めたとしても執行段階の現況調査及びそれと並行して行われる評価は詳細なものではない上、持分割合及び評価額の決定には既判力がなく不確定なものであるから、買受人にそのような危険を負担させるのは相当でない。

そして、このような危険を合体登記不要説のように物件明細書に記載し注意喚起をすることも考えられるが、その危険を評価額に反映させるのは困難である。さらに、合体登記を経ずに競売手続を進行した場合、買受人は実体的には新建物の共有持分を取得することになるが、競売手続上得る登記は旧建物についての所有権移転登記にすぎず買受人が合体登記をする保証もなくそのまま第三者に売却する可能性もあり、そうすると、実体関係と登記との不一致が大きいまま転々流通する可能性があり、登記制度の趣旨から著しく乖離する状態になってしまう。競売手続を行う裁判所としても、実体関係と登記との不一致が大きいことを認識しながら、是正措置を講じることなく登記を嘱託するのも相当ではない[5]。

したがって、競売手続を進行するためには合体登記が必要と解すべきである[6]。

---

[5]　森・前掲注3) 19、20頁。

(3) 合体登記を要するとした場合の具体的方法
ア 抵当権者による代位登記

　建物の合体により建物の現況と登記の記載が相違することになったにもかかわらず合体前建物の所有権の登記名義人が合体による登記の申請を怠っており、そのために当該抵当権の行使が妨げられている場合には、抵当権者は、その担保権を保全するため、当該所有権の登記名義人に代位して合体による登記の申請をすることができると解されるから[7]、執行裁判所は、申立債権者（抵当権者）に対し、登記名義人に代位して合体登記を申請するよう促すことが考えられる[8]。

　そして、新建物（丙）につき共有者となる者（A及びB）の間で持分についての協議が整わない場合は、平成6年1月判決からすると、甲・乙建物の価額割合を算定し、登記申請をすることになろう。なお、共有者らの協力が得られない場合、代位債権者としては、共有持分の確認判決を得ることが考えられる[9]。

---

[6] 合体の規定新設に携わった立法関係者も、担保権の実行としての競売手続において、目的物である建物が合体していたことが判明した場合に、当該競売の申立てがどのように取り扱われるかは執行裁判所が決定する問題とした上で、「合体前の各建物に係る合体後の建物の持分が明らかでないのであるから、少なくとも合体の登記をしないままで競売手続をそのまま進行させることは困難とならざるを得ないであろう。」として、持分割合の問題を指摘し、合体登記がされないままの手続進行に疑問を呈している（藤下・前掲注1）19頁）。

[7] 藤下・前掲注1）19、20頁。

[8] 合体登記の申請が認められ、合体前の建物にされた民事執行法の規定による差押えの登記を合体後の建物の登記記録に移記したときは、その旨執行裁判所に通知される（平成5年7月30日付民三第5320号民事局長通達第6の8）。これは、合体前の建物について民事執行法の規定による差押えの登記がされている場合には、その債権者が当該登記を承諾したことを証する当該債権者が作成した情報等を併せて提供する必要があるので、その債権者自身については建物の合体登記があったことを知り得ているはずであるが、執行裁判所はそのことを知らず執行手続を進行するおそれがあるため、合体による建物の登記を完了したときは、その旨を執行裁判所に通知する必要があるからである（平成5年改正不動産登記法と登記実務248頁）。したがって、執行裁判所としては、債権者からの情報のほか、この通知により競売手続を進めることが可能になろう。

[9] 平成5年改正不動産登記法と登記実務295頁。

イ　区分建物の場合

　ただし、合体前の建物に敷地権がある場合で合体後の建物にも敷地権があるときの持分については、区分建物においては、区分建物とその敷地利用権は、原則としてこれを分離して処分することは許されないから（区分所有22条1項）、敷地権のある2つの区分建物が合体した場合において、合体後の建物も敷地権の区分建物であるときは、合体後の区分建物の敷地権の割合は、合体前の各区分建物の敷地権の割合を合算したものと解される。そうすると、当該合体後の区分建物について敷地権の表示を登記しない場合を除き、合体前の各建物の所有者が合体後の建物につき有することとなる持分の割合は、合体前の各建物の敷地権の割合と同一の比率であることを要する[10]。

　したがって、区分建物の場合には、持分割合の算定は比較的容易と考えられる。

ウ　申立債権者が代位登記を申請しない場合の執行裁判所の対応（私見）

(ア)　取下げの検討

　申立債権者が代位登記の申請をしない場合、建物の合体登記がなされない以上、競売手続を進めることができないとして、申立債権者に対し、取下げを促すことが考えられる。

(イ)　取消しの可否

　さらに進んで、申立債権者が代位登記の申請をしない場合、持分割合が明らかにならないことから対象物件について売却条件を確定することができず、また、買受人が競売によって得る登記は旧建物についての所有権移転登記のみであり、現況の新建物（対象物件）について不動産の移転をすることができない場合ともいえるから、「その他売却による不動産の移転を妨げる事情」（法188条、53条）に当たるとして、競売開始決定を取り消すことは可能であろうか。

　この点、競売開始決定を取り消すとなると差押登記も抹消されるとこ

---

[10]　藤下・前掲注1)29、30頁。

ろ、持分割合の確定に時間を要する場合、差押登記抹消に所有権者が対象建物を処分してしまう可能性があり、代位登記の申請の負担と併せ考えると、競売開始決定の取消しは申立債権者に著しく不利益となると解される。

したがって、競売開始決定を取り消すことは原則としてすべきではない。この場合、競売手続は現況調査の段階で止まってしまうがやむを得ない。もっとも、前記のとおり、区分建物が合体した場合は持分割合の確定が比較的容易と考えられる場合もあること、持分割合の確定に必要と考えられる期間を経たのに合理的な理由もないまま競売手続が放置されるとなると、財産を差し押さえられ自由な処分を奪われた所有権者に対しあまりにも不利益と考えられることからすると、具体的事案によっては、「その他売却による不動産の移転を妨げる事情」があるとして、競売開始決定を取り消すことも考えられなくはない[11]。

Ⅲ 建物合体後に抵当権が設定された場合

A所有の甲建物とB所有の乙建物とが増築工事等により物理的に一体となり新たに丙建物となった後に、建物の合体登記未了のまま、甲建物に抵当権が設定、実行されたが、現況調査の段階で物理的に一体となっていることが判明したという事案について検討する。

---

[11] 評価料等が高額になるのが予想されること、評価人の評価のみでは確定的なものではなく登記申請できるか不明であること、ひいては執行段階における調査には時間的・経済的な制約があることから登記されたとしても公示に耐えうる程度のものが可能であるかなどの問題はあるものの、執行裁判所自ら持分割合等を調査することは一応可能であり（競売不動産評価マニュアル94頁参照）、建物の合体の登記等の申請について規定している不動産登記法49条について、官公署の嘱託による登記の手続の準用規定から除外していないことからすると、嘱託による合体の登記を妨げる事情は見当たらない（有馬厚彦「不動産表示登記詳論〔各論第64回〕」登記情報547号88頁（2007年））。そうすると、執行裁判所自ら合体の登記を嘱託できないことを理由として手続を取り消すことはできないと考えられる。

1　抵当権の帰趨

　このような事案では、建物の一部に対し抵当権を設定することになり、単一所有権の一部に抵当権を設定することは許されないのであるから、抵当権の存在自体が認められず、それに基づく競売開始決定及び差押登記も無効と解される（神戸地豊岡支決平成 26 年 8 月 7 日判タ 1410 号 199 頁）。

　このように解しても、抵当権者は、抵当権設定当時、目的物を確認しておけば不測の事態を回避できるのであるから、抵当権者にとっても酷とまではいえない。

2　合体判明後の競売手続（私見）

　競売手続進行中に開始決定の基礎となる抵当権が無効であることが判明した場合、法 53 条の類推適用により職権で手続を取り消すべきである。

　同条の趣旨は、強制競売手続を進めて売却を実施しても、買受人に所有権を移転させることができないような事情が判明したときは、以後、競売手続を続行させても無意味であるから、手続を取り消すこととしたものであり、執行処分の取消しについて規定した法 40 条を補完する規定と位置付けられているところ[12]、開始決定の基礎となる抵当権が不動産の一部に対する抵当権の設定であって所有権を移転できないことが明らかであり、手続を進行することができないから、同条の趣旨を類推適用できると解すべきである。なお、大阪高決平成 7 年 6 月 23 日金判 984 号 26 頁は、強制競売の対象建物につき、強制競売開始決定の際に独立の建物としての表示登記がされて差押登記が経由されたが、後に、先行する不動産競売の建物の附属建物であることが判明したという事案において、法 53 条を類推適用し同建物に対する強制競売手続を取り消した原審の判断を相当と判示している[13]。

---

[12]　香川・注釈（3）178 頁。

IV　甲建物と乙建物との所有者が同一である場合

　甲建物と乙建物との所有者が同一である場合も、基本的にはこれまで論じてきたところと異なる点はないものと解される。

　合体前の各建物が同一の所有者に属するときは、合体後の建物は、その者の単独所有となる。

　しかし、合体前の各建物のうち少なくともその1つが抵当権等の権利の目的となっている場合には、合体後の建物は合体前の建物の所有者となるものの、平成6年1月判決の判示内容からすると、合体前の各建物の権利は少なくとも当該抵当権等の権利者との関係では融合することなく合体後の建物について存続し、当該抵当権等の権利も、その目的物であった合体前の建物に由来する合体後の建物の共有持分を目的とするものとして合体後の建物に存続することになり、結局、持分割合が不明確なままでは競売手続を進行することができないという点において、所有者が異なる場合と同じ問題が生じるからである。なお、登記手続上も、甲建物の所有者Aと乙建物の所有者Aとは「同一の者でないものとみなした場合における持分」を有するものとして扱われている[14]（不登令別表13申請情報欄ニ柱書参照）。

---

13)　民事執行法施行前に同様の判断をしたものとして前橋地桐生支決昭和38年5月20日金法347号9頁がある。
14)　山野目章夫『不動産登記法〔増補〕』218頁（商事法務、2014年）参照。

● 事項索引

◆ 数字・欧文

1パーセント・ルール ……………………… 392
CIFシステム ……………………………………… 89

◆ あ行

明渡猶予 …………………………………………… 281
異時廃止決定 …………………………………… 221
委託者指図型投資信託 ……………… 194, 198
一部解約金支払請求権 ……………… 199, 203
一部請求 …………………………………………… 182
一不動産一登記用紙の原則 ……………… 431
一括管理 ……………………………………………… 99
一括検針一括徴収制 ………………………… 387
違反に対する制裁 …………………………… 205
違約金条項 ……………………………………… 388
違約罰（制裁金） ……………………………… 389
インターネット専業銀行 ……………………… 70
請負代金債権の特定 ……………… 63, 64, 66
役務提供契約 …………………………………… 135

◆ か行

外観主義 ……………………………………………… 21
外国法人の普通裁判籍 ………………………… 7
開示義務者 ……………………………………… 212, 213
買取口座制度 …………………………………… 189
解約返戻金請求権 ……………………………… 84
各配当期日起算説 …………………………… 369
家族の占有 ……………………………………… 302
合体建物 ………………………………………… 431
合体登記 ………………………… 431, 435, 437, 439
過払金返還請求権 …………………………… 166
仮差押え ……………………… 146, 234, 289, 328
——の本執行移行 …………………………… 147
仮差押解放金 ………………………………… 172
仮差押債権者 ………………………………… 168
仮差押命令 ……………………………………… 432

仮差押命令申立ての取下げ ………………… 27
仮登記担保権 …………………………………… 291
過料 ………………………………………………… 216
管轄 ………………………………………… 2, 206
——の決定基準時 ……………………………… 8
——の認定 …………………………………… 6, 9
管轄権 …………………………………………………… 2
管轄裁判所 ……………………………………………… 2
管轄違い ………………………………………………… 13
管轄認定のための資料 ………………………… 9
間接的特定 ……………………………………… 74
間接的特定方式 ………………………………… 59
鑑定書 …………………………………………… 294
管理運営委託契約 …………………………… 359
管理組合 ………………………………………… 384
管理組合法人 ………………………………… 384
管理人 …………………………………………… 351
管理費 ………………………………… 133, 383
期限の利益喪失条項 ………………………… 26
義務供託 ………………………………………… 127
給付意思 ………………………………………… 24
給付義務者 …………………………………… 354
給付請求権 …………………………………… 354
給付対象物の特定 ……………………………… 23
給付内容の特定 ………………………………… 22
給付命令 ………………………………………… 355
給付文言 ………………………………………… 24
共益費 …………………………………………… 133
競合後の取下げ ………………………………… 136
強制競売手続の取消決定 ………………… 220
強制執行 …………………………………………… 15
強制執行停止の裁判 ………………………… 39
強制執行手続の続行 ………………………… 370
供託 ……………………………………… 318, 329
供託金還付請求権 …………………………… 145
供託判決 …………………………………………… 82
共有と法定地上権 …………………………… 276

共有物分割訴訟	335		公債権	238
共有物分割のための競売	335, 342, 347		更新料	362
共有持分	432		公正証書	32, 245
——の確認判決	437		交付要求	238, 341, 413
——の承継	335		交付要求庁	244
居所	6		顧客情報管理システム	71, 77
記録の閲覧等の制限	215		国際執行管轄	8
金額の一定性	32		固定資産税	239
金銭信託	198		子の監護に関する義務	109
区分所有権	338, 343		個別価値考慮説	271
区分所有者	337, 342		個別相対効説	142
区分所有建物	384		個別的権利行使禁止の原則	219
区分所有法59条に基づく競売			混合解消文書	145, 149
	337, 339, 349		混合供託	127, 140, 141

◆ さ行

区分建物	384, 439		債権回収	286
形式的競売	334		債権計算書	156
継続的請負契約	64		債権執行手続における管轄	18
継続的給付債権	63, 64, 138		債権者不確知	139
継続的売買契約	62		債権譲渡	139
——に係る売買代金債権	63		債権の被差押適格	57
競売請求権	396		最高価買受申出人	373
競売手続開始決定	433		催告	292, 294
競売による売却	279		最後の住所	6
競売を命ずる判決	335		財産開示期日	211
契約1個型	64		財産開示手続	204
契約複数型	64, 65		——の再施制限	209
下宿	303		——の停止、取消し、終了等	216
現況調査	432		財産開示の必要性	208
現況調査報告書	300		財産目録	211
現在預金	80		再審の訴え	242
減縮説	137		再築事例	270
減縮否定説	137		債務者が最終弁済期の支払のみを懈怠した場合	27
原賃借人	283		債務者型	120
限定型申立て	113		債務名義	15, 16
限定承認による相続財産換価のための競売	341		——の意義	15
権利供託	127		——の解釈	16, 17
権利同一説	176		——の機能	15
権利能力なき社団	232			
後行差押え	143			

444 事項索引

——の正本 ………………………… 30	執行妨害 ………………… 285, 348, 435
債務名義作成機関 ………………… 396	実施決定 ………………… 205, 208, 210
先取特権 …………………………… 240	事物管轄 …………………………… 3
差押禁止 …………………………… 129	氏名 …………………………… 17, 21
差押禁止債権 ……………………… 57	社宅 ………………………………… 304
——の範囲減縮 ………………… 131	就業場所送達 …………………… 18, 19
——の範囲変更 ………………… 131	住所 …………………………… 6, 17, 18
差押債権 …………………………… 69	住所秘匿の措置を講じる場合の当事者の
——の特定 …… 55~60, 67, 71~73, 75~80	特定方法 ……………………… 20
——の表示 ……… 56~58, 73, 74, 76	住民票上の住所 ………………… 19, 20
差押債権者による取立て ………… 194	受益証券 …………………………… 198
差押登記 …………………………… 432	受託者の変更 ………… 409, 414, 425
——の公示機能 ………………… 434	商業登記簿上の本店所在地 …… 19, 20
差押えの競合 ………… 58, 73, 81, 128	承継執行文 ………………………… 37
差押えの効力 ………… 58, 72, 73, 83	条件成就（事実到来）執行文 …… 23
——の拡張 ………………… 81, 128	証券投資信託 ……………………… 199
差引納付 …………………………… 347	商行為による占有 ………………… 256
更地事例 …………………………… 268	消除主義 ………………… 340, 396
シェアハウス ……………………… 308	商事留置権 ………………………… 249
自己信託 …………………………… 406	譲渡命令 …………………………… 169
自己のためにする意思 …………… 300	消費税 ……………………… 33, 132
事実到来執行文 …………………… 37	情報の目的外利用の制限 ………… 215
事情届の一部不受理 ……………… 126	剰余金 ……………………………… 347
執行異議 ………………… 403, 424	剰余主義 …………………………… 339
執行開始要件の具備 ……………… 208	将来債権 ………………………… 62, 63
執行機関 …………………………… 16	——の被差押適格 ……………… 81
執行実務の取扱い ………………… 270	将来預金 …………………………… 80
執行終了説 ………………………… 225	——の差押え …………………… 79, 80
執行証書 ………………… 34, 184	所持 ………………………………… 300
執行処分の取消し ………………… 440	職権探知主義 ……………………… 298
執行存続説 ………………………… 225	処分禁止 …………………………… 55
執行停止文書 ……………………… 41	処分禁止効 ………… 58, 72, 73, 237
執行当事者 ………………………… 32	処分制限効 ………………… 140, 288
——が複数の場合 ……………… 22	所有者の同一 ……………………… 274
執行取消文書 ……………………… 41	所有者要件 ………………………… 274
執行費用 …………………………… 378	所有の意思 ………………………… 301
執行費用額確定処分 ……………… 346	審尋 ………………………………… 296
執行文の再度付与 ………………… 37	信託 ……………………… 197, 398
執行文の付与に対する異議 ……… 39	——の終了 ……………………… 410
——の訴え ……………………… 39	信託受益権 ………………………… 197

事項索引　445

人的同視型 120
新得財産 227
請求異議の訴え 291
請求の拡張 394
請求の基礎同一説 177
請求の基礎の同一性 177, 181
生命保険契約 84
責任財産 232
善意の第三者 291
専属管轄 5
全体価値考慮説 271, 272
全店一括指定方式 90
全店一括順位付け方式 58, 71, 72, 76, 77
占有 255, 300
占有権原 297
占有補助者 302
相続 306
相対的効力説 131
相対的無効説 140
相対無効 372
訴訟能力 31
その他の財産権に対する執行手続における土地管轄 4

◆ た行

第1回期日起算日説 369
代位登記 437, 438
代金納付 247, 282
代金納付期限 346
代金納付日 297, 298
第三債務者 153
　――の供託義務 82
第三者異議訴訟 242
第三者異議に準じる異議の訴え 399, 402
滞納処分 238, 248, 287
建物の表示の変更の登記 430
短期賃貸借 281
単独所有 441
単発的請負契約 64
単発的売買契約 62

担保権実行に基づく債権差押命令 163
遅延損害金 151, 190
中間租税債権 273
駐車スペース 307
超過差押え 87
　――の禁止 37, 191
調停調書 34
陳述義務の一部免除 214
陳述すべき債務者財産の範囲 211
賃料債権 112
賃料相当額 295
賃料相当損害金 292
追加配当 146
つながり立証 17〜19
停止説 223
抵当権 240
　――の交換価値 433
　――の物上代位 134
手続相対効 141, 142, 147
手続費用 138, 344
電子化 188
転借人 283
転使用借人 284
転貸賃料 116, 357
転付命令 225, 313
店舗割付方式 70
同一所有者要件の判断の基準時 275
当事者の特定 17, 20
投資信託 198
投資信託受益権 198
同時廃止決定 221
特定承継人 390
土地及び建物の一括売却 280
土地管轄 3
ドメスティックバイオレンス（DV） 20
取扱店舗の特定 192
取消説 223
取立て 196, 312
取立訴訟 82

◆ な行

二重開始決定 ·· 234
根抵当権 ·· 323

◆ は行

売却基準価額 ··· 293
売却条件 ·· 438
売却代金 ·· 346
賠償額の予定額 ····································· 389
配当異議 ······························ 158, 247, 419
配当額の計算の基礎となる債権額 ······ 163
配当加入遮断効 ···························· 148, 149
配当金交付請求権 ································· 321
配当受領資格 ································ 144, 314
配当要求 ············· 143, 234, 238, 341, 413
配当要求債権 ·· 244
配当要求債権者 ····································· 169
配当留保供託 ·· 183
売買代金債権の特定 ······················· 61, 62
破産管財人 ··································· 222, 370
破産手続開始決定 ·························· 219, 305
反復する取引から生じる債権 ··············· 63
引受主義 ······································· 249, 340
引渡命令 ····························· 289, 296, 297
非限定型申立て ····································· 112
評価額 ·· 436
費用無剰余 ··· 344
不可分債権 ··· 123
複数債権の包括的差押え ················ 59, 60
付合 ·· 431
附属建物 ·· 430
附帯請求 ·· 190
　――の拡張 ·· 156
付遅滞のための催告 ····························· 295
物件明細書 ·································· 290, 435
物上保証人 ·· 347
物理的要件 ··· 267
不特定による効果 ·································· 60
不服申立て ··· 210

扶養義務等債権 ···································· 129
扶養義務等に係る定期金債権 ············ 101
　――による差押え ······························ 25
振替口座簿 ··· 193
振替社債等執行 ···································· 189
振替社債等譲渡命令 ····························· 195
振替社債等売却命令 ····························· 195
振替社債等目録 ···································· 191
振替制度 ·· 188
振替投資信託受益権 ····························· 201
別除権 ·· 379
弁護士照会 ······································ 72, 76
弁済金交付 ··· 164
弁済禁止 ·· 55
弁済禁止効 ······································ 58, 73
弁済受領文書 ·· 45
弁済猶予文書 ·· 45
法人（国内）の普通裁判籍 ···················· 7
法定果実 ·· 115
法定地上権制度の存在理由 ················ 266
法定文書 ·· 312
保険証券番号 ·· 86
保証債務の同一性 ································ 104
保証債務の独立性 ································ 103
本執行移行 ····································· 28, 172

◆ ま行

間借り ·· 303
マンション ·· 384
マンション標準管理規約 ····················· 383
マンション標準管理規約（単棟型）コメ
　ント ·· 389
未成熟子 ·· 34
みなし解放金 ·· 172
民事執行法上の法定地上権 ················ 266
民法上の法定地上権 ····························· 266
無益執行禁止 ·· 339
無権原占有者 ·· 282
無剰余回避 ···································· 339, 344
無断転貸 ·· 285

事項索引　447

免責許可 …………………………… 221	濫用型 …………………………… 120
申立債権者 ………………………… 207	濫用的賃借権 ……………………… 284
申立ての個数 ……………………… 206	履行期未到来の附帯請求 ………… 152

◆ や行

養育費 ……………………… 26, 34, 101	履行遅滞解除における催告 ……… 294
預金額最大店舗指定方式 …… 78, 79, 91	離婚に伴う給付 …………………… 40
預金債権に対する差押え ……… 81, 82	利息制限法 ………………………… 33
預金債権の差押え ……………… 69, 77	留置権 ……………………… 249, 417
預金債権の特定 …………………… 69	

◆ わ行

◆ ら行

ライフライン契約 ………………… 367	和解に代わる決定 ………………… 35
	割り込み型の賃貸借 ……………… 121
	割付け …………………………… 59, 88

● 判例索引

大判大正元年 11 月 26 日民録 18 輯 1005 頁 ················· 310
大判昭和 10 年 8 月 10 日民集 14 巻 1549 頁 ················· 270
大判昭和 13 年 5 月 25 日民集 17 巻 1100 頁 ················· 270
大判昭和 14 年 12 月 19 日民集 18 巻 1583 頁 ················· 267
最三判昭和 26 年 4 月 3 日民集 5 巻 5 号 207 頁 ················· 244
最一判昭和 26 年 10 月 18 日民集 5 巻 11 号 600 頁 ················· 178
最一判昭和 29 年 4 月 8 日民集 8 巻 4 号 819 頁 ················· 194
最三判昭和 29 年 11 月 16 日民集 8 巻 11 号 2047 頁 ················· 304
最一判昭和 29 年 12 月 23 日民集 8 巻 12 号 2235 頁 ················· 276
最二判昭和 31 年 3 月 30 日民集 10 巻 3 号 242 頁 ················· 23
最三判昭和 31 年 4 月 24 日民集 10 巻 4 号 417 頁 ················· 243
最二判昭和 31 年 11 月 16 日民集 10 巻 11 号 1453 頁 ················· 305
最二判昭和 32 年 6 月 7 日民集 11 巻 6 号 948 頁 ················· 22
最一判昭和 32 年 11 月 14 日民集 11 巻 12 号 1943 頁 ················· 393
東京高決昭和 33 年 12 月 9 日下民集 9 巻 12 号 2409 頁 ················· 310
最二判昭和 36 年 2 月 10 日民集 15 巻 2 号 219 頁 ················· 268
最一判昭和 37 年 5 月 24 日民集 16 巻 5 号 1157 頁 ················· 34
前橋地桐生支決昭和 38 年 5 月 20 日金法 347 号 9 頁 ················· 441
最一判昭和 39 年 10 月 15 日民集 18 巻 8 号 1671 頁 ················· 393
松山地判昭和 40 年 2 月 1 日下民集 16 巻 2 号 205 頁 ················· 269
最二判昭和 43 年 9 月 6 日民集 22 巻 9 号 1862 頁 ················· 34
最一判昭和 44 年 2 月 27 日判タ 233 号 83 頁 ················· 269
最一判昭和 44 年 2 月 27 日民集 23 巻 2 号 441 頁 ················· 388
高松高判昭和 44 年 7 月 15 日下民集 20 巻 7＝8 号 490 頁 ················· 269
最三判昭和 44 年 11 月 4 日民集 23 巻 11 号 1968 頁 ················· 277
最二判昭和 45 年 2 月 27 日判時 588 号 91 頁 ················· 84
東京地判昭和 45 年 3 月 19 日ジュリ 472 号 7 頁 ················· 66
最一判昭和 45 年 6 月 18 日集民 99 号 375 頁 ················· 301
最三判昭和 46 年 11 月 30 日判時 653 号 90 頁 ················· 60
最三判昭和 46 年 12 月 21 日民集 25 巻 9 号 1610 頁 ················· 278
東京高判昭和 47 年 5 月 24 日下民集 23 巻 5～8 号 268 頁 ················· 269
最二判昭和 47 年 6 月 2 日民集 26 巻 5 号 957 頁 ················· 232
最三判昭和 48 年 3 月 13 日民集 27 巻 2 号 344 頁 ················· 332, 333
最三判昭和 48 年 9 月 18 日民集 27 巻 8 号 1066 頁 ················· 274
最一判昭和 48 年 10 月 11 日集民 110 号 231 頁 ················· 388
大阪高判昭和 49 年 11 月 29 日判タ 327 号 207 頁 ················· 58
最三判昭和 51 年 2 月 27 日金法 796 号 77 頁 ················· 269

最二判昭和 51 年 10 月 1 日判時 835 号
　63 頁 ·· 363
最二判昭和 51 年 10 月 8 日集民 119 号
　35 頁 ·· 275
最三判昭和 52 年 10 月 11 日民集 31 巻 6
　号 785 頁 ··· 270
東京高決昭和 54 年 2 月 23 日判時 928
　号 64 頁 ·· 25
最二判昭和 54 年 3 月 16 日民集 33 巻 2
　号 270 頁 ··· 242
東京高決昭和 54 年 4 月 12 日判時 931
　号 72 頁 ·· 25
大阪高判昭和 55 年 10 月 31 日判タ 436
　号 161 頁 ··· 24
最一判昭和 59 年 9 月 20 日民集 38 巻 9
　号 1073 頁 ··· 178
最一判昭和 60 年 5 月 23 日民集 39 巻 4
　号 940 頁 ··· 326
東京高決昭和 60 年 8 月 27 日判タ 575
　号 70 頁 ·· 25
東京高判昭和 62 年 2 月 17 日判タ 650
　号 200 頁 ··· 48
最一判昭和 62 年 7 月 16 日集民 151 号
　423 頁 ·· 34
東京高決昭和 62 年 10 月 5 日判タ 660
　号 231 頁 ··· 285
広島高岡山支決昭和 63 年 1 月 14 日判時
　1264 号 66 頁 ·· 153
東京高決平成元年 1 月 20 日金法 1230
　号 36 頁 ·· 25
東京高決平成元年 4 月 28 日判時 1312 号
　103 頁 ·· 305
最二判平成元年 10 月 27 日民集 43 巻 9
　号 1070 頁 ··································· 112, 114, 116
最二判平成 2 年 1 月 22 日民集 44 巻 1
　号 314 頁 ··· 275
東京地判平成 4 年 3 月 16 日判時 1453
　号 142 頁 ··· 387
東京地判平成 4 年 6 月 17 日判時 1435
　号 27 頁 ·· 48

最三判平成 5 年 3 月 30 日民集 47 巻 4
　号 3300 頁 ··· 144
東京高決平成 5 年 4 月 16 日金法 1357
　号 59 頁 ·· 88
最三判平成 6 年 1 月 25 日民集 48 巻 1 号
　18 頁 ··· 431
東京高決平成 6 年 2 月 7 日金法 1438 号
　39 頁 ··· 262
最三判平成 6 年 2 月 22 日集民 171 号
　757 頁 ·· 432
最一判平成 6 年 4 月 7 日民集 48 巻 3 号
　889 頁 ·· 279
最一判平成 6 年 7 月 14 日民集 48 巻 5
　号 1109 頁 ··· 247
東京地判平成 6 年 9 月 20 日登記先例解
　説集 400 号 147 頁 ·· 435
東京高決平成 6 年 12 月 19 日金法 1438
　号 40 頁 ·· 262
最三判平成 6 年 12 月 20 日民集 48 巻 8
　号 1470 頁 ··· 277
東京地判平成 7 年 1 月 19 日金法 1440
　号 43 頁 ·· 262
大阪高決平成 7 年 3 月 16 日判時 1550
　号 39 頁 ·· 227
東京高判平成 7 年 6 月 14 日判タ 895 号
　139 頁 ·· 388
大阪高決平成 7 年 6 月 23 日金判 984 号
　26 頁 ··· 440
東京高決平成 7 年 10 月 18 日金判 997
　号 14 頁 ·· 66
福岡高宮崎支決平成 8 年 4 月 19 日判時
　1609 号 117 頁 ·· 155
東京高判平成 8 年 5 月 28 日金法 1456
　号 33 頁 ·· 262
東京高判平成 8 年 9 月 26 日判時 1589
　号 54 頁 ·· 369
最三判平成 9 年 2 月 14 日民集 51 巻 2
　号 375 頁 ··· 272
最一判平成 9 年 6 月 5 日民集 51 巻 5 号
　2116 頁 ··· 272

大阪高判平成 9 年 6 月 13 日金法 1508 号 80 頁 ……………………………… 262
福岡高決平成 9 年 6 月 26 日判時 1609 号 118 頁 ……………………………… 155
東京地判平成 9 年 6 月 26 日判時 1634 号 94 頁 ………………………………… 390
東京高決平成 9 年 11 月 5 日判時 1635 号 67 頁 ………………………………… 285
最三判平成 9 年 11 月 28 日民集 51 巻 10 号 4172 頁 …………………………… 379
最一判平成 9 年 12 月 18 日判時 1628 号 21 頁 …………………………………… 379
最二判平成 10 年 1 月 30 日民集 52 巻 1 号 1 頁 ………………………………… 114
東京高決平成 10 年 2 月 13 日判タ 1103 号 213 頁 ……………………………… 47
大阪高判平成 10 年 4 月 28 日金判 1052 号 25 頁 ………………………………… 263
東京高決平成 10 年 6 月 12 日金法 1540 号 65 頁 ………………………………… 263
最二判平成 10 年 7 月 3 日判タ 984 号 81 頁 ……………………………………… 272
最一判平成 10 年 7 月 16 日登記情報 445 号 132 頁 ……………………………… 434
東京高決平成 10 年 8 月 7 日判タ 1034 号 281 頁 ………………………………… 332
東京高決平成 10 年 11 月 27 日金法 1540 号 63 頁 ……………………………… 264
東京高決平成 10 年 12 月 11 日金法 1540 号 66 頁 ……………………………… 264
東京高決平成 11 年 7 月 23 日金法 1559 号 36 頁 ………………………………… 264
最一判平成 11 年 9 月 9 日民集 53 巻 7 号 1173 頁 ……………………………… 84
最三決平成 12 年 3 月 16 日民集 54 巻 3 号 1116 頁 …………………………… 288
最二決平成 12 年 4 月 14 日民集 54 巻 4 号 1552 頁 ………………… 116, 358, 367
東京高決平成 12 年 9 月 7 日金法 1594 号 99 頁 ………………………………… 117
東京地判平成 12 年 12 月 27 日金法 1617 号 51 頁 ……………………………… 159
東京地判平成 13 年 12 月 17 日判タ 1106 号 300 頁 ……………………………… 159
東京高判平成 14 年 4 月 30 日判時 1833 号 120 頁 ……………………………… 159
最二判平成 16 年 4 月 23 日民集 58 巻 4 号 959 頁 ……………………………… 392
東京高判平成 16 年 5 月 20 日判タ 1210 号 170 頁 ………………………… 344, 345
最二決平成 16 年 7 月 9 日公刊物未登載 ………………………………………… 179
福岡高決平成 17 年 1 月 12 日判タ 1181 号 170 頁 ………………………… 359, 361
最一判平成 17 年 3 月 10 日民集 59 巻 2 号 356 頁 ……………………………… 259
東京高判平成 17 年 3 月 30 日金判 1224 号 51 頁 ………………………………… 391
最三判平成 17 年 4 月 26 日集民 216 号 639 頁 …………………………………… 387
東京高決平成 17 年 6 月 7 日金判 1227 号 48 頁 ………………………………… 89
東京高決平成 17 年 9 月 7 日判時 1908 号 137 頁 ………………………………… 89
最一判平成 17 年 9 月 8 日民集 59 巻 7 号 1931 頁 ……………………………… 124
最二決平成 17 年 11 月 11 日集民 218 号 433 頁 ………………………………… 422
高松高決平成 18 年 4 月 11 日金判 1243 号 12 頁 ………………………………… 89
東京高決平成 18 年 4 月 27 日金法 1779 号 91 頁 ………………………………… 89
東京高決平成 18 年 6 月 19 日金判 1246 号 12 頁 ………………………………… 89
東京高決平成 18 年 7 月 18 日金法 1801 号 56 頁 ………………………………… 89
東京高決平成 18 年 10 月 26 日公刊物未登載 …………………………………… 107
最一判平成 18 年 12 月 14 日民集 60 巻 10 号 3914 頁 ………………………… 199

最二判平成 19 年 7 月 6 日民集 61 巻 5
号 1940 頁 ………………………… 276
福岡地小倉支決平成 19 年 8 月 6 日金法
1822 号 44 頁 ………………………… 118
東京簡判平成 19 年 8 月 7 日裁判所 HP
………………………………………… 387
大阪高決平成 19 年 9 月 19 日判タ 1254
号 318 頁 …………………………… 89
大阪高判平成 20 年 4 月 16 日判タ 1267
号 289 頁 ………………………… 387
東京高決平成 20 年 4 月 25 日判時 2032
号 50 頁 …………………………… 284
東京高決平成 20 年 10 月 1 日判タ 1288
号 293 頁 …………………………… 48
東京地判平成 20 年 11 月 27 日公刊物未
登載 ………………………………… 390
東京高決平成 20 年 12 月 19 日判タ 1314
号 300 頁 ………………………… 296
東京高決平成 21 年 1 月 8 日判タ 1302
号 290 頁 ………………………… 224
東京高決平成 21 年 3 月 31 日判タ 1296
号 298 頁 ………………………… 209
大阪高決平成 21 年 5 月 14 日判タ 1332
号 42 頁 …………………………… 365
東京高決平成 21 年 6 月 4 日金法 1896
号 105 頁 …………………… 332, 333
東京高決平成 21 年 7 月 8 日判タ 1315
号 279 頁 ………………………… 119
最三判平成 21 年 7 月 14 日民集 63 巻 6
号 1227 頁 ………… 151, 155, 160, 190
東京高決平成 21 年 9 月 3 日金法 1896
号 91 頁 …………………………… 291
大阪高判平成 21 年 12 月 3 日公刊物未登
載 …………………………………… 75
東京高決平成 22 年 6 月 25 日金法 1912
号 107 頁 ………………………… 395
最三判平成 22 年 6 月 29 日民集 64 巻 4
号 1235 頁 ………………………… 232
東京高決平成 22 年 7 月 26 日金法 1906
号 75 頁 …………………… 251, 265

東京高決平成 22 年 9 月 3 日判タ 1348
号 232 頁 …………………… 293, 294
東京高決平成 22 年 9 月 8 日判時 2099
号 25 頁 …………………………… 93
東京高決平成 22 年 9 月 9 日金法 1912
号 95 頁 …………………… 251, 265
東京高決平成 22 年 11 月 9 日判タ 1346
号 237 頁 ………………………… 293
東京高決平成 22 年 12 月 7 日判タ 1339
号 209 頁 ………………………… 95
東京高決平成 23 年 1 月 12 日金法 1918
号 109 頁 ………………………… 71
最二決平成 23 年 2 月 9 日民集 65 巻 2
号 665 頁 ………………………… 234
東京高決平成 23 年 3 月 30 日金法 1922
号 92 頁 …………………………… 71
東京高決平成 23 年 3 月 31 日金法 1922
号 99 頁 …………………………… 71
東京高決平成 23 年 4 月 28 日金法 1922
号 87 頁 …………………………… 71
東京高決平成 23 年 6 月 6 日金法 1926
号 120 頁 ………………………… 71
大阪高決平成 23 年 6 月 7 日金法 1931
号 93 頁 …………………… 265, 257
東京高決平成 23 年 6 月 22 日金法 1926
号 124 頁 ………………………… 71
最三決平成 23 年 9 月 20 日民集 65 巻 6
号 2710 頁 ………… 58, 72, 89, 124, 193
最三決平成 23 年 10 月 11 日集民 238 号
1 頁 ………………………… 337, 338
東京高決平成 23 年 10 月 26 日判タ 1368
号 245 頁 …………………… 78, 91
東京高判平成 23 年 11 月 16 日判時 2135
号 56 頁 …………………………… 391
最三決平成 24 年 2 月 7 日集民 240 号 1
頁 ………………………… 342, 344, 397
最一判平成 24 年 2 月 23 日民集 66 巻 3
号 1163 頁 ………………… 28, 179
福岡高決平成 24 年 6 月 18 日判時 2195
号 32 頁 …………………………… 66

452　判例索引

最三決平成 24 年 7 月 24 日判タ 1384 号
　126 頁 ……………………………………… 80
名古屋高決平成 24 年 9 月 20 日金判
　1405 号 16 頁 ……………………… 78, 92
東京高決平成 24 年 10 月 10 日判タ 1383
　号 374 頁 …………………………… 79, 92
東京高決平成 24 年 10 月 24 日判タ 1384
　号 351 頁 …………………………… 79, 92
最一決平成 25 年 1 月 17 日判タ 1386 号
　182 頁 ………………………………… 78, 92
名古屋高判平成 25 年 2 月 22 日判時
　2188 号 62 頁 ………………………… 387
東京高決平成 25 年 3 月 27 日判タ 1393
　号 356 頁 ………………………………… 53
東京高決平成 25 年 4 月 16 日判タ 1392
　号 340 頁 ……………………………… 288

東京高決平成 25 年 4 月 17 日判タ 1393
　号 353 頁 ……………………………… 119
最三判平成 26 年 2 月 25 日民集 68 巻 2
　号 173 頁 ……………………………… 194
最一判平成 26 年 2 月 27 日民集 68 巻 2
　号 192 頁 ……………………………… 393
東京高判平成 26 年 4 月 16 日金判 1445
　号 58 頁 ………………………… 388, 389
最一判平成 26 年 6 月 5 日民集 68 巻 5
　号 462 頁 ……………………………… 202
神戸地豊岡支決平成 26 年 8 月 7 日判タ
　1410 号 199 頁 ………………………… 440
東京高決平成 27 年 5 月 25 日公刊物未登
　載 ………………………………………… 252
最二決平成 28 年 3 月 18 日民集 70 巻 3
　号 937 頁 ……………………………… 396

裁判実務シリーズ10
民事執行実務の論点

2017年1月15日　初版第1刷発行

編著者　　竹　田　光　広

発行者　　塚　原　秀　夫

発行所　　株式会社　商事法務
　　　　〒103-0025 東京都中央区日本橋茅場町 3-9-10
　　　　TEL 03-5614-5643・FAX 03-3664-8844〔営業部〕
　　　　TEL 03-5614-5649〔書籍出版部〕
　　　　http://www.shojihomu.co.jp/

落丁・乱丁本はお取り替えいたします。
© 2017 Mitsuhiro Takeda
印刷／広研印刷㈱
Printed in Japan
Shojihomu Co., Ltd.
ISBN978-4-7857-2482-5
＊定価はカバーに表示してあります。